应用型本科电子商务专业精品系列规划教材

电子商务概论

主　编　黄仕靖　顾建强

副主编　靖　晶　薛庆根

北京理工大学出版社
BEIJING INSTITUTE OF TECHNOLOGY PRESS

内容简介

本书共十章，主要内容包括电子商务概述、电子商务的业务模式、电子商务技术基础、电子商务安全、网络营销、电子支付、电子商务物流、电子商务的服务与监督、跨境电子商务和电子商务的应用。本书内容形式丰富，能为教学提供多样化的辅助。每章开篇设置“学习目标”“案例引导”模块；在章节中间穿插“小贴士”，包括网络新闻报道、研究报道等；每章最后设置“关键名词”“课后习题”和“技能操练”等模块。

本书可以作为高等院校电子商务、市场营销、国际经济与贸易等经济管理相关专业的教材，也可以作为计算机、工业工程等相关专业的教材或参考书，同时还可以作为电子商务的实际工作者和相关领域管理人员的参考用书或培训教材。

图书在版编目（CIP）数据

电子商务概论/黄仕靖，顾建强主编. —北京：北京理工大学出版社，2018.9（2018.10 重印）

ISBN 978-7-5682-6404-4

Ⅰ. ①电… Ⅱ. ①黄… ②顾… Ⅲ. ①电子商务 Ⅳ. ①F713.36

中国版本图书馆 CIP 数据核字（2018）第 228786 号

出版发行 / 北京理工大学出版社有限责任公司
社　　址 / 北京市海淀区中关村南大街 5 号
邮　　编 / 100081
电　　话 / （010）68914775（总编室）
（010）82562903（教材售后服务热线）
（010）68948351（其他图书服务热线）
网　　址 / http：//www.bitpress.com.cn
经　　销 / 全国各地新华书店
印　　刷 / 北京紫瑞利印刷有限公司
开　　本 / 787 毫米×1092 毫米　1/16
印　　张 / 16.5
字　　数 / 397 千字
版　　次 / 2018 年 9 月第 1 版　2018 年 10 月第 2 次印刷
定　　价 / 46.80 元

责任编辑 / 王晓莉
文案编辑 / 赵　轩
责任校对 / 周瑞红
责任印制 / 李志强

图书出现印装质量问题，请拨打售后服务热线，本社负责调换

前　言

目前电子商务已经步入了深入发展的阶段。官方数据显示，电子商务对国民经济和社会发展的贡献在不断提高，电子商务的应用已经成为决定企业国际竞争力的重要影响因素。尤其在“互联网+”“大众创业，万众创新”的时代背景下，电子商务已经成为企业转换经营模式、提高经济效率的重要选择。

电子商务的飞速发展，使得各行各业对电子商务人才的要求越来越高，而具备一定的经济贸易理论基础和电子商务应用技能的复合型人才尤其受到人才市场的欢迎。基于这样的需求，我们经过多次调研、反复研讨，组织编写了本书。

本书在应用型人才培养模式的指导思想之下，系统梳理了电子商务的整体框架以及所涵盖的主要原理、技术、发展趋势等，并结合当下电子商务发展中的社会热点现象和事件进行分析和评述，使读者在阅读完此书后能够对电子商务的理论、技术和应用有比较清晰和完整的了解，为后续课程的学习打下基础。

本书共十章，较为全面地阐述了电子商务重要的知识模块，包括电子商务概述、电子商务的业务模式、电子商务技术基础、电子商务安全、网络营销、电子支付、电子商务物流、电子商务的服务与监督、跨境电子商务和电子商务的应用。本书在编写上力求引入最新案例、最新数据，反映电子商务最前沿的动态；同时强调可操作性和可实践性，每个章节都有配套的实训操练模块和课后知识点测验模块，方便教师与学生的教学互动。

本书由南京理工大学紫金学院的黄仕靖、扬州大学顾建强担任主编，负责全书的大纲拟订、统稿工作。具体编写分工如下：第一章、第四章、第六章、第九章由黄仕靖编写；第二章、第三章、第五章由扬州大学顾建强、薛庆根编写；第七章、第八章、第十章由南京城市职业学院靖晶编写。此外，王斐、祝垒、何文毅、张小千、汤云春、邢超楠、于文佩、张梦婷等同学参与了此书的资料收集和整理工作，在此表示感谢。

本书参考了国内外同行的许多著作和文献，引用了部分资料，特向这些作者表示诚挚的谢意。

由于编者水平有限，加之时间仓促，书中难免有不足之处，敬请广大读者批评指正。

编 者

目 录

第一章

电子商务概述

★学习目标

★认识电子商务的重要性，掌握电子商务的定义。

★了解电子商务产生的基础。

★掌握电子商务的特点与优势。

★把握电子商务的发展现状与趋势。

★案例引导

这是最好的时代，也是最坏的时代！

淘宝租房来了！

根据多家媒体报道：2017 年 8 月 9 日下午，杭州住保房管局与阿里巴巴集团、蚂蚁金服集团就合作搭建智慧住房租赁监管服务平台举行签约仪式！

建成后的杭州住房租赁监管服务平台，将实现租赁环节、租赁房源、租赁信息“三个全”的目标，即实现供应主体、租赁合同网签、评价信用体系租赁环节的全覆盖！

前段时间，国家刚出台房产共享的政策，如今又有了淘宝租房这一崭新的形式！在互联网倒逼之下，房地产行业即将迎来史上最大的变革！

马云曾经说过一句话：“如果银行不改变，我们就改变银行！”

所以，银行先后被支付宝和余额宝革了命！

再想想这些年发生的事：淘宝革了实体店的命；微信革了中国移动的命；自媒体革了报纸的命；滴滴革了出租车的命；直播革了电视的命……

而现在，互联网又把革命的矛头指向了房地产这个体量最大的传统行业！

根据报道，未来将实现国有租赁住房、长租公寓、开发企业自持房源、中介居间代理房源、个人出租房源的全纳入；实现企业、人员、房源、评价、信用等信息的全共享。这将有力解决租赁市场中房源信息不实、租赁关系不稳定、租赁行为不规范等诸多痛点！

未来的一切资产，包括有形的和无形的，都不会再被私人占有！

为什么呢？

因为在大工业年代，资本等同于资产，也叫生产资料，并且这种生产资料不具有可复制性，比如工厂、设备、工人、商铺、土地等都属于生产资料，都掌握在资本家手里。

而在互联网时代，资本家独占生产资料这一现实正在被掀翻。为什么呢？

以淘宝为例。淘宝可以把店铺无偿供给卖家使用，因为淘宝复制“店铺”的成本很低，最多需要扩充一点内存，对于云计算来说，这些成本可以忽略不计。只要他们设计了一套店铺模式，很容易产生成千上万倍的溢价。而且淘宝的盈利模式不是收商铺的钱，而是收增值服务的钱。

这也迫使淘宝吸引无数的卖家进驻，淘宝也因此无形中承担起了公共服务义务（即像公共产品那样免费提供生产资料）。也就是在未来，所谓的“资本”具有了可复制性！

而在互联网时代，稀有的产品，哪怕是核心地段的房子，已不再是奇货可居，而是奇货可租！

未来我们应该做什么？

未来一件物品究竟属于谁并不重要，重要的是我们每个人都可以使用它！

未来各种 APP 能通过时间、地点、技能的匹配将物品的使用权分配到最需要它的地方，将资源利用率最大化，将多余资源转化为生产力！因此，几乎所有产业都将被共享经济改变。

未来经济一定是共享型的，互联网的存在逻辑是优化社会运行，让一切商业和工作模式的损耗降到最低。

未来一定属于最有创造力的人，属于那些在技能、人脉、服务上拥有一技之长的人，他们可以根据自己的兴趣，决定自己要成就一番怎样的事业，然后自由支配自己在什么时间、什么场所、做什么样的事情。

这是一个很有意思的事情，传统社会束缚了人性，让很多人机械地工作，而互联网给予人性回归的通道。

这个时代的主流产品不是物品、货物，而是抽象的思想、情感。这个时代的主流工作也同样不是朝九晚五、固定办公，而是有技能、有经历、有能力。这种模式使人们的职业变得更多元化，例如自由职业的兴起。

无论从生活角度还是经济角度看，人追求的最高境界都是自由。共享经济解放出来很多“自由人”。大量“自由人”和“消费者”聚集，让供求双方更自由地选择。

而这种共享，恰恰也就是“共产”的基础！

所以在未来，和房子相比，更重要的是你的创造力！

天真的变了，你还在原地踏步吗？如果你有很多经验和积累，请先甩掉它，因为它正在变成一种累赘和负担。如果你初出江湖一无所有，请不要胆怯，因为这崭新的世界就是为你而准备的。

对于有的人来说，这是最坏的时代，因为一切都变得开放、公开，混天度日的人再也无法藏匿。抱残守旧的人将寸步难行。对于有的人来说，这是最好的时代，因为一切尺度都变成了价值尺度，创新者会如鱼得水，创造者将大行其道。

第一节 电子商务的产生和发展

一、电子商务的产生

电子商务的产生和发展依赖于一定的技术和经营环境。

（一）技术环境

1. 计算机的广泛应用

20 世纪 70 年代中期以来，计算机的处理速度越来越快，处理能力越来越强，价格越来越低，成本与性能比迅速下降，应用越来越简单、越来越广泛，这为电子商务的应用提供了基础条件。

2. 网络的普及和成熟

由于互联网技术日益成熟，连接互联网的计算机网络越来越多，全球上网用户呈几何级数增长趋势，互联网成为连接全球用户的一个虚拟社区，为电子商务的发展提供了一个快捷、安全、低成本的信息交流平台。

3. 信用卡及其他电子支付手段的普及

信用卡以其方便、快捷、安全等优点而成为人们消费支付的重要手段，并由此形成了完善的信用卡计算机网络支付与结算系统。同时，电子资金转账（Electronic Funds Transfer, EFT）已经逐渐成为企业间资金往来的主要手段，从而为电子商务中的网上支付提供了重要保证。

4. 安全协议的应用

由网景公司发明的安全套接层 SSL 协议，使用标准证书进行认证和数据加密，实现了数据的保密性、完整性，已成为众多浏览器支持的标准协议，为在网络上开展电子商务提供了安全保障。

（二）经营环境

1. 市场环境

经济全球化使得企业面临的市场越来越大，竞争对手越来越多，客户变得越来越强势，同时面临的资源如劳动力、技术等也越来越不平衡，企业一方面要在全球范围内调整产业布局，优化资源配置，降低经营成本；另一方面还要通过改变经营手段获得竞争优势。因此，快速响应市场环境的变化成为企业实施电子商务的内在动力。

（1）传统的以纸质传递文档的方式无论是在时间周期上还是成本控制上都已经不能适应全球化贸易的要求，跨国公司和分公司之间迫切要求提高商业文件、单证等各类文档的传递和处理速度、空间跨度和准确度，无纸化成为所有贸易伙伴的共同需求。

（2）传统的大批量生产方式已不能满足来自不同区域市场的客户要求，取而代之的是柔性的小批量多品种的产品生产。

（3）在强势的客户面前，传统的客户服务已经无法使客户满意，客户更愿意以参与者的身份与企业进行沟通和交易。

（4）传统的大型、纵向、集中式的组织形式无法应对全球产业布局的调整，转而向横向、分散式、网络化发展。跨国企业的内部机构之间、企业与供应商之间、分销商和消费者之间的广泛协同成为新型经济环境的共同要求。

（5）降低交易成本成为企业保持竞争优势的关键。交易成本包括信息搜索与收集、谈判、中介、产品或服务的供应等环节所产生的费用。以服装零售商为例，首先要在市场上寻找服装供应商，交易成本包括搜寻识别、访问联系、谈判、安排发货、收货检查等产生的费用；进货后零售商要将服装销售给最终客户，交易成本包括市场研究、店铺和仓库租用、销售等产生的费用。电子商务可以帮助企业改善信息流和增加行动的协调性，从而降低交易成本。

2. 政府政策扶持

（1）加快和完善电子商务工程。我国政府自1996年起开始关注电子商务发展，并先后采取了一系列措施，推动了我国信息化的进程。中共中央办公厅、国务院办公厅印发的《2006—2020年国家信息化发展战略》为中国企业电子商务的发展做了具体规划。我国的“金关工程”“金企工程”“金卡工程”“金贸工程”等在电子商务的热浪中，又出现了新一轮建设高潮，很多部委建立了自己业务范围的电子商务系统，如外贸领域的国际电子商务中心等。

（2）加强网络基础设施建设，帮助中小企业实现信息化。网络基础设施是制约电子商务大力发展的重要因素。经过多年发展，我国在网络基础设施建设方面，取得了一定的成就。例如，在互联网方面我国现已初步形成了一些较大的互联网络，如中国教育与科研计算机网、中国科技网、中国金桥信息网等。但是，由于我国在网络基础设施建设方面投入不足，所以网络基础设施建设的发展与电子商务发展的要求仍然相差很远。政府考虑到大部分中小企业因缺乏资金等问题，导致长远战略难以实现信息化，因而专门制订了中小企业信息化计划。

（3）健全关于电子商务的政策法规。电子商务的发展需要一个良好的法制氛围，因此必须有一个健全的法律法规体系。针对目前电子商务活动开展的势头，政府有关部门制定并完善了电子商务发展政策、电子商务管理政策、信息基础设施政策与法规等，并解决了数据电文与电子签名的法律问题，这对电子商务的发展起着至关重要的作用。

★小贴士

电子商务发展的时代背景及相关政策

1. 互联网＋

2015年3月5日，在十二届全国人大三次会议上，李克强总理在政府工作报告中首次提出“互联网＋”行动计划。2015年7月，国务院印发《关于积极推进“互联网＋”行动的指导意见》。2015年10月29日，中国共产党第十八届中央委员会第五次全体会议指出：实施网络强国战略，实施“互联网＋”行动计划，发展分享经济，实施国家大数据战略。

2. 大众创业、万众创新

各种新兴技术尤其是“互联网＋”的快速发展，已经让普通人有了更多的创新创业机会。近年来，宽带网络速度大幅提升、移动通信终端广泛普及、生产管理的自动化程度提高，众筹等新的商业形态有助于形成风险共担、利益共享机制，这让有梦想、有意愿、有能力的人有了广阔的平台施展拳脚。

经李克强总理签批，国务院2017年7月27日印发《关于强化实施创新驱动发展战略，进一步推进大众创业万众创新深入发展的意见》，其中指出：要进一步增强创新创业的发展实效，着力推进创新创业与实体经济发展深度融合，结合“互联网+”“中国制造2025”和军民融合发展等重大举措，有效促进新技术、新业态、新模式加快发展和产业结构优化升级。要坚持创新为本、高端引领，改革先行、精准施策，人才优先、主体联动，市场主导、资源聚合，价值创造、共享发展。

3. 电子商务综合试验区

中国跨境电子商务综合试验区是中国设立的跨境电子商务综合性质的先行先试的城市区域，旨在在跨境电子商务交易、支付、物流、通关、退税、结汇等环节的技术标准、业务流程、监管模式和信息化建设等方面先行先试，通过制度创新、管理创新、服务创新和协同发展，破解跨境电子商务发展中的深层次矛盾和体制性难题，打造跨境电子商务完整的产业链和生态链，逐步形成一套适应和引领全球跨境电子商务发展的管理制度和规则，为推动中国跨境电子商务健康发展提供可复制、可推广的经验。

2016年3月，新获批全国“跨境电子商务综合试验区”的郑州综合试验区不断传来业务量暴增的消息，高峰时段一分钟通关5 059单，达到每秒钟通关84.3单，再次刷新全国跨境电子商务通关速度纪录。这意味着每秒钟有超过84件国外商品顺利通过海关查验，发货送往消费者手中。

二、电子商务的发展过程和现状

电子商务是国际商务活动发展的必然要求，国际商务是电子商务发展的第一推动力。计算机科学与通信科学的发展为电子商务的产生奠定了物质基础，信息安全技术的发展使建立在计算机技术与通信技术基础上的电子商务能够安全地进行，电子商务相关法律的制定保证了电子商务活动的法律秩序。

由于电子商务的定义不同，人们对电子商务历史的认知也存在差异。从广义的电子商务定义即借助一切电子手段从事商务活动来看，电子商务可追溯到1839年电报刚开始出现的时候。但现在通常所说的电子商务是指借助计算机网络从事的商务活动，因此普遍接受的观点是电子商务起始于20世纪70年代末。

人们常把电子商务的发展分为四个阶段，即EFT和EDI阶段、互联网电子商务阶段、E概念电子商务阶段和新零售时代，如图1-1所示。

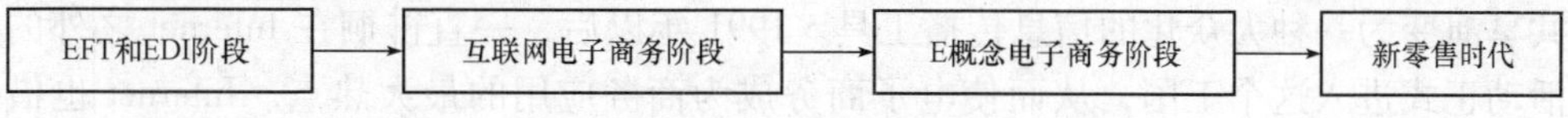

图1-1 电子商务发展过程

（一）EFT和EDI阶段

在20世纪70年代，电子资金转账（EFT）成为金融市场首先使用的一种电子商务，其目标是通过安全专用网实现金融机构之间以及金融机构与少数大公司之间的资金转移。因使用费用太高，其应用范围非常有限。

20世纪70年代后期至80年代早期，EDI技术使电子商务在企业之间得到了快速发展。

EDI（Electronic Data Interchange，电子数据交换）是将业务文件按一个公认的标准从一台计算机传输到另一台计算机的电子传输方法，于20世纪60年代末产生于美国。我国的EDI始于20世纪80年代。由于EDI大大减少了纸质票据的数量，因此人们曾形象地称其为“无纸贸易”或“无纸交易”。由于当时企业间往来的电报、传真的信息70%来自计算机的输出，因而直接进行数字文档传输成为提高效率、降低成本的一种需要。EDI支持的电子商务已经具备了现在基于互联网的B2B电子商务的主要特征：通过减少纸质工作和增加自动化程度实现流水线式的业务流程，传统的纸质文档如询价单、报价单、订购单、转账发票、托运单、保险单等都采用电子化方式传送；通过与JIT（Just in Time）制造系统整合，供应商可将零配件、原材料直接送到生产线上，节省了库存费用。EDI将电子交易从单纯的金融领域扩展到其他类型的业务处理，如预订；EDI扩大了应用电子交易的企业数量，包括金融机构、制造业、零售业、服务业以及许多其他类型的企业，并相继出现了从旅游预订系统到股票交易等更多的新的电子商务应用。

EDI包括硬件与软件两大部分。硬件主要是计算机网络，软件包括计算机软件和EDI标准。考虑到交易安全，20世纪90年代之前的大多数EDI都在专用网络上实现，这类专用的网络被称为增值网（Value Added Network ，VAN）。EDI所需要的软件主要是将用户数据库系统中的信息翻译成EDI的标准格式以供传输交换。由于不同行业的企业根据自己的业务特点来规定数据库的信息格式，当需要发送EDI文件时，必须把它翻译成EDI的标准格式才能进行传输。EDI电子商务存在一定的局限性，具体如下：解决方式是建立在大量功能单一的专用软硬件设施的基础上的，增值网的使用费用昂贵，对技术、设备、人员都有较高的要求。

因此，EDI电子商务仅局限在先进国家和地区的大型企业内使用，在全世界范围内得不到广泛的普及和发展，大多数的中小企业难以应用EDI开展电子商务活动。EDI是电子商务的初级阶段，EDI尚没有在我国普及之时，电子商务就已迅速发展到了第二阶段。

（二）互联网电子商务阶段

EDI的运用使得单证制作和文件处理的劳动强度、出错率和费用都大为降低，效率大为提高，极大地推动了国际贸易的发展。但由于EDI通信系统的建立需要较大的投资，相应限制了基于EDI的电子商务应用范围的扩大，而且EDI对于信息共享的考虑也较少，仅适合大型跨国公司。随着大型跨国公司对信息共享的需求增加和中小公司对EDI的渴望，迫切需要建立一种新的成本低廉、能够实现信息共享的电子信息交换系统。

20世纪90年代中期后，Internet迅速普及，逐步进入企业和寻常百姓家庭，其功能也从信息共享演变为一种大众化的信息传播工具。1991年以后，一直徘徊在Internet之外的商业贸易活动正式进入这个王国，从而使电子商务成为商务应用的最大热点。Internet也借助商务应用而迅速发展。例如，美国戴尔（Dell）公司、亚马逊（Amazon）网上书店、雅虎（Yahoo）搜索引擎、百度搜索引擎、淘宝网站、8848网站、京东网站、搜狐网站、易趣个人对个人的拍卖网站，都是利用电子商务而获得了巨大成功。像这样的经营性网站1995年仅有2 000个，1998年就达到42.4万个。到2001年，Internet已成为全球最大的网络，覆盖150多个国家和地区，连接了2.5万个网络，520万台主机。1996年，被誉为“英特尔之父”的Vint Cerf曾预测，到2003年全球将会有1亿Internet用户。然而，Internet的发展事实让他惊叹，1999年年底，全球Internet用户就达到了1.5亿人，是1997年的3倍。据CNN-

IC 2016 年 7 月发布的统计报告显示，截止到 2016 年 6 月底，我国网民规模达到 7.1 亿人，IPv4 地址已经达到 3.38 亿个，拥有 IPv6 地址 20 781 块/32。2016 年 6 月底域名总数为 3 698 万个，其中有 1 950 万个为 .cn 域名。中国国际出口宽带继续发展，2013 年 6 月底达到 6 220 764 兆位/秒。Internet 的迅速发展，吸引了大量的企业迫不及待地开拓网上电子商务。

Internet 克服了 EDI 的不足，满足了中、小企业对电子数据交换的需要。Internet 作为一个费用更低、覆盖面更广、服务更好的系统，必将代替 VAN 而成为 EDI 的硬件载体。在 Internet 基础上建立的电子信息交换系统，不仅成本低廉，而且能实现信息共享，为在所有的企业中普及商务活动的电子化提供了可能。基于 Internet 的 EDI 具备 EDI 和 Internet 的共同优势，因此有人把通过 Internet 实现的 EDI 叫作 Internet EDI。

基于 Internet 的电子商务，最初主要是利用 Internet 的 E-mail 功能进行日常商务通信；后来发展到利用 Internet 进行信息发布，从 1995 年起，企业逐渐突破用 E-mail 进行日常通信的应用范围，而依靠 Internet 发布企业的信息，让公众可以通过 Internet 来了解企业的全部情况，并直接通过网络来获得企业的产品和有关的服务。这导致以 Web 技术为代表的信息发布系统爆炸式地成长起来，并成为 Internet 的主要应用系统。1996 年 6 月 14 日，联合国贸易委员会通过了《联合国国际贸易法委员会电子商务示范法》（以下简称《电子商务示范法》），标志着真正的电子商务阶段的开始。1998 年，IBM 以一个响亮的广告“你准备好了迎接电子商务吗?”在全世界掀起了电子商务的热潮。

（三）E 概念电子商务阶段

自 2000 年以来，人们对电子商务的认识，逐渐由电子商务扩展到 E 概念的高度，认识到电子商务实际上就是电子信息技术同商务应用的结合。而电子信息技术不但可以和商务活动结合，还可以和医疗、教育、行政等有关的应用领域结合，从而形成有关领域的 E 概念。电子信息技术和教育结合，产生了电子教务——远程教育；电子信息技术和医疗结合，产生了电子医务——远程医疗；电子信息技术和政务结合，产生了电子政务；电子信息技术和军务联系，产生了电子军务——远程指挥；电子信息技术和金融结合，产生了在线银行；电子信息技术与企业组织形式结合，形成虚拟企业等。对应于不同的 E 概念，产生了不同的电子商务模式。随着电子信息技术的发展和社会需求的不断提高，人们会不断地为电子信息技术找到新的应用，未来必将产生越来越多的 E 概念，人类社会也将进入真正的 E 时代。

（四）新零售时代

新零售的最大趋势是线上线下相结合，而以往电子商务冲击传统产业的说法也将被否定，电子商务与线下实体商业，应该由原先的独立、冲突，走向混合、融合，通过精准化、体验为主的模式，去了解消费者，满足并引导消费需求，以达到消费升级。对零售商而言，也能通过预测消费数据，把控生产，达到零售升级。

★小贴士

纯电子商务将死！新零售时代来临！

——马云

在 2016 年杭州云栖大会的开幕式上，马云亲自到场发表演讲。马云在演讲中称，纯电子商务时代过去了，未来十年是新零售的时代，未来线上线下必须结合起来。物流本质是消灭库存。

马云认为，互联网公司是没有边界的。互联网就像是水电煤这样的基础设施，不应该设边界。而电子商务也没有冲击传统产业，电子商务只是抓住了互联网去发力，真正需要担心的是“我们昨天的思想”，是“我们对改变过去的恐惧”。

马云举例，就像第一次技术革命影响了第一次世界大战，第二次技术革命影响了第二次世界大战，我们现在正处于第三次技术革命，这次是思想的解放。未来30年，我们每个人都有机会。而很多国家，也应该布局自己的未来，例如德国工业4.0等。与此同时，马云呼吁各国为30岁以下的年轻人、为30人以下的小企业，制定特殊的创新政策。因为以前的政策多是为大企业制定的，而大企业现在应为自己的生态担当责任，让生态里的其他企业也活得很好。

何为新零售？

其实，在此之前，新零售一词就已经在业界出现过，而马云这次的提出，使其作为一个正式的名词流传开来。业界大佬们对新零售、零售业新趋势的理解，或许能从多个方面为大家解读新零售更深层次的意义。

阿里巴巴集团CEO张勇：利用互联网的思想和技术去全面改革和升级现有的约30万亿社会零售商品总量，使得中国消费者日益升级的消费需求可以得到有效的满足，使得整个商品生产、流通、服务的过程因为互联网、大数据的广泛运用变得更加高效。

小米科技创始人雷军：我觉得不管是电子商务，还是线下的连锁店、零售店，本质上要改善效率。只有改善效率，中国的产品才会越来越好，中国老百姓的购买需求才会极大地释放出来。

乐语通信总裁朱伟：新零售实际上有三个关键词——更智能、更新奇、更好玩。所有老百姓已经从传统的物质消费年代进入了精神消费年代，很多的商品不再是必需品，但是玩乐一定会成为大家共同的追求所在。

第二节　电子商务的概念和分类

一、电子商务的概念

电子商务是以信息网络技术为手段，以商品交换为中心的商务活动；也可理解为在互联网（Internet）、企业内部网（Intranet）和增值网（Value Added Network，VAN）上以电子交易方式进行交易和相关服务的活动，是传统商业活动各环节的电子化、网络化、信息化。

电子商务通常是指在全球各地广泛的商业贸易活动中，在Internet开放的网络环境下，基于浏览器/服务器应用方式，买卖双方不谋面地进行各种商贸活动，实现消费者的网上购物、商户之间的网上交易和在线电子支付以及各种商务活动、交易活动、金融活动和相关的综合服务活动的一种新型的商业运营模式。各国政府、学者、企业界人士根据自己所处的地位和对电子商务参与的角度和程度的不同，给出了许多不同的定义。电子商务分为ABC、B2B、B2C、C2C、B2M、M2C、B2A（即B2G）、C2A（即C2G）、O2O等。

同时网络营销也是电子商务的一种产物，而且对于网络营销来说，在做之前要先做好网络营销方案，那样才便于计划的实施。

二、电子商务中的“四流”

电子商务中的“四流”主要包括物流、资金流、信息流、商流。这“四流”之间有着“互为存在、相互作用、密不可分”的联系，它们既相互独立，又是一个综合体，将物流、资金流、信息流和商流有机结合起来，会产生更大的能量，创造更大的经济效益。

物流主要是指商品和服务的配送和传输渠道，对于大多数商品和服务来说，物流可能仍然经由传统的经商渠道，然而对有些商品和服务来说，可以直接以网络传输的方式进行配送，如各种商务出版物、信息咨询服务、有价信息等。

资金流主要是资金的转移过程，包括付款、转账、兑换等相关过程。它始于消费者，终于商家账户，中间可能经过银行等金融服务。

信息流是为服务商流和物流所进行的信息活动的总称，既包括商品信息的提供、促销营销、技术支持、售货服务等内容，也包括诸如询价单、报价单、付款通知单、转账通知单等商业贸易单证，还包括交易方的支付能力、支付信誉、中介信誉等。

商流是指商品在购、销之间进行交易和商品所有权转移的运动过程。商流是物流、资金流和信息流的起点，也可以说是后“三流”的前提，没有商流一般不可能发生物流、资金流和信息流。反过来，没有物流、资金流和信息流的匹配和支撑，商流也不可能达到目的。

电子商务中的任何一笔交易都包含四种基本的“流”，即物流、资金流、信息流和商流。资金流、信息流、商流的处理可以通过计算机和网络通信设备来实现，而物流作为电子商务四种流中最为特殊的一种，是指物质实体（商品和服务）的流动。

在商品价值形态过程中以信息流为依据，通过资金流实现商品的价值，通过物流实现商品的使用价值，从而完成整个电子商务的交易活动。

物流是基础，信息流及资金流是桥梁，但信息流处于中心地位，直接影响和控制着商品流通中各个环节的运作效率。物流是资金流的前提与条件，资金流是物流的价值担保，并为适应物流的变化而不断进行调整。商流是交易的核心，是电子商务的最终目的。

三、电子商务的特点

电子商务是IT技术和商务运行结合而产生的一种新型的商务交易过程，是21世纪市场经济商务运行的主要模式，也是新经济含义下的一种主要经济方式。从某种意义上讲，它是一种在21世纪高科技背景条件下，发展建立的新型生产关系过程中所必然产生的一种新经济模式。

商务活动中必然包括了信息流、物流、信息流、资金流的一种整合。这四种流需要一个“通道”（媒介）来传输。同传统商务所使用的媒介相比，Internet在传输信息流和资金流时表现出鲜明的特点，这就形成了电子商务的主要特点。

（一）高效率与多选择性特点

作为一种电子通信手段，同邮政通信相比，Internet的信息传输速率极快，传输的信息量也很大。由于采用了分组交换技术，极大地提高了网络的使用效率，同电话、传真等电子通信手段相比较，使用Internet来传输信息的费用很低。而且，同电话、传真等电子通信手段不同，Internet 上的 Web 站点能够在无人值守的情况下 24 小时运行。

正是由于 Internet 在传输信息时的高速度和低成本，才使得电子商务具有高效率的特点，它充分体现在时间上和成本的效益上。

从时间上看，通过 Internet，商务活动中需要的信息流能够高速地传输，无论是买卖双方的信息交换，还是企业内部的信息传递，都可以方便地通过 Internet 来进行。电子商务的应用无疑提高了商业活动的时间效率。此外，计算机能够在无人值守的情况下工作，使得电子商务能够尽可能地摆脱时间的限制。例如，网上的商店可以做到一周 7 天、一天 24 小时开业。

从成本上看，由于使用 Internet 来传输信息的成本很低，电子商务降低了商务活动的成本。例如，用电子邮件来代替信函往来，无疑可以节省企业的办公费用。

Office Depot 是美国的一家专营办公用品的零售商，它旗下有 1 000 多家商铺，光商品供应的各类表单就有 1 300 万份。在实施电子商务后，表单数量降到 100 万份，成本控制提高了 7%。

（二）商业全球化特点

与电视、报纸等媒介不一样，在 Internet 中，计算机与计算机之间、客户机与服务器之间能够方便地实现信息的双向传输，从而实现信息的快速交换。正是有了这种交互性，才使得商务活动能够在不同地点的不同人之间非面对面地进行，这就是电子商务的虚拟性，它将传统商务的实体市场的地域性改为网上虚拟环境的全球性，因此，从理论上讲，电子商务的市场是商业全球化的大市场。

而且，在目前的 Internet 中，使用互联网技术能够传输包括文字、声音和图像在内的多媒体信息，这使得相隔遥远的人之间也能够通过计算机来方便地交流，从而使得非面对面的电子商务与现实商务之间越来越接近。

Internet 是一个覆盖全球的网络，只要是通电话的地方，就能够实现上网。这样一来，从理论上讲，一家企业如果开展了电子商务，该企业就能够通过 Internet 向世界上任何一个地方的客户提供非面对面的服务，从而摆脱了地点的限制，进入全球市场。

当然，电子商务的虚拟性也会带来相应的问题（主要是因非面对面交易而产生了很多网上诈骗、抵赖等行为），这就给电子商务技术上的保障提出一新的研发问题。

（三）支付方式网上数字化的特点

同传统商务一样，电子商务过程中也涉及资金支付问题，但是这种支付方式是在网络环境上进行，传递的是网络的数字化资金信息。

随着金融电子化的发展，电子商务中买卖双方的结算行为可以通过 Internet 来方便、高效地进行，这就是网上支付。网上支付需要有银行的参与。在网上支付行为中，买卖双方的资金结算实际上是彼此开户银行账户上资金的增减，因此它传递的是支付的指令信息而不是传统商务交易中的实体货币。买卖双方与各自开户银行之间的联系是通过 Internet 和银行的专用网共同参与完成来进行的，而银行与银行之间的资金清算却是通过银行内的专用计算机网络进行的。

在网上支付中，各种资金信息都是通过计算机网络来进行的，这就对计算机网络的安全性提出了很高的要求，容不得半点差错。此外，由于金融电子化还有待进一步发展，目前许多电子商务活动中也保留了传统的支付方式来作为补充，如货到付款、邮局汇款等。

（四）交易方便快捷性的特点

由于电子商务是以电子为载体的商务交易，因此，在电子商务的交易完成过程中除物流配送的环节外，一切都在网络环境下进行。因此，信息和资金的传递都以每秒 30 万千米的速度传送，理论上在一瞬间就将交易过程中售前、售中的商务过程完成了，具有交易方便快捷的特点。而且即使是售后的商品信息服务也可在网上进行，并且同样方便、快捷。

（五）消费者个性化需求的特点

由于计算机技术的发展、信息储存和数据库技术的进步、数据挖掘技术的实现，消费者个性化的信息可以大量地、日积月累地储存在计算机数据库中，通过数据挖掘技术，商家能满足客户个性化需求，这种个性化需求只有在技术进步的今天，在电子商务的模式下得以实现，这就是电子商务满足消费者个性化需求的新特点。

（六）低成本渗透的特点

电子商务在网络环境下减少了交易过程中的很多中间环节，在时间上和空间上节约了交易的成本，因此，它具有低成本核算渗透到各个过程环节中的特点，从经济上实现了价值的增值，成为商务中人们普遍采用的一种经济增长的模式。

四、电子商务的分类

（一）按电子商务的发展阶段分类

电子商务的发展经历了 Intranet（企业内部网）、Extranet（企业外部网）、Internet（因特网）三个阶段。

1. Intranet 阶段的电子商务

Intranet 阶段的电子商务模式的特点是应用电子邮件加速公司内部的信息交流，实现公司内部的办公自动化（OA），称为办公自动化或 Intranet 阶段。

Intranet 阶段的电子商务模式的优点在于：在公司内部普及电子邮件，可以使各部门之间、上下级之间的沟通和联系更便捷，缓解信息传递中的丢失和歪曲现象；与此同时，实现公司内部的工作流程和业务流程的逐步自动化，规范管理，提高工作效率。

2. Extranet 阶段的电子商务

随着信息技术的进步，合作伙伴也纷纷建立了各自的 Intranet。将这些 Intranet 连在一起，就成为 Extranet 阶段。Extranet 主要应用于企业与企业、企业与批发商、批发商与零售商之间的批发业务。相对于传统的订货和付款方式，传统贸易所使用的各种单据、票证全部被计算机网络的数据交换取代。

这种经营模式的特点是：工作流程在企业的内部和外部间流动，更多的动态信息，包括商业文件在网上出现。

Extranet 阶段的经营模式的利润来源于两个方面：一是公司之间联系的加强带来的市场份额的稳固和增加。公司通过向合作伙伴发出电子邮件、传播信息，可以拓宽公司与外部的联系渠道，保持客户的忠诚度，维系并开拓市场份额。二是企业经营管理的改善。这种改善体现在生产管理、财务管理、人力资源管理等各个方面。

3. Internet 阶段的电子商务

Internet 阶段的电子商务经营模式的特点是：公司建立在线业务。

它包括两种情况：一种情况是公司将在线业务与传统业务联系起来。公司建立自己的网页或网站，在上面放入公司的在线目录、机构介绍、研发信息、业务动态等，为访问者提供接触、了解公司的通道，并且在互联网上树立公司的全球形象。另一种情况是公司涉足全新的电子商务业务，例如建立虚拟的网上商店。顾客进入公司的页面，在网上商店中选购，将选中的商品放入虚拟购物车，然后采用双方都接受的支付方式进行支付，例如信用卡、借记卡、电子货币、电子支票、电子钱包等。经第三方授权确认，款项通过银行安全网络分配到商家的账户，同时，商家通知配送中心送货上门。这就是在虚拟电子世界中的在线交易。

Intranet、Extranet 和 Internet 之间的关系可以进行很明确的划分，Intranet 主要满足企业内部商务活动的需要，Extranet 满足企业之间商务活动的需要，Internet 则是满足针对全部市场商务活动的需要。它们是企业利用 Internet 技术实现商务活动的三个不同层次，但技术都是一样的。

（二）按电子商务的参与者性质分类

如前所述，电子商务按参与者的性质，可以分为企业（Business，B）、消费者（Consumer，C）、政府（Government，G）。由此形成了企业对企业的电子商务模式（B2B）、企业对消费者的电子商务模式（B2C）、消费者对企业的电子商务模式（C2B）、政府对企业的电子商务模式（G2B）及政府对公民（Citizen）的电子商务模式（G2C）和消费者对消费者的电子商务模式（C2C）。

1. B2B

B2B 即企业与企业（Business to Business）之间，通过互联网或专用网进行的电子商务活动。它包括企业与其供应商之间采购物品的协调，物料计划人员与仓储、运输公司间的业务协调，销售机构与其产品批发商、零售商之间的协调，为合作伙伴及大宗客户提供的服务等。

B2B 三要素：

（1）买卖：B2B 网站平台为消费者提供质优价廉的商品，吸引消费者购买的同时促使更多商家的入驻。

（2）合作：与物流公司建立合作关系，为消费者的购买行为提供最终保障，这是 B2B 平台硬性条件之一。

（3）服务：物流主要是为消费者提供购买服务，从而实现再一次的交易。

★小贴士

阿里巴巴集团发布财报　B2B 全年营收达 111.8 亿元

马云带领的阿里巴巴集团，在国内消费品行业第一，工业品行业第二，连续五年被评为全球最大 B2B 网站。阿里巴巴集团优势明显，用户覆盖数和访问量指数都远超其他几个电子商务网站，不愧为中国电子商务行业中的“老大”，但因为阿里市场的饱和与国内贸易的竞争，近几年来阿里巴巴集团的趋势没有继续增长，增长趋势为负。

2017 年 1 月 24 日，阿里巴巴集团发布 2016 年第四季度（阿里巴巴集团 2017 财年第三财季）业绩，托比网按惯例整理了阿里巴巴集团 B2B 业务的相关数据。2016 年第四季度，阿里巴巴集团 B2B 业务（包括 1688、阿里巴巴国际）营收达 30.68 亿元，同比增长 18.36%。

其中，阿里巴巴中国营收达 15.14 亿元，同比增长 30.50%，据阿里巴巴集团财报披露的信息显示，增长主要来源于收费会员的平均收入上升以及 1688 平台付费会员数的增长。

阿里巴巴国际（含一达通）营收达 15.54 亿元，同比增长 8.7%，增长主要来源于进出口及相关增值业务。

托比网对数据进行分析后得出，阿里巴巴集团 B2B 于 2016 年全年（2016.1.1—2016.12.31）营收总和为 111.8 亿元，较 2015 年的 92.81 亿元增长了 19.46%。此季度也是阿里巴巴国际与阿里巴巴中国两者营收第一次在亿元人民币这个级别上相同。另外，这也是自 2014 年第一季度以来，阿里巴巴集团 B2B 营收同比增速第一次跌破 20%。

托比研究曾在阿里巴巴集团发布上一季度财报时预测，本季度阿里巴巴国际与阿里巴巴中国营收或将持平，而此次 15.54 亿元与 15.14 亿元的数据确实在亿元人民币上实现了持平，下一季度，阿里巴巴中国营收赶超阿里巴巴国际或成大势。

2. B2C

B2C 即企业对消费者（Business to Consumer）的业务，又称直接市场销售，主要包括有形商品的电子订货和付款、无形商品和服务产品的销售。

这种形式的电子商务一般以网络零售业为主，主要借助于 Internet 开展在线销售活动。B2C 即企业通过互联网为消费者提供一个新型的购物环境——网上商店，消费者通过网络在网上购物、网上支付。由于这种模式节省了客户和企业的时间和空间，大大提高了交易效率，特别是对于工作忙碌的上班族来说，这种模式可以为其节省宝贵的时间。同时，B2C 的电子商务模式也越来越被大众接受。

B2C 电子商务网站由以下三个基本部分组成。

（1）为顾客提供在线购物场所的商场网站。

（2）负责为客户所购商品进行配送的配送系统。

（3）负责顾客身份的确认及货款结算的银行及认证系统。

★小贴士

2021 年前京东将成为中国第一大 B2C 平台

——刘强东

刘强东透露，过去 12 年，京东商城的交易额增长了近 9 万倍，年复合增长率高达 150%，GMV 增速连续多年保持行业增速的两倍甚至更高。对比长期数据发现，京东的 B2C 市场份额一直在不断攀升，艾瑞咨询数据显示，2015 年中国 B2C 购物网站交易规模为 2.1 万亿元，其中京东占比 28.2%，而 2016 年第三季度，京东的市场份额继续上升到 32.6%，与行业第一的差距在不断缩小。2016 年，京东首次登上全球财富 500 强，位列第 366 位，成为中国互联网行业唯一上榜企业。

目前，京东已成为中国最大的手机、数码、电脑零售商，销量超过其他任何一家平台线上线下的销售总和；京东家电占据中国家电网购市场六成份额，是中国影响力第一的家电渠道；而京东超市已成为国内最大的线上商超。京东服务于全国近2亿用户，其中高学历、高收入及白领用户群体占比约为53.9%。同时，京东通过自营和平台两种模式服务于全国数十万家优质品牌商，是国内最大的国货精品汇聚平台之一，包括三星、苹果、华为、联想、格力、美的、宝洁、花王、SK－Ⅱ、百事、菲仕乐等在内的数十万个国内外一线品牌与京东展开深入合作，超过12万家第三方品牌商通过京东平台开拓业务，通过与京东合作，大批优质品牌商在消费升级的潮流中精准地触及高质量目标用户，扩大了销量，海外品牌商大大拓展了其中国市场份额。

刘强东在回顾京东过去12年发展历程时表示，正是长期坚守的“正品行货”理念和强大的自建物流体系使京东成为“全球用户体验最佳公司之一”。京东建设的中小件、大件和冷链物流3张物流网络已覆盖全国98%的人口，是全球唯一拥有如此大规模、多元化物流设施的电子商务企业。金融布局方面，京东金融经过短短4年的发展，已经成为一家万亿规模的金融科技公司，3年来交易规模增长了8.65倍。预计到2020年，京东金融将服务千家金融机构、百万家企业、数亿用户，有望成为全球TOP3金融科技公司。

3. C2C

C2C即消费者对消费者（Consumer to Consumer）的业务，主要指网上拍卖。C2C模式的特点就是大众化，如何吸引更多的网民是C2C网站的关键。

网上有不少C2C网站，其购物方式都大同小异，相对于B2C来说，C2C更加复杂一些。

★小贴士

C2C小资讯

在中国C2C市场，淘宝的市场份额超过60%，毫无疑问，淘宝在C2C领域的领先地位暂时还没有人能够撼动。然而，淘宝却也不得不承受这份领先带来的压力。在领先与压力之间，淘宝在奋力往前走。

与遭受天猫的冲击相比，C2C电子商务集体衰落给淘宝的打击更大。

C2C电子商务衰落已是不争的事实。此前有数据显示，2014年中国网络购物B2C市场增长65.4%，远高于C2C市场35.2%的增速。

而目前，淘宝网在中国C2C市场占据着绝对的份额。有数据显示，C2C市场中淘宝占比达到了96.5%。淘宝的壮大，是由C端卖家的支撑为铺垫，超800万元的中小卖家构建了淘宝商家生态的基石，但这数目庞大的C端商户也给淘宝带来了一身“麻烦”，比如卖假货。

2016年4月1日，曾经被视为淘宝最大对手的拍拍网被京东彻底关闭。当时，京东给出的解释是，C2C模式的电子商务在中国目前的商业环境中监管难度较大，无法有效杜绝假冒伪劣商品。换言之，京东认为无法管理拍拍网的“假货”乱象，所以选择关掉。

事实上，早在腾讯时代，拍拍网便多次被曝出假货问题。京东接手后，采用多种技术手段和管理方式避免假货，如扮演买家抽检、第三方公司抽检、跟进举报投诉等，但仍难阻止假货进驻。

不难看出，京东明指C2C模式的假货问题，实际上是在影射淘宝。而每年“双十一”电子商务大战，京东对阿里的最有力武器就是痛斥其“假货横行”。

2015 年 1 月，原国家工商行政管理总局发布 2014 年下半年网络交易商品定向监测，显示淘宝以“37.25%”正品率在所有电子商务平台中排名垫底，继而引发了淘宝与工商总局的一场大战，甚至引发了阿里股价连续大跌。如今，随着阿里上市，淘宝却似乎正在成为阿里国际化路上的一块绊脚石。

而假货似乎成了 C2C 模式“无解”的难题。一直以来，C2C 模式由于个人卖家不被要求在工商登记备案，导致工商行政执法部门也无法进行有效监管，售假者违法成本几乎为零。面对假货泛滥的 C2C 电子商务，越来越多的消费者只好转向了京东、苏宁等 B2C 电子商务平台。作为 C2C 模式的典型代表，淘宝似乎没有更多的选择，要么转型，要么等待被取代。

4. G2B

G2B 即政府与企业之间（Government to Business）通过网络所进行的交易活动，活动覆盖企业与政府组织间的各项事务。G2B 的特点是迅速和信息量大，由于活动在网上完成，所以企业可以随时随地了解政府的动向，还能减少中间环节的时间延误和费用，提高政府办公的公开度和透明度。

G2B 主要包括以下内容。

（1）电子采购与招标。电子采购与招标通过网络公布政府采购与招标信息，为企业特别是中小企业参与政府采购提供必要的帮助，向它们提供政府采购的有关政策和程序，使政府采购成为阳光作业，减少徇私舞弊和暗箱操作，降低企业的交易成本，节约政府采购支出。

（2）电子税务。电子税务使企业通过政府税务网络系统，在家里或企业办公室就能完成进行税务登记、进行税务申报、进行税款划拨、查询税收公报、了解税收政策等业务，既方便了企业，也减少了政府的开支。

（3）电子证照办理。电子证照办理让企业可以通过 Internet 申请办理各种证件和执照，缩短办证周期，减轻企业负担，如企业营业执照的申请、受理、审核、发放、年检、登记项目变更、核销，统计证、土地和房产证、建筑许可证、环境评估报告等证件、执照和审批事项的办理。

（4）信息咨询服务。政府将拥有的各种数据库信息对企业开放，方便企业利用。如法律法规规章政策数据库、政府经济白皮书、国际贸易统计资料等信息。

（5）中小企业电子服务。政府利用宏观管理优势和集合优势，为提高中小企业国际竞争力和知名度提供各种帮助。包括为中小企业提供统一政府网站入口，帮助中小企业同电子商务供应商争取有利的、能够负担的电子商务应用解决方案等。

5. G2C

G2C 即政府对公民（Government to Citizen）的电子商务活动，它也属于电子政务的一部分。

G2C 电子政务所包含的内容十分广泛，主要的应用包括：公众信息服务、电子身份认证、电子税务、电子社会保障服务、电子民主管理、电子医疗服务、电子就业服务、电子教育、电子交通管理等。

从电子政务的组成来看，电子政务主要包括政府部门内部的电子化和网络化办公、政府部门之间通过网络实现的信息共享和实时通信、政府部门通过网络与公众之间进行的双向信息交流等组成部分。

从电子政务的应用形式来看，电子政务包括政府电子商务、政府电子采购及招投标、网上福利支付、电子邮递、电子资料库、电子化公文系统、电子税务、电子身份认证等内容。

从服务对象来看，电子政务主要包括政府对企业的电子政务、政府对公众的电子政务、政府与政府之间的电子政务等几个方面。

因而，网上办公、业务重组、面向公众成为电子政务的三要素，这三要素也是区分办公自动化系统、管理信息系统和电子政务的关键因素。

6. C2B

C2B 即消费者对企业（Consumer to Business）的业务，主要指团购网站。C2B 模式的特点就是大众化及性价比高。如何吸引更多的网民便是 C2B 网站的关键。

C2B 的核心是以消费者为中心，消费者当家做主。站在消费者的角度看，C2B 产品应该具有以下特征：第一，相同生产厂家的相同型号的产品无论通过什么终端渠道购买价格都一样，也就是全国人民一个价，渠道不掌握定价权（消费者平等）；第二，C2B 产品价格组成结构合理（拒绝暴利）；第三，渠道透明（O2O 模式拒绝山寨）；第四，供应链透明（品牌共享）。

C2B 模式的特性如下。

（1）C2B 营销概念，即将庞大的人气和用户资源转化为对企业产品和品牌的注意力，转化为企业所迫切需要的营销价值，并从用户的角度出发，通过有效的整合与策划，改变企业营销内容及形式，从而形成与用户的深度沟通与交流。

（2）招集众商家联合合作营销，给顾客更多的选择。

（3）买家发布商品类型、价格、大小、样式等构成要约成立的条件，让企业来找你，从而促成双赢的局面。

（4）聚合分散的数量庞大的客户群，形成一个强大的采购集团，扭转以往一对一的劣势出价地位，享受批发商的价格优惠。

（5）客户个性化定制产品，邀约厂商生产，实现以客户需求为引擎，倒逼企业“柔性化生产”。厂商也可实现以销定产、降低库存，同时减少销售环节、降低流通成本。

★小贴士

C2B 成功案例

——天猫购物节预售模式助商家精准锁定消费者

所谓 C2B 就是集采预售模式，互联网可在短时间内快速聚集单个分散的消费需求，给卖家一个集采大订单。卖家预先拿到订单后，可从供应链的后端、中端或前端进行优化，从而大大降低商品成本，这种模式不仅给消费者优质低价，也最大限度地保障了卖家的利润。

经过近两年的“双十一”，不少商家都感受到了 C2B 的优势：效率高、利润高、降低成本。因此，有业内人士预计，未来将有越来越多的店铺尝试 C2B 模式，“大家都尝到了这种模式的甜头，所以我们以后在淘宝、天猫购物的时候，恐怕会越来越多地看到无库存的商品，先预订后制作，发货时间会推迟。”

天猫提供的数据显示，2016 年“双十一”仅仅一天，东北有机大米卖出 14 万斤，新疆阿克苏有机苹果卖出 2.5 万斤，家具建材卖出 58 万件，数码家电类卖出 10 万件，整车卖出 2100 辆。研讨会上，茵曼总经理方建平表示，通过预售，确实从供应链端就降低了生产成本，让消费者获得了更大实惠。"'双十一'之前，6个定制款在天猫的预售平台展示订购，当时只是打好样衣，并没有货。"接到预售会聚的消费者订单后才开始生产，其中两个款式就卖出2万多件。

预售模式的推出将有助于商家更加精准地锁定消费者、提前备货，更有效地管理上下游供应链。这被业界视作对C2B电子商务模式的新探索，也打响了天猫"'双十一'购物狂欢节"的第一炮。

不仅锁定消费，商家们也纷纷拿出优惠券刺激消费。包括ONLY、Adidas、飞利浦、海尔、宏碁等在内的几乎覆盖全类目的1 500多个品牌也全力参与优惠券发放，优惠券价值总额突破千亿元级别，所有优惠券仅限"双十一"当天使用。

第三节 电子商务对社会经济的作用

电子商务所具有的不同于传统交易手段的新特点，带来了巨大的经济效益和社会效益，虚拟企业、虚拟银行、网络营销、网上购物、网上支付、网络广告等一大批前所未闻的新词汇正在为人们所熟悉和认同，这些词汇同时也从另一个侧面反映了电子商务正在对社会和经济产生巨大影响，它改变了人们工作和生活的方式，对企业的传统经营管理模式提出了新的挑战。

一、电子商务对国际贸易的影响

（一）实现贸易的全球化

为了进行国际贸易，跨国公司会在世界各地设立办事处或销售机构及代理商。如果公司不具备在世界各地建立销售网点的实力，要进行跨国贸易是十分困难的。传统的经贸活动，经贸双方要经过面对面的谈判、协商，或者通过电话、传真、信函等多种通信工具进行信息交流，交易过程烦琐，成本费用很高，能接触到的交易对象也很有限。总之，传统的贸易活动受到时间和空间的限制，尤其是中小型企业，要想在国际市场上进行贸易十分困难，需要巨大的人、财、物的投入。电子商务为企业提供了进入国际市场的便捷通道，打破了时间和空间的限制，通过网络企业可以在全球范围内寻找贸易对象，在网上完成贸易过程，一些信息产品，如软件、书报等还可以在网上直接传给对方，大大降低了交易成本。

2001年，我国加入世界贸易组织，我国与其他国家的交流越发密切，逐步开始强调信息、管理、技术、知识等要素的重要性，不断深化强调生产要素的重要性，这使得我国走上了一条国际大道，并且与时俱进，融入了国际大环境。我国商务部预测，跨境电子商务在未来几年占中国进出口贸易比例将提高到20%，年增长率超过30%。跨境电子商务在中国的发展是迅速的，同时也是必然趋势，并将会随着时代的演进和进步，进一步扩大规模，发展成新的发展模式，优化国家经济产业的规划。

（二）促进国际贸易，改善贸易管理

基于Internet的电子商务和许多产品的电子化供应方式，将促进国际贸易的增长。电子

商务将通过提供比电话传输更快、更方便、更便宜的信息交换平台，进一步促进贸易的增长和发展。另外，许多产品可以以省时、省运费的电子方式通过网络发送，使得跨国界、距离远的限制没有了，使提供软件和海关服务变得像近距离一样方便、灵活；使得娱乐型（如录像、音乐、游戏）的国际贸易十分容易；金融机构也将有更多的机会通过电子商务系统提供国际性金融业务服务，将金融业务扩大到全球范围。

对于关税部门，电子商务能够以一种更间接的方式促进国际贸易。事实上，由于业务在边境上的延误、不必要的文件以及政府要求的贸易程序而未实现自动处理所造成的损失，有时会超过关税及其他主要费用，而电子商务的实现，就可以解决这些问题。

新加坡是整个贸易交易过程以信息技术和201为基础的国家之一。新加坡在1989年建立了贸易网（增值网），将贸易共同体（商人、货物转运人、货物及装运代理）同涉及进出口过程的20多个政府机构相连，公司只需通过网络发出一份电子文件，在15～30分钟内就能办妥必要的审批文件，而这在过去需要分别向每个部门提交文件，并获得批准等，此类手续需要2～3天的时间。现在，新加坡98%以上的贸易申报单通过该系统处理，从而允许公司只需提前很短的时间进入贸易，减少了50%的费用。

二、电子商务对企业的影响

电子商务的发展以及经济全球化要求企业能迅速参与国际竞争，并能借助互联网的力量采用电子化方式高效地和其业务伙伴进行业务往来。经济市场化则使企业面临新的竞争环境，如果企业不能提高产品及服务质量、降低经营成本，其难免被淘汰。而网络技术、通信技术使得通过电子手段进行经济活动成为可能，电子商务因此而获得了迅速的发展，成为信息时代初级阶段最具活力的代表，并对世界经济的发展形成了强大的推动力。毋庸讳言，电子商务代表着未来交易方式的发展方向，电子商务的应用和推广将给企业的经济效益带来极大的影响。

（一）提高企业营销效率

电子商务使企业的产品及服务通过互联网可以得到宣传和推广，从而大大降低了企业的广告支出成本以及人力的宣传推广成本，为其增加了销售推广渠道。在传统的广告及产品推广过程中，企业支出成本很高，而采用电子商务的广告宣传模式则降低了成本，提高了经济效益。

（二）降低企业间交易成本

电子商务使企业之间、企业的合作伙伴之间的沟通与联系更加便捷和及时，无须因出差而耽误双方沟通的有效时间，信息更加公开和透明，极大地降低了企业间的交易成本。

电子商务的发展，使得企业可以与主要供应商之间建立长期合作伙伴关系，并将原材料采购与产品的制造过程有机地配合起来，形成一体化的信息传递和处理系统。电子商务还使得交易双方的交流更为便捷和及时，大大降低了双方的通信往来费用，简化了业务流程，节约了大量的时间成本与传输成本。除此之外，通过电子商务，供应链伙伴之间更加紧密地联系在一起，使以往商品生产与消费之间、供给与需求之间的“时滞”变为“实时”，大大改善了销售预测与库存管理，降低了整个供应链的库存成本，并节省了仓储、保管、行政等多方面的开支，提高了企业的经济效益。

（三）创造个性化服务

电子商务为广大消费者提供个性化服务创造了条件，在提高整个社会的服务水平的同时，也为企业增加盈利提供了契机。在传统方式下，人们必须在商场营业时间去购物，受到较强的时间和地点限制。利用电子商务可以使世界各地的任何人都通过计算机和互联网随时、随地地进行商务活动，在网上购买自己喜欢的物品，而且足不出户。企业也可以利用网络追踪和分析每一位消费者的偏好、需求和购物习惯，使企业对消费者的了解和认知更为透彻，更好地为消费者提供个性化服务，提高他们的满意度和忠诚度，为企业增加利润。

综上分析及研究可见，在网络技术与信息通信技术日新月异的发展之下，企业只有开展切实有效的电子商务模式，才能在竞争日益激烈的当代生存发展，更充分地服务于客户，提高公众的注意力，开辟新市场，从而获得更高的经济效益。

三、电子商务对消费者的影响

电子商务改变人们的消费方式。网上购物的最大特征是消费者的主导性，购物意愿掌握在消费者手中；同时消费者还能以一种轻松自由的自我服务的方式来完成交易，消费者的自主权可以在网络购物中充分体现出来。传统的商务活动最典型的情景就是“推销员满天飞”“采购员遍地跑”“说破了嘴、跑断了腿”；消费者在商场中筋疲力尽地寻找自己所需要的商品。现在，通过互联网只要动动手就可以了，人们可以进入网上商场浏览、采购各类产品，而且能得到在线服务。

四、电子商务对政府的影响

电子商务转变政府的行为。政府承担着大量的社会、经济、文化的管理和服务的功能，尤其作为“看得见的手”，在调节市场经济运行、防止市场失灵等方面有着很大的作用。在电子商务时代，企业应用电子商务进行生产经营、消费者实现网上消费这种现象也对政府管理行为提出了新的要求，电子政府或称网上政府，将随着电子商务发展而成为一个重要的社会角色。

总而言之，作为一种商务活动过程，电子商务将带来一场史无前例的革命。其对社会经济的影响会远远超过商务的本身，除了上述这些影响外，它还将对就业、法律制度以及文化教育等带来巨大的影响，电子商务会将人类真正带入信息社会。

关键名词

电子商务　新零售　物流　资金流　商流　信息流

课后习题

一、选择题

1. 下列关于电子商务的说法正确的是（　　）。

A. 电子商务的本质是计算机技术　　B. 电子商务的本质是建设网站

C. 电子商务的本质是虚拟经济　　D. 电子商务的本质是商务

2. 使用新的计算机技术、网络技术、通信技术改变传统商务模式的活动称为（　　）。

A. 商务经营　　B. 商务策划　　C. 电子商务　　D. 信息管理

3. 企业内部网的英文是（　　）。

A. Intranet　　B. Internet　　C. Extranet　　D. E-mail

4. 电子数据交换的简称是（　　）。

A. EFT　　B. EDI　　C. NET　　D. EC

5. 在电子商务模式中，交易双方信息的沟通都是通过双方的网址和网络主页完成的，具有（　　）的特点。

A. 快速和高效率　　B. 快速和精确　　C. 高效率和精确　　D. 安全和高效率

6. 电子商务的前提是（　　）。

A. 商务信息化　　B. 商务国际化　　C. 交易国际化　　D. 交易网络化

二、简答题

1. 试述电子商务发展的重要历程。

2. 电子商务的“四流”是什么？它们之间存在何种关系？

3. 结合案例，试述电子商务有哪些特点。

4. 结合自己的体会，谈一谈电子商务对社会经济的主要影响。

技能操练

1. 登录中国电子商务研究中心（100ec. cn），到多个板块学习电子商务细分行业的发展现状和问题。

2. 登录中国互联网信息中心（cnnic. cn）下载最新的《中国互联网发展统计报告》，了解与电子商务有关的统计数据。

第二章

电子商务的业务模式

★学习目标

★了解电子商务模式分类。

★熟悉电子商务的盈利模式。

★掌握不同电子商务模式的内涵，能够进行相关的模式分析。

★案例引导

阿里巴巴集团

作为电子商务的缔造者和发展者，阿里巴巴集团见证了中国电子商务本土化的演化历程。它具有预见性和整体战略性眼光，以领跑者的身份主导着电子商务的发展，这使其在成立后不到几年的时间就由一家小公司成长为世界级的互联网巨头。

阿里巴巴集团的使命是让天下没有难做的生意。其经营多个领先的网上及移动平台，业务覆盖零售批发贸易、云计算服务等。集团的子公司及关系公司有阿里巴巴 B2B、淘宝网、天猫、一淘网、阿里云计算及支付宝。

阿里巴巴集团发展战略是以 B2B 业务为切入点，通过横向和纵向一体化战略的结合，使其构筑了 B2B、C2C、软件服务、在线支付、搜索引擎、网络广告六大业务领域的电子商务生态圈，全面覆盖中小企业电子商务的各大环节。整个商业生态圈的六大环节之间相互作用、相互影响、相互支撑，通过资源整合应用最终发挥最大价值，实现了产业链协同。

1999 年在美国成立的 eBay 可谓是在 C2C 电子商务领域一枝独秀，几乎没有竞争对手，并且占据着全球 90% 以上的市场份额，在品牌和用户基础上拥有绝对的优势。2003 年 4 月，一个 9 人团队没日没夜地研发一个月，最终能和 eBay 抗衡的淘宝网在 2003 年 5 月 10 日正式上线。经过 20 多天的宣传，淘宝有了 1 万名注册用户，在短短的两年时间内，淘宝网便迅速成为国内网络购物市场的第一名，占据了中国网络购物的高达 70% 左右的市场份额。一个专家曾说过，如果要定义淘宝网成功道路的话，那么只可能是这么一句话：它终于将一个商业工具转变为一个生活工具。

随着信息时代的发展与进步，手机从原先的非智能到现在智能的转变，使得人们对信息的依赖度渐渐加大。现代生活节奏的加快，渐渐使得时间观念以及方便快捷成为这个时代的最重要的需求。手机购物APP软件开始如火如荼地产生。阿里巴巴集团看到了这一点，在2010年推出了手机淘宝。布局手机淘宝，也是阿里巴巴集团面对移动互联网时代变革的重要举措。

2012年1月11日，淘宝商城在北京举行了战略发布会，淘宝商城的CEO张勇宣布，“淘宝商城”正式更名为“天猫”。这是继2011年淘宝“一拆为三”，即延续原C2C业务淘宝网、平台型B2C业务和一站式购物搜索引擎一淘网后，天猫走向独立的更进一步。当时公司决策层认为即使C2C淘宝做得再大，如果不介入B2C市场的话，也会损失很大的。整个电子商务市场如果B2C和C2C各占50%，那相当于切掉了一半市场。也正是这种不安全感，使得天猫应运而生。天猫致力于构建一个商业生态圈系统，能够为卖家提供整个全面的解决方案，同时为买家提供更全面更好的服务，并通过开放平台等方式来吸引更多企业入驻天猫，使商城不仅是一个购物平台，更是一个电子商务网络购物生态圈系统。

淘宝网和天猫在2012年销售额达1.1万亿人民币，超过亚马逊公司和eBay之和，因此英国《经济学人》杂志称其为“世界上最伟大的集市”。

2014年9月20日，阿里巴巴集团在美国纽约证券交易所挂牌上市，首日报收于93.89美元，较发行价上涨38.07%，以收盘价计算，其市值破2 300亿美元。从50万元人民币初创到上市市值达到2 300亿美元左右，阿里巴巴集团用了15年。阿里巴巴集团最新市值为1 987.49亿美元，按照1美元等于6.662 5元人民币计算，其总市值约为13 241亿元，在商界可谓是一个超级帝国，并被民间称作“中国一省”。世界500强的评判标准是按企业年营业收入来排名的，不是按市值也不是年利润。所以大家才会看到没有阿里市值高的公司却是世界500强的身份。

第一节　电子商务的商务模式

研究电子商务的分类体系，有助于挖掘新的电子商务模式，为各种各样的电子商务模式创新和运作提供途径，也有利于企业进行有效的电子商务战略定位和规划。电子商务按照不同的分类标准，可以从多个角度建立不同的分类框架，划分出多种不同的类型，以下是几种常见的划分方法。

一、按数字化程度划分

（一）完全电子商务

完全电子商务是指交易过程从信息到资金到物流等方面全部能够在网上完成，也就是说商品或服务的整个过程都可以在网络上实现的电子商务。现阶段完全电子商务中由于物流这一环节也在网上完成，没有实际中的人与人打照面，所以说完全电子商务所交换的产品和服务是虚拟的，也就是电子化的产品与服务，可以通过网络来传播的，比如说付费的网络音乐下载、在线电影、电子报刊、电子杂志、电子书，还有各种付费电子版论文等。实现全方位的数字自动化，最大限度地消除人工干预，是电子商务应用的高级层次，也是电子商务发展的理想阶段。

★小贴士

在线音乐付费市场

据有关媒体2016年6月报道：前段时期酷狗、酷我与QQ音乐完成合并一事吸引业内外广泛关注，而近日则有数据显示，酷狗和QQ音乐均对外宣布自己的付费用户数已达千万，使得业内不禁猜测在线音乐付费时代何时能真正来临。公开资料显示，2015年年底酷狗开始推行付费服务，此次对外宣布付费用户数破千万则不到一年时间。而在不久前，QQ音乐也在媒体分享会上宣布其付费用户达1 000万人。在业内看来，虽然与两大平台用户总数已达数亿人相比，千万级付费用户看似比例不高，但这一增长速度也能在一定程度上表明，音乐产业正版化的进程不断加快，而优质音乐服务正在激活内容价值。

据199IT此前发布的《中国在线音乐用户行为》报告显示，2015年在线音乐收入为40.2亿元，相较2014年同比增长逾60%，虽然2016年刚过半不久，但市场收入现已超60亿元。此外从用户角度来看，有近六成用户为音乐付过费，超六成用户愿意为高品质独家内容买单，其中“85后”为在线音乐主力军，占比近四成。

可以预期的是，当这些年轻群体成为市场消费主力，国内的音乐付费也在慢慢进入正轨。而随着用户在互联网上为优质音乐服务付费意愿的提升，各个平台纷纷选择多元化的延伸服务试图将平台粉丝转化成付费用户，进而建立社群关系来经营粉丝经济。

有业内人士分析，随着近两年政府加大版权保护力度，音乐付费模式趋于成熟，移动互联网和移动支付打通了多种收费路径，对于数字音乐行业而言，付费音乐的春天正在来临。且数字音乐十余年的发展证明，单纯的广告模式已无法支撑产业发展，因此一边用高质量服务提高付费会员转化率和增速，一边用粉丝经济找到版权变现突破口，让付费用户和粉丝经济互相借势，从而实现音乐本身价值更大化。

（二）非完全电子商务

非完全电子商务是指不能完全依靠电子商务方式实现和完成完整交易的交易行为和过程。一般来说非完全电子商务通过网络达成交易，但交易的完成是在网下进行的。比如说我们所熟知的淘宝、京东商城、苏宁易购、当当网、卓越亚马逊等，消费者在网上选择好商品并付款，但仍然需要通过物流系统，将货物运送到消费者手中。一般而言，采用非完全电子商务交易的主要是有形商品，指的是占有三维空间的实体类商品，看得见、摸得着的商品，如数码相机、书籍等。

二、按区域范围划分

（一）本地电子商务

本地电子商务是指在本地区范围内开展的电子商务，交易双方都在本地范围之内，利用本地的电子商务系统开展商务活动。

本地电子商务的优势：由于是本地送本地，物流时间短、成本低；所卖的商品一般是本地品牌，更有亲和力；本地电子商务可以通过线下的活动（如在本地进行一些会展营销）来促进线上的销售。很多地方性的服务性网站生活圈，集成本地的企业和商家，可以在线销售本地的鲜花、家居用品，使其通过互联网实现了初步的本地电子商务。

（二）远程国内电子商务

远程国内电子商务是指在本国范围内进行的网上电子交易活动，其交易的地域范围较大，对软硬件和技术要求较高，要求在全国范围内实现商业电子化、自动化，实现金融电子化，交易各方具备一定的电子商务知识、经济能力和技术能力，并具有一定的管理水平和能力等。其与本地电子商务的最大不同是地域范围较广，参与商务活动的各方可能分布在国内不同的省市或地区。因此其对参与商务活动各方的信息基础设施和技术条件要求比较高，要求有覆盖全国范围的信息网络的支持，并且要求能够在全国范围内将参与交易各方的电子商务信息系统、银行金融机构的信息系统及货物运输信息系统等系统连接起来，共同完成电子商务活动。因此，远程国内电子商务要求有一个全国性的电子商务环境。

（三）跨境电子商务

跨境电子商务是指不同国境地域的交易主体之间，以电子商务的方式达成交易（在线订购、支付结算），并通过跨境物流递送商品，清关，最终送达，完成交易的一种国际商业活动。跨境电子商务作为一种电子化的新型跨境贸易模式，有着十足的活力和无法比拟的优势。跨境电子商务作为推动经济一体化、贸易全球化的技术基础，具有非常重要的战略意义。跨境电子商务不仅冲破了国家间的障碍，使国际贸易走向无国界贸易，同时它也正在引起世界经济贸易的巨大变革。对企业来说，跨境电子商务构建的开放、多维、立体的多边经贸合作模式，极大地拓宽了进入国际市场的路径，大大促进了多边资源的优化配置与企业间的互利共赢；对于消费者来说，跨境电子商务使他们非常容易地获取其他国家的信息并买到物美价廉的商品。

三、按交易主体划分

（一）B2B 电子商务

企业对企业（Business to Business），即 B to B 或 B2B 的电子商务，即企业与企业之间通过互联网或专用网进行产品、服务及信息的交换。B2B 模式区分为面向交易市场的水平 B2B 电子商务和面向制造业或商业的垂直 B2B 电子商务模式两种。垂直 B2B 电子商务可以分为两个方向，即上游和下游。生产商或商业零售商可以与上游的供应商之间形成供货关系，比如戴尔电脑公司与上游的芯片和主板制造商就是通过这种方式进行合作。生产商与下游的经销商可以形成销货关系，比如 Cisco 与其分销商之间进行的交易。水平 B2B 电子商务是将各个行业中相近的交易过程集中到一个场所，为企业的采购方和供应方提供了一个交易的机会。B2B 交易平台上交易的商品覆盖门类齐全，企业和企业之间的交易多数是大额交易。

由于 B2B 企业间大额交易的特点，所以 B2B 的交易在线下完成，B2B 只是一个平台，撮合双方进行交易。交易品的种类不受网络交易的限制。网站方只提供网站平台，不参与商品交易，服务的客户主体都是企业，侧重于批发，是大宗量的。作为网站方，它本身不涉及商品的物流和商品交易的资金流等，只充当中介角色。其不仅服务于卖方，也服务于买方。

B2B 的支付方式，以阿里巴巴为例，其现有的在线支付方式为支付宝和银行转账等。通过支付宝交易，买家先把货款付到支付宝公司安全账户（网上汇款免手续费），收货满意后再转账给卖家，这种支付方式不仅方便快捷，而且安全。由于 B2B 从事企业之间的各种大中型的交易活动，主要是有一定经营场所的企业所进行的各类业务，所以它具有一定的权威性和专业性，所有业务流程都具有规范化的特点。B2B 的典型代表有阿里巴巴集团、中国制造网、环球资源内贸网、世界工厂网、慧聪网等。

（二）B2C 电子商务

企业对消费者（Business to Customer），即 B to C 或 B2C 的电子商务。B2C 的电子商务主要应用于商品的零售业，包括面向普通消费者的网上商品销售和网上电子银行业务。对于消费者而言，B2C 能够提供方便的购买方式、支付方式、送货方式、售后服务等。

在时间上，商品的种类比较多，挑选起来比较方便，可以为顾客节省挑选商品的时间。顾客可以利用一台可以上网的电脑就能在任何时间、任何地点进行购物，做到足不出户就买到喜爱的商品。在价格上，由于 B2C 业务可以在没有实体店铺的情况下进行，这样就可以节约大量的仓储成本。把这些节约下来的成本转嫁到顾客身上，就能够让顾客购买到低于市场价格的商品。支付的安全性也是顾客比较关心的问题之一。目前在 B2C 平台上可供选择的支付方式有很多，主要有网上银行、邮局汇款、银行电汇、货到付款，顾客可以选择适合自己的支付手段。例如淘宝网的支付平台——支付宝，通过支付宝支付，顾客可以安心地购买并在货物收到以后再进行支付。在送货上，B2C 一个比较明显的特点就是：送货方式的灵活性。其根据不同的收货地址，选择最近的供应商与物流配送点，在最低送货成本的前提下，以最快速度把商品送到顾客手上。在售后服务方面，B2C 跟一般实体店铺一样，可以提供退货服务和保修服务，这样与现在生活中的购买活动没有太大的区别。B2C 的典型代表有天猫、当当网、京东商城、苏宁易购等。

（三）C2C 电子商务

消费者对消费者（Customer to Customer），即 C to C 或 C2C 的电子商务。C2C 是指一个消费者作为卖方出售商品给另一个消费者，也就是平常所说的网上拍卖。C2C 交易平台上交易产品丰富、范围广并且以个人消费品为主。C2C 模式可以免去实体店铺的购置，直接将商品信息发布出来以供购买，具有多种灵活的支付方式和物流方式。C2C 在物品配送流程中没有规定具体的方式，是根据不同的卖家或买家的喜好来决定。另外，由于 C2C 交易的金额较小，因此现阶段交易平台可以通过和第三方合作提供支付担保的方式帮助交易双方直接进行线上交易，除此之外，交易双方的消费者也可以通过线下当面交易的方式进行交易。作为 C2C 的平台，淘宝网为网民提供了一个自由的买卖空间。只要合法，任何人都可以在这里买卖任何商品。更多的选择、更丰富的商品、更人性化的服务是“淘宝族”们支持淘宝网的重要原因。自由的交易方式为“淘宝网”带来了居高不下的点击率，也带来了难以估量的商机。C2C 的典型代表有淘宝网、易趣网、拍拍网等。

（四）电子政务

电子政务，就是政府机构应用现代信息和通信技术，将管理和服务通过网络技术进行集成，在互联网上实现政府组织结构和工作流程的优化重组，超越时间和空间及部门之间的分隔限制，向社会提供优质和全方位的、规范而透明的、符合国际水准的管理和服务。电子政务的处理方式是以社会的需求为中心，政府以“向社会提供高效、优质的政府管理与服务”作为出发点，运用信息技术打破行政机关的组织界限，使得人们可以从不同的渠道获取政府的信息及服务，政府机关之间以及政府与社会各界之间也是经由各种电子化渠道进行相互沟通，依据人们的需求、可以使用的形式、要求的时间及地点，提供各种不同的服务选择。电子政务主要分为企业对政府、消费者对政府等几种模式。

企业对政府（Business to Government），即 B to G 或 B2G 的电子商务。B2G 覆盖企业与政府组织间的许多事务。例如我国地方政府网上采购、网上报关、网上保税、网上申领执照或营业许可、网上产权交易等涉及企业与政府之间的行为。

消费者对政府（Customer to Government），即 C to G 或 C2G 的电子商务。随着电子商务的发展，消费者对政府的电子商务活动也将逐渐增加。例如政府将电子商务扩展到福利费的发放、自我估税及个人所得税征收等；通过网络实现个人身份的核实、报税、收税等政府对个人之间的行为。

四、按交易过程划分

（一）直接交易

网络商品直接交易是指消费者和生产者，或者需求方和供应方直接利用网络形式开展的买卖活动。消费者进入商家的网页，通过购物对话框填写购货信息，选择某种支付方式进行付款，商家的客户服务器确认消费者付款后，通知销售部门送货上门。网络商品直接交易模式的最大特点是消费者与厂商直接联系，减少交易环节，降低交易成本，降低商品的最终价格，而且可以减少售后服务的技术支持费用以及为消费者提供更快捷、更方便的服务。

（二）中介交易

由于网络是一个虚拟市场，网络直销时，交易双方都会考虑对方的信誉，担心出现对方拿钱不给货或者拿货不给钱的问题，从而影响交易进行。为了克服网络直销的缺点，网络商品交易中介机构（即网络中间商）应运而生。这类机构成为连接买卖双方的枢纽，使得网络间接销售成为可能。网络商品中介交易，是指交易实体即卖方与买方通过专业的网络商品交易中心，即通过虚拟网络市场进行的商品交易，而非交易双方直接沟通的交易。在这种交易过程中，网络商品交易中心以 Internet 为基础，利用先进的信息网络技术，将商品销售方、购买方和银行、认证中心等第三方服务部门紧密地联系起来，为客户提供市场信息、商品交易、仓储配送、货款结算等全方位的服务。网络商品中介交易这种方式可以有效地解决传统交易中的难题，降低企业经营风险。阿里巴巴 B2B 网站、中国商品交易中心等都是这类中介机构。中介交易简化了市场交易过程，有利于交易规模化，便利了双方信息收集过程。因此可以说网络商品交易中介机构扮演着商品与信息的集中、平衡和扩散的功能。

五、按网络类型划分

（一）EDI 网络电子商务

EDI（Electronic Data Interchange，电子数据交换）网络电子商务是按照一个公认的标准和协议，将商务活动中涉及的文件标准化和格式化，通过计算机网络，在贸易伙伴的计算机网络系统之间进行数据交换和自动处理。EDI 主要应用于企业与企业、企业与批发商、批发商和零售商之间的批发业务。EDI 网络电子商务在 20 世纪 90 年代已得到较大的发展，技术上也较为成熟，但是因为开展 EDI 对企业有较高的管理、资金和技术方面的要求，因此至今在我国企业尚不太普及。

（二）Internet 电子商务

Internet 电子商务是指利用连通全球的 Internet 开展的电子商务活动。在 Internet 上可以进行各种形式的电子商务业务，所涉及的领域广泛，全世界各个企业和个人都可以参与。它正以飞快的速度发展，其前景十分诱人，是目前电子商务的主要形式。

（三）内联网电子商务

内联网（Intranet）电子商务是指企业将其内网有限度地向已有的或潜在的商业供应链伙伴开放，以实现电子商务的协调，这可以大大提高工作效率，降低业务成本。内联网电子商务通常是一个公司或企业进行电子商务的第一步，现在很多大公司都开展了内联网电子商务。例如美国乡村房屋贷款公司与银行和商业伙伴联网，有 500 个客户、250 个商家使用该公司的内联网；阿根廷最大的酿酒公司 Cervecrias Quilmes 与 6 个酿造厂和 4 个大型经销中心共享内联网；中国联想电脑公司和用友软件公司也已建成内联网电子商务模式。

第二节 电子商务的盈利模式

一、销售收入

网站的商品与服务交易的收入是大多数企业电子商务网站主要盈利的来源，是现阶段最主要的电子商务盈利模式之一。一般企业网站的运营类型可分为平台式电子商务网站和销售式电子商务网站两种。销售式电子商务网站是企业销售类网站，企业在平台是出卖产品，以在平台上销售产品为主要盈利方式，需要自行开拓采购供应商渠道，并构建完整的仓储和物流配送体系或者发展第三方物流加盟商，还要满足消费者购买产品后的物流配送服务。在这种方式下，打折优惠是吸引消费者的最佳方式，价格的低廉，能够吸引客户，提高点击率，使访问量持续攀升，交易也会增加。这一类又可以根据所销售的产品类别分为两类：一是销售企业自有产品，即通过电子商务网站销售企业自己生产的产品或加盟厂商的产品。商品制造企业主要是通过这种模式扩大销售，从而获取更大的利润。二是销售衍生产品，销售与本行业相关的产品，这种模式产品较齐全，但可能因为网站编辑不了解各种类的产品，造成不专业的后果。

二、交易费

企业电子商务平台是建立在 Internet 网上进行商务活动的虚拟网络空间和保障商务顺利运营的管理环境；是协调、整合信息流、货物流、资金流有序、关联、高效流动的重要场所。企业、商家可充分利用电子商务平台提供的网络基础设施、支付平台、安全平台、管理平台等共享资源有效地、低成本地开展自己的商业活动。平台式电子商务网站没有自己的产品，只为各企业商家提供平台服务，通过收取虚拟店铺出租费、交易手续费、加盟费等来实现盈利。平台式电子商务的典型代表为：淘宝商城通过为企业提供店铺平台，收取加入网站平台的店铺费用，并根据企业店铺的需求提供不同的服务，收取不同的服务费和保证金。

三、网络广告费

网络广告是门户网站的主要盈利来源，同时也是 B2B 电子商务网站的主要收入来源。阿里巴巴网站的广告根据其在首页位置及广告类型来收费；中国化工网有弹出广告、漂浮广告、BANNER 广告、文字广告等多种表现形式可供用户选择。网络广告盈利不仅是互联网经济的常规收益模式，也是几乎是所有电子商务企业的主要盈利来源。广告作为最重要的电子商务网站盈利模式之一，其主要作用是吸引顾客的注意力。相对于传统媒体来说，在电子商务网站上投放广告的独特优势在于：首先，投放效率较高，投放成本与实际点击效果直接关联；其次，电子商务网站可以充分利用网站自身提供的产品或服务的不同来对消费群体进行分类，对广告主的吸引力也很大。这种盈利模式能否成功的关键是企业自身的电子商务网站能否吸引大量的广告，能否吸引广大消费者的注意。

四、会员费和订阅费

企业通过第三方电子商务平台参与电子商务交易，必须注册为电子商务平台网站的会员，每年要交纳一定的会员费，才能享受网站提供的各种服务，目前会员费已成为我国 B2B 电子商务平台网站最主要的收入来源。比如阿里巴巴网站收取中国供应商、诚信通两种会员费，中国供应商会员费分为每年 4 万元和 6 万元两种，诚信通的会员费每年 2 300 元。B2C 网站根据不同的运营方式及提供的服务收取会员费用，B2C 网站提供的服务有在线加盟注册程序、购买行为跟踪记录、在线销售统计资料查询及完善的信息保障证等。会员数量在一定程度上决定了网站通过会员最终获得的收益。网站可以举办一些优惠活动并给予收费会员更优惠的会员价，与免费会员形成差异，以吸引更多的长期顾客。

五、网站的间接收益模式

电子商务网站盈利模式除了靠将自身创造的价值变为现实价值获取利润外，企业还可以通过价值链的其他环节实现盈利。

（1）网上支付收益模式。当网上支付拥有足够的用户时，就可以开始考虑通过其他方式来获取收入的问题。以淘宝为例，有近 90% 的淘宝用户通过支付，带给淘宝巨大的利润空间。淘宝不仅可以通过支付宝收取一定的交易服务费用，而且可以充分利用用户存款和支付时间差产生的巨额资金进行其他投资盈利。

（2）网站物流收益模式。我国电子商务的交易规模已经达到数千亿元，由此产生的物流市场也很大。将物流纳为自身的服务、网站的服务，网站不仅能够占有物流的利润，还使得用户创造的价值得到增值。不过，物流行业与互联网信息服务有很大的差异，电子商务网站将物流纳为自身服务的成本非常高，需要建立实体配送系统，而这需要有强大的资金做后盾。

六、联属推荐费

联属网络营销指的是网站 A 为网站 B 放置广告按钮，然后从为网站 B 带来的销售额中获得回佣的一种广告系统。某些广告主通过这种方式获得市场信息而不是现金销售。这种方式被营销费用比较紧张的新网站采用得比较普遍。根据商家网站给联属会员的回报支付方式，联属网络营销可以分为以下 3 种形式。

（1）按点击数付费（Cost-Per-Click，CPC）。联属网络营销管理系统记录每个客人在联属会员网站上点击到商家网站的文字或者图片的链接（或者 E-mail 链接）次数，商家（Merchant）按点击量支付广告费。

（2）按引导数付费（Cost-Per-Lead，CPL；有的叫 CPA，Cost-Per-Acquisition）。访问者通过联属会员的链接进入商家网站后，如果填写并提交了某个表单，管理系统就会产生一个对应给这个联属会员的引导（Lead）记录，商家按引导记录数给会员付费。

（3）按销售额付费（Cost-Per-Sale，CPS）。商家只在联属会员的链接介绍的客人在商家网站上产生了实际的购买行为后（大多数是在线支付）才给联属会员付费，一般是设定一个佣金比例（销售额的10% ~50%）。

上面 3 种方式都属于 Pay For Performance（按效果付费）的营销方式，无论对于商家还是联属会员都是比较容易接受的。由于网站的自动化流程越来越完善，在线支付系统也越来越成熟，越来越多的联属网络营销系统采用按销售额付费的方法。由于这种方法对商家来说是一种零风险的广告分销方式，商家也愿意设定比较高的佣金比例，这样就使得这种方式的营销系统被越来越多地采用。

七、竞价排名

企业为了促进产品的销售，都希望在 B2B 网站的信息搜索中将自己的排名靠前，而网站在确保信息准确的基础上，根据会员交费的不同对排名顺序做相应的调整。阿里巴巴的竞价排名是诚信通会员专享的搜索排名服务，当买家在阿里巴巴搜索供应信息时，竞价企业的信息将排在搜索结果的前 3 位，被买家第一时间找到。中国化工网的化工搜索是建立在全球最大的化工网站上的化工专业搜索平台，对全球近 20 万个化工及化工相关网站进行搜索，搜录的网页总数达 5 000 万，同时采用搜索竞价排名方式，确定企业排名顺序。

第三节　B2B 电子商务

一、B2B 电子商务内涵

B2B 电子商务即企业对企业的电子商务，也称批发电子商务。B2B 电子商务的涉及面十分广泛，是指企业通过信息平台和外部网站将面向上游供应商的采购业务和面向下游代理商的销售有机地联系在一起，从而降低彼此之间的交易成本，提高客户满意度的商务模式。通俗地讲，它是指进行电子商务交易的供需双方都是商家（或企业、公司），它们使用了 Internet 的技术或各种商务网络平台，完成商务交易的过程。

B2B 不仅仅是建立一个网上的买卖者群体，它也为企业之间的战略合作提供了基础。任何一家企业，不论它具有多强的技术实力或多好的经营战略，要想单独实现 B2B 是完全不可能的。B2B 是传统的电子商务中发展最快的一种形式，已经有了多年的历史，特别是通过增值网上运行的电子数据交换，使企业对企业的电子商务得到了迅速扩大和推广。简单地说，B2B 就是把企业名录、商品目录放在网上，促使买方和卖方来交易，展现在人们面前的就是这样一个电子商务网站建构的电子市场。除此之外，B2B 还包括物流配送、应用服务提供商、外包解决方案、拍卖解决方案软件、内容管理软件、应用集成软件、网络商业软件、传统 ERP 公司等电子基础设施。B2B 的商务关系是构筑在高信任度的基础之上的，B2B 的大宗交易能够更大程度地发挥电子商务的潜在效益，并通过供应的集中、采购的自动化、配送系统的高效率而得以实现。

二、B2B 电子商务模式

B2B 主要是针对企业内部以及企业与上下游供应链厂商之间的信息整合，并在互联网上进行企业与企业间交易。其借由企业内部网（Intranet）建构信息传递的基础，及外部网络（Extranet）结合产业的上中下游厂商，达到供应链（SCM）的整合。因此通过 B2B 的商业模式，不仅可以简化企业内部信息传递的成本，也可使企业与企业之间的交易流程更快速、成本的耗损更少。

B2B 电子商务基本模式分为垂直模式、水平模式和关联模式。

1. 垂直模式

垂直模式是指面向制造业或面向商业的垂直 B2B（Vertical B2B，Directindustry B2B）。它可以分为两个方向，即上游和下游。生产商或商业零售商可以与上游的供应商之间形成供货关系，比如戴尔公司与上游的芯片和主板制造商就是通过这种方式进行合作。生产商与下游的经销商可以形成销货关系，比如 Cisco 与其分销商之间进行的交易。一般而言，垂直模式由行业龙头企业自建，是大型行业龙头企业基于自身的信息化建设程度，搭建以自身产品供应链为核心的行业化电子商务平台。行业龙头企业通过自身的电子商务平台，串联起行业整条产业链，供应链上下游企业通过该平台实现信息传递和交易。简单来说，这种模式下的 B2B 网站类似于在线商店，这一类网站其实就是企业网站，就是企业直接在网上开设的虚拟商店，通过这样的网站企业可以大力宣传自己的产品，用更快捷、更全面的手段让更多的客户了解自己的产品，促进交易。或者也可以是商家在自己的网站上宣传自己经营的商品，目的也是用更加直观便利的方法促进、扩大商业交易。

2. 水平模式

水平模式是指面向中间市场的 B2B。这种交易模式是水平 B2B，它是将各个行业中相近的交易过程集中到一个场所，为企业的采购方和供应方提供了一个交易的机会，这一类网站既不是拥有产品的企业，也不是经营商品的商家，它只提供了一个平台，在网上将销售商和采购商汇集在一起，采购商可以在平台上查到销售商的有关信息和销售商品的有关信息。

3. 关联模式

关联模式是指行业为了提升电子商务交易平台信息的广泛程度和准确性，整合水平 B2B 模式和垂直 B2B 模式而建立起来的跨行业电子商务平台。

三、B2B 电子商务的基本流程

（一）B2B 电子商务涉及的要素

（1）商业客户：B2B 的一 B，即为电子交易的购买商家。

（2）销售商：B2B 的另一 B，即为电子交易的销售商家。

（3）运输商：运送货物的商家，即物流配送必不可少的一环。

（4）供货商：生产产品的企业。

（5）支付网关（Payment Gateway）：连接银行网络与 Internet 的一组服务器，主要作用是完成两者之间的通信、协议转换和进行数据加密、解密，以保护银行内部的安全。

（6）银行：即网上银行。

（二）B2B 电子商务的基本流程

第一步，商业客户向销售商订货，首先要发出“用户订单”，该订单应包括产品名称、数量等一系列有关产品问题。

第二步，销售商收到“用户订单”后，根据“用户订单”的要求向供货商查询产品情况，发出“订单查询”。

第三步，供货商在收到并审核完“订单查询”后，给销售商返回“订单查询”的回答。基本上是有无货物等情况。

第四步，销售商在确认供货商能够满足商业客户“用户订单”要求的情况下，向运输商发出有关货物运输情况的“运输查询”。

第五步，运输商在收到“运输查询”后，给销售商返回运输查询的回答，例如有无能力完成运输，及有关运输的日期、线路、方式等要求。

第六步，在确认运输无问题后，销售商即刻给商业客户的“用户订单”一个满意的回答，同时要给供货商发出“发货通知”，并通知运输商运输。

第七步，运输商接到“运输通知”后开始发货，接着商业客户向支付网关发出“付款通知”，支付网关和银行结算票据等。

第八步，支付网关向销售商发出交易成功的“转账通知”。

四、B2B 电子商务的竞争优势

与传统商务活动相比，B2B 电子商务具有下列 5 方面的竞争优势。

（1）使买卖双方信息交流低廉、快捷。信息交流是买卖双方实现交易的基础。传统商务活动的信息交流主要通过电话或传真等工具进行，这与 Internet 信息是以 Web 超文本（包含图像、声音、文本信息等）传输不可同日而语。

（2）降低企业间的交易成本。首先，对于卖方而言，电子商务可以降低企业的促销成本。通过 Internet 发布企业相关信息（如企业产品价目表、新产品介绍、经营信息等）和宣传企业形象，与传统的电视、报纸广告相比，可以更省钱、更有效。因为在网上提供企业的照片、产品档案等多媒体信息，有时胜过传统媒体的“千言万语”。据 IDC 调查，在 Internet 上做广告促销，可以提高销售数量 10 倍，而费用只是传统广告的 1/10。其次，对于买方而言，电子商务可以降低采购成本。传统的原材料采购是一个程序烦琐的过程，而利用 Internet，企业可以加强与主要供应商之间的协作，将原材料采购和产品制造过程有机地结合起来，形成一体化的信息传递和处理系统。据通用电气公司的报告称，其利用电子商务采购系统，可以节约采购费用 30%，其中人工成本降低 20%，材料成本降低 10%。另外，借助 Internet，企业还可以在全球市场上寻求最优价格的供应商，而不是只局限于原有的几个商家。

（3）减少企业的库存。企业为应付变幻莫测的市场需求，通常需保持一定的库存量。但企业高库存政策将增加资金占用成本，且不一定能保证产品或材料是适销货品；而企业低库存政策，又可能使生产计划受阻，交货延期。因此寻求最优库存控制是企业管理的目标之一。以信息技术为基础的电子商务则可以解决企业决策中信息不确切和不及时的问题。通过 Internet 可以将市场需求信息传递给企业，企业据以组织生产，同时把需求信息及时传递给供应商，供应商适时得到补充供给，从而实现“零库存管理”。

（4）缩短企业生产周期。一个产品的生产是许多企业相互协作的结果，因此产品的设计开发和生产销售可能涉及许多关联企业，通过电子商务可以改变过去由于信息封闭而无谓等待的现象。

（5）一天 24 小时无间断运作，增加了商机。传统的交易受到时间和空间的限制，而基于 Internet 的电子商务则是一周 7 天、一天 24 小时无间断运作，网上的业务可以开展到传统营销人员和广告促销所达不到的市场范围。

五、B2B 电子商务对企业的影响

通过开展 B2B 电子商务，企业会在供应链管理和客户关系管理方面得到极大的收益。B2B 电子商务对企业的影响有以下几个方面：

（1）优化企业生产所需的材料和零部件供应。通过网络可以直接与生产厂家联系，企业可以在较大范围内以较低成本选择较好的零部件或材料。

（2）使企业的生产和销售与用户需求有机地结合起来，做到根据市场需求进行生产和销售，力争实现以销定产。这样既能使企业拥有一个能快速掌握市场动态的销售网，又能最大限度地减少盲目生产，降低库存。

（3）缩短生产周期和提高产品质量。集成化企业环境为厂家提供了通过网络传输设计资料、进行技术协商，以及控制并行生产和远程控制加工等先进手段，从而使多个不同地域、具有不同技术层次的厂家可以充分发挥各自的特点进行技术共享和并行生产的氛围。

（4）便于产品信息的发布和宣传，可进行无纸办公和无纸贸易，从而降低了产品的成本。

（5）有利于国家和企业进行信息统计与分析，并进行信息共享，从而有利于国家的宏观调控。

第四节　B2C 电子商务

一、B2C 电子商务内涵

B2C 电子商务是按电子商务交易主体划分的一种电子商务模式，即表示企业对消费者的电子商务，具体是指通过信息网络以及电子数据信息的方式实现企业或商家机构与消费者之间的各种商务活动、交易活动、金融活动和综合服务活动，是消费者利用 Internet 直接参与经济活动的形式。B2C 是企业对消费者直接开展商业活动的一种电子商务模式。这种形式的电子商务一般以直接面向客户开展零售业务为主，主要借助于互联网开展在线销售活动，故

又称为电子零售（电子销售）或网络销售。

对于消费者来说，B2C 电子商务的出现大大方便了消费者的购买过程，使消费者足不出户就可获得所需商品，并且获得商家提供的一系列服务；同时也扩大了消费者购物的选择范围，网络多媒体技术可对商品由内到外的品质进行详细的介绍，为消费者提供商品的详细信息。另外，它也为消费者提供了个性化的服务。网上购物为满足消费者的个性化需求提供了便利，消费者不再是单纯地购买已生产出来的商品，而是可以通过网络向商家提出个人的需求，也可以自行设计完整的商品手稿，商家可为消费者独家定制。

在今天，B2C 电子商务以完备的双向信息沟通、灵活的交易手段、快捷的物流配送、低成本高效益的运作方式等在各行各业展现了其强大的生命力。B2C 模式是我国最早产生的电子商务模式，以 8848 网上商城正式运营为标志。

二、B2C 电子商务模式

（一）垂直型 B2C 电子商务模式

垂直型 B2C 电子商务主要有两大特点，即“专”和“深”。“专”是指集中全部力量打造专业性信息平台，包括以行业为特色或以国际服务为特色；“深”是指此类平台具备独特的专业性质，在不断探索中将会产生许多深入且独具特色的服务内容与盈利模式。据此，垂直型 B2C 主要走的是专业化的品牌经营之路。

垂直型 B2C 的优势具体表现在以下三个方面：首先，在垂直细分领域做出自己特色，形成品牌效应，可以满足那些看重品牌的消费者；其次，产品和服务的专业化，垂直型 B2C 在产品的划分上具有单一特性，有助于产品和服务的细分，通过精耕细作，更能抓住用户的心；最后，垂直型 B2C 的物流管理更加高效、便捷，可以满足消费者对快捷服务的要求。随着电子商务的不断发展，物流逐渐成为电子商务的一大短板，垂直型 B2C 高效、便捷的物流管理有助于其进一步的发展壮大。相比优势之下，垂直型 B2C 的劣势也不容忽视：过于专业化，将产品定位于某类或者某几类产品，这样限制了网站的盈利范围；走品牌性的经营之路，虽说能不同程度地满足消费者的品牌爱好，但这样也往往使得目标群体过于狭窄；若产品和服务定位不精准或者没有做深耕细作，很容易使网站发展陷于死胡同，比如说知名度有了，但是无法形成品牌的力量，品牌最重要的是建立一种长久的与用户的关系。国内的凡客诚品、乐淘、好乐买等都是垂直型 B2C 网站，其均得益于发展目标的专一、专注一行的特点。

（二）综合型 B2C 电子商务模式

综合型 B2C 也可以称为自营百货零售型 。以 360Buy 京东商城为例，目前，京东商城是国内规模最大的综合型 B2C 电子商务企业，其特点是产品线结构非常丰富，拥有广泛的、忠诚的注册用户，以及众多的合作供应商，拥有更有竞争力的价格和逐渐完善的自有物流体系等优势。京东商城接连受到国际著名风险投资基金的青睐，说明了具有战略眼光的投资人对综合型 B2C 的美好前景的认可。从中国 B2C 发展趋势来看，综合型 B2C 具有更快的发展速度和更广阔的发展前景。

京东商城、卓越亚马逊、当当网等网站从垂直型成功转型为综合型网站验证了国内 B2C 电子商务发展的趋势。众多垂直型网站的转型无外乎以下几个原因：经过多年的发展，垂直型网站用户规模不断扩大，已经有能力扩展到其他行业；网站的发展在于创造用户和满足用户需求，转型为综合型网站可以更好地满足用户不同的需求，提供一站式的产品和服务，能够更好地留住用户的心、培养用户的忠诚度；扩展到其他产品线，增加收入渠道，进而打组合拳，可以获得更多的利润。总的来说，追求利润是垂直型 B2C 网站转型的根本原因。

综合型 B2C 网站在满足用户不同需求的优势之下，其劣势也是明显的。综合型 B2C 网站商品种类繁多，需要与众多的供应商、制造商合作，其运营成本必然要剧增，仓储能力、客服等工作压力也会随之出现，物流亦成为综合商城的一大瓶颈。综合型 B2C 网站需要更多精力来应对各种挑战。

（三）平台型 B2C 电子商务模式

平台型 B2C，即由专业的电子商务平台开发商或运营商建设电子商务平台，多个买方和多个卖方通过这个集认证、付费、安全、客服等渠道于一体的统一平台为其提供相关服务完成交易的商业模式。平台型 B2C 在发展过程中必须做到以下几点：第一，提升用户体验，实现无忧购物；第二，完善商家服务体系，不仅要将商家请进来，还必须帮助商家活下来，活得精彩；第三，提升营销体系，从单一的打折促销提升到多样化的整合营销；第四，帮助在平台上成长起来的自主品牌，真正地成长为网购品牌。

由“淘宝商城”更名而来的“天猫”是平台型 B2C 的一个典型代表。天猫整合数千家品牌商、生产商，为商家和消费者提供一站式解决方案，天猫本身不从事买卖交易业务，只是吸引企业和消费者参与，为二者的网上交易提供配套服务，以支持交易安全快捷的达成。天猫作为阿里巴巴集团电子商务生态圈中重要的一环，坚持开放 B2C 平台战略，依托更好的产品和服务，提升满足消费者日益变化需求的能力，能够为商家提供高效低成本的通路和创造长期价值。天猫作为独立的第三方交易平台具有技术框架布局和系统平台维护方面的明显优势，已经成为那些没有资金和实力建设自己网上平台的中小企业“触网”的首选。相对于垂直型 B2C 和综合型 B2C，虽然中小企业选择第三方交易平台可以节约大量的人力、物力、财力，但是平台型 B2C 还是存在以下几点不足：发展时间短，平台规模小，第三方交易平台出现时间不过几年，其业务规模和使用者数量需要时间的积累；与企业业务结合程度不深，第三方交易平台一般是从企业外部逐渐切入企业内部的，其结果必然是与企业的业务结合程度不够紧密，这是第三方交易平台的一个主要瓶颈；信用成本高，本来交易双方就存在信用问题，而第三方介入又使得平台本身和交易方存在信用问题。

三、B2C 电子商务的交易流程

1. 交易前

首先，消费者要登录各类 B2C 电子商务网站进行网页浏览，大致浏览商品种类，找到自己较为满意的网站平台，并在网站进行注册。其次，对于购买目标明确的用户，可以利用网站提供的查询功能来选购商品。而对于那些购买目标不明确的用户，他们可根据自己的兴趣随意浏览网页，选购自己喜欢的商品。最后对购物车中的商品清单进行核对并确认准确无误。

2. 交易中

当消费者已经选定自己所需商品后，需要进行支付，支付的方式现在普遍为网络支付，消费者通过银联或者第三方支付平台进行在线支付；B2C 电子商务企业则通过自身平台系统指示信息为消费者备货打包。

3. 交易后

交易结束后，消费者需要等待物流公司把已购买的商品送达自己手中。目前我国 B2C 电子商务的物流模式可大致分为：垂直一体化模式、轻资产模式、云物流模式。当消费者收到商品后可以自行选择在网站上对商品做出评价，为其他消费者提供参考。

四、B2C 电子商务带来的优势

对于企业来说，一方面，B2C 电子商务节约了企业的经营成本：因为开设网上商城并不需要现实中真正的交易场所，这就节约了商场租金费用以及流动设备的费用投入，这些原本需要雇佣劳动力完成的交易工作转换成通过互联网的信息化输出过程，节省了大量的商流资金，通过以上两方面极大地降低了经营成本，提升了商家的综合竞争力；另一方面，也为企业拓展了市场空间：网上商店的出现扩充了原有的市场概念，传统意义上的市场被突破，客户范围可以遍布全球，企业借助网络可以打破传统市场中的地域限制，形成真正意义上的国际化市场。

第五节 C2C 电子商务

一、C2C 电子商务内涵

C2C 电子商务，通常指的是消费者之间在商务平台上开展的电子贸易活动。C2C 电子商务是通过建立一个消费者之间交易的平台，让其在完全自愿的基础上对交易商品进行竞价购买。C2C 电子商务中，消费者完全介入交易中，成为交易的主角。最初的 C2C 电子商务是通过消费者注册成为网上社区的成员，然后选择打算购买的物品，通过拍卖形式拥有该物品。虽然 C2C 电子商务交易看起来类似于拍卖市场，但是同传统二手市场相比，它超越了时间和空间的界限，从而大大降低了商品的购买成本。而在 C2C 交易过程中，除了买卖双方以外，还涉及了电子商务交易平台供应商。C2C 电子商务交易平台供应商，对买卖双方的诚信交易负有监督与管理职责，负责全程监控交易的进行，避免欺诈等行为的发生，从而保障买卖双方的利益。

二、C2C 电子商务模式

（一）按交易的商品类型分类

按交易的商品类型分类，C2C 可以分为实物交易平台和智慧交易平台。

实物交易平台商品的种类很多，从汽车、计算机到服饰、家居用品，分类齐全。除此之外，其还设置了网络游戏装备交易区和虚拟货币交易区等，如淘宝网、拍拍网和易贝等。

智慧交易平台以威客网为例，一般交易的是企业或个人的智慧，这种模式是指那些通过互联网把自己的智慧、知识、能力、经验转换成实际收益的人，他们在互联网上通过解决科学、技术、工作、生活和学习中的问题，让知识、智慧、经验和技能体现经济价值。威客网上的用户按照其行为可以分为两类：回答者和提问者。

威客网的任务形式有以下两种。

一是现金悬赏任务流程。任务发布者发布任务；全额预付现金给威客网站；众多威客参与任务；任务奖金支付给作品最好的一名威客。

二是招标任务流程。任务发布者发布任务；支付少量定金或不支付定金；经威客网站确认的高水平威客报名参加；任务发布者选择合适的威客，让其开始工作；根据工作进度由任务发布者或威客网站向威客支付酬劳。

（二）按交易的平台运作模式分类

1. 拍卖平台运作模式

这种模式下，电子商务企业为买卖双方搭建网络拍卖平台，按比例收取交易费用。在拍卖平台上，商品所有者或某些权益所有人可以独立开展竞价、议价、在线交易等。《中华人民共和国拍卖法》（以下简称《拍卖法》）明确规定，拍卖（Auction）是指以公开竞价的形式，将特定物品或者财产权利转让给最高应价者的买卖方式。拍卖主体是指依照《拍卖法》和《中华人民共和国公司法》设立的从事拍卖活动的企业法人，包括竞买人、买受人、委托人和拍卖人。网络拍卖（Auction Online）是指网络服务商利用互联网通信传输技术，向商品所有者或某些权益所有人提供有偿或无偿使用的互联网技术平台，让所有者或某些权益所有人在其平台上独立开展以竞价、议价方式为主的在线交易模式。专业拍卖网站一般为传统拍卖公司为实现其现实空间（实际生活）中的既有业务而在网络空间上的延伸，包括拍卖公司之间进行联合开展拍卖业务而合作建立的网站。平台式拍卖网站是在网络拍卖中提供交易平台服务和交易程序，为众多买家和卖家构筑一个网络交易市场，由卖方和买方在该平台上进行网络拍卖，主要采用 C2C 或 B2C 模式。

2. 店铺平台运作模式

这种模式下，C2C 电子商务企业提供平台，以方便个人在其上面开设店铺，以会员制的方式收费，也可以通过广告或提供其他服务收取费用。

三、C2C 电子商务的特点

（1）用户数量大、分散，往往身兼多种角色，可以是买方，也可以是卖方。

（2）买卖双方在第三方交易平台上交易，由第三方交易平台负责技术支持及相关服务。

（3）没有自己的物流体系，依赖第三方物流体系。

（4）单笔交易额小，低价值商品加上物流费可能会造成价格偏高。

（5）个人网店平均寿命短，不到一年的占绝大多数。

（6）在 C2C 交易中如果发生纠纷，很难解决。

第六节　其他演化模式

一、O2O 模式

O2O 电子商务即 Online 线上网店 Offline 线下消费，商家通过免费开网店将商家信息、商品信息等展现给消费者，消费者在线上进行筛选服务并支付，线下进行消费验证和消费体验。这样既能极大地满足消费者个性化的需求，也节省了消费者因在线支付而没有去消费的费用。商家通过网店信息传播得更快、更远、更广，可以瞬间聚集强大的消费能力。该模式的主要特点是商家和消费者都通过 O2O 电子商务满足了双方的需要。

O2O 模式，可以帮助企业高效灵活地开展和运营线上及线下的业务，持续提高客户知名度、忠诚度和客户宣传力，有效地执行精准营销和实时交易，从而不断地提高客户留存率及价值交付。

O2O 将企业的客户、供应商、代理商、分销商、员工、产品和服务紧紧连接在一起，实现线上线下业务流的无缝连接，线上线下业务数据实时联动，是攻占 O2O 市场必不可少的管理平台。O2O 服务业领域覆盖面广、企业数量庞大、地域性强，很难在电视、互联网门户（如新浪、搜狐等）做广告，而 O2O 电子商务模式完全可以满足这个市场需要。

对本地商家来说，通过网店使自己的产品传播得更快、更远、更广，可以瞬间聚集强大的消费能力，这就解决了团购商品在线营销不能常态化、实时化的问题。商家可以根据店面运营情况，通过实时发布最新的团购、打折、免费等服务优惠活动来提高销售量。

对消费者来说，可以通过线上筛选服务，线下比较、体验后有选择地进行消费。O2O 提供丰富、全面、及时的商家团购、折扣、免费信息，消费者能够快捷筛选并体验商品或服务，不仅满足了消费者个性化的需求，也节省了消费者因在线支付而没有去消费的费用，还避免了定制类实体商品与消费者预定不符，一旦质量低于预期，甚至极为低劣，消费者就会处于非常被动的境地。

对服务提供商来说，O2O 模式可带来大规模高黏度的消费者，进而能争取到更多的商家资源。

二、C2B 模式

C2B 是电子商务模式的一种，即消费者对企业（Customers to Business）。真正的 C2B 应该先有消费者需求产生而后有企业生产，即先有消费者提出需求，后有生产企业按需求组织生产。通常情况为消费者根据自身需求定制产品和价格，或主动参与产品设计、生产和定价，产品、价格等彰显消费者的个性化需求，生产企业进行定制化生产。

C2B 的核心是以消费者为中心，消费者当家做主。在企业原材料价格普遍上涨的情况下，采用 C2B 电子商务模式，不仅可以降低中小企业成本，而且可以打通虚拟市场，扩大交易份额，进行企业结构性转变，使中小企业向半虚拟企业发展。同时我们也可以了解到，虚拟市场不同于现实市场，每个企业无法与其他企业进行绝对性比较，这种虚拟市场是每个企业都无法预估的，可以提高企业的服务质量。

如果从实现难度及层级来看，C2B 存在的模式有如下几种。

（1）聚定制：即通过聚合客户的需求组织商家批量生产，让利于消费者 。天猫“双十一”的节前预售，即属于这种形式。其流程是提前交订金抢占“双十一”优惠价名额，然后在“双十一”当天交尾款，这是天猫“双十一”最大的亮点。此类 C2B 形式对于卖家的意义在于可以提前锁定用户群，可以有效缓解 B2C 模式下商家盲目生产带来的资源浪费，降低企业的生产及库存成本，提升产品周转率，对于商业社会的资源节约起到极大的推动作用。聚划算、团购就属于聚定制的一种。

（2）模块定制：聚定制只是聚合了消费者的需求，并不涉及在 B 端产品环节本身的定制。引领 C2B 模块式定制当属海尔。海尔是国内率先引入定制概念的家电企业，消费者通过海尔商城可以选择容积大小、调温方式、门体材质、外观图案。2013 年上线的青橙手机也属于典型的模块化定制产品，手机摄像头、屏幕、内存等参数均可以实现定制。这一类定制属于 C2B 商业模式里的浅层定制，它为消费者提供了一种模块化、菜单式的有限定制。考虑到整个供应链的改造成本，为每位消费者提供完全个性化的定制还不太现实，目前能做到的更多还是倾向于让消费者去适应企业既有的供应链。

（3）深度定制：深度定制也称参与式定制，客户能参与到全流程的定制环节。厂家可以完全按照客户的个性化需求来定制，每一件产品都可以算是一个独立的 SKU。目前深度定制最成熟的行业当属服装类、鞋类、家具定制。以定制家具为例，每位消费者都可以根据户型、尺寸、风格、功能进行完全个性化定制，对现在寸土寸金的户型来说，这种完全个性化定制最大限度地满足了消费者对空间利用及个性化的核心需求，因此正在蚕食成品家具的市场份额。而深度定制最核心的难题是如何解决大规模生产与个性化定制相背离的矛盾。深度定制的典型代表企业尚品宅配新居网，将 IT 技术与互联网技术进行深度整合，通过其设计系统、网上订单管理系统、条码应用系统、混合排产及生产过程系统解决了这一难题。

如果按产品属性来分，C2B 可以分为实物定制、服务定制和技术定制。上面提到的服装、鞋、家具等都属于实物定制。不久前，麦当劳公司正在美国加州南部市场测试的“汉堡定制”项目也属于实物定制，该项目为用餐者提供了更多的定制化空间——可以通过安装于 iPad 上的菜单，在 20 种汉堡配料中任意选择搭配。此外，该菜单中还添加了 3 种全新的高价位特制汉堡。而服务定制人们比较熟悉的就是家政护理、旅游、婚庆、会所等中高端行业。技术定制最前沿的方向是 3D 打印技术，作为科技界的“当红明星”，3D 打印已遍及航空航天、医疗、食品、服装、玩具等各个领域，在拓展自身领地的同时，也潜移默化地改变着人们对制造业的传统观念。3D 打印机也属于 C2B 时代的产物，如果能解决快速批量定制将引发下一次的工业革命浪潮。

三、B2B2C 模式

电子商务就是“网络化 + 实体化”的有机组合。而电子商务的推广，使物流得到进一步的发展。电子商务是以 B2C、B2B 等模式来实现的。随着电子商务的不断发展，B2B2C 模式应运而生。2006 年 3 月，8848 重整旗鼓，提出 B2B2C 这种全新的电子商务模式。第一个 B 是指原材料提供商和产品生产商，第二个 B 是指销售商，C 是指最终客户。其目的就是为这部分企业搭建一个具有支付功能的电子商务平台，让企业通过电子商店把产品销售出去。百方实业采用的正是这种模式，通过百方网、百方商情和百方电气采购，既向生产商和经销商提供服务，又向终端用户提供服务。

虽然 B2B2C 是不同于传统电子商务模式的创新型模式，目前并不多见，但是具有深厚的市场基础。首先，数量庞大的中小企业将给这种新模式创造良好的生存空间。统计数据显示，国内目前有 1 700 万家中小企业，经过几年的市场培育，电子商务的大环境逐渐成熟起来，利用电子商务进行市场开拓的传统企业也越来越多，但一些中小企业由于自身条件的限制，没法进行尝试。因此，这将是一个巨大的市场。其次，市场需求催生了这种全新模式。目前，两种力量决定着中国电子商务向成熟发展，一是结合经营管理经验，提供专业电子商务系统的厂商；二是大量为中小企业提供互联网服务的渠道商。两者的密切合作，将发挥彼此在产品技术和营销能力上的优势，大大加快中国电子商务事业的发展进程。B2B2C 这种全新的电子商务模式应时而生。

电子商务根本性地改变了传统的交易方式，实现了“用时间消灭空间”的目的，使交易过程中所需要的信息流、商流、资金流能够在交易主体间快速地传递，降低了流通费用，提高了企业竞争力，必将是未来商务的主流形式。然而由于缺乏良好的物流配送系统而导致的较高电子商务流通成本，正是影响我国电子商务发展的重要障碍。百方网在建立完善的行业网站的同时，将着力加强采购配送服务，使线上服务和线下服务完美结合，探索电子商务网络化和实体化的最佳结合方式。

四、C2B2B 模式

C2B2B 模式是指由消费者提出需求后，由从事电子商务的企业整合信息，向生产商定制高品位、高质量、高性价比的产品和服务，同时按照国际最高标准制定、检验产品和服务。C2B2B 模式中的第一个 B 是电子商务企业，其通过统一的经营管理对产品和服务、消费者终端同时进行整合，是生产商和消费者之间的桥梁，为生产商和消费者提供优质的服务；C2B2B 中的第二个 B 是生产商，它并不仅仅局限于品牌生产商、影视制作公司和图书出版商，任何的产品生产商或服务供应商都能可以成为第二个 B；C 表示消费者，是在第一个 B 构建的统一电子商务平台购物的消费者。

C2B2B 营销概念，即消费者有需求并且提出，电子商务企业根据该需求直接向生产商定制消费者所需要的产品和服务，即“消费者—电子商务企业—生产商”，电子商务企业通过整合个人与生产商的信息，有效地缩短销售链，从而让消费者获得价值更高的产品和服务，生产商亦能获得更多利润，用于研发新产品、改良新技术，从而最终让广大消费者受益。在此过程中，电子商务企业对生产商的生产有制定、监管、检验等权利，确保所定制的产品和服务的品质达到最高标准。

B2B（Business to Business），是指商家与商家建立的商业关系。例如我们在肯德基中只能够买到百事可乐是因为肯德基与百事可乐的商业伙伴关系。商家们建立商业伙伴关系是希望通过大家所提供的东西来形成一个互补的发展机会，大家的生意都可以有利润。

在这个网络信用、市场信用、商品质量严重缺失的年代，消费者可以对网上经营的企业或个人完全相信吗？答案是否定的，那么就需要有一方整合消费者的需求，并且品控生产商，C2B2B 中的第一个 Business，它可有效地帮助消费者去专业化地监管、检验产品的质量，从而最大限度地保障了消费者的权益，改变了网络诚信危机。消费者把自己的建议反映到平台，为生产商提供了丰富的信息资源，生产商可根据消费者的反馈及时调整产品及服务品质，做到良性互动。C2B2B 为各种社会经济要素的重新组合提供了更多的可能，将消费者与网站、机构与终端、企业与渠道代理商，根据不同的需求有机、立体地结合，形成利益互动，从而打造了一个共赢的网络平台。

关键名词

电子商务模式　完全电子商务　非完全电子商务　本地电子商务　远程国内电子商务　电子政务　垂直模式　水平模式　关联模式　B2B　B2C　C2C　O2O C2B　B2B2C　C2B2B

课后习题

一、选择题

1. 在完全电子商务模式中，需实现电子商务系统与外部信息系统的信息交换，形成企业与外部市场信息交换或共享关系，这些关系主要包括（　　）。

A. 企业与社会、政府、市场之间信息交换或共享关系

B. 企业与供应商、企业与流通企业、企业与客户之间信息交换或共享关系

C. 商务自动化关系、供应链关系、商务中介关系、国家管理职能部门关系

D. 企业与社会、政府、市场及其他企业之间信息交换或共享关系

2. 电子商务按使用网络类型的不同可分为（　　）。

A. 完全电子商务和不完全电子商务

B. 间接电子商务和直接电子商务

C. EDI电子商务、互联网电子商务、内联网电子商务、移动电子商务

D. 本地电子商务、远程国内电子商务、全球电子商务

3. 不属于C2C电子商务模式的网站是（　　）。

A. 拍拍　　B. 淘宝网　　C. 雅宝网　　D. 阿里巴巴

4. 企业采用的B2B模式可以分为（　　）（多选）。

A. 面向中间交易市场的水平B2B　　B. 没有离线商店的虚拟零售企业

C. 面向制造业或商业的垂直B2B　　D. 以经营离线商店为主的零售商

5. B2B电子商务模式的特点是：在这种网络交易过程中，导致商品流向是（　　），类似于电子化的批发商务。

A. 从企业到个人消费者　　B. 从企业到企业

C. 从个人消费者到企业　　D. 从企业到政府采购

6. 下列不属于综合型B2C电子商务模式的是（　　）。

A. 京东商城　　B. 卓越亚马逊　　C. 当当网　　D. 乐淘

二、填空题

1. 按数字化程度可以将电子商务业务模式划分为________和________。

2. 在网络商品中介交易的过程中，网络商品交易中心以________为基础，利用先进的信息网络技术，将________、购买方和银行、________等第三方服务部门紧密地联系起来，为客户提供市场信息、商品交易、仓储配送、货款结算等全方位的服务。

3. 电子商务的盈利主要来自________、交易费、________、会员订购费、________、联署推荐费、________。

4. O2O 将企业的客户、供应商、代理商、分销商、员工、产品和服务紧紧连接在一起，实现线上线下业务流的无缝连接，__________________，是攻占 O2O 市场必不可少的管理平台。

5. 从实现难度及层级来看，C2B 存在的模式有聚定制、________、深度定制。

三、简答题

1. 什么是电子商务模式？可以如何进行分类？

2. B2B 电子商务有哪些特点，可以给企业带来什么竞争优势？

3. 电子商务的盈利模式有哪些？

4. C2C 电子商务的特点是什么？

技能操练

1. 登录艾瑞网，使用“移动互联网”“移动支付”“O2O”“物流”“社交网络”等关键词进行搜索，学习搜索得到的新闻资讯、研究报告及专栏文章，全面了解电子商务领域的最新发展动态。

2. 访问阿里巴巴等 B2B 电子商务网站，比较不同 B2B 电子商务提供的功能和服务有哪些相同和不同之处，在此基础上，制定 B2B 电子商务差异化竞争战略。

3. 登录淘宝网、亚马逊等电子商务平台进行注册，实名认证，了解 C2C 电子商务平台的交易流程。

第三章

电子商务技术基础

★学习目标

★ 了解电子商务的框架结构、所需要的网络类型和所涉及的基础技术。

★ 了解支持电子商务所需要的硬件和软件类型。

★ 熟悉 EDI 电子商务技术和电子商务技术领域新的发展趋势和应用。

★案例引导

阿里巴巴云计算

阿里巴巴集团 2015 年 7 月 29 日宣布对旗下阿里云战略增资 60 亿元人民币（约合 10 亿美元）。获得战略增资后，阿里云将加速在全球部署下一代的数据中心，开发更加丰富、高性能的计算和数据产品，提供更优质的网络，并在全球寻找更有潜力的 DT（Data Technology）合作伙伴。阿里巴巴集团 CEO 张勇表示，60 亿元投入只是开始，阿里云将不断赋予所有商家、合作伙伴新的能力，帮助所有企业升级基础设施，连接消费者，将数据转化为生产力，最终从 IT 走向 DT。目前阿里云已开放了包括硅谷、香港在内的 6 个数据中心，正计划在中国香港、美国设立第 2 个数据中心，并在新加坡、中东、日本、欧洲等国家和地区部署新的数据中心。阿里云还将投资国际网络建设，提升云计算用户在中国与海外之间的通信访问质量。不仅如此，阿里巴巴集团更于同日宣布与用友网络签署全面战略合作协议，双方将进行两大产业生态的全面融合，共同推进云计算在各行业的深度应用，加速推动企业向 DT 转型。

张勇表示，此次和用友网络联手，能充分利用双方的互补性，创建更好的生态，帮助更多企业和机构拥有基于云计算的基础设施，让数据经济融入经济管理的各个环节，最终把数据转化为生产力。阿里巴巴集团和用友网络将聚焦于企业云计算、电子商务、大数据、数字营销 4 大领域，展开全面深入合作。在云计算领域，阿里云将成为双方生态合作的统一平台，用友网络旗下多款产品将逐步迁入阿里云，企业将可一站式获得阿里云提供的高可靠、强性能的云计算支持，以及用友网络提供的多样化行业解决方案。在电子商务领域，双方将为企业客户提供数据共享机制，使电子商务数据能够顺畅地回流到企业内部。在大数据领域，双方将以阿里云和阿里数据平台为基础，先期聚焦于数据分析工具和数据产品两个方向。在数字营销领域，用友秉钧的营销平台与阿里妈妈广告系统平台将打通，实现客户、营销资源与推广以及结算体系的一体化。

按照阿里云业务总经理刘松的描绘：未来在天猫上某一款产品的评价能够通过语义识别后，经阿里云实时传输到企业的前、中、后端，企业以此来进行产品的改进更新。行业观察人士分析认为，阿里云和用友网络的结合将至少带动中国30%的企业加速采用云计算，同时双方的联合进一步推高了云计算的准入门槛。简而言之，云计算全面进入了生态级竞争阶段。

“阿里的电子商务服务与用友的企业管理对接打通，将帮助企业实现前中后台及企业间的一体化、网络化、数据化，全面完成企业的互联网化，并服务于中国企业的全球化。”互联网经济学家、管理学家吕本富教授表示，这对整个中国企业、中国经济的转型升级都具有重大意义。事实上，云计算是互联网时代最重要的基础设施，它可以为政府、企业、商家提供海量的数据存储和强大的计算处理服务。阿里巴巴集团近日一系列举动无不在向外界表明其在发展云计算领域的野心，更豪言将在4年内赶超云计算市场第一名的亚马逊公司。

亚马逊公布了第2季度财报，其旗下云计算部门 Amazon Web Services 也公开了第2季度的业绩数据，销售额增长至18.2亿美元，同比涨幅81%，运营利润为3.91亿美元，同比涨幅更是达到约407.79%。据悉，亚马逊的AWS于2006年推出，以Web服务的形式向企业提供IT基础设施服务，经过多年发展，已成为全球云计算服务领域不折不扣的老大。然而美国财经网站 TheStreet 指出，按照收入规模来计算，阿里巴巴云计算和亚马逊相比微不足道。今年第1季度，阿里巴巴集团在云计算领域的收入为6 300万美元，亚马逊2季度的云计算收入为18.2亿美元。按此推算，阿里云的收入仅为亚马逊云计算收入的3.46%。

当然，相比亚马逊，阿里巴巴集团在云计算领域起步较晚，收入少于亚马逊也合乎情理，然而，面对亚马逊这样一个强大的市场先驱者，阿里巴巴云计算的道路注定不会平坦。

第一节 电子商务的框架结构

一、电子商务的层次

1. 网络层

网络基础设施，即所谓的“信息高速公路”，是实现电子商务最低层的基础设施。其包括远程通信网、有线电视网、无线通信网和互联网。大部分电子商务的运作还是基于互联网。

2. 信息发布与传输层

信息发布与传输层在网络层提供的信息传输线路上，根据一系列传输协议（交通规则）来发布传输文本、数据、声音、图像、动画、电影等信息。最常用的信息发布所应用的是WWW 、FTP 等。信息的传输一般有 EDI 、E-mail 、http 、https 等。

3. 应用服务层

应用服务层是为交易所提供的通用业务服务，是所有企业、个人做贸易时都会用到的服务。其主要包括标准的商品目录服务、电子支付、商业信息安全传送、电子认证等。

通过 OSI 层，信息可以从一台计算机的软件应用程序传输到另一台的应用程序上。例如，计算机 A 上的应用程序要将信息发送到计算机 B 的应用程序，则计算机 A 中的应用程序需要将信息先发送到其应用层（第 7 层），然后此层将信息发送到表示层（第 6 层），表示层将数据转送到会话层（第 5 层），如此继续，直至物理层（第 1 层）。在物理层，数据被放置在物理网络媒介中并被发送至计算机 B 。计算机 B 的物理层接收来自物理媒介的数据，然后将信息向上发送至数据链路层（第 2 层），数据链路层再转送给网络层，依次继续直到信息到达计算机 B 的应用层。最后，计算机 B 的应用层再将信息传送给应用程序接收端，从而完成通信过程。

二、电子商务的支柱

（一）公共政策与法律规范

公共政策是指政府制定的促进电子商务发展的宏观政策，包括互联网络的市场准入管理、内容管理、电信及互联网收费标准的制定以及围绕电子商务的税收制度、信息的定价、信息访问的收费、信息传输成本和隐私问题。电子商务的法律规范涵盖了知识产权保护、电子合同、数字签名、网络犯罪等诸多方面，维系着电子商务活动的正常运转。

电子商务快速发展，以及由此引发的大量问题或纠纷，使原有的法律法规已经不能适应新的发展环境，这个法律系统应该如何制定，应遵循什么原则，如何保证授权商品交易顺利进行，如何有效制止侵权商品或仿冒产品的销售，如何有力打击侵权行为，将成为制定电子商务法规时应考虑的问题。

（二）技术标准和网络协议

技术标准和网络协议是信息发布、传递的基础，是网络上信息一致性的保证。技术标准定义了用户接口、传播协议、信息发布标准和安全协议等技术细节。电子商务标准体系包括公共标准、网络标准、应用平台标准和应用技术标准。我国电子商务技术应用标准包含了 4 个方面：EDI 标准、商品编码标准（HS）、通信网络标准和其他相关的标准。网络协议是计算机网络通信的技术标准，对于处在计算机网络中的两个不同地理位置上的企业来说，要进行通信必须按照通信双方预先共同约定好的规程，这些共同的约定和规程就是网络协议。

（三）网络安全与诚信

安全问题是电子商务中的核心问题。目前，电子签名、电子认证和防火墙是网上比较成熟的安全手段。同时，人们还制定了一些安全标准，如安全套接层、安全 HTTP 协议、安全电子交易等，以完善电子商务诚信制度建设，激发网络商品交易活力。虽然电子商务销售的是商品、提供的是服务，但是实质上电子商务交易的是电子商务信用、消费者感知的是电子商务商誉、积累的是电子商务信任。唯有诚实守信，电子商务才能持续发展，网络交易消费市场才能和谐稳定。

（四）物流配送与支付

在电子商务的环境下，网络消费者虽然通过上网订购完成了商品所有权的交割过程，但必须通过物流的过程将商品和服务真正转移到消费者手中，电子商务的交易活动才告以终结。因此，物流在电子商务交易的商流中起到了后续者和服务者的作用，没有现代化物流，电子商务的商流活动将是一纸空文。因此，电子商务必须有现代化的物流技术的支持，才能体现出其所具有的无可比拟的先进性和优越性，最大限度地使交易双方得到便利，获得效益。因此，只有大力发展作为电子商务重要组成部分的现代化物流，电子商务才能得到更好的发展。

电子支付是经济社会进入电子化、信息化时代的必然产物，也是现代支付体系中最活跃、最具有发展前景的重要组成部分。近年来，国内日新月异的电子商务发展，极大地推动了电子支付体系的不断完善和持续发展。电子支付的不断完善也为电子商务发展提供了必要的支持和保障，二者形成了明显的良性互动。

第二节　计算机网络技术

一、计算机网络的产生与发展

（一）第一阶段：面向终端的计算机通信网络

1946 年世界上第一台电子计算机 ENIAC 在美国诞生时，计算机技术与通信技术并没有直接的联系。20 世纪 50 年代初，美国为了自身的安全，在美国本土北部和加拿大境内，建立了一个半自动地面防空系统 SAGE（赛其系统），进行了计算机技术与通信技术相结合的尝试。

人们把这种以单个计算机为中心的联机系统称作面向终端的远程联机系统。该系统是计算机技术与通信技术相结合而形成的计算机网络的雏形，因此也称为面向终端的计算机通信网。20 世纪 60 年代初，美国航空订票系统 SABRE-1 就是这种计算机通信网络的典型应用，该系统由一台中心计算机和分布在全美范围内的 2 000 多个终端组成，各终端通过电话线连接到中心计算机。

具有通信功能的单机系统的典型结构是计算机通过多重线路控制器与远程终端相连。

（二）第二阶段：以分组交换网为中心的现代计算机网络

1969 年 8 月，由美国国防部高级研究计划局（ARPA）出资创办名叫 ARPAnet 的实验网。该网络使用分组交换技术。分组交换技术（Packet Switching Technology）也称包交换技术，是将用户传送的数据划分成一定的长度，每个部分称作一个分组，通过传输分组的方式传输信息的一种技术。它是通过计算机和终端实现计算机与计算机之间的通信，在传输线路质量不高、网络技术手段还较单一的情况下，应运而生的一种交换技术。每个分组的前面有一个分组头，用以指明该分组发往何地址，然后由交换机根据每个分组的地址标志，将它们转发至目的地，这一过程称为分组交换。

（三）第三阶段：专用网络和网络互联

1972 年，美国施乐公司发明了以太网。1983 年，TCP/IP 协议被批准为美国军方的网络传输协议。同年 ARPAnet 分化为 ARPAnet 和 MILnet 两个网络。

计算机网络发展的第三阶段是加速体系结构与协议国际标准化的研究与应用。20 世纪 70 年代末，国际标准化组织 ISO（International Organization for Standardization）的计算机与信息处理标准化技术委员会成立了一个专门机构，研究和制定网络通信标准，以实现网络体系结构的国际标准化。1984 年，ISO 正式颁布了一个称为“开放系统互连基本参考模型”的国际标准 ISO 7498，简称 OSI RM（Open System Interconnection Basic Reference Model），即著名的 OSI 七层模型。OSI RM 及标准协议的制定和完善大大加速了计算机网络的发展。很多大的计算机厂商相继宣布支持 OSI 标准，并积极研究和开发符合 OSI 标准的产品。

遵循国际标准化协议的计算机网络具有统一的网络体系结构，厂商需按照共同认可的国际标准开发自己的网络产品，从而可保证不同厂商的产品可以在同一个网络中进行通信。这就是“开放”的含义。

目前存在着两种占主导地位的网络体系结构：一种是国际标准化组织 ISO 提出的 OSI RM（开放式系统互联参考模型）；另一种是 Internet 所使用的事实上的工业标准 TCP/IP RM（TCP/IP 参考模型）。

（四）第四阶段：Internet 的迅猛发展

1985 年，美国国家科学基金会 NSF 建立 NSFnet。1990 年，NSFnet 代替 ARPAnet 成为国家骨干网，命名为 Internet。

从 20 世纪 80 年代末开始，计算机网络技术进入新的发展阶段，其特点是互联、高速和智能化，表现在以下方面。

1. 发展了 Internet

以互联网为代表的信息技术革命，不仅促进了传统产业的升级改造，更渗透到各个行业和社会、经济、生活的各个角落；不仅改变了信息的传输、交换、储存方式，更改变了人们沟通、信息获取和利用的方式；不仅改变了社会资源配置的方式，更推动了人类的经济和社会组织方式的变革。

2. 发展高速网络

1993 年，美国政府公布了“国家信息基础设施”行动计划（NII-National Information Infrastructure），即信息高速公路计划。这里的“信息高速公路”是指数字化大容量光纤通信网络，用以政府机构、企业、大学、科研机构和家庭的计算机联网。美国政府又分别于 1996 年和 1997 年开始研究发展更加快速可靠的互联网 2（Internet 2）和下一代互联网（Next Generation Internet）。可以说，网络互联和高速计算机网络正成为最新一代计算机网络的发展方向。

3. 研究智能网络

随着网络规模的增大与网络服务功能的增多，各国正在开展智能网络 IN（Intelligent Network）的研究，以提高通信网络开发业务的能力，并更加合理地进行网络各种业务的管理，真正以分布和开放的形式向用户提供服务。

智能网络的概念是美国于 1984 年提出的，智能网络的定义中并没有人们通常理解的“智能”含义，它仅仅是一种“业务网”，目的是提高通信网络开发业务的能力。它的出现引起了世界各国电信部门的关注，国际电信联盟（ITU）在 1988 年开始将其列为研究课题。1992 年，ITU-T 正式定义了智能网络，制定了一个能快速、方便、灵活、经济、有效地生成和实现各种新业务的体系。该体系的目标是应用于所有的通信网络，即不仅可应用于现有的电话网、N-ISDN 网和分组网，同样适用于移动通信网和 B-ISDN 网。随着时间的推移，智能网络的应用将向更高层次发展。

二、计算机网络的定义和功能

（一）计算机网络的定义

将地理位置不同且具有独特功能的多个计算机系统，通过通信设备和线路连接起来，并由功能完善的网络软件实现资源共享的系统，称为计算机网络。

关于计算机网络的最简单定义是：一些相互连接的、以共享资源为目的的、自治的计算机的集合。另外，从逻辑功能上看，计算机网络是以传输信息为基础目的，用通信线路将多个计算机连接起来的计算机系统的集合，一个计算机网络组成包括传输介质和通信设备。从用户角度看，计算机网络是这样定义的：存在着一个能为用户自动管理的网络操作系统。有它调用完成用户所调用的资源，而整个网络像一个大的计算机系统一样，对用户是透明的。一个比较通用的定义是：利用通信线路将地理上分散的、具有独立功能的计算机系统和通信设备按不同的形式连接起来，以功能完善的网络软件及协议实现资源共享和信息传递的系统。从整体上来说，计算机网络就是把分布在不同地理区域的计算机与专门的外部设备用通信线路互联成一个规模大、功能强的系统，从而使众多的计算机可以方便地互相传递信息，共享硬件、软件、数据信息等资源。简单来说，计算机网络就是由通信线路互相连接的许多自主工作的计算机构成的集合体。

（二）计算机网络的功能

计算机网络有许多功能，如可以进行数据通信、资源共享等。下面简单地介绍一下它的主要功能。

（1）数据通信。数据通信即实现计算机与终端、计算机与计算机间的数据传输，是计算机网络最基本的功能，也是实现其他功能的基础，如电子邮件、传真、远程数据交换等。

（2）资源共享。计算机网络的主要目的是共享资源。一般情况下，网络中可共享的资源有硬件资源、软件资源和数据资源，其中共享数据资源最为重要。

（3）远程传输。计算机已经由科学计算向数据处理方面发展，由单机向网络方面发展，且发展的速度很快。分布在很远的用户可以互相传输数据信息，互相交流，协同工作。

（4）集中管理。计算机网络技术的发展和应用，已使得现代办公、经营管理等发生了很大的变化。目前，已经有了许多 MIS 系统、OA 系统等，通过这些系统可以实现日常工作的集中管理，提高工作效率和经济效益。

（5）实现分布式处理。网络技术的发展，使得分布式计算成为可能。对于大型的课题，可以分为许许多多的小题目，由不同的计算机分别完成，然后再集中起来解决问题。

(6) 负载平衡。负载平衡是指工作被均匀地分配给网络上的各台计算机。网络控制中心负责分配和检测，当某台计算机负载过重时，系统会自动转移部分工作到负载较轻的计算机中去处理。

三、计算机网络的组成

1. 从逻辑功能上看，主要包括资源子网和通信子网两个部分

计算机网络首先是一个通信网络，各计算机之间通过通信媒体、通信设备进行数字通信，在此基础上各计算机可以通过网络软件共享其他计算机上的硬件资源、软件资源和数据资源。从计算机网络各组成部件的功能来看，各部件主要完成两种功能，即网络通信和资源共享。把计算机网络中实现网络通信功能的设备及其软件的集合称为网络的通信子网，而把网络中实现资源共享功能的设备及其软件的集合称为资源子网。

2. 从结构上看，主要由网络硬件和网络软件两部分构成

网络硬件包括网卡、调制解调器、集线器、中继器、网桥、交换机、路由器和网关等。网络软件一般是指系统的网络操作系统、网络通信协议和应用级的提供网络服务功能的专用软件。

四、计算机网络的硬件组成

1. 服务器（Server）

服务器是计算机网络中向其他计算机或网络设备提供某种服务的计算机。

常用的服务器有文件服务器、数据库服务器、邮件服务器、打印服务器、应用系统服务器和通信服务器等。

在服务器上安装的操作系统一般能够管理和控制网络上的其他计算机，如 Windows Server 2003、UNIX 等。

2. 客户机（Client）

在计算机网络中享受其他计算机提供的某种服务的计算机称为客户机。在客户机上一般安装 Windows XP 等操作系统。

3. 网卡（Network Interface Card，NIC）

每台计算机都需要一个网络接口。网卡是计算机和传输介质之间的物理接口，又称为网络适配器，如图 3-1 所示。网卡的作用是将计算机内的数据转换成传输信号发送出去，并把传输信号转换成计算机内的数据接收进来。

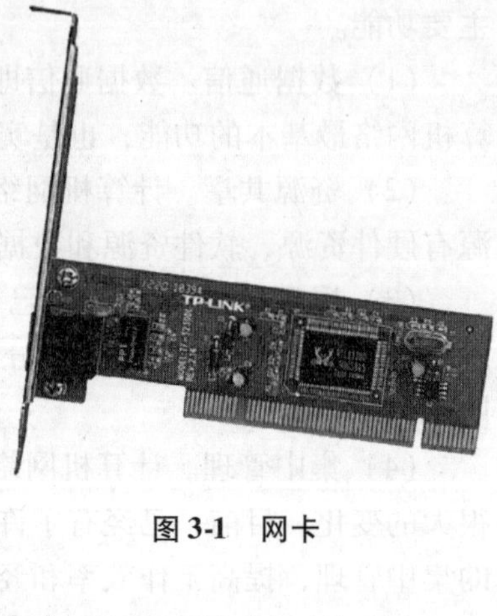

图 3-1 网卡

4. 传输介质（Transmission Media）

传输介质也称为通信介质，是计算机网络中用来连接各个计算机的物理媒体，主要指用来连接各个通信处理设备的物理介质。常用的传输介质有两类：有线介质和无线介质。有线介质包括双绞线（见图 3-2）、同轴电缆（见图 3-3）和光纤（见图 3-4）。无线介质包括无线电、微波、红外线和激光等。

图 3-2　双绞线

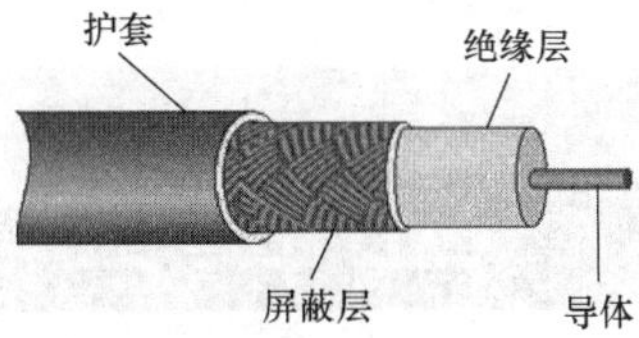

图 3-3　同轴电缆

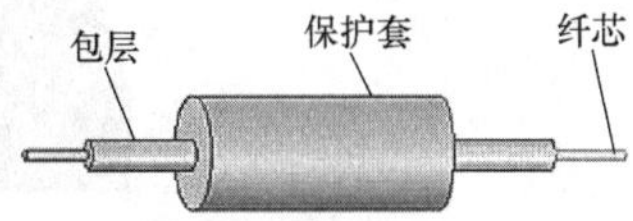

图 3-4　光纤

5. 调制解调器（Modem）

调制解调器是计算机通过电话线连接网络所需配置的设备，如图 3-5 所示。

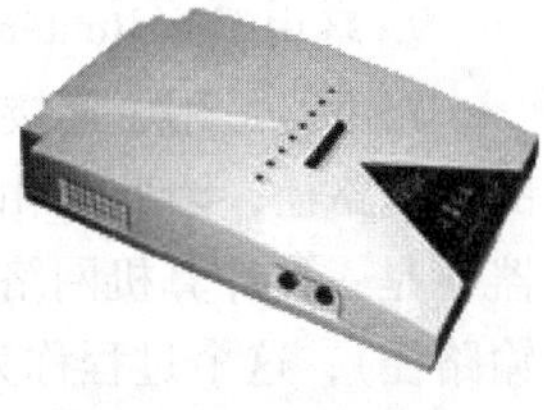

图 3-5　调制解调器

调制是指发送方将数字信号转换为线缆所能传输的模拟信号。解调是指接收方将模拟信号还原为数字信号。

6. 中继器（Repeater）

中继器的主要功能是将接收到的信号重新整理，使其恢复原来的波形和强度，然后继续传递下去，以实现更远距离的信号传输，如图 3-6 所示。中继器是对信号进行再生和还原的网络设备，工作在 OSI 模型的物理层。由于中继器将接收到的被衰减信号再生（恢复）到发送时的状态，并转发出去，因此增加了延时。

图 3-6　中继器

7. 集线器（Hub）

集线器是一种特殊的中继器，如图 3-7 所示。它除了对接收到的信号进行再生并传输外，还可为网络布线和集中管理带来方便。该设备将计算机连接起来，并且通过反复地将所有网络信号向网络中所有其他计算机转发的方式传送信息。正因为如此，在同一时间，集线器上的计算机只有一台能够发送信息。因为所有的计算机共享整个网络，并且必须轮流使用网络，所以基于集线器的网络也被称为共享网络。

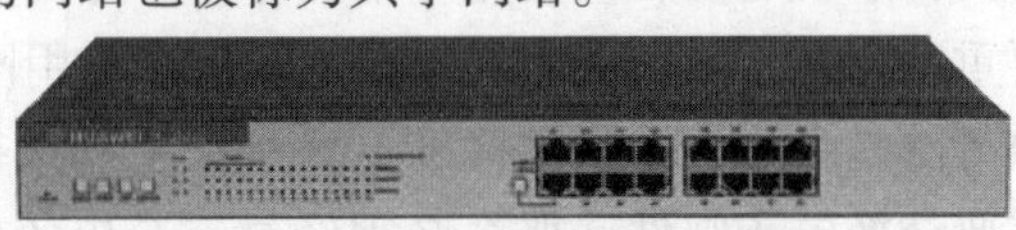

图 3-7　集线器

8. 交换机（Switch）

交换机也是一种多端口网络连接设备，其外观和接口与集线器一样，但交换机却更智能，如图 3-8 所示。它根据 MAC 地址寻址，通过站表选择路由，站表的建立和维护由交换机自动进行。路由器属于 OSI 第三层即网络层设备，它根据 IP 地址进行寻址，通过路由协议产生。交换机最大的好处是快速，由于交换机只需识别帧中 MAC 地址，直接根据 MAC 地址产生选择转发端口算法简单，便于 ASIC 实现，因此转发速度极高。但交换机的工作机制也带来一些问题。

图 3-8　交换机

9. 路由器（Router）

路由器是用于连接不同技术网络的网络连接设备，它为不同的网络之间的用户提供最佳的通信路径，因此路由器有时俗称为“路径选择器”，如图 3-9 所示。路由器（又称路径器）是一种计算机网络设备，它能将数据包通过一个个网络传送至目的地（选择数据的传输路径），这个过程称为路由。路由器就是连接两个以上网络的设备，路由工作在 OSI 模型的第三层——网络层。路由器具有判断网络地址和选择 IP 路径的功能，它能在多网络互联环境中，建立灵活的连接，可用完全不同的数据分组和介质访问方法连接各种子网，路由器只接受源站或其他路由器的信息，属网络层的一种互联设备。它不关心各子网使用的硬件设备，但要求运行与网络层协议相一致的软件。

图 3-9　路由器

10. 网关（Gateway）

网关又称协议转换器，它的作用是使网络上采用不同高层协议的主机能够互相通信，进而完成分布式应用。网关是传输设备中最复杂的一个，主要用于连接不同体系结构的网络或进行局域网与主机的连接。网关在网络层以上实现网络互联，是最复杂的网络互联设备，仅用于两个高层协议不同的网络互联。网关既可以用于广域网互联，也可以用于局域网互联。网关是一种充当转换重任的计算机系统或设备。使用在不同的通信协议、数据格式或语言，甚至体系结构完全不同的两种系统之间，网关是一个翻译器。与网桥只是简单地传达信息不同，网关对收到的信息要重新打包，以适应目的系统的需求。应用网关在应用层上进行协议转换，例如，一个主机执行的是 ISO 电子邮件标准，另一个主机执行的是 Internet 电子邮件标准，如果这两个主机需要交换电子邮件，那么必须经过一个电子邮件网关进行协议转换，这个电子邮件网关是一个应用网关。

五、计算机网络的软件组成

（一）网络操作系统的功能及常见类型

网络操作系统，是一种能代替操作系统的软件程序，是网络的心脏和灵魂，是向网络计算机提供服务的特殊操作系统，其分为服务器（Server）及客户端（Client）。服务器的主要功能是管理服务器和网络上的各种资源和网络设备的共用，加以统合并控管流量，避免瘫痪的可能性，而客户端有接收服务器所传递的数据并加以运用的功能，以便客户端可以清楚地搜索所需的资源。网络操作系统除具有常规操作系统所应具有的功能外，还具有网络管理功能，如网络通信功能、网络资源管理功能和网络服务功能等。

1. Windows 系列

Windows 系列是全球最大的软件开发商 Microsoft（微软）公司开发的。微软公司的 Windows 系统不仅在个人操作系统中占有绝对优势，它在网络操作系统中也是具有非常强劲的力量。这类操作系统配置在整个局域网配置中是最常见的，但由于它对服务器的硬件要求较高，且稳定性能不是很高，所以微软的网络操作系统一般只是用在中低档服务器中，高端服务器通常采用 UNIX、Linux 或 Solaris 等非 Windows 操作系统。在局域网中，微软的网络操作系统主要有：Windows NT 4.0 Server、Windows 2000 Server/Advance Server 以及 Windows 2003 Server/ Advance Server 等，工作站系统可以采用任一 Windows 或非 Windows 操作系统，包括个人操作系统，如 Windows 9x/ME/XP 等。

在整个 Windows 网络操作系统中最为成功的还是 Windows NT 4.0 这一套系统，它几乎成为中、小型企业局域网的标准操作系统，这是由于它不仅继承了 Windows 家族统一的界面，使用户学习、使用起来更加容易，而且它的功能也的确比较强大，基本上能满足所有中、小型企业的各项网络需求。虽然相比 Windows 2000/2003 Server 系统来说它在功能上要逊色许多，但它对服务器的硬件配置要求要低很多，可以在更大程度上满足许多中、小企业的 PC 服务器配置需求。

2. UNIX

UNIX 是一个强大的多用户、多任务操作系统，支持多种处理器架构。目前常用的 UNIX 系统版本主要有 UNIX SVR 4.0、HP-UX 11.0、Solaris 8.0 等。UNIX 系统支持网络文件系统服务，提供数据等应用，功能强大，由 AT&T 和 SCO 公司推出。这种网络操作系统稳定和安全性能非常好，但由于它多数是以命令方式来进行操作的，不容易被掌握，特别是不容易被初级用户掌握。正因为如此，小型局域网基本不使用 UNIX 作为网络操作系统，UNIX 一般用于大型的网站或大型的企、事业局域网中。UNIX 网络操作系统历史悠久，其良好的网络管理功能已为广大网络用户所接受，拥有丰富的应用软件的支持。目前 UNIX 网络操作系统的版本有 AT&T 和 SCO 的 UNIX SVR3.2、SVR4.0 和 SVR4.2 等。UNIX 是针对小型机主机环境开发的操作系统，是一种集中式分时多用户体系结构，但因其体系/结构不够合理，市场占有率呈下降趋势。

3. Linux

Linux 操作系统是芬兰赫尔辛基大学计算机系的学生在 1991 年创建的，是一种基于 PC、类似于 UNIX 的操作系统。这是一种新型的网络操作系统，它的最大特点就是源代码开放，可以免费得到许多应用程序。目前也有中文版本的 Linux，如 RedHat（红帽子）、红旗 Linux 等，在国内得到了用户充分的肯定。它在安全性和稳定性方面，与 UNIX 有许多类似之处，但目前这类操作系统主要应用于中、高档服务器中。

六、计算机网络的分类

（一）按传输信号分类

网络中处理的数据可分为离散的数字数据和连续的模拟数据。数字数据采用数字信号

(Digital Signal)，例如用一系列断续变化的电压脉冲（如可用恒定的正电压表示二进制数 1，用恒定的负电压表示二进制数 0），或光脉冲来表示；模拟数据一般采用模拟信号（Analog Signal），例如用一系列连续变化的电磁波（如无线电与电视广播中的电磁波），或电压信号（如电话传输中的音频电压信号）来表示。

传输数字信号的网络称为数字网络，管理信息系统、办公自动化系统等大都属于数字网络；传输模拟信号的网络称为模拟网络，现有的电信网络、视频网络等都属于典型的模拟网络。

（二）按通信传输方式分类

1. 点到点式网络（Point-to-Point Network）

点到点式网络由许多互相连接的结点构成，在每对机器之间都有一条专用的通信信道，当一台计算机发送数据分组后，它会根据目的地址，经过一系列的中间设备的转发，最终到达目的结点。

2. 广播式网络（Broadcast Network）

广播式网络即在网络中只有一个单一的通信信道，由这个网络中所有的主机共享。即多个计算机连接到一条通信线路上的不同分支点上，任意一个结点所发出的报文分组被其他所有结点接受。发送的分组中有一个地址域，指明了该分组的目标接受者和源地址。

（三）按计算机网络规模和覆盖地理范围分类

1. 局域网

局域网（Local Area Network，LAN）是指在某一区域内由多台计算机互联成的计算机组。一般是方圆几千米以内。局域网可以实现文件管理、应用软件共享、打印机共享、工作组内的日程安排、电子邮件和传真通信服务等功能。局域网是封闭型的，可以由办公室内的两台计算机组成，也可以由一个公司内的上千台计算机组成。

局域网的主要特点：适应网络范围小、传输速率高、组建方便、使用灵活、网络组建成本低以及数据传输错误率低等。

2. 城域网

城域网（Metropolitan Area Network，MAN），是一种大型的 LAN，通常使用与 LAN 相似的技术。之所以将 MAN 单独地列出，一个主要原因是已经有了一个标准：分布式队列双总线（Distributed Queue Dual Bus，DQDB），即 IEEE 802.6。DQDB 是由双总线构成的，所有的计算机都连接在上面。

城域网的主要特点：适合比 LAN 大的区域、比 LAN 速度慢（但比 WAN 速度快）、设备昂贵以及中等错误率。

3. 广域网

广域网（Wide Area Network，WAN）覆盖的范围比局域网（LAN）和城域网（MAN）都广。广域网的通信子网主要使用分组交换技术。广域网的通信子网可以利用公用分组交换网、卫星通信网和无线分组交换网，它将分布在不同地区的局域网或计算机系统互联起来，达到资源共享的目的。如互联网是世界范围内最大的广域网。

广域网是由许多交换机组成的。交换机之间采用点到点线路连接，几乎所有的点到点通信方式都可以用来建立广域网，包括租用线路、光纤、微波、卫星信道。而广域网交换机实际上就是一台计算机，有处理器和输入/输出设备进行数据包的收发处理。

广域网（WAN）一般最多只包含 OSI 参考模型的底下三层，而且目前大部分广域网都采用存储转发方式进行数据交换，也就是说，广域网是基于报文交换或分组交换技术的（传统的公用电话交换网除外）。广域网中的交换机先将发送给它的数据包完整接收下来，然后经过路径选择找出一条输出线路，最后交换机将接收到的数据包发送到该线路上去，以此类推，直到将数据包发送到目的结点。

广域网可以提供面向连接和无连接两种服务模式，对应于这两种服务模式，广域网有两种组网方式：虚电路（Virtual Circuit）方式和数据报（Data Gram）方式。

广域网的主要特点：规模可以与世界一样大小、一般比 LAN 和 MAN 慢很多、网络传输错误率最高以及网络设备昂贵。

（四）按网络的拓扑结构分类

1. 总线型拓扑结构

将网络中所有设备都通过一条公共总线连接，通信时信息通过总线进行广播式传送，这种布局方式，称为总线型拓扑结构，如图 3-10 所示。总线型拓扑结构是使用同一媒体或电缆连接所有端用户的一种方式，也就是说，连接端用户的物理媒体由所有设备共享。

在点到点链路配置中，半双工操作只需使用简单的机制，便可确保两个端用户轮流工作。在一点到多点方式中，对线路的访问依靠控制端的探询来确定。但在 LAN 环境中，所有数据站都是平等的，不是采取一点到多点的方式，而是采用带有碰撞检测的载波侦听多路访问（它是在总线共享型网络中使用的媒体访问方法，缩写为 CSMA/CD）。

这种结构具有费用低、数据端用户入网灵活、站点或某个端用户失效不影响其他站点或端用户通信的优点。缺点是一次仅能一个端用户发送数据，其他端用户必须等待获得发送权。总线型拓扑结构媒体访问获取机制较复杂。但由于布线要求简单，扩充容易，端用户失效、增删不影响全网工作，所以它是 LAN 技术中使用最简单的一种。

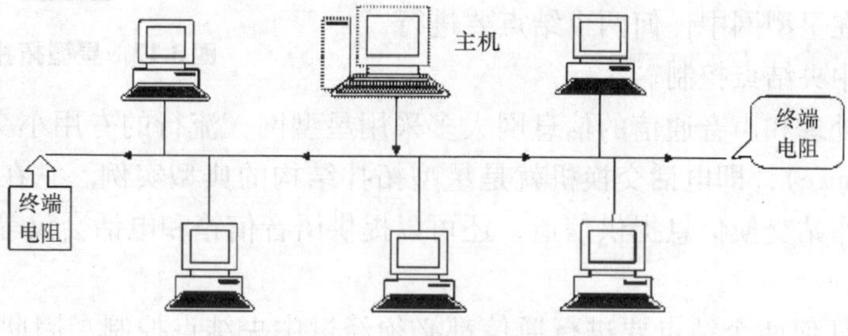

图 3-10　总线型拓扑结构

2. 环型拓扑结构

环型拓扑结构是所有设备被连接成环，信息是通过环进行广播式传送的，如图 3-11 所示。环型拓扑结构在 LAN 中使用较多。这种结构中的传输媒体从一个端用户到另一个端用户，直到将所有端用户连成环型，这种结构消除了端用户通信时对中心系统的依赖性。

环型拓扑结构的特点：每个端用户都与两个相邻的端用户相连，因而存在着点到点链路，并以单向方式操作，分为上游端用户和下游端用户。用户 N 是用户 $N+1$ 的上游端用户，$N+1$ 是 N 的下游端用户。如果 $N+1$ 端需将数据发送到 N 端，则几乎要环绕一周才能到达 N 端。

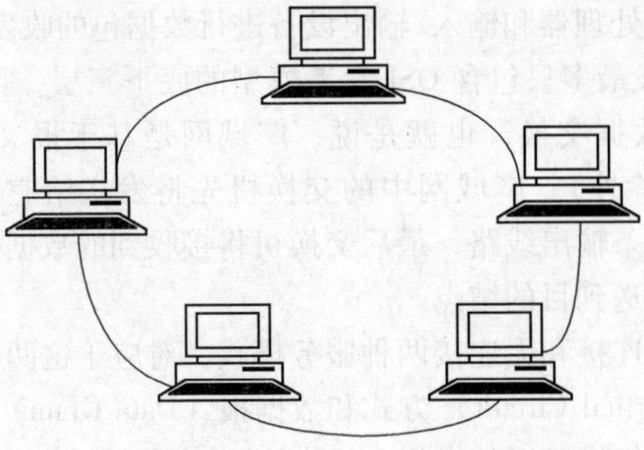

图 3-11　环型拓扑结构

3. 星型拓扑结构

星型拓扑结构是指各工作站以星型方式连接成网，如图 3-12 所示。网络有中央结点，其他结点（如工作站、服务器）都与中央结点直接相连，这种结构以中央结点为中心，因此又称为集中式网络。星型拓扑结构便于集中控制，因为端用户之间的通信必须经过中心站。由于这一特点，也带来了易于维护和安全等优点，端用户设备因为故障而停机时不会影响其他端用户间的通信，但中心系统必须具有极高的可靠性，因为它一旦损坏，整个系统便趋于瘫痪。

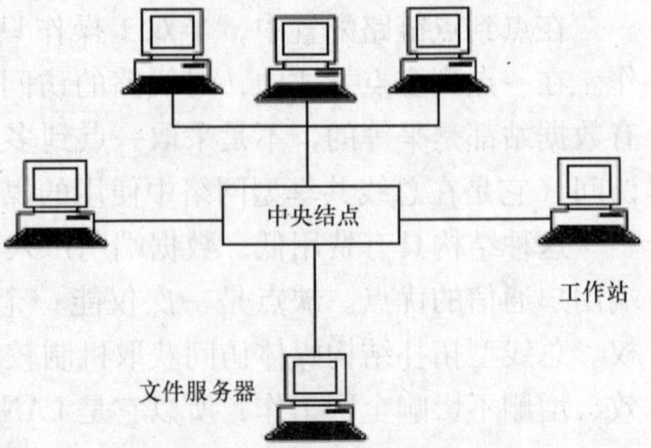

图 3-12　星型拓扑结构

在星型拓扑结构中，网络中的各结点通过点到点的方式连接到一个中央结点（又称中央转接站，一般是集线器或交换机）上，由该中央结点向目的结点传送信息。中央结点执行集中式通信控制策略，因此中央结点相当复杂，负担比各结点重得多。在星型网中任何两个结点要进行通信都必须经过中央结点控制。

现有的数据处理和声音通信的信息网大多采用星型网，流行的专用小交换机 PBX（Private Branch Exchange），即电话交换机就是星型拓扑结构的典型实例。它在一个单位内为综合语音和数据工作站交换信息提供信道，还可以提供语音信箱和电话会议等业务，是局域网的一个重要分支。

在星型网中任何两个结点要进行通信都必须经过中央结点控制。因此，中央结点的主要功能有三项：当要求通信的站点发出通信请求后，控制器要检查中央转接站是否有空闲的通路，被叫设备是否空闲，从而决定是否能建立双方的物理连接；在两台设备通信过程中要维持这一通路；当通信完成或者不成功要求拆线时，中央转接站应能拆除上述通道。

由于中央结点要与多机连接，线路较多，为便于集中连线，目前多采用交换设备（交换机）的硬件作为中央结点。

4. 树型拓扑结构

树型拓扑结构是星型拓扑结构的扩展，它是在总线网上加上分支形成的，如图 3-13 所示。树型拓扑结构是分级的集中控制式网络，与星型拓扑结构相比，它的通信线路总长度短，成本较低，结点易于扩充，寻找路径比较方便，但除了叶结点及其相连的线路外，任一结点或其相连的线路故障都会使系统受到影响。

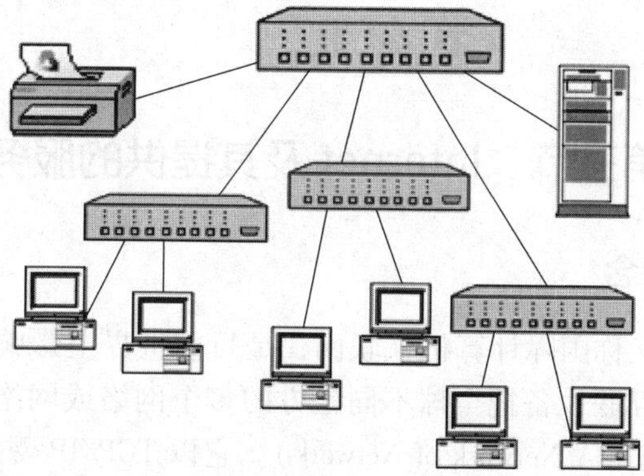

图 3-13　树型拓扑结构

5. 网状型拓扑结构

网状型拓扑结构分为一般网状型拓扑结构和全连接网状型拓扑结构两种（见图 3-14）。

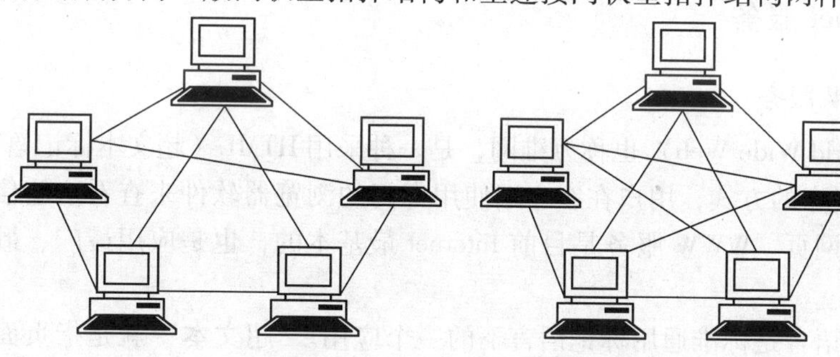

（a）　　　　　　　　　　（b）

图 3-14　网状型拓扑结构

（a）一般网状型拓扑结构；（b）全连接网状型拓扑结构

6. 混合型拓扑结构

将两种或几种网络拓扑结构混合起来构成的一种网络拓扑结构称为混合型拓扑结构（也称为杂合型结构）。这种网络拓扑结构是由星型结构和总线型结构的网络结合在一起构成的网络结构，这样的拓扑结构更能满足较大网络的拓展，解决了星型网络在传输距离上的局限性，而同时又解决了总线型网络在连接用户数量上的限制性。这种网络拓扑结构同时兼顾了星型网与总线型网络的优点，在缺点方面得到了一定的弥补，主要用于较大型的局域网中。

（五）按使用的范围分类

1. 公用网（Public Network）

公用网也称公众网，通常是指一个国家邮电部门构建的网络，用户使用公用网必须按照相关规定交纳相关费用。

2. 专用网（Private Network）

专用网是指某个行业系统、行业领域或者某个单位为满足本部门的特殊工作需要而建造的网络。这种网络通常会租用公用网的线路，但一般不向本单位以外的集体或个人提供网络服务。军队、铁路、电子银行系统等自建的网络均属于典型的专用网。

第三节　Internet 及其提供的服务

一、Internet 的概念

Internet（因特网）又称国际计算机互联网，是目前世界上影响最大的国际性计算机网络。Internet 是通过网络互联设备把全球不同地方的多个网络或网络群体连接起来的巨大的网络，即一个网络的网络（A Network of Network）。它以 TCP/IP 网络协议将各种不同类型、不同规模、位于不同地理位置的物理网络连接成一个整体。它也是一个国际性的通信网络集合体，融合了现代通信技术和现代计算机技术，集各个部门、领域的各种信息资源为一体，从而构成网上用户共享的信息资源网。它的出现是世界由工业化走向信息化的必然和象征。

二、Internet 服务

（一）WWW 服务

WWW（World Wide Web）也称万维网，是一种采用 HTML（超文本标记语言）在 Internet 上进行信息发布的方式，用户在客户端使用专门的浏览器软件来查看这些信息，也就是平时所说的浏览网页。WWW 服务是目前 Internet 最基本的，也是应用最广、最受欢迎的一种服务。

超文本标记语言是标准通用标记语言下的一个应用。“超文本”就是指页面内可以包含图片、链接，甚至音乐、程序等非文字元素。超文本标记语言的结构包括“头”部分（Head）和“主体”部分（Body），其中“头”部提供关于网页的信息，“主体”部分提供网页的具体内容。

使用 WWW 进行浏览，首先需要 Web 页的地址，即网址。对网址的定义称为统一资源定位符（Uniform Resource Locator，URL）。

URL 的格式由下列三部分组成：协议、存有该资源的主机 IP 地址、主机资源的具体地址，例如：https://www.taobao.com/? spm=2013.1.1581860521.1.ruDE4n。

（二）收发电子邮件（E-mail）

1. 电子邮件的工作过程

发送和接收邮件需要两个服务器，服务器用于接收电子邮件。SMTP（Simple Mail Transfer Protocol）即简单邮件传输协议，它是一组用于由源地址到目的地址传送邮件的规则，由它来控制信件的中转方式。SMTP 协议属于 TCP/IP 协议簇，它帮助每台计算机在发送或中转信件时找到下一个目的地。通过 SMTP 协议所指定的服务器，就可以把 E-mail 寄到收信人的服务器上了，整个过程只要几分钟。POP3，全名为“Post Office Protocol - Version 3”，即“邮局协议版本 3”，是 TCP/IP 协议簇中的一员，由 RFC1939 定义。本协议主要用于支持使用客户端远程管理在服务器上的电子邮件。提供了 SSL 加密的 POP3 协议被称为 POP3S。

2. 电子邮件地址

每个邮件用户必须有一个唯一的邮件地址用于用户识别，这个地址称为“电子邮件地址（E-mail 地址）”。电子邮件地址的格式为：用户名@邮件服务器主机名。

（三）文件传输服务（FTP）

FTP 服务器允许 Internet 用户使用 FTP（File Transfer Protocol，文件传输协议）登录到 FTP 服务器上，进行文件的下载和上传。Internet 上大量的 FTP 服务器为用户提供了大量的可免费下载的软件。其中一部分 FTP 服务器可以匿名登录，但大多数需要使用用户账号登录。

（四）远程登录（Telnet）

远程登录（Telnet Networking Over The Telephone）是指在网络通信协议 Telnet 的支持下，用户可以通过 Internet 网络登录到另一台远程计算机上，然后用自己的计算机直接操作远程计算机，指挥远程计算机工作。

三、IP 地址与域名

（一）IP（Internet Position）地址分类

一个网站的地址包括了网站所在计算机主机的名称，如 www. sina. com。每一个主机都由一个 IP 地址来确定，这使它区别于其他主机，而名字比数字更容易记忆。要传送一个消息，源主机（发送者）无须知道目的主机的位置，只需要知道目的主机的官方 IP 地址。IP 地址由一个 32 位的字符串（0 和 1）组成。因为不可能去记住这么多位，就使用点分开的十进制符号来表示相同的地址。

32 位 IP 地址并不包括有关网络的大小、子网、主机部分的信息。由于一些网络比其他网络具有更多的主机，因此网络具有不同的分类，通常分为 4 类：A 类、B 类、C 类、D 类。还有一类地址为 E 类，为保留备用地址。IP 地址的最初几位说明了它是 A 类、B 类、C 类还是 D 类网络上主机的 IP 地址。

1. A 类网络

如果第一个 8 比特组的首位是 0，可以说这个 IP 地址代表 A 类网络中的一个主机。它留下了 7 个位或者说 126 种可能的 A 类网络。每个这样的网络可以负担 1 600 万台主机。

2. B 类网络

表示 B 类网络中主机的 IP 地址的第一个 8 比特组是以 10 开始，它在网络部分留下了 14 位来表示 16 000 多个 B 类网络。剩下的在主机部分的 10 位使得每个 B 类网络可以拥有 65 000多台主机。

3. C 类网络

表示 C 类网络中主机的 IP 地址是以 110 开始。网络部分有 24 位，其中 3 位用来表示类别，剩下 21 位没有被占用的位允许有多于 200 万个的 C 类网络。由于拥有了巨大的网络数量，C 类网络给每个网络只剩下了 8 位或者说 254 台主机。

4. D 类网络

D 类地址以 1110 开始并用作组播。和分组只走向唯一的 IP 地址的单播不同，组播意味着分组被广播到子网内部所有的主机上。组播报文的目的地址使用 D 类 IP 地址，D 类地址不能出现在IP报文的源IP地址字段。单播数据传输过程中，一个数据包传输的路径是从源地址路由到目的地址，利用“逐跳”的原理在IP网络中传输。然而在IP组播环中，数据包的目的地址不是一个，而是一组，形成组地址。所有的信息接收者都加入一个组内，并且一旦加入之后，流向组地址的数据立即开始向接收者传输，组中的所有成员都能接收到数据包。组播组中的成员是动态的，主机可以在任何时刻加入和离开组播组。

前面介绍的IP地址的格式和分类是指IPv4，它是一个32位的二进制，因此总地址容量为2^{32}，也即43亿个左右。而按照TCP/IP的规定，相互连接的网络中每个结点都必须有自己独一无二的地址来作为标识，显然，相对日益增长的用户数，IP地址资源很快会被用光。

为了解决IPv4的问题，一种新的IP地址应运而生，即IPv6。IPv6有128位地址，以16位为一分组，每个16位分组写成4个十六进制数，中间用冒号分隔。例如，2060：0000：0000：0000：0009：0A00：500D：826E。

IPv6具有自动把IP地址分配给用户的功能，大大减少了网络管理费用。理论上不但使IP地址资源十分丰富，而且可以使网络速率提升1 000倍，大约能达到每秒40GB的传输速度。

（二）域名（Domain Name）和DNS服务

1. 域名

域名（Domain Name，DN）是由代表一定意义的英文单词的缩写构成的，用英文字母来表示IP地址，这样，人们就可以轻松地记住Internet上的各台主机地址。域名是Internet中计算机（主机）的名称，它包含有名称、类型、地域等信息。互联网上主机的域名就是该主机在互联网上的唯一名称，它与给定的IP地址一一对应。

2. DNS（Domain Name System）

域名系统（Domain Name System，DNS）是指在互联网或任何一个TCP/IP架构的网络中查询域名或IP地址的目录服务系统。Internet上当一台主机要访问另外一台主机时，必须首先获知其地址，TCP/IP中的IP地址是由四段以“.”分开的数字组成的，记起来总是不如名字那么方便，所以，就采用了域名系统来管理名字和IP的对应关系。用户访问一个网站的时候，既可以输入该网站的IP地址，也可以输入其域名，对访问而言，两者是等价的。例如，微软公司的Web服务器的IP地址是207.46.230.229，其对应的域名是www.microsoft.com，不管用户在浏览器中输入的是207.46.230.229，还是www.microsoft.com，都可以访问其Web网站。

一个公司的Web网站可看作它在网上的门户，而域名就相当于其门牌地址，通常域名都使用该公司的名称或简称，例如上面提到的微软公司的域名。类似的还有：IBM公司的域名是www.ibm.com，Oracle公司的域名是www.oracle.com，Cisco公司的域名是www.cisco.com等。当人们要访问一个公司的Web网站，又不知道其确切域名的时候，也总会首先输入其公司名称作为试探。但是，由一个公司的名称或简称构成的域名，也有可能会被其他公司或个人抢注。甚至还有一些公司或个人恶意抢注了大量由知名公司的名称构成的域名，然后再高价转卖给这些公司，以此牟利。已经有一些域名注册纠纷的仲裁措施，但要从源头上控制这类现象，还需要有一套完整的限制机制，此机制目前还没有。所以，尽早注册由自己名称构成的域名应当是任何一个公司或机构，特别是那些著名企业必须重视的事情。有的公司已经对由自己著名品牌构成的域名进行了保护性注册。

表 3-1 和表 3-2 分别是常见的二级域名和部分国家或地区的顶级域名。

表 3-1　常见的二级域名

二级域名	域名类型	二级域名	域名类型
com	商业组织	org	非营利组织
edu	教育部门	int	国际组织
gov	政府部门	mil	军事部门
net	网络公司	ac	科研机构

表 3-2　部分国家或地区的顶级域名

国家或地区	代码	国家或地区	代码	国家或地区	代码
中国	cn	英国	uk	加拿大	ca
中国香港	hk	法国	fr	俄罗斯	ru
中国台湾	tw	韩国	kr	意大利	it
中国澳门	mo	日本	jp	澳大利亚	au

3. DNS 服务

执行 DNS 服务的网络主机，称为 DNS 服务器。用户使用域名访问互联网上的主机时，需要通过提供域名服务（DNS）的 DNS 服务器将域名解析成对应的 IP 地址。从域名查找 IP 地址的过程，称为域名解析。域名翻译为 IP 地址，称为正向解析；IP 地址转换成域名，称为逆向解析。

第四节　EDI 技术

一、EDI 及其构成

电子数据交换（Electric Data Interchange，EDI），是一种利用计算机进行商务处理的新方法，它将贸易、运输、保险、银行和海关等行业的信息，用一种国际公认的标准格式，通过计算机通信网络，使各有关部门、公司和企业之间进行数据交换和处理，并完成以贸易为中心的全部业务过程。EDI 作为一种全球性的电子化贸易工具，具有单证格式化、报文标准化、处理自动化、运作规范化等特点，如图 3-15 所示。由于 EDI 的使用可以完全取代传统的纸张文件的交换，因此也有人称它为“无纸贸易”或“电子贸易”。

手工条件下，贸易单证的传递方式中买卖双方之间重复输入的数据较多，容易产生差错，准确率低，劳动力消耗多及延时增加。由于单证是通过数字方式传递的，缺乏验证的过程，因此加强安全性、保证单证的真实可靠成了一个重要的问题，如图 3-16 所示。

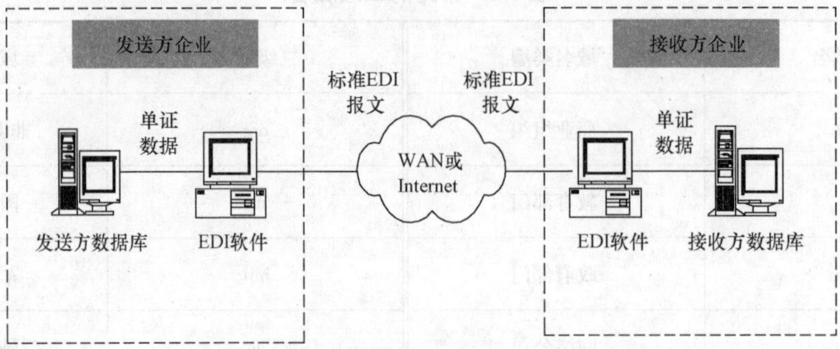

图 3-15　EDI 条件下贸易单证的传递方式

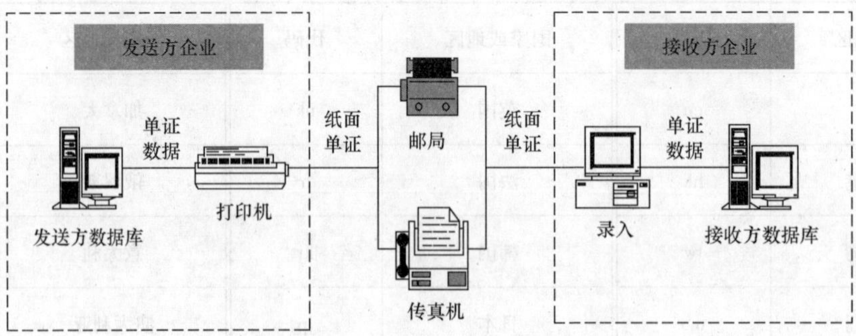

图 3-16　手工条件下贸易单证的传递方式

二、EDI 的特点

（1）是企业（制造厂、供应商、运输公司、银行等）单位之间传输商业文件数据的工具。

（2）是两个或多个计算机应用进程间的通信。

（3）传输的文件数据遵循一定的语法规则与国际标准，具有固定格式。

（4）一般通过增值网和专用网等这一类的数据通信网络来传输。

（5）数据自动投递和传输处理，无须人工介入，由应用程序对它自动响应，实现事务处理与贸易自动化。

三、EDI 应用系统工作过程

EDI 条件下贸易单证的传递方式很好地解决了手工方式下单证文件传递中的问题。发送方企业数据库中的数据通过 EDI 软件中的翻译器转换成标准报文，然后通过网络传递给接收方企业，接收方企业再通过翻译器将标准报文转化成本企业内部的数据格式，存入数据库。

EDI 应用系统的工作过程如下。

（1）发送方将要发送的数据从信息系统数据库提出，转换成平面文件（亦称中间文件）。

（2）将平面文件翻译为标准 EDI 报文，并组成 EDI 信件。接收方从 EDI 信箱收取信件。

（3）将 EDI 信件拆开并翻译成为平面文件。

（4）将平面文件转换并发送到接收方信息系统中进行处理。

EDI 应用系统工作过程如图 3-17 所示。

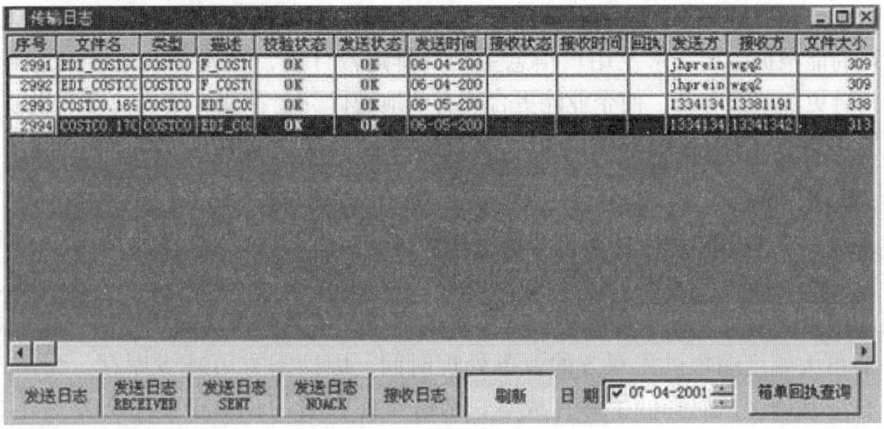

图 3-17　EDI 应用系统工作过程

四、EDI 数据标准化与应用

数据标准化是实现 EDI 的关键。EDI 标准是各企业、各地区的代表共同讨论、制定的电子数据交换的共同标准，可以使各组织之间的不同文件格式，通过共同的标准，达到彼此之间文件交换的目的。

根据功能，EDI 的应用可分为 4 类。

第一类，如订货信息系统是最基本的，也是最知名的 EDI 系统了。它又称为贸易数据互换系统（Trade Data Interchange，TDI），它用电子数据文件来传输订单、发货票和各类通知。

第二类常用的 EDI 系统是电子金融汇兑系统（Electronic Fund Transfer，EFT），即在银行和其他组织之间实行电子费用汇兑。EFT 已使用多年，但它仍在不断改进中。其最大的改进是同订货系统联系起来，形成一个自动化水平更高的系统。

第三类常见的 EDI 系统是交互式应答系统（Interactive Query Response）。它可应用在旅行社或航空公司作为机票预订系统。这种 EDI 在应用时要询问到达某一目的地的航班，要求显示航班的时间、票价或其他信息，然后根据旅客的要求确定所要的航班，打印机票。

第四类是带有图形资料自动传输的 EDI。最常见的是计算机辅助设计（Computer Aided Design，CAD）图形的自动传输。例如，设计公司完成一个厂房的平面布置图，将其平面布置图传输给厂房的主人，请主人提出修改意见。一旦该设计被认可，系统将自动输出订单，发出购买建筑材料的报告。在收到这些建筑材料后，自动开出收据。例如美国一个厨房用品制造公司——Kraft Maid 公司，在 PC 上以 CAD 设计厨房的平面布置图，再用 EDI 传输设计图纸、订货、收据等。

五、EDI 带来的企业效益的改变

EDI 引起贸易方式的变革，促进生产、流通领域经营体制的改革。EDI 的应用改变了贸易方式，使贸易伙伴间建立起更密切的关系，增加了贸易机会，提高了企业对市场变化的应变能力。企业内部结构与运行机制的变革，使生产企业的业务流重组，完善了企业的采购、生产、规划、会计及运输等部门。企业内库存减少，按市场订货单组织生产，有可能实现零库存生产。货运商能根据生产厂家及用户信息主动安排运输计划，迅速有效地组织运输。EDI 使产、供、销链更加紧密有效，使企业能更合理有效地进行资金管理。随着社会的进步，EDI 在激烈的商贸竞争中产生并不断发展，相应地，它给企业和社会带来了巨大的影响。

（一）直接效益

由于交易双方的信息经由计算机通信网络传输，可以改进企业之间的通信，缩短交易时间，尽快将商品推向市场；由于信息处理是在计算机上自动完成的，无须人工干预，所以除节约时间外也可大幅度降低业务处理过程中的差错率，从而降低资料出错的处理成本；由于使用 EDI 后可大幅度缩短供需双方的业务处理时间，因而需方可减少库存，为实现“零库存管理”打下基础，从而降低了库存成本，节省了库存费用；由于使用 EDI 后不再需要人工填表、制单、装订、打包、邮寄等一系列过程，自然可消除重复劳动，节省人力，节省人事费用；实现贸易无纸化，大幅度节省纸张、印刷、储存及邮寄的费用，亦即降低了贸易文件成本；企业国际化，随着企业使用 EDI，业务不再受到地域的限制，而是开始走向全球。

（二）间接效益

EDI 也是一种改善对客户服务的手段，它巩固了 DEI 贸易伙伴之间的市场和分销关系，提高了办事效率，加快了对客户需求的反应，从而改善了与客户间的关系，提高了服务质量；改善了资金流动周转；使信息系统一体化；提高了企业知名度，增强了市场竞争力。DEI 实现无纸贸易，提高了贸易效率；加快了贸易循环，加快了信息流、货物流及资金流动；降低了成本；提高了工作效率和竞争能力。

第五节　物联网技术和“互联网 +”

一、物联网

物联网是一个基于互联网、传统电信网等信息承载体，让所有能够被独立寻址的普通物理对象实现互联互通的网络。按照国际电信联盟（ITU）的定义，物联网主要解决物品与物品（Thing to Thing，T2T）、人与物品（Human to Thing，H2T）、人与人（Human to Human，H2H）之间的互联问题。但是与传统互联网不同的是，H2T 的目的是人通过利用装置与物品之间的连接，使得物品连接更加简化，而 H2H 是指人之间不依赖于 PC 而进行的互联。因为互联网并没有考虑到关于任何物品连接的问题，故我们使用物联网来解决这个传统意义上的问题。

物联网顾名思义就是连接物品的网络，许多学者讨论物联网时，经常会引入一个 M2M 的概念，可以解释为人到人（Man to Man）、人到机器（Man to Machine）、机器到机器（Machine to Machine）。但是，M2M 的所有解释并不仅限于能够解释物联网，同样地，M2M 这个概念在互联网汇总也已经得到了很好的阐释，就连人与人之间的互动，也已经通过第三方平台或者网络电视完成。人与机器的交互一直是人体工程学和人机界面等领域研究的主要课题；但是机器与机器之间的交互已经由互联网提供了最为成功的方案。从本质上而言，人与机器的交互、机器与机器的交互，大部分是为了实现人与人之间的信息交互，万维网（World Wide Web）技术成功的动因在于：通过搜索和链接，提供了人与人之间异步进行信息交互的快捷方式。

物联网是在计算机互联网的基础上，利用 RFID、无线数据通信等技术，构造一个覆盖世界上万事万物的“Internet of Things”。在这个网络中，物品（商品）能够彼此进行“交流”，而无须人的干预。其实质是利用射频自动识别（RFID）技术，通过计算机互联网实现物品（商品）的自动识别和信息的互联与共享。而 RFID，正是能够让物品“开口说话”的一种技术。在“物联网”的构想中，RFID 标签中存储着规范而具有互用性的信息，通过无线数据通信网络把它们自动采集到中央信息系统，实现物品（商品）的识别，进而通过开放性的计算机网络实现信息交换和共享，实现对物品的“透明”管理。

从技术架构上来看，物联网可分为三层：感知层、网络层和应用层。感知层由各种传感器以及传感器网关构成，包括二氧化碳浓度传感器、温度传感器、湿度传感器、二维码标签、RFID 标签、读写器、摄像头、GPS 等感知终端。感知层的作用相当于人的眼、耳、鼻、喉和皮肤等神经末梢，它是物联网识别物体、采集信息的来源，其主要功能是识别物体、采集信息。网络层由各种私有网络、互联网、有线和无线通信网、网络管理系统和云计算平台等组成，相当于人的神经中枢和大脑，负责传递和处理感知层获取的信息。应用层是物联网和用户（包括人、组织和其他系统）的接口，它与行业需求结合，实现物联网的智能应用。

物联网的行业特性主要体现在其应用领域内，绿色农业、工业监控、公共安全、城市管理、远程医疗、智能家居、智能交通和环境监测等各个行业均有物联网应用的尝试，某些行业已经积累了一些成功的案例。

二、“互联网+”内涵

2015 年 3 月 5 日十二届全国人大三次会议上，李克强总理在政府工作报告中首次提出“互联网+”行动计划。

“互联网+”代表一种新的经济形态，即充分发挥互联网在生产要素配置中的优化和集成作用，将互联网的创新成果深度融合于经济社会各领域之中，提升实体经济的创新力和生产力，形成更广泛的以互联网为基础设施和实现工具的经济发展新形态。“互联网+”行动计划将重点促进以云计算、物联网、大数据为代表的新一代信息技术与现代制造业、生产性服务业等的融合创新，发展壮大新兴业态，打造新的产业增长点，为大众创业、万众创新提供环境，为产业智能化提供支撑，增强新的经济发展动力，促进国民经济提质增效升级。

“互联网+”是两化融合的升级版，将互联网作为当前信息化发展的核心特征，提取出来，并与工业、商业、金融业等服务业的全面融合。这其中关键就是创新，只有创新才能让这个“+”真正有价值、有意义。正因为此，“互联网+”被认为是创新 2.0 下的互联网发展新形态、新业态，是知识社会创新 2.0 推动下的经济社会发展新形态演进。

通俗来说，“互联网+”就是“互联网+各个传统行业”，但这并不是简单地两者相加，而是利用信息通信技术以及互联网平台，让互联网与传统行业进行深度融合，创造新的发展生态。

“互联网+”有以下六大特征。

一是跨界融合。“+”就是跨界，就是变革，就是开放，就是重塑融合。敢于跨界了，创新的基础就更坚实；融合协同了，群体智能才会实现，从研发到产业化的路径才会更垂直。融合本身也指代身份的融合，客户消费转化为投资，伙伴参与创新，等等，不一而足。

二是创新驱动。中国粗放的资源驱动型增长方式早就难以为继，必须转变到创新驱动发展这条正确的道路上来。这正是互联网的特质，用所谓的互联网思维来求变、自我革命，也更能发挥创新的力量。

三是重塑结构。信息革命、全球化、互联网业已打破了原有的社会结构、经济结构、地缘结构、文化结构。权力、议事规则、话语权不断在发生变化。“互联网+社会治理”、虚拟社会治理相对于传统治理会是很大的不同。

四是尊重人性。人性的光辉是推动科技进步、经济增长、社会进步、文化繁荣最根本的力量，互联网的力量之所以强大，是因为它对人性的最大限度的尊重、对人体验的敬畏、对人的创造性发挥的重视，例如UGC、卷入式营销、分享经济。

五是开放生态。关于“互联网+”，生态是非常重要的特征，而生态的本身就是开放的。我们推进“互联网+”，其中一个重要的方向就是要把过去制约创新的环节化解掉，把孤岛式创新连接起来，让研发由人性决定的市场驱动，让创业并努力者有机会实现价值。

六是连接一切。连接是有层次的，可连接性是有差异的，连接的价值是相差很大的，但是连接一切是“互联网+”的目标。

三、实际应用

“互联网+工业”：即传统制造业企业采用移动互联网、云计算、大数据、物联网等信息通信技术，改造原有产品及研发生产方式，与“工业互联网”“工业4.0”的内涵一致。

“移动互联网+工业”：借助移动互联网技术，传统制造厂商可以在汽车、家电、配饰等工业产品上增加网络软硬件模块，实现用户远程操控、数据自动采集分析等功能，极大地改善了工业产品的使用体验。

“互联网+金融”：从组织形式上看，这种结合至少有三种方式。第一种是互联网公司做金融。如果这种现象大范围发生，并且取代原有的金融企业，那就是互联网金融颠覆论。第二种是金融机构的互联网化。第三种是互联网公司和金融机构合作。从2013年以在线理财、支付、电子商务小贷、P2P、众筹等为代表的细分互联网嫁接金融的模式进入大众视野以来，互联网金融已然成为一个新金融行业，并为普通大众提供了更多元化的投资理财选择。对于互联网金融而言，2013年是初始之年，2014年是调整之年，而2015年成了各种互联网金融模式进一步稳定客户、市场，走向成熟和接受监管的规范之年。

在零售、电子商务等领域，过去这几年都可以看到和互联网的结合，正如马化腾所言：“它是对传统行业的升级换代，不是颠覆掉传统行业。”在其中，又可以看到“特别是移动互联网对原有的传统行业起到了很大的升级换代的作用”。2014年，中国网民数量达6.49亿，网站400多万家，电子商务交易额超过13万亿元人民币。在全球网络企业前10强排名中，有4家企业在中国，互联网经济成为中国经济的最大增长点。微信可以实现微信购票、景区导览、规划路线等功能。腾讯云可以帮助建设旅游服务云平台和运行监测调度平台。市民在景区门口，不用排队，只要在景区扫一扫微信二维码，即可实现微信支付。购票后，微信将根据市民的购票信息，进行智能线路推送。而且，微信电子二维码门票自助扫码过闸机，无须人工检票入园。

还有无所不在的计算、数据、知识。“互联网 +”不仅使互联网移动了、泛在了、应用于某个传统行业了，更加入了无所不在的计算和数据等，造就了无所不在的创新，严格来说，“互联网 +”是创新 2.0 下的互联网与传统行业融合发展的新形态、新业态，是知识社会创新 2.0 推动下的互联网形态演进及其催生的经济社会发展新常态。它代表一种新的经济增长形态，即充分发挥互联网在生产要素配置中的优化和集成作用，将互联网的创新成果深度融合于经济社会各领域之中，从而提升实体经济的创新力和生产力，形成更广泛的以互联网为基础设施和实现工具的经济发展模式。

关键名词

OSI 参考模型网关　超文本标记语言　IP 地址　EDI 技术　物联网　互联网 +

课后习题

一、选择题

1. Internet 广泛采用的标准网络协议是（　　）。

A. IPX/SPX　　B. ISO/OSI　　C. TCP/IP　　D. 都不是

2. 早期的 EDI 是在（　　）进行电子数据交换。

A. Internet　　B. Intranet　　C. Extranet　　D. VAN

3. （　　）是简单的邮件传输协议。

A. DNS　　B. Telnet　　C. HTTP　　D. SMTP

4. IPv6 将 IP 地址从 32 位增至（　　）位。

A. 64　　B. 128　　C. 256　　D. 1024

5. IP 地址被划分为五类，其中下面（　　）IP 地址主要用于大型网络。

A. A 类　　B. B 类　　C. C 类　　D. D 类

二、填空题

1. 计算机网络中常用的网络通信协议有________、________和________三种。

2. 局域网常见的拓扑结构有________、星型和________三种。

三、简答题

1. 什么是网络？

2. 局域网、广域网和城域网在哪些地方相似？请详细说明。

3. 越来越多的网络开始安装使用光纤，你认为这是趋势吗？为什么？

4. 论述“互联网 +”在某一具体行业的应用。

技能操练

1. IE 浏览器设置和使用。

2. 使用 Ipconfig 实用程序验证计算机的 TCP/IP 配置选项。

第四章

电子商务安全

★学习目标

★了解电子商务安全面临的威胁。

★理解电子商务安全的基本要求以及电子商务安全体系结构。

★掌握电子商务常见的三种安全技术：网络安全技术、数据加密技术、数字认证技术等。

★理解电子商务安全的管理以及管理措施、诚信机制和其他安全保障措施。

★案例引导

1. 徐玉玉事件

每年的9月左右是新生开学的日子，但是2016年8月，刚刚考上大学的山东女孩徐玉玉却被骗子骗光了学费，伤心欲绝，21日晕厥离世，永远离开了这个世界。据了解，19日徐玉玉接到陌生电话，称有笔助学金要发放给她。因之前接到过教育部门的通知，徐玉玉便没有怀疑，按指示将9 900元学费转入对方账号。她得知被骗后，一时间难以接受，含恨离世。

2. 车票事件

暑假，大学新生任某在网上购买从重庆到南京的火车票，在搜索出来的众多条目中，他随便点进了一个12306火车票订票的网站。之后任某确认购票订单后却被告知不能正常购买，必须重新支付，并承诺之前的票款会如数归还。任某再次填写信息支付后，发现两笔款项都被扣掉，而票款依然支付失败。

3. 虚假短信

2015年9月，刚入校的黄某接到一条短信称她涉及一起金融诈骗案，银行卡因涉案已经被冻结，需要再汇款到一个账户上解冻。随后一个自称是银行工作人员打电话给黄某，黄某深信不疑，将钱转到对方账户，之后才发现被骗。

4. 虚假网络交易

37人团伙通过操作虚假网络交易平台，先给客户“送金”，等客户信任后再进行“杀客”，骗取50余名客户800余万元投资资金。浙江省诸暨市人民法院于近日判决了该案，第一被告张某被判处有期徒刑14年，并处罚金人民币5万元。

2012年，诸暨人边某在网上认识了自称为操盘手的两名网友，在两人的指导下炒股，赚了一些钱。网友随后向边某推荐自己公司设立的华中农产品交易平台，称能获得更多收益。边某用小额资金试水获利后，便加大了投入。2014年3月，边某向平台上的“淡水珍珠3号”产品投入90万元，未料行情突变，导致一次性亏损80万元左右。边某认为有诈，遂向诸暨公安部门报案。

经调查，华中农产品交易平台系湖南省长沙市水镜商务信息咨询有限公司董事长张某在2013年11月至2014年4月通过购买现货平台软件非法架设，张某伙同同案犯黄某分别招募了一、二级代理商及业务员，分工操作，而张某等“高层”技术人员则负责在后台控制平台交易品种价格走势。

平台正式运行后，该平台业务员以“送好处”的方式诱骗客户到交易平台开户，参与淡水珍珠、山茶油等多种虚拟商品的交易。客户出于好奇在平台上进行少量投资，业务员便会定时发送行情，提醒客户按照所提供的点位信息做多或者做空，等客户初尝甜头后，便让客户去投资杠杆比例大的产品，等到客户投足了资金，就开始反向操作，客户买涨，就让点位下跌，客户买跌，就让点位上涨，让客户亏钱，一些客户即使首次被骗，还会再投入资金“翻本”，反而造成更大的损失。而张某团队及代理商则从中得到提成。

经查，2013年11月至2014年6月不足一年时间内，被告人张某单独或伙同黄某等人先后架设了四个虚假产品交易市场平台，招募多家代理商实施网络诈骗，共计骗取人民币800余万元，受害人达50余人。

经过3天的不公开开庭审理，诸暨法院对张某等37名被告人以诈骗罪判处刑罚，张某等犯罪“首脑”均被处10年以上有期徒刑，而参与团伙诈骗的业务员等人也一一受到了刑罚的处置。

电信网络诈骗是新型高发网络犯罪，诈骗方式不断更新，利用技术手段，设计各种场景，研析人性弱点，且参与其中的犯罪分子是“非接触性”的，不仅与被骗人非接触，连犯罪分子之间往往也都是非接触的，最终形成一条完整的黑色产业链。

近十年来，我国电信诈骗案件每年以20%~30%的速度快速增长，2015年全国公安机关共立电信诈骗案件59万起，环比上升32.5%，共造成经济损失222亿元。2013年至2015年年底，全国共发生被骗千万元以上的电信诈骗案件94起，百万元以上的案件2 085起。

第一节　电子商务安全概述

随着我国综合实力的不断增强，国际地位的不断提高，各项事业都在与国际接轨，电子商务在我国应运而生并且迅速发展，近些年，网上购物已经成为时下较为流行的购物方式，深受广大消费者的欢迎。然而，随着网络技术的进一步发展和广泛应用，电子商务的安全问题逐渐凸显出来，逐渐成为困扰我国电子商务工作人员的重要难题，如何应对电子商务安全问题值得我们深入思考。根据调查可知，我国计算机受到木马攻击、病毒侵染的数量和频率正在逐年增加，新病毒的种类层出不穷，防不胜防，这些都为我们的电子商务安全问题敲响了警钟，解决电子商务的安全问题迫在眉睫。

一、电子商务中面临的风险

随着互联网的发展，电子商务已经成为人们从事商务活动的新模式。与传统商品交易方式相比，电子商务的优势明显。但互联网开放式的信息交换方式使其网络安全具有很大的脆弱性，加之网络信息本身具有虚拟性和不稳定性，使得电子商务信息易被修改、毁坏与丢失。此外，受到参与电子商务的主体诚信问题及网络技术发展的局限，电子商务安全问题变得越来越突出，成为制约其进一步发展的重要瓶颈。概括起来，这些安全风险可以从信息安全问题、管理安全问题和法律安全问题等方面来进行讨论。

（一）信息风险

1. 假冒身份

（1）冒充主机欺骗合法主机及合法用户。

（2）冒充网络控制程序，套取或修改使用权限、通行字、密钥等信息。

（3）接管合法用户，占用合法用户的资源。

2. 篡改信息

攻击者可能从以下三个方面破坏信息的完整性。

（1）篡改。改变信息流的次序，更改信息的内容，如购买商品的出货地址等。

（2）删除。删除某个消息或消息的某些部分。

（3）插入。在消息中插入一些信息，让接收方读不懂或接收错误的信息。

3. 窃取信息

攻击者可能通过互联网、公共电话网、搭线或在电磁波辐射范围内安装截收装置等方式，截获传输的机密信息或通过对信息流量和流向、通信频度和长度等参数的分析，推断出有用信息，如消费者的银行账号、密码等。

4. 中断信息

攻击者有意破坏并切断他人在网络上的通信。

5. 抵赖信息

（1）发信者事后否认曾经发送过某条消息或内容。

（2）收信者事后否认曾经收到过某条消息或内容。

（3）购买者确认了订货单而不承认。

（4）商家卖出的商品因价格差而不承认原有的交易。

（二）交易风险

网络的虚拟性和匿名性，使得交易各方都面临着不同形式和不同程度的安全威胁。交易风险主要涉及交易各方的身份真实性、商家诚信度、商业数据、各方隐私、货款支付等方面。

1. 信用风险

信用风险是指商品交易主体不能按事先达成的协议履行其义务的潜在可能性。信用风险会使商品交易主体因未能获得预期的商品交易收益而承担财务上的损失。信用风险主要分为卖家信用风险、买家信用风险和否认交易的风险。交易双方的信任缺失会造成交易障碍，这种信任的缺失主要发生在充满不确定性和风险的环境中。网络交易环境的虚拟性，使得信任在网络交易过程中所起的作用超过了它在传统交易活动中所起的作用，人们对交易双方的真实性更加难以判断。就卖家而言，商品信息的不准确、不完整或对买家的过分诱导，就会误导买家产生错误的购买行为，如购买假冒伪劣产品；或者卖家单方面毁约，不履行交易。另外，有些顾客会通过“差评”来侵害商家的利益，给卖家造成损失。

2. 隐私风险

客户个人隐私或身份数据在传递过程中可能被窃听，而被卖方泄露。比如 Cookies 的使用，当初引入 Cookies 的初衷是使网站通过记录客户的个人资料、访问偏好等信息，实现一些高级功能，例如电子商务身份验证的实施等。但是，有的网站和机构滥用 Cookies，未经访问者的允许，搜集他人的个人资料，达到构建用户数据库、发送广告等盈利目的。和黑客问题相比，隐私保护问题离广大网民的距离更近一些。

3. 支付与结算风险

截至 2017 年 6 月，我国网络购物用户规模达到 5.14 亿。随着网购用户数量跨越式增长，网络购物也面临着许多支付安全问题。目前，网上购物的主要付款方式有支付宝、微信转账、网上银行等。金融电子化后可以在短时间完成较大规模的资金调动，这使电子商务金融业务环境具有很大的地域开放性和支付、结算系统的国际化，但也大大提高了结算风险。金融组织和客户群体需要一个安全体系，以保证订购、付款、银行结算以及其他金融交易业务的在线安全进行，保证各方的利益不受损害。这依赖于网络银行的逐渐成熟。

现在，消费者最普遍的风险来自“钓鱼网站”的非法侵害。据统计，2016 年第一季度，360 互联网安全中心共拦截各类新“增钓鱼网站”44.2 万个，同比增长 28.5%；平均每天新增 4 859 个，每小时涌现超过 200 个“钓鱼网站”，其中购物类的“钓鱼网站”多达 12.2 万家，占 30% 左右。这些“钓鱼网站”的页面、域名与官方网站高度相似，并配以诱惑性的商品价格，吸引买家上钩，造成买家财物两失。

（三）网络风险

1. 黑客

黑客可分为两类。一类是骇客，他们只想引人注目，证明自己的能力，在进入网络系统后，不会去破坏系统，或者仅仅会做一些无伤大雅的恶作剧。他们追求的是从侵入行为本身获得巨大的成功的满足。另一类是窃客，他们的行为带有强烈的目的性。早期的这些黑客主要是窃取国家情报、科研情报；而现在这些黑客的目标大部分瞄准了银行的资金和电子商务的整个交易过程。

黑客攻击是指黑客非法进入网络，非法使用网络资源。例如通过网络监听获取网上用户的账号和密码；非法获取网上传输的数据；通过隐蔽通道进行非法活动；突破防火墙等。目前黑客的行为正在不断地走向系统化和组织化。如政府机构和情报机构招集黑客组成网络战士，对其他的政党进行幕后攻击，企业、集团、金融界则高薪聘请黑客进行商业间谍幕后战，所以，从事网络交易的计算机用户，非常有必要了解有关黑客入侵的常用手段，以预防黑客的侵袭。

（1）口令攻击。口令攻击是网上攻击最常用的方法，也是大多数黑客开始网络攻击的第一步。黑客首先通过进入系统的常用服务，或对网络通信进行监视，使用扫描工具获取目标主机的有用信息。这些信息包括目标主机操作系统的类型和版本、主机域名、邮件地址、开放的端口、启动的保护手段等。然后，反复试验和推测用户及其亲属的名字、生日、电话号码或其他易记的线索等，获取进入计算机网络系统的口令，以求侵入系统，从事袭击活动。也有的黑客利用一些驻留内存的程序暗中捕获用户的口令。这类程序类似于“特洛伊木马”（Trojan Horse）的病毒程序，它通常让用户填写调查表格，并答应给予奖励，而实际目的是暗中捕获用户的口令。当这些方法不能奏效时，黑客们便借助各种软件工具，利用破解程序分析这些信息，进行口令破解，进而实施攻击。

（2）服务攻击。黑客所采用的服务攻击手段主要有四种。

①使目标主机建立大量的连接。因为目标主机要为每次网络连接提供网络资源，所以当连接速率足够高、连接数量足够多时就会使目标主机的网络资源耗尽，从而导致主机瘫痪、重新启动、死机或黑（蓝）屏。

②向远程主机发送大量的数据包。因为目标主机要为每次到来的数据分配缓冲区，所以当数据量足够大时会使目标主机的网络资源耗尽，导数主机死机或黑（蓝）屏。

③利用即时消息功能，以极快的速度用无数的消息“轰炸”某个特定用户，使目标主机缓冲区溢出，黑客伺机提升权限，获取信息或执行任意程序。

④利用网络软件在实现协议时的漏洞，向目标主机发送特定格式的数据包，从而导致主机瘫痪。

（3）IP 欺骗。IP 欺骗是适用于 TCP/IP 环境的一种复杂的技术攻击，它通过伪造他人的源地址，让一台计算机来扮演另一台计算机，借以达到蒙混过关的目的。IP 欺骗主要包括简单的地址伪造和序列号预测两种。

简单的地址伪造是指黑客将自己的数据包的源地址改为其他主机的地址，然后发向目标主机，使目标主机无法正确找到数据包的来源。序列号预测的攻击方法是，黑客首先在网上监测目标主机与其他主机的通信，分析目标主机发出的 TCP 数据包，对目标主机发出的 TCP 数据包的序列号进行预测。如果序列号是按照一定的规律产生的，那么，黑客就可以通过伪造 TCP 序列号、修改数据包的源地址等方法，使数据包伪装成来自被信任或正在通信的计算机，而被目标主机接收。在黑客实施 IP 欺骗的过程中，最可悲的是目标主机全然没有感觉。由攻击者模仿的 TCP 数据包到达了目标地址，而由目标地址发出的 TCP 数据包却永远到达不了对方的主机。

2. *病毒*

计算机病毒，是指编制或者在计算机程序中插入的破坏计算机功能或者毁坏数据、影响计算机使用，并能自我复制的一组计算机指令或者程序代码。

计算机病毒是通过连接来扩散的，计算机病毒程序把自己附着在其他程序上，等这些程序运行时，病毒进入系统中，进而大面积扩散。一台计算机感染上病毒后，轻则造成系统运行效率下降、部分文件丢失，重则造成系统死机、计算机硬件烧毁。当前，计算机活性病毒达数千种。传统的计算机病毒依靠软盘传播，而网络条件下，计算机病毒大部分通过网络或电子邮件传播。侵入网络的计算机病毒，破坏网络资源，使网络不能正常工作，甚至造成网络瘫痪。

3. 软件漏洞

软件漏洞是由软件开发者开发软件时的疏忽，或者是编程语言的局限性导致的。一些不法分子专门通过寻找软件中的漏洞进行非法牟利。

（四）管理风险

电子商务的管理风险是指由于交易流程管理、人员管理、网络系统管理等方面尚不完善所带来的安全风险。

（1）交易流程管理问题。电子商务系统不对买卖双方的行为进行监督，可能损害交易主体的利益，如刷单。

（2）人员管理问题。如果电子商务系统人员职业道德修养不高，可能会出现内部人员出卖用户个人资料的行为。

（3）网络系统管理问题。没有自然灾害（水灾、火灾、地震等）防范上的安排，脆弱的计算机网络设备可能受损。

制定和完善并严格执行各种电子商务管理制度是降低电子商务管理风险的重要保证，这些制度主要有人员管理制度、保密制度、审计稽核制度、系统维护制度等。

（五）法律风险

电子商务某些特有的交易方法、手段需要获得法律的支持和认可，如数字签名活动。与传统商务活动一样，在开展电子商务时，同样会出现诸如不（完全）履行电子商务交易合同、制作传播计算机病毒、网络诈骗、网络赌博、网络传销等违法犯罪行为，需要通过法律手段对这些行为加以约束和打击。总之，面对电子商务这种新型商务模式带来的法律新问题，可从完善现有法律法规、制定电子商务专用法规两方面入手解决。目前，我国已对《中华人民共和国合同法》《中华人民共和国消费者权益保护法》等多部法律做了修订，实施了电子认证服务管理办法、《中华人民共和国电子签名法》等电子商务专门法，以适应电子商务的发展需求。

二、电子商务的安全需求

（一）保密性

保密性是指确保信息在存储时及在传输过程中不发生泄露。电子商务作为贸易的一种手段，其信息直接代表着个人、企业或国家的商业机密，均有保密的要求，敏感信息不能披露给第三方。敏感信息一旦被人恶意获取，将造成极大的危害。比如，信用卡的号码与用户名被人知悉，就有可能被盗用；订货与付款的信息被竞争对手获取，就有可能丧失商机。传统的纸面贸易都是通过邮寄封装的信件或通过可靠的通信渠道发送商业报文来达到保守机密的目的。电子商务是建立在一个较为开放的网络环境上的（尤其 Internet 是更为开放的网络），如果没有专门的软件对数据进行控制，所有的 Internet 通信都将不受限制地进行传输，任何一个对通信进行监测的人都可以对数据进行截取。黑客们只需使用简单的匹配算法就可以将口令字和信用卡号与其他部分区别开来。只有网上交易信息的保密性达到一定程度才能保证信息（如信用卡的账号和用户名等）不泄露给未授权的他人，防止信息被盗用和恶意破坏，并开展真正意义上的电子商务。因此，电子商务中的信息传播、存储、使用均有保密的要求。特别是对敏感文件、信息要进行加密，即使这些信息被截获，截获者也无法了解到信息内容。

信息发送和接收要求在安全的通道进行，保证通信双方的信息保密。交易的参与方在信息交换过程中没有被窃听的危险，非参与方不能获取交易的信息。

（二）完整性

信息的完整性是指防止信息在存储时及传输过程中丢失或被非法篡改、替换。电子商务交易数据往往表示一些重要的商业信息，比如货物的品名、数量、价格、出厂日期等，它们是用户的商业需求的真实体现。重要商业数据的丢失、篡改甚至次序上的颠倒，都将导致商业行为不正常，严重时将导致交易各方之间发生商业纠纷。

（1）信息的完整性。在数据输入时的意外差错或欺诈行为、信息传输过程中的丢失、信息传送的次序差异都会导致贸易各方信息的不同，影响信息的完整性。信息的完整性将影响商务活动的经营策略的正确性。因此，要预防对信息的随意生成、修改和删除，同时要防止数据传送过程中信息的丢失和重复，并保证信息传送次序的统一。

（2）数据和交易的完整性。数据的完整性是指确保传输中的或存储中的数据未遭受未经授权的篡改和破坏；交易的完整性是指电子交易完成了交易的全部逻辑，实现了交易的全部功能，不存在单边账现象，同时交易各阶段中的数据是完整的。交易数据的完整性是交易完整性的保障，如果不能保持交易中的数据完整性，不完整的记录和信息将使交易的一方或者双方遭受财务上的损失，并使其承担实质上的法律和信誉风险。

（三）不可修改性

交易的文件是不可被修改的。在传统的纸面贸易中，交易双方是通过协议的一式双份、双方各执一份来防止协议被修改，但在无纸化的电子商务方式下，这显然不现实。因此，必须用相关技术来防止电子交易文件被修改，以保证交易的严肃与公正。

（四）有效性

电子商务以电子形式取代了纸张，那么如何保证这种电子形式的贸易信息的有效性则是开展电子商务的前提。电子商务作为贸易的一种形式，其信息的有效性将直接关系到个人、企业或国家的经济利益和声誉。因此，要对网络故障、操作错误、应用程序错误、硬件故障、系统软件错误及计算机病毒所产生的潜在威胁加以控制和预防，以保证贸易数据在确定的时刻、确定的地点是有效的。

（五）交易者身份的确定性

只有信息流、资金流、物流的有效转换，才能保证电子商务的顺利实现，而这一切均以信息的真实性为基础。信息的真实性一方面是指网上交易双方提供信息内容的真实性，另一方面是指网上交易双方身份信息的真实性。要使交易成功，首先要确认交易者的身份。商家要考虑客户是不是骗子，发货后会不会收不回货款；客户也会考虑商家是否是黑店，付款后会不会收不到货，或者收到货后质量是否能有保证，质量不好是否能投诉商家。因此，能方便而可靠地确认对方身份是交易的前提。双方应该在交换信息之前通过各种方法获取对方的证书，并以此识别交易对方的身份不能被假冒或伪装，以有效鉴别确定交易对方的身份。

（六）交易的无争议和不可抵赖性

数据发送者对自己所发送数据的内容和事实不可否认；数据接收者在确实接收到数据后，对已经接收到数据的事实不可否认。只有这样，电子交易及交易过程产生的电子凭证才具有无争议性。

由于商情时刻在变化，交易一旦达成是不可否认的，否则必然会损害一方的利益。比如，订货时商品价格较低，收到订单后商品价格已经上涨，如果卖方否认收到订单的实际时间，甚至否认收到订单的事实，必然会对买方造成损失。在传统的纸面贸易中，贸易双方通过在交易合同、契约或贸易单据等书面文件上手写签名或印章来鉴别贸易伙伴，确定合同、契约、单据的可靠性并预防抵赖行为的发生，这也就是人们常说的“白纸黑字”。在无纸化的电子商务方式下，通过手写签名和印章进行贸易方的鉴别与交易的确认已是不可能的。因此，要在交易信息的传输过程中为参与交易的个人、企业或国家的身份与行为提供可靠的标识。信息的发送方不能抵赖曾经发送的信息，不能否认自己的行为。如今在网络交易的许多条例中均明确指出，在合约成立方面，除非合约各方另有协议，否则要约及承约可全部或部分以电子记录和电子合约等方式来表达。网上交易一旦达成，便形成交易信息文件，参与交易的各方不可擅自否认和修改交易信息文件，不得因为是电子记录而否定合约的有效性及可强制执行性。

（七）授权合法性

安全管理人员能够控制用户的权限，分配或终止用户的访问、操作、接入等权利，被授权用户的访问不能被拒绝。在电子商务过程中要求保证信息确实为授权使用的交易各方使用，使他们有选择地得到相关信息与服务，防止由于电子商务交易系统的技术或其他人为因素造成电子商务交易系统对授权者拒绝提供信息与服务，反而为未授权者提供信息与服务。

第二节　电子商务安全保障技术

一、加密技术

加密是指信息发送方对信息原文进行编码，形成难以理解的密文的过程。密码学中将信息原文称为明文，与密文相对应。解密是指信息接收方收到密文后对其进行解码，得到信息原文（即明文）的过程。显而易见，加密和解密互为逆过程、逆变换。加密的目的是防止信息合法接收者之外的第三人获悉发送方所发信息的真实内容，避免泄密。

加密存在两个元素，其一为加密算法，它是将明文转化为密文所使用的数学函数；其二为加密密钥，它是用于加密的数字。相应地，解密也存在两个元素，其一为解密算法，它是将密文转化为明文所使用的数学函数；其二为解密密钥，它是用于解密的数字。概括而言，算法和密钥分别是指用于加密和解密的数学函数和数字。

下面用一个简单实例来理解加密和解密的过程。两军打仗，一方司令部需将命令“attack at six”传送到前线，显然该命令在传送过程中不能让敌军获知，怎么操作呢？一个简单的方法就是把命令中的每个字母向后移两位，得到一串不可理解的字符，如表4-1所示。

表4-1　加密实例的明文和密文

明文	a	t	t	a	c	k	a	t	s	i	x
密文	c	v	v	c	e	m	c	v	u	k	z

设明文为 X，密文为 Y，则该实例的算法和密钥如表 4-2 所示。

表 4-2　加密实例的算法和密钥

用于加密的数学函数	加密算法	$Y=X+2$
用于加密的数字	加密密钥	2
用于解密的数学函数	解密算法	$X=Y-2$
用于解密的数字	解密密钥	2

关于加密技术有两个重要的结论：①在对信息进行加密/解密时，必须同时拥有加密/解密算法和相应的密钥，缺一不可；②算法和密钥都发生泄露或被破解，意味着加密的失效。现实中算法通常是公开的，故必须保证密钥未泄露或未被破解。

（一）对称加密

对称加密又称单钥加密，是指信息发送方和接收方用且只用一个密钥对信息进行加密和解密。对称加密流程示意图如图 4-1 所示。

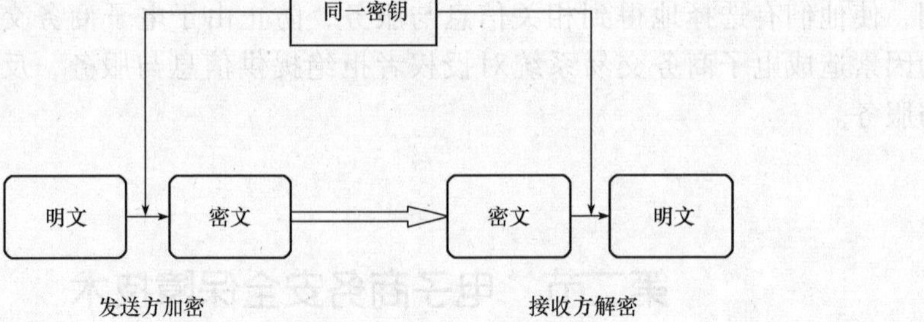

图 4-1　对称加密流程示意图

对称加密的优点是加解密的速度快、效率高，适用于数据量大的信息，但存在密钥保管要求高、密钥分发要求高、密钥规模庞大的缺点。对称密钥本身需要保密，由发送方和接收方共同保管对称密钥，任何一方都不能将密钥泄露。同样由于对称密钥本身需要保密，在分发传递密钥时必须避免泄露密钥。采用对称加密进行保密通信的每对用户都需要一个密钥，当 n 个人进行机密通信时，需要的密钥个数为 $n(n-1)/2$，这时密钥组合就会是一个天文数字。

常用对称加密算法有 IBM 公司于 1975 年发明的 DES（Data Encryption Standard，数据加密标准）、由比利时计算机科学家 Vincent Rijmen 和 Joan Daemen 开发并于 2000 年确定的 AES（Advanced Encryption Standard，高级加密标准），此外还有 3DES 、Rivest Code（RC2、RC4、RC5 和 RC6）等算法。

（二）非对称加密

非对称加密又称双钥加密。发送方加密和接收方解密使用的是两个不同的密钥，两个密钥成对出现。每个用户拥有一对密钥：公开密钥（公钥，对外公开，给别人使用）和私有密钥（私钥，由自己严密保管）。

公钥加密的信息只能由相对应的私钥解密，不能由其自身解密。同样，私钥加密的信息也只能由相对应的公钥解密。而且，由公钥不能推算出相对应的私钥，由私钥也不能推算出相对应的公钥。非对称加密流程示意图如图 4-2 所示。

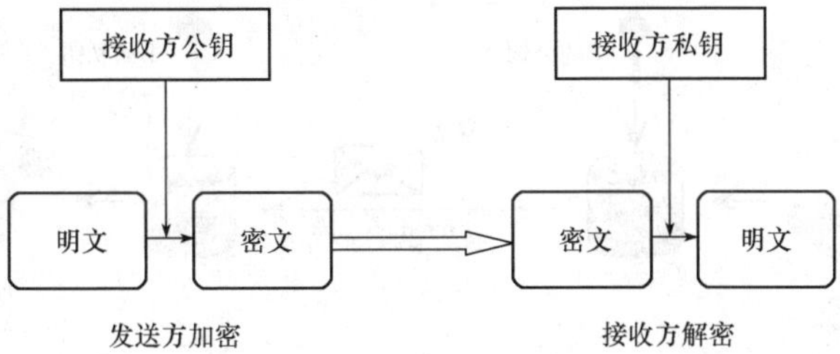

图 4-2　非对称加密流程示意图

非对称加密具有密钥易于保管、密钥易于分发、密钥规模较小三大优点。用户只需保管好自己的私有密钥，而公开密钥则向外发布出去，无须做任何保密。进行保密通信的每个用户只需拥有属于自己的一对密钥，当 n 个人进行保密通信时，需要的密钥个数为 n，此时的密钥规模极为适应互联网这类大环境的要求。但由于非对称加密使用不同的密钥加/解密且算法复杂，速度较慢，效率较低，只适用于数据量小的信息，这是它的最大缺点。

常用的非对称加密算法是 1978 年美国麻省理工学院 Rivest、Shamir、Adleman 三位教授共同发明的 RSA 算法。

对称加密与非对称加密对比如表 4-3 所示。

表 4-3　对称加密与非对称加密对比

项目	对称加密法	非对称加密法
加解密的处理效率	快	慢
密钥的分发与管理	①加解密使用同一密钥和同一算法； ②发送方和接收方必须共享密钥和算法； ③密钥必须秘密分配传递，密钥变更困难	①用同一算法进行加密和解密，而密钥有一对，其中一个用于加密，而另一个用于解密； ②发送方和接收方各自拥有一对密钥中的一个； ③采用公开形式分配加密密钥，密钥更新容易
签名和认证	从原理上不能实现数字签名和身份认证	能够方便地进行数字签名和身份认证
对称加密在加解密速度方面有较大优势，非对称加密在签名认证方面功能强大		

（三）混合加密技术

混合加密技术不是一种单一的加密技术，而是一个结合体，是上述两种数据加密技术相互结合的产物。混合加密技术是用户在实际应用中总结出来的，它可以弥补对称加密技术和非对称加密技术的弱点，使二者优势互补，同时达到方便用户的目的。

混合加密将通信过程分为两个步骤。

（1）传送对称密钥——利用非对称加密技术。

（2）传送加密文件——利用对称加密技术。首先，用对称加密法对文件进行加密，生成加密密钥；其次，用非对称加密法对加密密钥进行加密。这两个文件在不同的通道里面进行传递，保证了加密密钥的安全性，从而保证了文件的安全性。

混合加密技术根据不同的用途有两种基本的模型。

（1）加密模型：收方公钥加密，收方私钥解密，如图 4-3 所示。

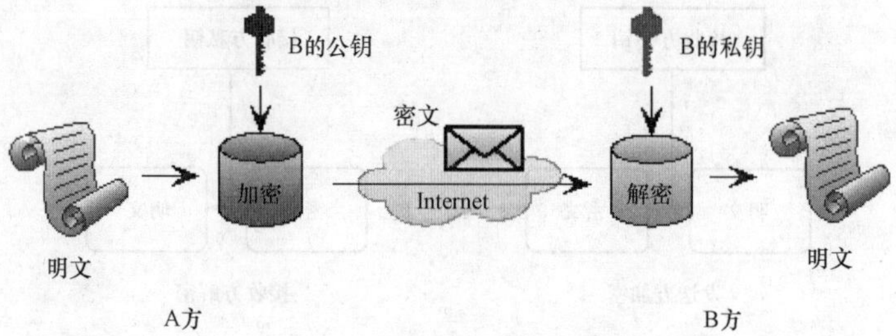

图 4-3　加密模型流程示意图

（2）认证模型：发方私钥加密，发方公钥解密，如图 4-4 所示。

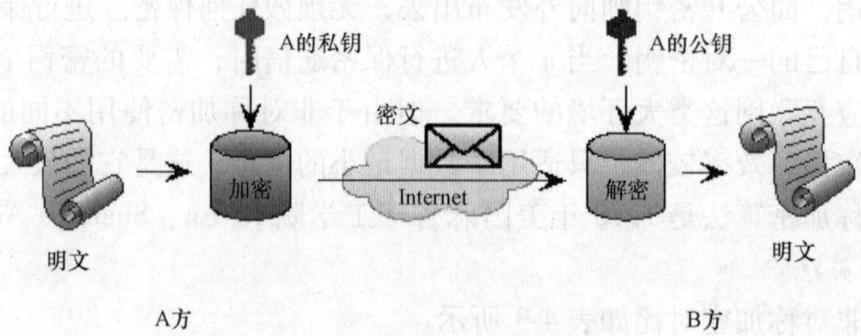

图 4-4　认证模型流程示意图

二、认证技术

（一）基本认证技术

1. 数字签名

（1）数字签名的作用。在书面文件上签名是确认文件的一种手段，签名的作用有两点，一是因为自己的签名难以否认，从而确认了文件已签署这一事实；二是因为签名不易仿冒，从而确认了文件是真的这一事实。数字签名与书面文件签名有相同之处，采用数字签名，也能确认以下两点：①信息是由签名者发送的；②信息自签发后到收到为止未曾做过任何修改。

这样数字签名就可以用来防止电子信息因易被修改而有人做伪；或冒用别人名义发送信息；或发送（收到）信件后又加以否认等情况发生。

为了做一个数字签名，发送者用他的私钥加密一个信息。任何有他的公钥的接收者都能读取它，接收者能确信发送者的确是信息的作者，同时发送者无法否认信息已发送。数字签名往往附加在发送的信息中，就像手写签名一样。

（2）数字签名的实现方式。报文的发送方从报文文本中生成一个固定位数的散列值（或报文摘要）。发送方用自己的私钥对这个散列值进行加密来形成发送方的数字签名。然后，该数字签名将作为附件和报文一起发送给接收方。报文的接收方首先从接收到的原始报文中计算出固定位数的散列值（或报文摘要），接着用发送方的公钥来对报文附加的数字签名解密。如果两个散列值相同，那么接收方就能确认该数字签名是发送方的。

（3）数字签名采用的算法。数字签名采用的算法有 RSA 签名、DES 签名和 Hash（哈希函数）签名，其中 Hash 签名是最主要的数字签名方法。该方法将数字签名与要发送的信息捆绑在一起，所以更适合电子商务（因为显然要比信息与签名分别发送具有更高的可信度和安全性）。

（4）Hash 签名法的过程和步骤。数字签名并非用“手书签名”类型的图形标志，它采用了双重加密的方法来实现防伪、防赖，其步骤如下。

①发送方首先用哈希函数将需要传送的内容加密，产生报文的数字摘要。

②发送方采用自己的私有密钥对摘要进行加密，形成数字签名。

③发送方把原文和加密的摘要同时传递给接收方。

④接收方使用发送方的公共密钥对数字签名进行解密，得到发送方形成的报文摘要。

⑤接收方用哈希函数将接收到的报文转换成报文摘要，与发送方形成的摘要相比较，若相同，说明文件在传输过程中没有被破坏。

（5）公钥体系的作用。如果第三方冒充发送方发出了一个文件，因为接收方在对数字签名进行解密时使用的是发送方的公钥，只要第三方不知道发送方的私钥，那么解密出来的数字签名和经过计算的数字签名必然是不相同的。这样可以说公钥体系为我们提供了一个安全的确认发送方身份的办法。

（6）不同用途中的公钥体系。数字签名和密钥的加密解密过程虽然都使用公钥体系，但实现的过程正好相反，使用的密钥对也不同。数字签名使用的是发送方的密钥对，发送方用自己的私钥加密，接收方用发送方的公钥解密，是一对多的关系，任何拥有发送方公钥的人都可以验证数字签名的正确性；而密钥的加密解密则使用的是接收方的密钥对，这是多对一的关系，任何知道接收方公钥的人都可以向接收方发送加密信息，只有唯一拥有接收方私钥的人才能对信息解密。在使用过程中，通常一个用户拥有两个密钥对——一个密钥对用来对数字签名加密解密，另一个密钥对用来对密钥加密解密。这种双重加密的方式提供了更高的安全性。

2. 数字信封

数字信封是用密码技术的手段保证只有规定的收信人才能阅读信的内容。在数字信封中，信息发送方自动生成对称密钥，用它加密原文，再利用 RSA 算法对该密钥进行加密，则被 RSA 算法加密的密钥部分称为数字信封。数字信封工作过程如图 4-5 所示。

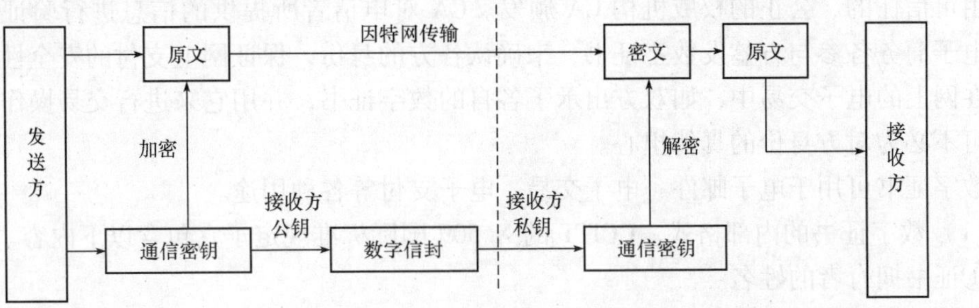

图 4-5　数字信封工作过程

（1）在发送文件时，发送方先产生一个通信密钥，并用这一通信密钥对文件原文进行加密后，再通过网络将加密后的文件传送到接收方。

（2）发送方再把对文件加密时使用的通信密钥用接收方的公开密钥进行加密，即生成数字信封，然后通过网络传送到接收方。

（3）接收方收到发送方传来的经过加密的通信密钥后，用自己的私钥对其进行解密，从而得到发送方的通信密钥。

（4）接收方再用发送方的通信密钥对加密文件进行解密，从而得到文件的原文。这样，数字信封就保证了在网上传输的文件信息的保密性和安全性。即便加密文件被他人非法截获，因为截获者无法得到发送方的通信密钥，不可能对文件进行解密。

3. 数字时间戳

交易文件中，时间是十分重要的信息。在书面合同中，文件签署的日期和签名一样均是十分重要的防止文件被伪造和篡改的关键性内容。

在电子交易中，同样需要对交易文件的日期和时间信息采取安全措施，而数字时间戳服务（DTS）就能提供电子文件发表时间的安全保护。

数字时间戳服务（DTS）是网上安全服务项目，由专门的机构提供。时间戳是一个经加密后形成的凭证文档，它包括三个部分。

（1）需加时间戳的文件的摘要。

（2）DTS 收到文件的日期和时间。

（3）DTS 的数字签名。

时间戳产生的过程：用户首先将需要加时间戳的文件用 Hash 编码加密形成摘要，然后将该摘要发送到 DTS，DTS 在加入了收到文件摘要的日期和时间信息后再对该文件加密（数字签名），然后发送回用户。

注意，书面签署文件的时间是由签署人自己写上的，而数字时间戳则不然，它是由认证单位 DTS 来加的，以 DTS 收到文件的时间为依据。因此，时间戳也可以作为科学家的科学发明文献的时间认证。

4. 数字证书

数字证书是用电子手段来证实一个用户的身份和对网络资源访问的权限。数字证书作为网上交易双方真实身份证明的依据，是一个经证书授权中心（CA）数字签名的、包含证书申请者（公开密钥拥有者）个人信息及其公开密钥的文件。基于公开密钥体制（PKI）的数字证书是电子商务安全体系的核心，用途是利用公共密钥加密系统来保护与验证公众的密钥，由可信任的、公正的权威机构 CA 颁发。CA 对申请者所提供的信息进行验证，然后通过向电子商务各参与方签发数字证书，来确认各方的身份，保证网上支付的安全性。

在网上的电子交易中，如双方出示了各自的数字证书，并用它来进行交易操作，那么双方都可不必为对方身份的真伪担心。

数字证书可用于电子邮件、电子交易、电子支付等各种用途。

（1）数字证书的内部格式。CCITT 的 X. 509 国际标准规定了它包含以下内容。

①证书拥有者的姓名。

②证书拥有者的公共密钥。

③公共密钥的有效期。

④颁发数字证书的单位。

⑤数字证书的序列号。

⑥颁发数字证书单位的数字签名。

(2)数字证书的类型。

①个人证书(Personal Digital ID)。它仅为某一个用户提供凭证，以帮助其个人在网上进行安全交易操作。个人身份的数字证书通常是安装在客户端的浏览器内的，并通过安全的电子邮件来进行交易操作。

②企业(服务器)证书(Server ID)。它通常为网上的某个 Web 服务器提供凭证，拥有 Web 服务器的企业就可以用具有证书的万维网站点(Web Site)来进行安全电子交易。有证书的 Web 服务器会自动地将其与客户端 Web 浏览器通信的信息加密。

另外一些专门的安全技术协议和整体解决方案，也会根据各自的标准向交易的各方颁发相应的数字证书，如 SSL 数字证书和 SET 数字证书等。

(二)认证中心与认证体系

在电子商务中必须解决两个问题：一个是身份验证，另一个是交易的不可抵赖。由于交易双方的互不见面，并且是一些不带有本人任何特征的数据在交换，因此有可能造成一些交易的抵赖。为解决这两个问题，就必须引入一个交易双方均信任的第三方，对买卖双方进行身份验证，以使交易的参与者确信自己确实是在与对方所说的人交易。同时，在公开密钥体系中，公开密钥的真实性鉴别也是一个重要问题。而 CA 中心为用户发放的证书是一个有该用户的公开密钥及个人信息并经证书授权中心数字签名的文件。由于具有 CA 的数字签名，所以攻击者不能伪造和篡改证书，因此，证书便向接收者证实了某人或某机构对公开密钥的拥有。与其进行交易身份不必怀疑，对方传来的数据是带有其身份特征而且是不可否认的。

在这里，这个各方均信任的第三方就是 CA 安全认证机构。上述理由构成 CA 产生的根本原因。

1. 认证中心(Certificate Authority, CA)

在电子商务的安全系统中，如何证明公钥的真实性呢？即如何证明一个公钥确实属于信息发送者，而不是冒充信息发送者的另一个人冒用他的公钥，这就要靠第三方证实该公钥确属于真正的信息发送者。认证中心就是这样的第三方，它是一个权威机构，专门验证交易双方的身份。验证方法是接收个人、商家、银行等涉及交易的实体申请数字证书，核实情况，批准或拒绝申请，颁发数字证书。认证中心除了颁发数字证书外，还具有更新、撤销和验证证书的职能；消费者、商户和支付网关的证书应定期及时更新，以避免在长期的使用中，证书内容泄密而影响交易的安全性；一旦私钥泄密，或身份信息更换或不再需要该证书，就应向认证中心申请撤销证书；证书的验证是通过分级体系来完成的，每一种证书归属于签发它的单位，通过层层认证，可达根 CA。通过对证书的管理，可以检查所申请证书的状态(等待、有效、过期等)，并可以废除、更新、搜索、验证证书。CA 体系具有一定的层次结构。

2. CA 体系的构成

CA 体系由根 CA、品牌 CA、地方 CA 以及持卡人 CA、商家 CA、支付网关 CA 等不同层次构成，上一级 CA 负责下一级 CA 数字证书的申请、签发及管理工作。通过一个完整的 CA 认证体系，可以有效地实现对数字证书的验证。每一份数字证书都与上一级的签名证书相关联，最终通过安全认证链追溯到一个已知的可信赖的机构。由此便可以对各级数字证书的有效性进行验证。根 CA 的密钥由一个自签证书分配，根证书的公开密钥对所有各方公开，它是 CA 体系中的最高层。

认证中心依据一定的认证操作规程来实施服务操作。CA 负责数字证书的颁发，申请证书的用户向认证机构提交身份证明，CA 收到用户的身份证明后，通过对其身份信息和公开密钥进行数字签名操作产生数字证书。在本章稍后将要提到的 SET 协议中，数字证书的注册和验证都是通过密码体制中的 DES 算法及 RSA 算法进行数字签名、数字信封等加密和解密操作的。

三、安全交易协议

电子商务交易涉及众多参与者，如客户、商家和银行，哪些参与者之间需要使用安全技术？使用哪些安全技术？不使用哪些技术？使用哪些算法？使用多长的密钥？等等，这些问题的解决单靠数字信封、数字签名、数字认证之类的信息安全技术是不够的。不同的信息安全技术仅提供解决某一个或某几个信息安全问题的方法，至于电子商务各参与者如何正确有序恰当地综合使用这些安全技术，以保障电子商务交易各方面的安全，则需要信息安全协议。这就像员工和经理的关系，信息安全技术是员工，信息安全协议是经理。员工负责干好安排给自己的具体工作，而经理负责领导、协调和控制员工的活动。

信息安全协议是通信主体为满足特定信息安全需求、恰当应用信息安全技术而约定的标准、规则和程序。目前国际上常用的信息安全协议主要有 SSL/TLS 协议、SET 协议。

（一）SSL/TLS 协议

SSL（Secure Sockets Layer，安全套接层）协议最初是由网景（Netscape）公司设计开发，目前版本为 3.0。TLS（Transport Layer Security，传输层安全）协议 1.0 建立在 SSL 3.0 协议规范之上，是 SSL 3.0 的后续版本，目前最高版本为 1.2。SSL/TLS 协议已成为事实上的工业标准，并广泛应用于因特网和企业内联网的服务器和客户端产品中。

SSL/TLS 协议的整个概念可以总结为：提高客户机和服务器之间传输数据的安全系数，向所有基于 TCP/IP 的客户机/服务器应用程序提供客户端和服务器端的身份鉴别、数据完整性和机密性等安全措施。

SSL/TLS 协议工作在 TCP/IP 体系结构的应用层和传输层之间。建立在 TCP（传输层协议）之上，与应用层协议独立无关，应用层协议能透明地建立在 SSL/TLS 之上。换句话说，几乎所有应用层协议，如 HTTP、FTP、Telnet 都能使用 SSL/TLS 协议，如图 4-6 所示。

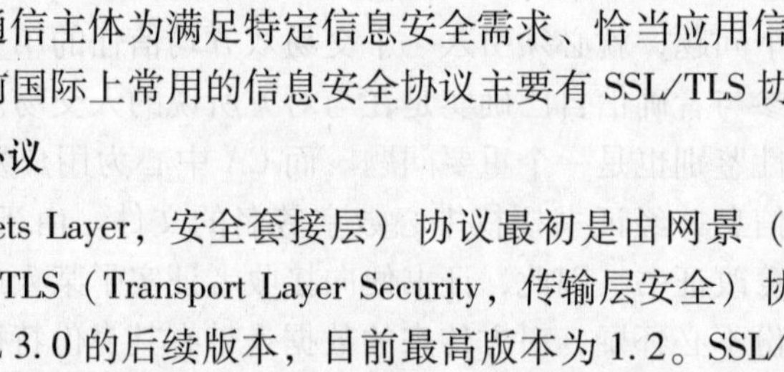

图 4-6　SSL/TLS 协议在网络协议体系中的位置

SSL/TLS 协议主要提供以下三种基本的安全服务。

（1）客户端和服务器的身份认证。SSL/TLS 协议利用数字认证技术和可信任的第三方（认证中心）服务，方便客户机和服务器互相识别身份。双方进行握手时，SSL/TLS 协议要求数字证书的持有者互相交换数字证书，通过检查对方的数字证书来完成对方身份合法性的验证。

（2）保证信息的机密性。SSL/TLS 协议使用数字信封技术对客户机和服务器之间的所有通信进行加密，从而保证了被传输信息的机密性。

（3）保证信息的完整性。SSL/TLS 协议使用消息验证码（Message Authentication Code，MAC）技术提供数据完整性服务。MAC 技术使用了一种带密钥的 Hash 函数，基于共享密钥和数字摘要。该技术比普通的数字摘要技术更强大，它能防范第三方对信息原文及其摘要的整体替换。

SSL/TLS 协议对通信进行安全保护的实现过程包括以下步骤。

（1）客户机的浏览器在登录服务器的安全网站时，服务器将招呼要求发给浏览器，浏览器以客户机招呼回应（此过程称为握手）。通过握手确定双方支持的加密和消息认证标准。

（2）浏览器要求服务器提供数字证书，作为响应，服务器将自己的经认证中心签名的数字证书发给浏览器。浏览器用所存储的认证中心的公开密钥验证服务器证书的数字签名，若通过验证，说明服务器证书真实有效。

（3）服务器验证客户机的数字证书。需要注意的是这一步为可选项。

（4）浏览器为双方生成一个对称密钥，然后用服务器的公开密钥对此对称密钥进行加密。服务器的公开密钥存储于服务器数字证书，浏览器把密钥密文发给服务器。

（5）服务器用自己的私钥对收到的密钥密文解密，得到双方共享的对称密钥（会话密钥）。

（6）客户机和服务器之间传输的所有信息都用共享的对称/会话密钥进行加解密和 MAC 消息认证。会话结束，此对称/会话密钥被丢弃。

（二）SET 协议

SET（Secure Electronic Transaction，安全电子交易）协议由万事达（MasterCard）、维萨（Visa）两大国际信用卡组织等共同制定。它是一种能在互联网上安全使用银行卡进行购物的标准，一个基于银行卡的网上安全支付协议，能解决订单与支付信息的机密性、完整性、不可否认性和身份认证问题。SET 协议的工作层次如图 4-7 所示。

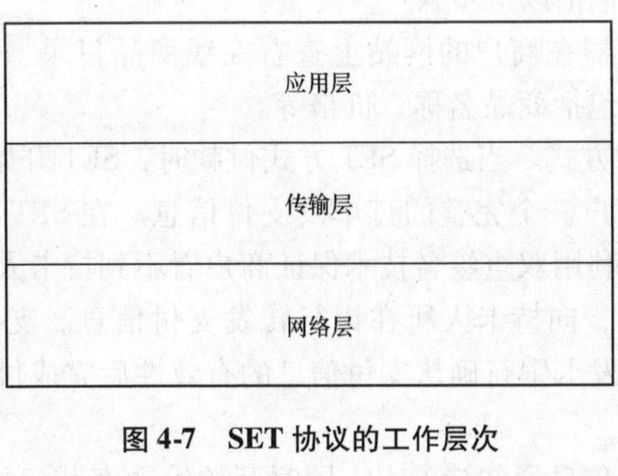

图 4-7　SET 协议的工作层次

SET 支付系统主要由持卡人、商户、发卡银行、收单银行、支付网关和认证中心六个部分组成。

（1）持卡人。持卡人是网上购物的消费者或客户，参与网上交易的消费者或客户首先必须是银行卡的持有人。

（2）发卡银行。发卡银行是为持卡人建立账号并发行支付卡的金融机构，发卡银行保证根据支付卡的品牌规则和本地法律对被授权的交易进行付款。

（3）商户。商户是网上商店的经营者，在网上提供商品和服务。商户首先必须在收单银行开设账户，由收单银行负责交易中的清算工作。

（4）收单银行。商户的开户银行，由收单银行负责交易的资金清算。

（5）支付网关。支付网关是由收单银行或指定的第三方操作的专用系统，用于处理支付授权和支付。买卖双方进行交易，最后必须通过银行进行支付。交易是在公开网络因特网上进行，但支付必须在金融专用网络上完成。为了保证金融专用网的安全，不能将金融专用网与因特网直接连接，需要一个专用系统来转发金融专用网与因特网交换的信息，这个专用系统称为支付网关。

（6）认证中心。认证机构负责向持卡人颁发持卡人证书、向商户颁发商家证书、向支付网关颁发支付网关证书。利用这些证书可以验证持卡人、商户和支付网关的身份，并从中获取相关参与者的公钥。

SET 协议保证了电子交易的机密性、完整性、不可否认性和身份真实性。

（1）机密性。SET 协议使用数字信封技术来确保订单和支付信息的机密性，以避免因特网上任何有关或无关的窥探。SET 协议引入了一个非常重要的创新：双重签名技术。通过该技术，保证商户只能看到订单信息，而银行只能看到支付信息。

（2）完整性。SET 协议会为发送的信息生成一个唯一的报文消息摘要值，一旦有人篡改报文中包含的数据，接收方重新计算出的摘要值就会改变，从而被检测到，这就保证了信息的完整性。

（3）不可否认性。SET 协议使用 RSA 算法来实现数字签名。发送方用私钥加密数据并将其传送给接收方，接收方用发送方的公钥解密数据后，就可以确定消息来自何方，这样就保证了发送方对所发送的信息不能抵赖。

（4）身份真实性。SET 协议使用数字证书来确认交易涉及的各方（包括持卡人、商户和支付网关）的身份，为在线交易提供一个完整的可信赖的环境。

SET 交易的流程主要包括以下步骤：

（1）持卡人使用浏览器在商户的网站上查看在线商品目录、浏览商品、选择要购买的商品、生成相应的订单，包括商品名称、价格等。

（2）持卡人选择付款方式。当选择 SET 方式付款时，SET 开始起作用。

（3）持卡人发送给商户一个完整的订单及支付信息。在 SET 中，订单和支付信息由持卡人进行数字签名，同时利用双重签名技术保证商户看不到持卡人的支付信息。

（4）商户收到订单后，向持卡人所在银行转发支付信息。支付信息通过支付网关到收单银行，再到发卡银行。发卡银行确认支付信息的有效性后完成付款，并返回支付成功信息给商户。

（5）商户将订单确认信息通知持卡人，同时开始给顾客装运货物，或完成订购的服务。持卡人终端软件（电子钱包）记录交易日志，以备将来查询。

四、网络安全技术

（一）防火墙技术

防火墙（Firewall）是位于外部网络与受保护的内部网络之间的一道屏障，防止非法用户的侵入，用于限制外界用户对内部网络访问及管理内部用户访问外部网络，是广泛采用的一种网络安全防护手段。

1. 防火墙的形态

防火墙可以分为软件防火墙和硬件防火墙。软件防火墙运行在特定的计算机上，通过在操作系统的底层工作来实现网络管理和防御功能的优化，具有结构简单、价格便宜等优点。通常使用的安装在个人电脑上的防火墙就是软件防火墙，用于保护个人电脑的安全，例如 Windows 自带防火墙、瑞星防火墙等。硬件防火墙则是企业级的防火墙，采用专用的网络芯片来处理数据包，同时使用专门的操作系统平台，具有吞吐量大、安全性高和速度快等优点。

2. 防火墙的安全策略

防火墙有两种基本安全策略。

（1）一切未被允许的访问服务都是禁止的。基于该准则，防火墙应封锁所有信息流，然后对希望提供的服务逐项开放。该策略的优点是安全性较高，但方便性较低，限制了用户可以自由使用的网络服务的类型。

（2）一切未被禁止的访问服务都是允许的。基于该准则，防火墙应转发所有信息流，然后逐项屏蔽可能有害的服务。该策略的优点是方便性较高，比较灵活，但所存在的安全风险比第一种策略要大。特别是当受保护网络的规模越来越大时，很难提供可靠的安全服务。

3. 防火墙的功能

（1）过滤不安全的访问服务。所有进出内部网络的信息都必须通过防火墙，防火墙成为一个检查点，禁止未授权的非法用户访问受保护的网络。

（2）控制对特殊站点的访问。防火墙可以允许受保护网络的部分主机能被外部网络访问，而有些则被保护起来。如在内部网中只有 E-mail 服务器、FTP 服务器和 WWW 服务器能被外部网访问，而其他访问则被禁止。

（3）集中化的安全管理。对于一个企业而言，使用防火墙比不使用防火墙可能更加经济一些。这是因为如果使用了防火墙，就可以将所有修改过的软件和附加的安全软件都放在防火墙上集中管理。

（4）对网络访问进行日志记录和统计。如果所有对互联网的访问都经过防火墙，那么防火墙就能记录下这些访问，并能提供网络使用情况的统计数据。当发生可疑操作时，防火墙能够报警并提供网络是否受到监测和攻击的详细信息。

4. 防火墙的不足

（1）不能防范不经由防火墙（绕过防火墙）或者来自内部的攻击。

（2）不能防止感染了病毒的文件的传输。

（3）不能防止数据驱动式攻击。数据驱动攻击是通过向某个程序发送数据（数据和程序单独来看都没问题），以产生非预期结果的攻击。

（二）反病毒技术

计算机病毒是编制或在计算机程序中插入的破坏计算机功能或毁坏数据、影响计算机使用，并能自我复制的一组计算机指令或程序代码。

1. 计算机病毒的类型

常见的计算机病毒类型主要有两种：蠕虫病毒和木马病毒。蠕虫病毒的特点是连续高速地复制自己，虽然代码没有很强的破坏性，但长时间大量占用系统资源，使系统因负担过重而瘫痪。木马病毒实质上是一个可以跟外界通信的小服务器程序，它不破坏软硬件系统，只是悄悄地将系统的私有信息记录下来并泄露给程序的制造者或传播者。

2. 计算机病毒的防治

如何防范病毒，减少病毒带来的危害呢？日常必须做的工作包括以下几点。

（1）正确安装和使用防杀病毒软件。

（2）修改系统配置，增强系统自身安全性。

（3）高度警惕网络陷阱，尽量不要打开陌生的网站和电子邮件附件。

（4）系统漏洞及时修补。

（5）备份重要数据。

第三节　电子商务安全管理

一、电子商务安全的管理机制

（一）电子商务安全管理的内容

电子商务安全是一项极其复杂的系统工程。在安全法规、安全管理、安全技术的保障措施中，安全技术是信息安全的基础，安全管理是信息安全的关键，安全法规是信息安全的保证。只有安全技术、安全管理与安全法规共同配合，才能有效地保证电子商务系统的安全。

电子商务安全管理主要包括以下内容。

1. 信息安全组织管理

加强领导，建立机构，落实责任，完善措施，建立健全信息安全责任机制和工作机制。

2. 日常信息安全管理

制定信息安全工作的总体方针和目标，建立健全信息安全相关管理制度，明确信息安全工作的主要任务和原则，加强对人员、资产、采购、外包等的安全管理，并保证信息安全工作的经费投入。

3. 信息安全防护管理

开展企业信息化建设应按照同步规划、同步建设、同步运行的原则，同步规划、设计、建设、运行、管理信息安全设施，建立健全信息安全防护体系。具体内容如下。

（1）网络边界防护管理。采取访问控制、安全审计、边界完整性检查、入侵防范和恶意代码防范等措施，进行网络边界防护。对网络日志进行管理，定期分析，及时发现安全风险。

（2）信息系统防护管理。定期对信息系统面临的安全风险和威胁、薄弱环节以及防护措施的有效性等进行分析评估。确定信息系统安全保护等级，对信息系统实施相应等级的安全建设和整改。

（3）门户网站防护管理。组织专业技术机构对门户网站进行安全测评，对新增应用要进行安全评估，确定信息系统安全保护等级，对信息系统实施相应等级的安全建设和整改。

（4）电子邮件防护管理。加强电子邮箱系统安全防护，采取反垃圾邮件等技术措施；规范电子邮件注册管理，严格邮箱账户及密码管理，采取相关技术和管理措施确保密码具有一定强度并定期更换。

（5）终端计算机防护管理。采用集中统一的管理方式对终端计算机进行管理，统一软件下载，统一安装系统补丁，统一实施病毒库升级和病毒查杀，统一进行漏洞扫描；规范软硬件使用，不得擅自更改软硬件配置，不得擅自安装软件；加强账户及密码管理，使用具有一定强度的密码并定期更换；应对接入互联网的终端计算机采取控制措施，包括实名接入认证、IP 地址与 MAC 地址绑定等；应定期对终端计算机进行安全审计。

（6）存储介质防护管理。严格存储阵列、磁带库等大容量存储介质的管理，采取技术措施防范外联风险，确保存储数据安全；对移动存储介质进行集中统一管理，记录介质领用、交回、维修、报废和销毁等情况；移动存储介质在接入本部门计算机和信息系统前，应当查杀病毒、木马等恶意代码；应配备必要的电子信息消除和销毁设备，对转为他用的存储介质要消除信息，对废弃的存储介质要进行销毁。

4. 信息安全应急管理

建立健全信息安全应急工作机制，提高应对信息安全事件的能力，预防和减少信息安全事件造成的损失和危害；制定信息安全事件应急预案，并根据实际情况适时修改；组织开展应急预案的宣传和贯彻培训，确保相关人员熟悉应急预案；建立信息安全事件报告和通信机制，提高预防预警能力；明确应急技术支援队伍，做好应急技术支援准备；做好信息安全应急物资保障，确保必要的备机、备件等资源到位；根据业务实际需要，对重要数据和业务系统进行备份。

5. 信息安全教育培训

加强信息安全宣传和教育培训工作，提高信息安全意识，增强信息安全基本防护技能；建立信息安全教育培训制度，把信息安全教育作为工作人员上岗、干部培训、业务学习的重要内容；定期开展对信息安全管理人员和技术人员的专业技能培训，提高信息安全工作能力和水平。

6. 信息安全检查

认真组织开展信息安全检查工作，掌握信息安全总体状况和面临的威胁，查找安全隐患，堵塞安全漏洞，完善安全措施，减少安全风险，提高安全防护能力；重视安全技术检测，采取必要的技术检测手段对门户网站、服务器、终端计算机等进行安全检测；可根据需要委托符合要求的检测机构进行技术检测；加强安全检查过程中的保密管理和风险控制，严格检查人员、有关文档和数据的安全保密管理，制定安全检查应急预案，确保被检查信息系统的正常运行；对安全检查中发现的问题进行分析判断，制定整改措施并及时整改。

（二）电子商务安全管理的措施

安全管理的主要任务是建立、强化和实施整个网络系统的安全策略。为了保证电子商务系统安全、可靠地运行，除了采用合适的安全策略和多种安全技术，以及增强安全服务功能、完善系统的安全保密措施外，还必须加强整个系统的安全管理。安全管理是电子商务安全运行的基础和保证。绝对的安全技术是不存在的，安全技术的局限性对电子商务不同的应用有不同的影响，安全技术的局限需要靠完善的安全管理来弥补。另外，为了实现电子商务系统的安全，需要进行成本效益分析，估计在安全上的花费是否能从提高系统资源的安全、减少损失方面得到应有的补偿，因此，需要在成本和效益之间折中，制定成本效益策略以达到效益与风险之间的平衡。电子商务安全管理的主要措施包括安全评估、安全政策、安全标准和安全审计等。

总之，在电子商务安全中，安全管理与安全技术同样重要。在安全管理中，除了前面讨论的安全评估、安全政策、安全标准和安全审计之外，还需要有组织上的保证。在电子商务组织结构中，要有相应的安全管理机构，具体负责落实电子商务安全政策，开展安全宣传、安全培训、安全检查和处理等工作，建立应急技术处理专业队伍，根据安全策略和安全要求，定期对系统开展风险评估分析、安全性评估等方面的工作，对紧急情况进行应急处理。

二、电子商务风险的预防机制

电子商务环境下，机遇与风险并存。解决电子商务安全问题，防范电子商务安全风险，需要用心营造电子商务的诚信体系。基于互联网的电子商务在交易时买卖双方互不见面，同时对于双方的详细信息了解通常是不对称的，因此对网上的信息真实性非常敏感。如果有限的信息存在虚假，那么就会出现经济学中所讲的“格雷欣法则”——劣币驱逐良币规律，也就使大量诚信的交易者放弃电子商务的交易方式而返回传统的线下交易，导致电子商务的极度萎缩乃至消亡。

信用体系的建立非常艰难，但毁坏却很容易。要建立良好的信用体系，需要国家、社会和个人的良好互动。

（一）身份识别

“在网络上没人知道你是一条狗。”这句名言传遍了全球，众人都在为网络的虚拟性而津津乐道。但是，不容乐观的是，很多人却将这种虚拟性当成了哈利·波特的隐身衣，以为在网络上就可以横行霸道，逃避法律、道德约束了。其实不然，虚拟的网络也可以有很多方法将每个用户的身份与其行为一一对应，从而规范网络社会秩序，保证网民安全。现在就为大家介绍其中的两种：实名认证和 CA 认证。

1. 实名认证

实名认证是一种被广泛采用的对注册用户身份进行核实的体系，它通过国家安全机构和银行等机构，验证用户提交的注册信息的真实性和唯一性来确保电子商务的安全。这样就可以保证网上发布的每一件商品、每一条信息的真实性，如果发生了不实、欺诈或抵赖的情况，网站或公安机关就可以很方便地追查肇事者的姓名、住址、企业信息等情况，这样就在很大程度上控制或杜绝了不诚信行为的发生。实名认证有企业认证与个人认证两种，前者一般发生在 B2B 或 B2C 模式中，凡是要在这些网站上从事电子商务的企业，必须提供营业执照、税务登记证等企业证书，网站一般委托第三方的专业资信调查公司进行核查，无误后获得网站准入。个人认证相对简单，可以视网站类型和其希望进行何种操作，进行身份认证或信用卡认证，一般在 B2C 或 C2C 型网站使用。采用实名认证的好处是比较明显的：会员更诚信，降低了进行欺诈活动的概率；交易更安全。

阿里巴巴公司的诚信通、中国供应商和支付宝产品都建立在实名认证的基础上，推动了中国电子商务诚信意识的建立，对电子商务的发展功不可没。

2. CA 认证

CA 认证已经广泛为世界各国所采用，用来向电子商务有关交易人提供双方当事人的资信情况，以提高交易的互信和透明度。如同现实生活中每人有一张身份证一样，CA 认证相对于电子商务中的数字化身份证，其中包含着用户的基本信息和公开密钥。用户在通信时将数字证书出示给对方证明自己的身份，同时提供公钥让对方可以解密。由数字证书拥有者加密传输数据，以保证信息传输过程中的保密性和数据交换的完整性。在电子商务活动中，数字证书由某个具有公信力的认证中心签发，因此认证中心必须以其信誉保证所签发证书的可信性，确保数字证书所对应的是真实用户实体。认证中心的组织结构大致可以分为两部分：一部分负责数字证书的使用运营，包括数字证书在线申请、生成、颁发和管理；另一部分被称为 RA，即注册审批，主要是对用户的申请进行审核，验证客户资料的真实合法性，保证数字证书所对应的客户实体是真实可信的。

目前 CA 认证在我国电子商务中主要起到的作用是，证明电子商务交易当事人的合法身份和保障网络安全。据《电子商务 CA 认证机构管理办法》规定，认证机构的职责是：对 CA 证书申请者提交的有关材料和申请者身份进行审核，确认后签发数字证书；将认证业务操作规范和数字证书管理制度向社会公布、宣传；当发生电子交易纠纷时，认证机构应当向有关当事人提供电子身份证明，协助调查；将用户的数字证书在网上发布，供公众查询。

显然，严密的 CA 认证对诚信体系的支持极大，有效地杜绝了电子商务中关于往来信息的诸多问题。

（二）安全的支付方式

电子商务发展的一个重要“瓶颈”就是支付的问题。安全的支付方式曾一度困扰中国电子商务的发展。这个问题在阿里巴巴公司推出支付宝这一工具后，得到了较好的解决。支付宝交易是阿里巴巴旗下支付宝公司针对网上交易而特别推出的安全付款服务，其运作的实质是以支付宝为信用中介，在买家确认收到商品前，由支付宝替买卖双方暂时保管货款的一种增值服务。

1. 支付宝实名认证

支付宝实名认证同时核实会员身份信息和银行账户信息。通过支付宝实名认证后，相当于拥有了一张互联网身份证。可以在淘宝网等众多电子商务网站开店、出售商品，增加支付宝账户拥有者的信用度。如果是公司，需要提供营业执照；如果是个人，需要提供身份证。阿里巴巴公司接到这些信息后，会在政府部门检查验证信息的真伪。只有真实的信息可以通过验证。通过验证后，公司将给他发一个实名认证标志，这就将网络上虚拟的个人或企业变得真实了，每个人所进行的操作和他本人挂钩，起到了监督的作用。

2. 支付宝交易的流程

使用支付宝交易的流程为：第一步，买家在卖家店铺选择满意的产品；第二步，买家付款到支付宝；第三步，支付宝收到买家的货款后，通知卖家发货；第四步，卖家收到支付宝的通知后，发货给买家；第五步，买家收到货物后，查验审核，满意后，通知支付宝付款；第六步，支付宝接到买家的付款通知后，将款项划拨给卖家。

3. 先行赔付

传统商务中的先行赔付是经营者不能赔付时，消费者可以向市场主办单位要求赔付，市场主办单位再向企业追偿的方法。综合我国现阶段电子商务活动中实施的先行赔付制度，按照相关第三人不同，把电子商务中的先行赔付制度分为网站先行赔付与消费者权益保护协会先行赔付两种情况。第一种，网站先行赔付是由电子商务网站自行建立的赔付制度，如 2005 年支付宝首次提出“你敢用，我就敢赔”的理念，开创了中国网上支付全额赔付的先例。第二种，消费者权益保护协会的先行赔付是由电子商务网站将先行赔付的保证金交给消费者协会委托代为管理，当消费者权益受到侵犯时，消费者权益保护协会对受害人先行赔付的制度。如“搜易得”与北京海淀区消费者协会达成协议，设立“搜易得”先行赔付保证金，一旦由“搜易得”所售的商品受到投诉，北京海淀区消协将直接动用由保证金建立的“消费争议赔付专项基金”对消费者先行赔偿。

先行赔付制度有力地消除了消费者的顾虑，鼓励他们放心地进行网络采购。对于设立先行赔付制度的网站，通常会把这一制度在明显的地方予以公告，方便消费者辨认。消费者一般会因此对有这一赔付制度的网站做优先采购考虑，从而大大提高了网站的交易额和收益，从而达到双赢的效果。

（三）其他安全保障措施

Internet 的发展已经将国民经济和社会发展的方方面面紧密地联系在一起，电子商务交易安全将直接影响到整个国民经济的正常运行，影响到电子商务交易各方的切身利益。有效保护银行、企业和消费者个人的各种权益，防止不良行为和恶意侵袭，成为计算机网络安全保护的一个新的重点。需要指出的是，电子商务所面临的信息安全威胁已经不再是单纯的技术问题。因此，电子商务安全需要有相应的法律法规做保障。

1. 电子商务中的信息安全法律和规定

电子商务信息安全建设必须依据国家主管部门的法律法规进行。不符合管理要求的建设必然存在安全漏洞，造成信息安全事故和泄密事件。只有严格按照国家有关主管部门的管理规定和建设规范开展这项工作才能真正保障信息安全。

2. 国际互联网网络行业市场准入

在对信息、互联单位、接入网络及国际联网经营者的管理上，《中华人民共和国计算机信息网络国际联网管理暂行规定》中做出了一些明确的规定。

《计算机信息网络国际联网安全保护管理办法》规定：互联单位、接入单位、使用计算机信息网络国际联网的法人和其他组织（包括跨省、自治区、直辖市联网的单位和所属的分支结构），应当自网络正式联通之日起30 日内，到所在地的省、自治区、直辖市人民政府公安机关指定的受理机房办理备案手续，用户在接入单位办理入网手续时，应当填写由公安部监制的用户备案表。

3. 互联网内容管理

《计算机信息网络国际联网安全保护管理办法》规定，任何单位和个人不得不利用国际联网制作、复制、查阅和传播下列信息。

（1）煽动抗拒、破坏宪法和法律、行政法规实施的。

（2）煽动颠覆国家政权、推翻社会主义制度的。

（3）煽动分裂国家、破坏国家统一的。

（4）煽动民族仇恨、民族歧视，破坏民族团结的。

（5）捏造或者歪曲事实、散布谣言、扰乱社会秩序的。

（6）宣扬封建迷信、淫秽、色情、赌博、暴力、凶杀、恐怖，教唆犯罪的。

（7）公然侮辱他人或者捏造事实诽谤他人的。

（8）损害国家机关信誉的。

（9）其他违反宪法和法律、行政法规的。

根据《中华人民共和国计算机信息网络国际联网管理暂行规定实施办法》第 18 条的规定，用户应当服从接入单位的管理，遵守用户守则；不得擅自进入未经许可的计算机系统，篡改他人信息；不得在网络上散发恶意信息，冒用他人名义发出信息，侵犯他人隐私；不得制造、传播计算机病毒及从事其他侵犯网络和他人合法权益的活动。用户在使用互联网业务时，还应当遵守互联网络的国际惯例，不得向他人发出恶意的、挑衅性的文件和商业广告。

4. 网络安全的保护

《计算机信息网络国际联网安全保护管理办法》规定，任何单位和个人不得从事下列危害计算机信息网络安全的活动。

（1）未经许可，进入计算机信息网络或使用计算机信息网络资源的。

（2）未经允许，对计算机信息网络功能进行删除、修改或增加的。

（3）未经允许，对计算机信息网络中存储、处理或传输的数据和应用程序进行删除、修改或增加的。

（4）故意制作、传播计算机病毒等破坏性程序的。

（5）其他危害计算机网络安全的。对于违反以上规定的单位和个人、公安机关可给予警告、没收违法所得、罚款等处罚；情节严重的，可并处 6 个月以内的停止联网、停机整顿的处罚，必要时可建议原发证、审批机构吊销经营许可证或取消联网资格。

5. 网络保密管理

《计算机信息系统国际联网保密管理规定》指出：凡以提供网上信息服务为目的而采集的信息，除在其他新闻媒体上已公开发表的，组织者在上网发布前，应当征得提供信息单位的同意；凡对网上信息进行扩充或更新，应当认真执行信息保密审核制度；凡在网上开设电子公告系统、聊天室、网络新闻组的单位和用户，应由相应的保密工作机构审批，明确保密要求和责任。任何单位和个人不得在电子公告系统、聊天室、网络新闻组上发布、谈论和传播国家秘密信息。面向社会开放的电子公告系统、聊天室、网络新闻组，开办人或其上级主管部门应认真履行保密业务，建立完善的管理制度，加强监督检查，发现有涉密信息，应及时采取措施，并报告当地保密工作部门。

涉及国家秘密的信息，包括在对外交往与合作中经审查、批准与境外特定对象合法交换的国家秘密信息，不得在国际联网的计算机信息系统中存储、处理、传递，涉及国家秘密的计算机信息系统，不得直接或间接地与国际互联网或其他公共信息网络相连接，必须实行物理隔离。

关键名词

对称加密　非对称加密　混合加密　数字认证　数字签名　CA　SSL　SET　防火墙　计算机病毒

课后习题

一、选择题

1. 电子商务系统必须保证具有十分可靠的安全技术，必须保证网络安全的四大要素，即信息传输的机密性、数据交换的完整性、发送信息的不可否认性和（　　）。

A. 不可修改性　B. 信息的稳定性　C. 数据的可靠性　D. 交易者身份的确定性

2. 下列（ ）病毒属于木马病毒。

A. 磁碟机　B. 熊猫烧香　C. 网银大盗　D. Nimda

3. 数字证书中不包括（ ）。

A. 公开密钥　B. 数字签名

C. 证书发行机构的名称　D. 证书的使用次数信息

4. 关于防火墙，说法正确的是（ ）。

A. 防火墙可通过屏蔽未授权的网络访问等手段把内部网络隔离为可信任网络

B. 防火墙的安全性能可根据系统安全的要求而设置，因系统的安全级别不同而不同

C. 防火墙可有效地查杀病毒，对网络攻击可进行检测和警告

D. 防火墙可以用来把内部可信任网络对外部网络或其他非可信任网络的访问限制在规定的范围之内

二、填空题

1. 电子商务中面临的主要风险包括信息风险、________、管理风险、________、法律风险。

2. 采用对称加密进行保密通信的每对用户都需要一个密钥，当 n 个人进行机密通信时，需要的密钥个数为________。

3. 非对称加密具有________、________、________三大优点。

4. 用发方私钥加密，发方公钥解密的加密模式为________。

5. 数字证书是用________手段来证实一个用户的________和对网络资源访问的权限。数字证书作为网上交易双方________的依据，是一个经________数字签名的、包含证书申请者（公开密钥拥有者）个人信息及其公开密钥的文件。

三、简答题

1. 用自己的语言解释电子签名的原理。

2. 如果你是一个大型网站的管理员，你觉得该网站会受到哪些不安全因素的威胁？如何防范？

技能操练

1. Office 文档加密。

2. 安全电子邮件的发送与接收。

下载并安装 Puffer 软件，用户先为自己电脑上的 Puffer 程序设置一个账号，包括姓名、电子邮件地址和一个口令。这个账号在生成的过程中就已经被加密并保存在一个文件中，这个账号就是公开密钥。只有用户自己知道对应的口令，然后使用者就可以将这个保存有公开密钥信息的文件，发送给所有可能向他发 E-mail 的人。当他们要向该用户发送 E-mail 时，需要用对应的公开密钥进行邮件加密。然后邮件发送者将加密后的 E-mail 发出来，使用者收到邮件后，用 Puffer 进行解密。解密过程中必须输入使用者的账号口令，这样就实现了公开密钥的 E-mail 传输，每个用户只要记住自己的账号口令就可以了。

第五章

网络营销

★学习目标

★ 了解网络营销的基本概念和内涵。

★ 掌握开展网络营销的步骤。

★ 认识网络营销的工具和方法。

★案例引导

小米科技的手机营销策略

近年来手机行业最热的话题无疑是高配低价的小米手机，从手机正式发布到销量突破百万台，小米仅仅用了不到一年的时间，这对大部分国内手机制造企业来讲简直就是天方夜谭。作为互联网公司起家的小米科技，依靠米聊、基于Android的MIUI操作系统以及对供应链的高效整合，迅速实现了从互联网公司向手机硬件制造与销售商的蜕变，一跃成为业内堪称与苹果相抗衡的手机制造商。

事实上，小米手机的成功不是单纯手机制造商的成功，在全球手机行业全速向智能时代冲刺的大潮中，小米手机的暂时性成功恰恰说明了一种“非主流”手机制造发展模式的成功，其通过互联网与消费者进行互动沟通，并根据用户反馈修改产品设计以及软件的独特运作方式为其迅速赢得了大批拥趸，这正是小米手机能够在外资品牌林立的手机市场中仅仅依靠单一的网络渠道销售便取得百万台销售业绩的重要原因。

可是，仔细分析却发现，小米手机快速兴起的过程是全球手机产业巨变的时代，手机终端智能化大潮将摩托罗拉、诺基亚迅速边缘化，取而代之的是苹果成为全球产业界的一颗最耀眼的明星。虽然小米也取得了巨大的成功，但是消费者及业内对其售后服务、产品质量等方面的质疑声不绝于耳。

从小米手机诞生之日起，它就注定了要成为中国手机市场上那个“不一样”的因子。2011年7月12日小米创始团队亮相，同时宣布进军手机市场，而仅仅一个月之后，小米手机 Mi－One 就公开发布，在其后的几个月里，小米左右逢源，迅速成为中国乃至全球手机市场上最闪亮的明星。

产品稳定上市、渠道策略明确以及不断增长的用户似乎意味着小米手机已经实现了三级跳，正在向着更高更远的目标奋进。在产品方面，小米手机以高性价比的明确定位成为市场上硬件配置最具竞争力的“品牌手机”，1.5GHz 双核处理器着实让人印象深刻，而其背后的供应商团队也为其产品品质提供了保障。资料显示，夏普、三星、东芝、高通、LG 等厂商是小米 100 多家供应商中的主体部分，它们为小米手机“长大”提供了“粮食”。在价格上，小米科技创始人雷军表示，此前在为小米定价时，他曾想疯一把，把手机的价格定在 1 499 元甚至最好是 999 元。可是最后仔细核算了成本之后，他还是无奈地将价格放在了 1 999 元，但即便如此，这已经是市场上性价比较高的智能手机了。

在销售渠道上，小米坚持选用电子渠道作为其唯一的销售渠道，而当前随着中国联通、中国电信定制机的相继问世，小米也真正实现了流通渠道的多元化。但不可否认的是，单纯依靠网络销售的模式的确为小米省下了不菲的渠道营销费用，而这种多频次“饥饿营销”的模式又放大了其渠道的相对优势。

从小米手机 2011 年 9 月 5 日开始首批预订到 2012 年 1 月 11 日第三轮开放购买，小米手机的线上销量堪称“业界奇迹”：首轮开放购买 3 小时售出 10 万部，第二轮开放购买 3.5 小时售出 10 万部，第三轮开放购买 9 小时售出 30 万部。小米的线上销量就像是在“放卫星”一样刺激着所有米粉、媒体、传统手机制造商和运营商的神经，与手机产品销量快速增长相伴随的是米粉数量的快速激增。小米公司负责电子商务业务线的副总裁黎万强透露，目前小米手机论坛的注册用户已经突破 200 万人，日独立访客超过 55 万人，日 PV 超过 660 万人次，发帖总数超过 3 400 万个。

智能时代颠覆了此前手机行业依靠成本差赢得用户的发展逻辑，真正能够根据消费者需求研制的产品才能被市场认可。小米手机的成功说明了这一点，而作为一个想要参加长跑的运动员来说，小米的竞赛或许才刚刚开始。

在某种程度上讲，小米手机销量的快速增长并不是得益于中国手机市场的相对庞大，而是由于其对用户需求的准确把握。对此，小米科技创始人黎万强给出的解释是，小米手机是“活”的，是有生命的，操作系统做到每周升级一次，并且让用户广泛参与其中。

操作系统的升级是小米手机根据手机智能化趋势而得出的一大秘籍。传统的手机厂商不到万不得已的时候不会轻易升级操作系统。小米的基本理念是，手机不久将会替代 PC 成为大众最常用的终端，所以其系统必须不断升级。从 2010 年 8 月 16 日到现在，小米一共发布了 100 多个新版本，平均每周升级一次。这就意味着 2 天搜集客户需求、2 天开发、2 天发布。用 6 天时间把所有的事情都做完，这就是一种创新。即便是应用软件要做到每周升级都是有相当难度的。

事实上，小米对操作系统的升级更多的是对用户需求的准确把握。据了解，小米在米聊论坛建成了一个“荣誉开发组”，从几万人的论坛中抽一批活跃度相当高的用户，大概 200～300 人，他们会和小米内部同步拿到软件更新的版本。最后，内部和外部的人一起同步测试，发现问题随时修改。这样一来，小米就很好地借助了外力，把复杂的测试环节很好地解决了。难怪黎万强说：“在一个企业内部，最多能建立一个 200～300 人的开发团队，但是你如果扩大到互联网，那就是上万人帮你一起来开发，我觉得这是小米又一大创新。”

如果我们要找出一个小米手机快速成长的原因，那么与用户保持最近距离并根据消费者的反馈及时修改自己的产品或许就是最重要的原因。就在小米手机一路高歌猛进的时候，一个个问题也接踵而至，其中最值得关注的就是售后服务电话难以打通、网点过少、维修费偏高以及快递返修的时间成本过高等。而对此，小米手机在2012年3月1日公布，“将在年内投入两亿元，用于加强网购售后服务体系的搭建，涉及物流、仓储及维修等多个环节”，重金铺展维修点以“补课”售后服务现状的意图十分明显。小米公司方面认为，在前期销售的售后环节上小米手机确实存在一些问题，包括消费者投诉的返修快递耗时较长等。而小米手机通过电子商务渠道进行主要销售，渠道成本一般占整个手机成本的30%，公司是希望把中间环节节省下来以降低手机的售价。

可即使是投入巨资兴建售后服务网络体系，小米手机的境遇便会改变吗？在当前产业结构下，作为缺少完善产业链掌控能力的企业，小米科技可以被称作一个产业链条的附属者，虽然其对产业链的控制能力也不弱，但毕竟无法掌握成本结构。更重要的是，小米最终的商业模式到底是什么？正如雷军所言，其不是依靠出卖手机挣钱，而其旗下的MIUI系统对Android系统的依附以及米聊被微信的分流都使得其软件的最终命运不可名状。

小米对软件及操作系统的控制本应是其优势所在，但事实情况是它并未完全掌控这些产业的关键资源。如果说自发布手机产品以来，小米科技就开启了一场新的赛跑的话，那么在当前用户迅速增长、售后问题也频出的情况下，小米科技应该走向何处，到底是通过战略调整持续增强竞争力还是就此龟缩固守市场现状，让我们拭目以待，看雷军如何为小米“解围”。

第一节 网络营销概述

一、网络营销内涵

网络营销（On-line Marketing或E-Marketing）就是以国际互联网络为基础，利用数字化的信息和网络媒体的交互性来辅助营销目标实现的一种新型的市场营销方式。简单地说，网络营销就是以互联网为主要手段进行的，为达到一定营销目的的营销活动。

网络营销产生的消费观念基础如下。

1. 个性化消费的回归

随着竞争的不断加剧，企业出于规模经济的考虑，采取了批量化和标准化的生产方式，这就使消费者的个性被大量低成本、单一化的产品削弱。然而，没有一个消费者的心理是完全一样的，每一个消费者都是一个细分市场，在网络环境下消费者对个性的需求表现得更为强烈。

2. 消费主动性的增强

消费主动性的增强来源于现代社会不确定性的增加以及人类追求心理稳定和平衡的欲望。在传统的营销中，大多数消费者对产品甚至是日常生活用品都缺乏鉴别和评估的专业知识。而在网络营销中，消费者由广告信息的接受者变为产品信息的积极寻求者，网络消费者运用因特网，可以在极短的时间内查询到目标商品的有关信息，增加了消费者的购买决策的理性成分和成就感，满足了其对获取与商品和服务有关的信息和知识的心理需求。

3. 消费需求的差异性

不同的网络消费者因所处的社会经济环境不同而产生不同的需求，不同的网络消费者在同一需求层次上的需求也会不同。网络消费者遍及世界各地，其信仰、价值观、风俗习惯、生活习惯和爱好都相比传统的消费者表现出更大的差异性。因此消费需求的差异性更大。

4. 网络消费需求的超前性和可诱导性

由于互联网在我国出现的时间不算很长，在网上进行消费的消费者呈现出两个特点：一是经济收入较高，二是年龄结构以中青年为主。这部分消费者比较喜欢超前和新奇的商品，也比较容易被新的消费动向和商品介绍吸引。

5. 互动性增强

网络营销相比传统营销的最大优势体现在其良好的互动性上，网络营销可以借助各种技术手段达到与消费者更好地沟通，例如及时的在线咨询、用户个性订单的设置等。这种互动不仅满足了消费者个性的需求，也增加了消费者的满意度。

二、网络营销的理论基础

（一）整合营销理论

美国密歇根州立大学的麦卡锡的4P理论，即产品（Product）、价格（Price）、地点（Place）和促销（Promotion）。4P理论的基本出发点是企业的利润，而没有把消费者的需求放到与企业的利润同等重要的位置上，它指导的营销决策是一条单向的链。

舒尔兹等从消费者需求的角度出发研究市场营销理论，提出了4C组合，即整合营销（Integrated Marketing）理论。该理论的特点是：先不急于制定产品策略（Product），先研究客户的利益（Customer benefit），研究消费者的需求和欲望（Consumer's Wants and Needs），卖消费者想购买的产品，比如戴尔公司；暂时把定价策略（Price）放到一边，而研究客户为满足其需求所愿付出的成本（Customer Cost），并依据该成本来组织生产和销售，比如通用汽车；忘掉渠道策略（Place），着重考虑怎样使消费者方便（Convenience）地购买到商品，比如法国钢铁制造商犹齐诺—洛林公司；抛开促销策略（Promotion），着重于加强与消费者沟通和交流（Communication），比如雅虎（Yahoo）。

（二）网络“软营销”理论

软营销（Soft Marketing）是有关消费者心理学的另一理论基础，它是针对工业经济时代以大规模生产为主要特征的“强式营销”提出的新理论，强调企业进行市场营销活动的同时必须尊重消费者的感受和体验，让消费者能舒服地主动接受企业的营销活动。

该理论基础产生的根本原因是网络本身的特点和消费者个性化需求的回归。网络“软营销”的特征主要体现在它从消费者的体验和需求出发，遵守网络礼仪的同时通过对网络礼仪的巧妙运用，采取拉式策略吸引消费者关注企业，从而获得一种微妙的营销效果。

（三）网络直复营销理论

直复营销（Direct Marketing）是一种为了在任何地方产生可度量的反应和/或达成交易而使用一种或多种广告媒体的相互作用的市场营销体系。“直”（Direct），是指不通过中间分销渠道而直接通过媒体连接企业和消费者；“复”（Response），是指企业与消费者之间的交互，消费者对这种营销努力有一个明确的回复（买还是不买）。网络营销是一类典型的直复营销。

网络直复营销的常见做法如下。

（1）企业在 Internet 上建立自己独立的站点。

（2）企业委托信息服务商在其网站上发布信息。网络直复营销更加吻合直复营销的理念。其表现在：直复营销作为一种相互作用的体系，强调营销者与目标客户之间的“双向信息交流”；直复营销活动的关键是为每个目标客户提供直接向营销人员反馈信息的渠道，企业可以凭借客户反馈找出不足；直复营销强调在任何时间、任何地点都可以实现企业与客户的“信息双向交流”；直复营销活动最重要的特性是：直复营销活动的效果是可测定的。

（四）网络关系营销理论

关系营销（Relationship Marketing）是 1990 年以来受到重视的营销理论，主要包括两个基本点：在宏观上，认识到市场营销会对范围很广的一系列领域产生影响，包括消费者市场、劳动力市场、供应市场、内部市场、相关者市场以及影响者市场（政府、金融市场）；在微观上，认识到企业与消费者的关系不断变化，市场营销的核心应从过去简单的一次性交易关系转变到注重保持长期的关系上来。

企业的营销活动是一个与消费者、竞争者、供应商、分销商、政府机构和社会组织发生相互作用的过程，正确理解这些个人与组织的关系是企业营销的核心。关系营销的核心是保持客户。

三、网络营销功能与优势

（一）网络营销功能

网络营销是为实现企业总体经营目标所进行的、以互联网为基本手段营造网上经营环境的各种活动。网络营销的核心思想就是“营造网上经营环境”。其主要功能如下。

1. 网络品牌——品牌价值扩展和延伸

未来的营销是品牌的战争，拥有市场的唯一办法是拥有占市场主导地位的品牌。网络营销的重要任务之一是通过一系列的措施，在互联网上建立并推广企业的品牌。一定程度上说，网络品牌的价值甚至高于通过网络获得的直接收益。电子商务企业，其网络品牌建设是以企业网站建设为基础的，因此企业网址推广是其网络营销最基本的职能之一，且显得更为迫切和重要。

2. 信息搜索与信息发布

信息搜索是网络营销能力的一种反映。在网络营销中，可利用多种搜索方法，主动、积极地获取有用信息和商机。发布信息是网络营销的主要方法之一，也是网络营销的又一种基本职能。网络营销以其特有的信息发布环境可以在任何时间将信息以最佳的表现形式发布到全球的任何一个地点，更重要的是，在网络营销中的信息发布可以是双向互动的。

3. 销售渠道的开拓

网上销售是企业销售渠道在网上的延伸，网上销售渠道建设不应限于网站本身，还应包括建立在综合电子商务平台上的网上商店，以及与其他电子商务网站不同形式的合作等。网络所具有的传播、扩散能力打破了传统经济时代的经济壁垒、地域封锁、人为屏障、交通阻隔、信息封闭等，对销售渠道的开拓具有促进作用。

4. 网上市场调研

在激烈的市场竞争条件下，主动地了解商情、研究趋势、分析客户心理、窥探竞争对手动态是确定竞争战略的基础和前提。通过在线调查表或者电子邮件等方式，可以完成网上市场调研，获得充分的市场信息。相对传统市场调研，网上调研具有高效率、低成本的特点。

5. 客户关系管理

客户关系管理源于以客户为中心的管理思想，是一种旨在改善企业与客户之间关系的新型管理模式，是网络营销取得成效的必要条件，是企业重要的战略资源。网络营销中，通过客户关系管理，将客户资源管理、销售管理、市场管理、服务管理、决策管理集于一体，将原本疏于管理、各自为战的销售、市场、售前和售后服务与业务统筹协调起来。

（二）网络营销的优势

（1）网络媒介具有传播范围广、速度快、无时间地域限制、无时间版面约束、内容详尽、多媒体传送、形象生动等特点，有利于提高企业营销信息传播的效率，增强企业营销信息传播的效果，降低企业营销信息传播的成本。

（2）网络营销无店面租金成本，且又实现产品直销功能，能帮助企业减轻库存压力，降低经营成本。

（3）国际互联网覆盖全球市场，通过它，企业可方便快捷地进入任何一国市场。

（4）目标客户互动好。传统的媒体都是单向性，消费者只能被动地看和听；而网络媒体，消费者购买以后还可以发表评论，并且在博客、微博和微信等平台进行交流。

（5）便于分析与跟踪。电视广告无法统计有多少人看到、听到；而网络上有很多统计工具可以统计有意义的数据。

（6）渠道广。在互联网时代，每一个员工都可以成为一个好的销售人员，他们可以随时随地发微博、微信和帖子。

第二节　网络营销策略

一、网络营销策划的原则

网络营销策划是为了达成特定的网络营销目标而进行的策略思考和方案规划的过程，网络营销策划首先要做的是营销策划，网络只是营销策划的范围之一而已。

网络营销策划的原则如下。

（1）系统性原则。

（2）创新性原则。

（3）可操作性原则。

（4）经济性原则。

二、网络营销策划的内容

网络营销盈利模式策划：主要解决通过什么途径来赚钱的问题。

网络营销项目策划：这个加上盈利模式就相当于是一份商业计划书，主要解决我们是谁、我们做什么、我们的核心优势、我们的目标是什么、我们应该怎样实现目标等一些宏观层面的问题。同时需要将具体的行动编制成甘特图，也就是行进路线和进度控制。

网络营销平台策划：是策划建设网站，还是借助第三方平台来做？这个和模式需要相匹配。网站怎么规划？从结构逻辑、视觉、功能、内容、技术等方面思考怎么去规划。

网络推广策划：网站怎么推广？品牌产品怎么推广？怎么广而告之？怎么吸引目标客户？通过什么手段来传播推广？有什么具体的操作细节和技巧？怎么去执行？

网络营销运营系统策划：这主要包括业务流程的划分，根据业务流程来规划部门编制、团队岗位、薪酬、管理考核、培训等。

三、网络营销主要策略

（一）网络营销的产品策略

企业使用网络营销方法要先明确自己的公司所卖产品或者服务项目，明确哪些群体是消费者，有目的地寻找消费群体。产品的选择是很重要的，产品的选择决定了要进行网络营销的消费群体。选择好产品可以通过网络营销获得更大的利润。

（二）网络营销的价格策略

1. 低价定价策略

直接低价定价策略：直接低价策略是指产品价格在公布时就比同类产品定的价格要低。它一般是制造商在网上进行直销时采用的定价方式，如戴尔公司的电脑定价比同性能的其他公司产品低。采用低价策略的前提是：开展网络营销，实施电子商务为企业节省了大量的成本费用。

折扣低价策略：这种定价策略是指企业发布的产品价格是网上和网下销售通行的统一价格，而对于网上顾客又在原价的基础上标明一定的折扣率来定价的策略。这种定价方式可以让顾客直接了解产品的低价幅度，明确网上购物获得的实惠，以吸引并促进顾客的购买。这类价格策略常用在一些网上商店的营销活动中，它一般按照市面上的流行价格进行折扣定价。例如，亚马逊网站的图书价格一般都要打折，而且折扣达到3折以下。

促销低价策略：这种定价策略是指企业虽然以通行的市场价格将商品销售给顾客，但为了达到促销的目的还要通过某些方式给顾客一定的实惠，以变相降低销售价格。如果企业为了达到迅速拓展网上市场的目的，而产品价格又不实施低价渗透策略，需要具备的条件有以下几个方面：低价不会引起实际和潜在的竞争；产品需求价格弹性较大，目标市场对价格高低比较敏感；生产成本和营销成本有可能会随产量和销量的扩大而降低。

网络营销活动中，采用低价策略需要注意的是：首先，由于互联网是从免费共享资源发展而来的，因此顾客一般认为网上商品应该比从其他渠道购买的商品便宜，所以，在网上不宜销售那些顾客对价格敏感而企业又难以降价的产品；其次，在网上公布价格时要注意区分消费对象，对于一般消费者、零售商、批发商、合作伙伴，分别提供不同的价格信息发布渠道，否则可能因低价策略混乱而导致营销渠道混乱，甚至影响企业的形象，造成不必要的公关危机；最后，网上发布价格信息时要充分考虑同类站点公布的可比商品价格水平，因为消费者可以通过搜索功能很容易地在网上找到更便宜的商品，商品定价明显高于同类商品价格，不仅不能促进销售而且还将在顾客心目中形成定价偏高或不合理的形象。

2. 使用定价策略

使用定价策略，就是顾客通过互联网注册后可以直接使用某公司的产品，顾客只需要根据使用次数进行付费，而不需要将产品完全购买。这一方面减少了企业为完全出售产品而进行的不必要的大量的生产和包装浪费，同时还可以吸引过去那些有顾虑的顾客使用产品，扩大市场份额。顾客每次只是根据使用次数付款，节省了购买产品、安装产品、处置产品的麻烦，还可以节省不必要的开销。

采用按使用次数定价，一般要考虑产品是否适合通过互联网传输，是否可以实现远程调用。目前，比较适合的产品有软件、音乐、电影等产品。

3. 网上拍卖竞价策略

网上拍卖是目前发展比较快的领域，经济学认为市场要想形成最合理价格，拍卖竞价是最合理的方式。网上拍卖由消费者通过互联网轮流公开竞价，在规定时间内价高者赢得。

根据供需关系，网上拍卖竞价方式有下面几种。

（1）竞价拍卖：最大量的是 C2C 的交易，包括二手货、收藏品，也可以把普通商品以拍卖方式进行出售。如 HP 公司也将公司的一些库存积压产品放到网上拍卖。

（2）竞价拍买：是竞价拍卖的反向过程，消费者提出一个价格范围，求购某一商品，由商家出价，出价可以是公开的或隐蔽的，消费者将与出价最低或最接近的商家成交。

（3）集体议价：在互联网出现以前，在国外主要是多个零售商结合起来，向批发商（或生产商）采用以数量换价格的方式进行交易。互联网出现后，其使得普通的消费者能使用这种方式购买商品。集合竞价模式，是一种由消费者集体议价的交易方式。这在目前的国内网络竞价市场中，还是一种全新的交易方式。提出这一模式的是美国著名的 Priceline 公司。在国内，雅宝已经率先将这一全新的模式引入了自己的网站。

就价格而言，理论上有两种价格模式：浮动价格模式和固定价格模式。浮动价格模式包括竞价拍卖、竞价拍买和集体议价等竞价模式；固定价格模式包括供方定价直销、需方定价求购等定价模式。

在拍卖交易关系中，根据交易双方的关系，可以将交易关系形式化为交易模式 $X:Y$。在交易模式中，$X:Y$ 的含义为达成交易时供需者数量的对比。根据数量对比关系，有下面四种模式。

（1）1∶1（1 对 1）的交易模式：大部分的个人交易（C2C）、企业以拍卖方式出售商品，传统拍卖企业进行的对单个购买者的拍卖交易，均为这一模式。

（2）$1:n$（1 对多）的交易模式：多数企业对个人的交易（B2C）是这种模式。这一模式中价格的形成，既有供方主导的正向定价法，也有通过集体议价由需方主导的逆向定价法。

（3）$m:1$（多对 1）的交易模式：当任何一个供应方无法满足需求方批量要求时，将由多个商家提供商品或服务，这将导致 $m:1$ 的交易模式的使用。

（4）$m:n$（多对多）的交易模式：当集体议价模式盛行，同时参与集体议价的需方数量又超过了单一供应方的供给能力时，$m:n$ 交易模式将会出现。

上面一些拍卖竞价方式是一种最市场化的方法，随着互联网市场的拓展，将有越来越多的产品通过互联网拍卖竞价。目前拍卖竞价针对的购买群体主要是消费者市场，个体消费者是目前拍卖市场的主体。因此，采用拍卖竞价并不是企业目前首要选择的定价方法，因为拍卖竞价可能会破坏企业原有的营销渠道和价格策略。采用网上拍卖竞价的产品，比较合适的是企业的一些库存积压产品；也可以是企业的一些新产品，通过拍卖展示起到促销效果，许多公司将产品以低廉价格在网上拍卖，以吸引消费者的关注。

4. 免费价格策略

免费价格策略就是将企业的产品和服务以零价格形式提供给客户使用，满足客户的需求。免费价格策略是市场营销中常用的营销策略，它主要用于促销和推广产品，这种策略一般是短期和临时性的。在网络营销中，免费价格不仅是一种促销策略，它还是一种非常有效的产品和服务定价策略，其目标是迅速占领市场，以期获取或发掘后续的商业价值。

免费价格策略主要有以下四类形式：产品和服务完全免费，即产品（服务）从购买、使用和售后服务所有环节都实行免费服务；对产品和服务实行限制免费，即产品（服务）可以被有限次使用，超过一定期限或者次数后，取消这种免费服务；对产品和服务实行部分免费，如一些著名研究公司的网站公布部分研究成果，如果要获取全部成果必须付款购买；对产品和服务实行捆绑式免费，即购买某产品或者服务时赠送其他产品和服务。

网络营销中并不是所有产品都适合于免费策略。一般来说，免费产品具有易数字化、无形化、“零”制造成本、成长性、冲击性、存在间接收益等特点。

★小贴士

成功案例：金山公司

免费策略是最有效的占领市场的手段。目前，企业在网络营销中采用免费策略，一个目的是让用户免费使用形成习惯后，再开始收费，如金山公司允许消费者在互联网上下载WPS 2010软件试用版，目的就是想让消费者使用习惯后，再掏钱购买正版软件。这种免费策略主要就是一种促销策略，与传统营销策略类似。另一个目的是想发掘后续商业价值，这是从战略发展的需要来制定定价策略的，主要目的是先占领市场，然后再在市场上获得收益。比如雅虎公司通过免费建设门户站点，经过四年亏损经营后，公司业务得到了飞速增长，主要得力于股票市场对公司的认可和支持，因为股票市场看好其未来的增长潜力，而雅虎的免费策略恰好是占领了未来市场，具有很大的市场竞争优势和巨大的市场盈利潜力。

失败案例：网景公司

Netscape公司（网景公司）是一家浏览器开发商，它把浏览器免费提供给用户，开创了Internet上免费的先河，它的真实目的是在用户使用习惯后，就开始收费，那么免费只是其商业计划的开始，真正获得商业利润要在收费之后。但这时候微软也免费发放IE浏览器，这就彻底打碎了网景公司的美梦，后来网景公司干脆公布了浏览器的源代码，源代码一开放，微软也同样不能收费了，这次计划就弄了个两败俱伤，谁都没有成功。

5. 3C定价策略

利用3C定价模型，以产品的成本为价格底线，综合考虑竞争者价格、替代产品价格以及顾客感受的产品价值，确定产品的价格。

上面几种价格策略是企业在利用网络营销拓展市场时可以考虑的几种比较有效的策略，并不是所有的产品和服务都可以采用上述定价方法，企业应根据产品的特性和网上市场发展的状况来选择定价策略。不管采用何种策略，企业的定价策略应与其他策略配合，以保证企业总体营销策略的实施。

（三）网络营销的渠道策略

营销渠道是指与提供产品或服务以供使用或消费这一过程有关的一整套相互依存的机构，它涉及信息沟通、资金转移和事物转移等。与传统营销渠道一样，以互联网作为支撑的网络营销渠道也应具备传统营销渠道的功能。一个完善的网上销售渠道应有三大功能：订货功能、结算功能、配送功能。但互联网的交互性和普遍存在性使得渠道中相关角色的作用将发生变化。

1. 去中介与中介重构

中介（Intermediation）是联系生产商和消费者的第三方，如批发商、分销商、零售商。中介层越多，从生产商到消费者间的价格差就会越大。在传统营销渠道中，中介（中间商）是其重要的组成部分。利用中介能够在提供产品和进入目标市场方面发挥最高的效率。营销中介凭借其业务往来关系、经验、专业化和规模经营，提供给公司的利润通常高于自营商店所能获取的利润。

互联网的发展和商业应用，使得传统营销中的中介凭借地缘原因获取的优势被互联网的虚拟性取代；互联网高效率的信息交换，减少了过去传统营销渠道的诸多环节，将错综复杂的关系简化为单一关系。互联网的发展改变了营销渠道的结构。

去中介化（Disintermediation）就是要在给定的供应链中移除某些起中介作用的组织或业务处理层，一方面降低渠道成本，另一方面提高渠道效率。在此背景下传统中介的角色重定位成为它们生存的必要条件，因此就出现了所谓的中介重构。中介重构（Reintermediation）是指重新确定供应链中的中介角色，使其提供增值服务，如帮助客户如何选择卖主，帮助卖主将货物配送给客户。去中介和中介重构形成了不同的网络营销渠道策略，如网上直销、网上间接营销 。

2. 网络渠道优势

利用互联网的交互特性，网上营销渠道从过去单向信息沟通变成双向直接信息沟通，增强了生产者与消费者的直接连接。

网上营销渠道可以提供更加便捷的相关服务。生产者可以通过互联网提供支付服务，客户可以直接在网上订货和付款；生产者可以通过网上营销渠道为客户提供售后服务和技术支持。

网上营销渠道的高效性，可以大大减少过去传统分销渠道中的流通环节，有效降低成本。对于网上直接营销渠道，生产者可以根据客户的订单按需生产，实现零库存管理；可以减少过去依靠推销员上门推销的昂贵的销售费用，最大限度地控制营销成本。对于网上间接营销渠道，通过信息化的网络营销中间商，可以进一步扩大规模实现更大的规模经济，提高专业化水平；通过与生产者的网络连接，可以提高信息透明度，最大限度地控制库存，实现高效物流运转，降低物流运转成本。

3. 渠道建设与选择

不同的企业有不同的渠道选择策略，一般而言，规模型企业且具有较大范围（如全国甚至国际）的品牌知名度的企业，可采用网上直销渠道；对于规模较小且品牌知名度不大的企业，一般适合选择电子中间商；处于两者之间的企业可采用网上直销与电子中间商并存的模式，并视企业发展逐渐向一个方向调整。网上渠道只是一类渠道，它不可能完全替代传统的营销渠道。

4. 渠道冲突及应对策略

传统企业选择网络营销渠道可能面临渠道冲突的风险，一是批发商直销与原有的零售渠道可能会产生冲突；二是生产商直销与传统的批发商、生产商会产生冲突；三是企业内部部门之间也可能因各自业务对象（在线业务与离线业务）不同产生冲突，如资源分配问题、产品定价问题等。

可以制定一些策略解决渠道冲突问题：直接让现有的分销商实施电子商务；建立企业门户，鼓励中介承担企业实施电子商务时所产生的新型服务；仅在线销售没有冲突的产品，如新产品、传统渠道不愿经营的产品等；只利用互联网做推广、客户服务等，而不承担销售任务；成立独立的在线子公司；建立协调管理措施，如明确责任、统一定价等。

5. 网络营销渠道建设

（1）网络营销渠道模式。

第一种方式是 B2B，即企业对企业的模式，这种模式每次交易量很大、交易次数较少，并且购买方比较集中，因此进行网上销售渠道建设时关键是建设好订货系统，方便购买企业进行选择。

第二种方式是 B2C，即企业对消费者模式，这种模式的每次交易量小、交易次数多，而且购买者非常分散，因此网上渠道建设的关键是结算系统和配送系统。

（2）建设网络营销渠道应注意的问题。首先，应从消费者的角度来设计营销渠道；其次，订货系统的设计要简单明了；再次，结算方式的选择要有多种可选模式；最后，要建立完善的物流配送系统。

★小贴士

Dell 公司直销

计算机行业是过去 20 年增长最快的行业，但计算机行业的生产企业也面临着巨大的挑战，首先，技术的快速变化使企业在维持库存时产生了巨大的损失，许多公司每周损失 0.5%~2%；其次，传统的垂直集成模式在计算机行业几乎消失了，因为研发成本太高以及技术变化太快使得谁也没有能力保证计算机生产线的每个部件都是领先于其他企业的。

Michael Dell 于 1984 年创建 Dell 公司，其创建时的营销理念是越过分销商直接将产品销售给最终用户，为顾客提供定制服务，满足顾客的技术需求意识。

Dell 公司所基于的业务模式集成了五个关键策略：快速周转、按订单生产、消除分销商所引起的价格和时间成本、优良的服务和支持、低库存和低资金投入。Dell 公司的这一营销理念克服了计算机行业面临的困难。

Dell 公司的直销几乎不需要占用库存，企业的全部精力集中在加快供应链上零部件和产品的周转，产品的库存周期只有 5~2.5 天，而其竞争对手 Compaq、IBM 则占用 50~90 天的库存。Dell 公司投放新产品的速度也比竞争对手快，不需要降价销售存货，因为 Dell 根本就没有存货。

在产品开发上，Dell 公司与其供应商建立了紧密的合作关系，使得供应商将精力集中在它自己擅长的零部件上，而与此同时，Dell 公司将其研究集中在以客户为中心的、与伙伴协同开发与设计上，并以此培养供应链能力。

Dell 公司允许客户自己设计产品并通过网络下订单、选择配送方式，下单后客户可以在线跟踪订单的执行。客户定制的产品一般情况下可在3~6个工作日内完成组装，组装后的产品根据客户的要求可在1~5个工作日内投递。

Dell公司从1984年成立到1992年就成为《财富》500强企业，2006年为《财富》500强的第25名，年净收入560亿美元，净利润35.7亿美元。Dell公司也是增长最快的计算机生产商，其股价从1988年招股时的8.5美元/股到2006年11月3日时的复权价为2 327.24美元，上涨了270多倍。

（四）网络营销的促销策略

1. 网上折价促销

折价亦称打折、折扣，是目前网上最常用的一种促销方式。因为目前网民在网上购物的热情远低于商场、超市等传统购物场所，因此网上商品的价格一般都要比传统方式销售时要低，以吸引人们购买。由于网上销售商品不能给人全面、直观的印象，也不可试用、触摸等，再加上配送成本和付款方式的复杂性，所以人们对网上购物和订货的积极性有所下降。而幅度比较大的折扣可以促使消费者进行网上购物的尝试并做出购买决定。目前大部分网上销售商品都有不同程度的价格折扣。

2. 网上赠品促销

赠品促销目前在网上的应用不算太多，一般情况下，在新产品推出试用、产品更新、对抗竞争品牌、开辟新市场情况下利用赠品促销可以达到比较好的促销效果。赠品促销的优点：可以提升品牌和网站的知名度；鼓励人们经常访问网站以获得更多的优惠信息；能根据消费者索取赠品的热情程度而总结分析营销效果和产品本身的反应情况等。

3. 网上抽奖促销

抽奖促销是网上应用较广泛的促销形式之一，是大部分网站愿意采用的促销方式。抽奖促销是以一个人或数人获得超出参加活动成本的奖品为手段进行商品或服务的促销。网上抽奖活动主要附加于调查、产品销售、扩大用户群、庆典、推广某项活动等。消费者或访问者通过填写问卷、注册、购买产品或参加网上活动等方式获得抽奖机会。

4. 积分促销

积分促销在网络上的应用比起传统营销方式要简单和易操作。网上积分活动很容易通过编程和数据库等来实现，并且结果可信度很高，操作起来相对较为简便。积分促销一般设置价值较高的奖品，消费者通过多次购买或多次参加某项活动来增加积分以获得奖品。积分促销可以增加上网者访问网站和参加某项活动的次数；可以提高上网者对网站的忠诚度；可以提高活动的知名度等。

第三节 网络营销手段

一、搜索引擎营销

（一）搜索引擎营销概述

SEM是英文Search Engine Marketing的缩写，中文意思是搜索引擎营销。SEM是一种新的网络营销形式。SEM 所做的就是全面而有效地利用搜索引擎来进行网络营销和推广。SEM 追求最高的性价比，以最小的投入获得最大的来自搜索引擎的访问量，并产生商业价值，是网络营销的主要手段。

搜索引擎结果注册包括普通型注册、推广型注册以及竞价型注册。普通型注册费用较低，但仅保证收录，不保证排名；推广型注册，保证排在搜索结果的第一页，但若推广型注册用户过多，一般搜索引擎服务商会采用“滚动排名”或者“拍卖”策略；竞价型注册是一种按照为客户网站带去的实际访问量收费的模式。一般运用搜索引擎营销都是选择著名综合搜索引擎公司，如百度、谷歌，或者根据所属行业，选择专业搜索引擎。

（二）搜索引擎推广的不足

结果太多，排不到前面可能没有任何意义；不同的时间查询结果不同；不同的搜索引擎查询结果也不同；要求准确的关键词选择，太冷僻没人查，太通俗结果太多；对语义的理解有限，因而会产生歧义。

（三）改善排名的途径

对企业而言，主要有：①选择恰当的新名词；②交纳更高的费用，目前很多搜索引擎公司是按照费用高低排名的。从搜索引擎角度：①在技术上采用一些策略，比如优先推荐有此域名的网址；②为避免按费用高低排名引起的用户不满，可将搜索结果与广告内容分开。

二、电子邮件营销

EDM，即英文 E-mail Direct Marketing 的缩写，中文意思是电子邮件营销，是在用户事先许可的前提下，通过电子邮件的方式向目标用户传递价值信息的一种网络营销手段。电子邮件营销有三个基本因素：用户许可、电子邮件传递信息、信息对用户有价值。三个因素缺少一个，都不能称为有效的 E-mail 营销。电子邮件营销是利用电子邮件与受众客户进行商业交流的一种直销方式，同时也广泛地应用于网络营销领域。电子邮件营销是网络营销方法中最古老的一种，可以说电子邮件营销比绝大部分网站推广和网络营销手法都要老。

电子邮件营销的主要特点如下。

（1）范围广：随着国际互联网的迅猛发展，截至 2017 年年底，中国的上网总人数已达 7.72 亿人，全球已经超过 35.8 亿人。面对如此庞大的用户群，作为现代广告宣传手段的 E-mail 营销正日益受到人们的重视。只要你拥有足够多的 E-mail 地址，就可以在很短的时间内向数千万目标用户发布广告信息，营销范围可以是中国全境乃至全球。

（2）操作简单、效率高：使用专业邮件群发软件，单机可实现每天数百万封的发信速度。操作不需要懂得高深的计算机知识，不需要烦琐的制作及发送过程，发送上亿封的广告邮件一般几个工作日内便可完成。

（3）成本低廉：E-mail 营销是一种低成本的营销方式，所有的费用支出就是上网费，成本比传统广告形式要低得多。

（4）应用范围广：广告的内容不受限制，适合各行各业。因为广告的载体就是电子邮件，所以具有信息量大、保存期长的特点；具有长期的宣传效果，而且收藏和传阅非常简单方便。

（5）针对性强、反馈率高：电子邮件本身具有定向性，可以针对某一特定的人群发送特定的广告邮件，也可以根据需要按行业或地域等进行分类，然后针对目标客户进行广告邮件群发，使宣传一步到位，这样做可使营销目标明确，效果非常好。

三、网络广告

（一）网络广告概述

网络广告发源于美国。1994 年 10 月 14 日美国著名的 *Hotwired* 杂志推出了网络版的 *Hotwired*，并首次在网站上推出了网络广告，这立即吸引了 AT&T 等 14 个客户在其主页上发布广告，10 月 27 日，当一个 468 像素 ×60 像素的 Banner 广告出现在页面上时标志着网络广告的正式诞生。更值得一提的是，当时的网络广告点击率高达 40%。

网络广告就是在网络上做的广告，是利用网站上的广告横幅、文本链接、多媒体的方法，在互联网刊登或发布广告，通过网络传递到互联网用户的一种高科技广告运作方式。与传统的四大传播媒体（报纸、杂志、电视、广播）广告及近来备受垂青的户外广告相比，网络广告具有得天独厚的优势，是实施现代营销媒体战略的重要一部分。Internet 是一个全新的广告媒体，传播速度快，效果很理想，是中小企业扩展壮大的很好途径，对于广泛开展国际业务的公司更是如此。

网络广告是广告主为了推销自己的产品或服务在互联网上向目标群体进行有偿的信息传达，从而引起群体和广告主之间信息交流的活动。或简言之，是利用国际互联网这种载体，通过图文或多媒体方式，发布的营利性商业广告，是在网络上发布的有偿信息传播。

网络广告的市场正在以惊人的速度增长，网络广告发挥的效用越来越受到重视，以至于广告界甚至认为互联网络将超越路牌，成为传统四大媒体（电视、广播、报纸、杂志）之后的第五大媒体。因而众多国际级的广告公司都成立了专门的“网络媒体分部”，以开拓网络广告的巨大市场。

网络的组成是复杂的，但业务的要求是简单的。从市场、业务角度考虑，哪种网络处理更好就应该采用哪种网络，甚至综合采用各种网络技术，不必拘泥于原有的概念。随着三网合一的进程，特别是信息家电概念的普及，人们意识到网络已经泛指传输、存储和处理各种信息的设备及其技术的集成。因此，网络广告应是基于计算机、通信等多种网络技术和多媒体技术的广告形式，其具体操作方式包括注册独立域名，建立公司主页；在热门站点上做横幅广告（Banner Advertising）及链接，并登录各大搜索引擎；在知名 BBS（电子公告板）上发布广告信息，或开设专门论坛；通过电子邮件（E-mail）给目标消费者发送信息等。

网络广告的优越性：覆盖面广，观众基数大，传播范围广；不受时间限制，广告效果持久；方式灵活，互动性强；可以分类检索，广告针对性强；制作简捷，广告费用低；可以准确地统计受众数量。

（二）网络广告价值

（1）品牌推广。网络广告最主要的效果之一就表现在对企业品牌价值的提升，这也说明了为什么用户浏览而没有点击网络广告同样会在一定时期内产生效果，在所有的网络营销方法中，网络广告的品牌推广价值最为显著。同时，网络广告丰富的表现手段也为更好地展示产品信息和企业形象提供了必要条件。

（2）网站推广。网站推广是网络营销的主要职能，获得尽可能多的有效访问量也是网络营销取得成效的基础。网络广告对网站推广的作用非常明显，通常出现在网络广告中的

“点击这里”按钮就是对网站推广最好的支持，网络广告（如网页上的各种Banner广告、文字广告等）通常会链接到相关的产品页面或网站首页，用户对网络广告的点击，都意味着为网站带来了访问量的增加。因此，常见的网络广告形式对于网站推广都具有明显的效果，尤其是关键词广告、Banner广告、电子邮件广告等。推广的方式有很多，一般有付费的推广（如百度付费等）和免费的推广，也有一些功能特别强大的组合营销软件，可以实现多方位的网络营销，功能特别强大。

(3) 销售促进。用户由于受到各种形式的网络广告吸引而获取产品信息，已成为影响用户购买行为的因素之一，尤其当网络广告与企业网站、网上商店等网络营销手段相结合时，这种产品促销活动的效果更为显著。网络广告对于销售的促进作用不仅表现在直接的在线销售，也表现在通过互联网获取产品信息后对网下销售的促进。

(4) 在线调研。网络广告对在线调研的价值可以表现在多个方面，如对消费者行为的研究、对在线调查问卷的推广、对各种网络广告形式和广告效果的测试、用户对新产品的看法等。通过专业服务商的邮件列表开展在线调查，可以迅速获得特定用户群体的反馈信息，大大提高了市场调查的效率。

(5) 顾客关系。网络广告所具有的对用户行为的跟踪分析功能为深入了解用户的需求和购买特点提供了必要的信息，这种信息不仅成为网上调研内容的组成部分，也为建立和改善顾客关系提供了必要条件。网络广告对顾客关系的改善具有重要作用，同时也促进了品牌忠诚度的提高。

(6) 信息发布。网络广告是向用户传递信息的一种手段，因此可以理解为信息发布的一种方式，通过网络广告投放，不仅可以将信息发布在自己的网站上，也可以发布在用户数量更多、用户定位程度更高的网站上，或者直接通过电子邮件发送给目标用户，从而获得更多用户的注意，大大增强了网络营销的信息发布功能。

四、博客营销

博客营销是通过博客网站或博客论坛接触博客作者和浏览者，利用博客作者个人的知识、兴趣和生活体验等传播商品信息的营销活动。

博客营销的特点：第一，博客是一个信息发布和传递的工具。第二，与企业网站相比，博客文章的内容题材和发布方式更为灵活。第三，与门户网站发布广告和新闻相比，博客传播具有更大的自主性，并且无须直接费用。第四，与供求信息平台的信息发布方式相比，博客的信息量更大，表现形式灵活，而且完全可以用“中立”的观点来对自己的企业和产品进行推广。第五，与论坛营销的信息发布方式相比，博客文章显得更正式，可信度更高。

博客营销的优势主要表现在：细分程度高，定向准确；互动传播性强，信任程度高，口碑效应好；影响力大，引导网络舆论潮流；与搜索引擎营销无缝对接，整合效果好；有利于长远利益的获得和忠实用户的培育。

五、微博营销

微博营销是指通过微博平台为商家、个人等创造价值而执行的一种营销方式，也是指商家或个人通过微博平台发现并满足用户的各类需求的商业行为方式。微博营销以微博作为营销平台，每一个听众（粉丝）都是潜在营销对象，企业通过更新自己的微博向网友传播企业信息、产品信息，来树立良好的企业形象和产品形象。每天更新内容就可以跟大家交流互动，或者发布大家感兴趣的话题，这样就达到了营销的目的。

该营销方式注重价值的传递、内容的互动、系统的布局、准确的定位，微博的火热发展也使得其营销效果尤为显著。微博营销涉及的范围包括认证、有效粉丝、话题、名博、开放平台、整体运营等。自2012年12月后，新浪微博推出企业服务商平台，为企业在微博上进行营销提供一定帮助。

微博营销具有门槛低、随时随地、快速传递、即时搜索、高分享度、高交互性等特点。“以客户为中心的精准营销和主动式服务营销，在正确的时间把正确的信息传递给正确的人”，是天桥骄子国际传媒所提倡的正确的微博营销理念，也引领着微博精准化营销的发展。企业微博营销一个很关键的原则就是“一切围绕客户”。

企业可以在客户不同的消费阶段与用客户进行互动，并逐步建立情感关系。在消费者认知阶段，可以主动发现潜在客户的需求，帮助消费者了解品牌和产品的基本功能；在消费者购买阶段，可以有针对性地回答客户咨询，促进购买决策的达成；在消费者使用阶段，通过贴心的互动让客户有更好的体验；最后要倾听客户怎么评价产品和使用体验，给予关注和奖励，促使客户更有动力地向身边的朋友推荐。

微博营销的特点如下。

（1）立体化。微博营销可以借助先进多媒体技术手段，通过文字、图片、视频等展现形式对产品进行描述，从而使潜在消费者更形象直接地接受信息。

（2）高速度。微博最显著的特征就是传播迅速。一条关注度较高的微博在互联网及与之关联的手机WAP平台上发出后短时间内互动性转发就可以抵达微博世界的每一个角落。

（3）便捷性。微博营销优于传统推广，无须严格审批，从而节约了大量的时间和成本。

（4）广泛性。通过粉丝形式进行病毒式传播，同时名人效应能使事件传播呈几何级放大。

微博营销的效果：有效实现品牌建立和传播；树立行业影响力和号召力，引导行业良性发展，传播企业价值观；产品曝光和市场推广；发现目标客户，精准互动营销，完成客户转化和订单销售，全面分析营销效果；无处不在的主动客服，服务真实客户；企业的口碑实时监测，确保危机公关。

六、微信营销

常见的微信营销表现有以下几种：如使用漂流瓶以随机的方式推送信息；用户扫描添加则是锁定潜在消费者，扩大营销网络；个性签名则是设置路牌广告，在被搜索到关键字时出现，有一定的强制性；朋友圈推广，这是最常见的一种微信营销模式，通过将所营销产品的特性、优势和使用者反馈等信息散播到朋友圈中吸引更多的人来购买；利用微信“摇一摇”功能交友带来的新鲜感和神秘感，吸引一些想要通过微信交友的人群，先建立初步的好友关系，之后进行公众号的设定，将这批用户转变为客户。

若以营销模式来分则微信营销有以下几种。

（一）广告植入营销方式

在微信的朋友圈或是公众号中发表自己的言论或是动态，附上相关的广告信息。这种营销多以图片的形式，更具有说服力，尤其当发起者是意见领袖或不是平时以推销商品为主要目的的职业卖家时，就会让受众更加相信产品的功效。在微信强行推送广告会引起用户不满，所以微信营销采取的是广告植入方式，或是进行软文推广。我们所说的“软文”，是指通过特定的概念诉求、以摆事实讲道理的方式使消费者走进企业设定的“思维圈”，以强有力的针对性心理攻击迅速实现产品销售的文字（图片）模式。它可以把商家想对消费者说的话用软文的形式表现出来，并且解决软文信息表达的问题，然后形成口碑效应，进而吸引粉丝，传播企业品牌，增加知名度。

（二）二维码营销模式

二维码是一个身份的标识，利用微信二维码配合微信的“扫一扫”功能，将二维码图案置于取景框内，可以获得成员折扣、商家优惠抑或是一些新闻资讯。还可以进行个人之间的转账、公众号的推广、商品价格的评估。当人们去某个餐馆吃饭时，偶尔会看到这样的优惠信息：扫二维码会产生折扣，可以随时关注相关店铺动态，并可以通过微信进行支付，这样的快捷就餐，用电子账单抵去了现金支付的麻烦并且将消费者的固定性提高。二维码发展至今，其商业用途越来越多，所以微信也就顺应潮流，结合 O2O 展开商业活动，移动应用中加入二维码扫描这种 O2O 方式早已普及开来，微信拥有上亿用户，且其用户活跃度高，二维码营销方便快捷，并且几乎零风险的特性使它成为商家利用微信进行营销的首选工具。

（三）公众平台营销模式

作为一个新型的公众平台，微信公众账号正在发挥其越来越大的影响力。利用微信进行营销的营销者很多被称为微商，在较成功的微信营销的品牌中，微商们会被聚集起来传授一定的营销课程。这种课程自带的反馈机制可以发现每个微商在经营中面临的问题，将之与商品特点和消费者的用户使用情况以及同类产品的销售经验结合起来考虑，最终形成解决方案。这些微商的课程使得一些缺少营销经验的人可以系统地进行微信营销的学习，避免自己毫无经验而被市场局限。但是很多时候这种微商课程并不是没有弊端。微信营销的优势是将销售者和消费者放置在一个同等的对话框架内，不像是其他的电子商务经营平台，你不知道你所购买商品销售者的身高、体重、样貌、性格。但是，在微信营销中，这个经营者就是现实生活中认识的人，或是朋友的朋友，即便是相对陌生的人，你也可以通过其平时发布的非营销的信息来大致判断这个人的性格和各方面的特征。利用这种亲近关系所建立的营销优势反而会因一些微商课程的千篇一律而消失，购买者怀疑发布信息的真实性，于是成交率下降。所以利用微信进行营销的营销者要将经验与实际结合，掌握一些微信营销的切实有效的方法，并结合周围受众的不同特点制订自己的营销计划。

同微博营销相比，微信营销有明显的优势。

第一，微信营销所面向的受众属于强关系，都是熟人，而微博面向的则是弱关系，属于兴趣圈。微信同微博的内容相比更具备可读性，微博的字数限制多半用图片来吸引受众，而受众也更倾向于在微博中获取新闻资讯或是幽默段子之类的信息。微信更贴近于生活小事，而微博更贴近造势，如每日热搜榜会集结大量的对此话题感兴趣的人来发表自己的观点，达到和具有相同兴趣的人来进行沟通的目的。发红包的功能等吸引了很多的微信用户参与进来。而想要发红包必须绑定一张自己的银行卡，越来越多的人因此使用微信支付的功能，这为微信营销奠定了良好的基础。

第二，微博并不自带支付功能，微博支付利用支付宝或绑定银行卡来进行，支付方式烦琐、支付安全得不到保障使微博使用者并不倾向在微博上进行商品的购买。相比于微信营销，支付功能的不便捷是微博营销的一大障碍。在吸引受众进行支付工具的使用上，微信做的相比微博来说更能吸引受众。拿红包功能举例：在微博上是匿名领取，每一个领取了红包的微博用户并不承担接下来的红包发放责任。而微信不同，微信的红包发放完毕之后有一个功能，就是显示拼手气红包当中，谁的手气最佳。利用手气最佳就应该讨个好彩头继续发红包的心理，可以一直将发红包的行为延续下去。

七、APP 营销

APP 营销指的是应用程序营销，这里的 APP 就是应用程序 Application 的意思。APP 营销是通过特制手机、社区、SNS 等平台上运行的应用程序来开展营销活动。APP 是英文 Application 的简称，由于 iPhone 等智能手机的流行，APP 指智能手机的第三方应用程序。比较著名的 APP 商店有 Apple 的 iTunes 商店，Android 的 Android Market，诺基亚的 Ovi store，还有 Blackberry 用户的 BlackBerry App World，以及微软的应用商城。苹果的 iOS 系统，APP 格式有 ipa、pxl、deb；诺基亚的 S60 系统，APP 格式为 sis、sisx；微软的 Windows Phone 7、Windows Phone 8 系统，APP 格式为 xap。

一开始 APP 只是作为一种第三方应用的合作形式参与到互联网商业活动中去的，但随着互联网越来越开放化，它作为一种萌生于手机的盈利模式开始被更多的互联网商业大亨看重，如淘宝开放平台、腾讯的微博开发平台、百度的百度应用平台都是 APP 思想的具体表现。这一方面可以积聚各种不同类型的网络受众，另一方面借助 APP 平台获取流量，其中包括大众流量和定向流量。

随着智能手机和 iPad 等移动终端设备的普及，人们逐渐习惯了使用 APP 客户端上网的方式，而目前国内各大电子商务均拥有了自己的 APP 客户端，这标志着 APP 客户端的商业使用已经开始初露锋芒。APP 已经不仅仅只是移动设备上的一个客户端那么简单，如今，在很多设备上已经可以下载厂商官方的 APP 软件对不同的产品进行无线控制。不仅如此，随着移动互联网的兴起，越来越多的互联网企业、电子商务平台将 APP 作为销售的主战场之一。网络数据表明，APP 既给手机电子商务带来的流量远远超过了传统互联网（PC 端）的流量，通过 APP 进行盈利也是各大电子商务平台的发展方向。事实表明，各大电子商务平台向移动 APP 的倾斜也是十分明显的，原因不仅仅是每天增加的流量，更重要的是由于手机移动终端的便捷，为企业积累了更多的用户，更有一些用户体验不错的 APP 使得用户的忠诚度、活跃度都得到了很大程度的提升，从而为企业的创收和未来的发展起到了关键性的作用。

用户基数较大、用户体验不错的几款客户端，本地服务的有大众点评、豆角优惠、今夜去哪儿、丁丁优惠、艺龙在线等。网购的有淘宝、京东商城、当当网、乐蜂网等。以分享为主的主要有美丽说、蘑菇街等。理财类的主要有同花顺、腾讯操盘手等。当然游戏、阅读等热门应用更是层出不穷，iOS 的用户的下载渠道相对比较明确，直接在 APP Store 或者 iTunes 直接下载就可以，安卓用户只能在各大下载市场去淘了。

APP 营销的特点如下。

（1）成本低廉。APP 营销的模式，费用相对于电视、报纸，甚至是网络都要低很多，只要开发一个适合于本品牌的应用就可以了，可能还会有一定的推广费用，但这种营销模式的营销效果是电视、报纸和网络所不能代替的。

（2）持续性强。一旦用户下载到手机成为客户端或在SNS网站上查看，那么持续性使用就成为必然。有了APP的竞争优势，无疑增加了产品和业务的营销能力，能够刺激用户的购买欲望，移动应用能够全面地展现产品的信息，让用户在购买产品之前就已经感受到了产品的魅力，降低了对产品的抵抗情绪，通过对产品信息的了解，刺激用户的购买欲望。

（3）提升品牌实力，形成竞争优势。移动应用可以提高企业的品牌形象，让用户了解品牌，进而提升品牌实力。良好的品牌实力是企业的无形资产，为企业形成竞争优势。

（4）随时服务，个性化定制。网上订购，通过移动应用对产品信息的了解，可以及时地在移动应用上下单或者是链接移动网站进行下单。能够及时与顾客交流、接收反馈，利用手机和网络，易于开展由制造商与个别客人之间的交流。客人的喜爱与厌恶的样式、格调和品位，也容易被品牌一一掌握。这对产品大小、样式设计、定价、推广方式、服务安排等，均有重要意义。

（5）跨时空。营销的最终目的是占有市场份额。互联网具有的超越时间约束和空间限制进行信息交换的特点，使得脱离时空限制达成交易成为可能，企业能有更多的时间和更多的空间进行营销，可每周7天、每天24小时随时随地提供全球的营销服务。

（6）精准营销。通过可量化的精确的市场定位技术突破传统营销定位只能定性的局限，借助先进的数据库技术、网络通信技术及现代高度分散物流等手段保障和顾客的长期个性化沟通，使营销达到可度量、可调控等精准要求。摆脱了传统广告沟通的高成本束缚，使企业低成本快速增长成为可能，保持了企业和客户的密切互动沟通，从而不断满足客户个性需求，建立稳定的企业忠实顾客群，实现客户链式反应增殖，从而满足企业的长期稳定高速发展的需求。

（7）互动性强。这种营销效果是电视、报纸和网络所不能代替的，将时下最受年轻人欢迎的手机位置化“签到”与APP互动小游戏相结合，融入暑期营销活动。消费者接受“签到玩游戏 创饮新流行”任务后，通过手机在活动现场和户外广告投放地点签到，就可获得相应的勋章并赢得抽奖机会。

（8）用户黏性高。APP本身具有很强的实用价值，用户通过应用程序可以让手机成为生活、学习、工作上的好帮手。APP营销的黏性在于一旦用户将应用下载到手机，应用中的各类任务和趣味性的竞猜会吸引用户，形成用户黏性。

APP营销成为企业主流营销方式。首先，通过APP营销，可以精准传递客户。在传统推广上，企业面临着“传播贵”“传播难”“传播无法测量”等困扰，而APP却很好地解决了这些难题。它不仅入驻成本很低，而且其嵌入式APP正吞噬着与人们生活息息相关的各行业，它的推广效应深入人心，无须大规模广告，无须大规模行销人员，就能获得很高的曝光率、转化率和成交率。其次，APP营销还能够贴身粘住顾客。与传统营销模式不同的是，APP营销不再受时间、地点的限制，也不再只是信息单向流通。更大的不同是，从接触顾客、吸引顾客、粘住顾客，到管理顾客、发起促销，再到最终的达成销售，整个营销过程都可以只在APP这一个小小的端口内发生。

八、病毒式营销

病毒式营销（也称为病毒性营销）是一种常用的网络营销方法，常用于进行网站推广、品牌推广等。病毒式营销利用的是用户口碑传播的原理，在互联网上，这种“口碑传播”

更为方便，可以像病毒一样迅速蔓延，因此病毒式营销成为一种高效的信息传播方式，而且，由于这种传播是用户之间自发进行的，因此几乎是不需要费用的网络营销手段。

多芬推出了一部视频短片——《我眼中的你更美》，其病毒式营销获得了巨大的成功。这部广告片不仅令人振奋不已，还创造了线上营销纪录，推出后仅一个月内，浏览量就突破了1.14亿。《我眼中的你更美》之所以能够获得如此出色的成绩，一部分要归功于联合利华公司。在其帮助下，这部短片被翻译成25种语言，并在其33个YouTube官方频道下播放，全球超过110个国家的用户都可以观看这部短片。

九、社区营销（论坛营销）

网络社区营销是网络营销的主要营销手段之一。社区就是把具有共同兴趣的访问者集中到一个虚拟空间，达到成员相互沟通的目的。网络社区是网站所提供的虚拟频道，让网民产生互动、情感维系及资讯分享；从网站经营者的角度来看，网络社区经营成功，不仅可以带来稳定及更多的流量，增加广告收入，注册会员更能借此拥有独立的资讯存放与讨论空间，会员多，人气旺，还给社区营销造就了良好的场所。一个优秀的网络社区的功能包括电子公告牌（BBS）、电子邮件、聊天室、讨论组、回复即时通知和博客的功能。

★小贴士

法国百吉福奶酪

2007年前后，中国乳制品市场主要以液体奶、酸奶和奶粉为主，国人消费奶酪的数量十分微小，对奶酪的知识也知之甚少；对于专业生产奶酪的法国百吉福来说，这无疑是一个巨大的商机。在经过分析和调查之后，百吉福了解到其受众为宝宝在1~3岁的父母，主要集中在21~35岁，以年轻女性为主；她们登录育儿类网站获取育儿营养等相关资讯，希望通过网络和其他年轻父母交流经验；乐于与网友分享自己孩子的新发现、新乐趣；对于产品的选择，她们愿意倾听网民的声音；将孩子视为生活中心，乐于参与宝宝相关活动……更重要的是在儿童奶酪市场，几乎只有光明生产的“小小光明”奶酪是百吉福的竞争对手；因此百吉福决定通过论坛传播，进一步提升其品牌影响力，确立百吉福“法国奶酪专家”的形象。

首先，面对不同的论坛，百吉福开始占领阵地，覆盖大、小型网络社区，尤其关注育婴、育儿等版面，不断吸引目标人群的眼球；普及奶酪知识，进行宝宝营养膳食的教育，短期之内吸引了大批网民；并且每个月都有不同的主题。除此之外，法国百吉福还对论坛实时监测和管理，尽量消除负面影响。在为期接近一年的论坛营销之后，法国百吉福得到了年轻妈妈的广泛认知，其间各大超市如沃尔玛、家乐福等百吉福奶酪销量迅速上升，效果显著，并有继续大幅上升的趋势。总的来说，这次论坛营销是相当成功的。

十、事件营销

所谓事件营销，是指企业通过策划、组织和利用具有新闻价值、社会影响以及名人效应的人物或事件，吸引媒体、社会团体和消费者的兴趣与关注，以求提高企业或产品的知名度、美誉度，树立良好品牌形象，并最终促成产品或服务的销售的手段和方式。由于这种营销方式具有受众面广、突发性强，在短时间内能使信息达到最大、最优传播的效果，为企业节约大量的宣传成本等特点，近年来越来越成为国内外流行的一种公关传播与市场推广手段。

★小贴士

支付宝敬业福

近年来，过年有了不一样的玩法，那就是抢红包。在红包大战中，支付宝无疑抢占了风头。要知道，人家可是喊出了："集齐五福平分2.15亿。"这可是真金白银啊！然而人们"咻咻"了一晚上，最终却发现，原来敬业福是个稀罕物。据说淘宝都卖到了1 000元。

然而随着最终的红包结束，人们发现集齐五福的不过才领到272元！

十一、软文营销

（一）软文营销概述

所谓"软文"，就是指通过特定的概念诉求、以摆事实讲道理的方式使消费者走进企业设定的"思维圈"，以强有力的针对性心理攻击迅速实现产品销售的文字模式和口头传播。例如，新闻、第三方评论、访谈、采访、口碑等。软文是基于特定产品的概念诉求与问题分析，对消费者进行针对性心理引导的一种文字模式，从本质上来说，它是企业软性渗透的商业策略在广告形式上的实现，通常借助文字表达与舆论传播使消费者认同某种概念、观点和分析思路，从而达到企业品牌宣传、产品销售的目的。

（二）软文营销的特点

（1）软文具有隐蔽性。软文不同于网络广告，没有明显的广告目的，而是将要宣传的信息嵌入文字，从侧面进行描述，属于渗透性传播。其本质是商业广告，但以新闻资讯、评论、管理思想、企业文化等文字形式出现，让受众在潜移默化中受到感染。

（2）内容丰富，形式多样，受众面广。软文由于文字资料的丰富性，传递的信息极其完整，并且不拘泥于文体，表现形式多样，从论坛发帖到博客文章、网络新闻；从娱乐专栏到人物专访；从电影到游戏……几乎遍布网络的每个角落，因此，大部分的网络用户都是其潜在消费者。

（3）吸引力强，可接受度高。软文的宗旨是制造信任，它弱化或者规避了广告行为本来的强制性和灌输性，一般由专业的软文写作人员在分析目标消费群的消费心理、生活情趣的基础上，投其所好，用极具吸引力的标题来吸引网络用户，然后用具有亲和力或者诙谐、幽默的文字以讲故事等方式打动消费者，而且文章内容以用户感受为中心，处处为消费者着想，使读者易于接受，尤其是新闻类软文，从第三者的角度报道，消费者从关注新闻的角度去阅读，信任度高。

（4）低成本，高效益。传统的硬广告受到版面限制，传播信息有限，投入风险大，成本较高。相比之下，软文营销具有高性价比的优势，信息量大，而且不受时间限制，可以在网站上永久存在。国外一份权威调查显示：企业在获得同等收益的情况下，对软营销的投入是传统营销工具投入的1/10，而信息到达速度却是传统营销工具的5～8倍。此外，软文有非常好的搜索引擎效果，通过软文营销公司的网络整合营销服务，可以进行二次传播。

（5）以消费者为中心。作为网络营销的一种新方法，软文的写作和发布理论上离开了在传统营销理论中占主导地位4P理论，以4C理论为基础和前提，其主张的观点是：①先不急于制定产品策略（Product），企业软文营销部门或专业的软文营销组织先将重点放在研究消费者的需求和欲望（Consumer' s Wants and Needs）上，以消费者为中心，按照消费者的需求去制定软文。②暂时不考虑定价（Price）策略，而是研究消费者为满足其需求愿意支付的成本（Cost），然后进行双向沟通，直到达成双方都满意的价格。③不考虑渠道（Place）策略，着重考虑给消费者提供方便（Convenience），以最省事省时的方式获取信息。④抛开促销（Promotion）策略，用“拉”的营销方式让消费者主动参与，并着重加强与消费者的沟通和交流（Communication）。

★小贴士

茅台的网络软文营销

从2003年以来，茅台酒厂的名誉董事长季克良连续亲自撰写并发表了《茅台酒与健康》《告诉你一个真实的陈年茅台酒》《世界上顶级的蒸馏酒》《国酒茅台，民族之魂》等一系列的文章，目的是达到广而告之，依靠大众软文营销这个重要的手段、靠大众媒体软文引导口碑传播。这些文章一经发表就被各大网络媒体争相转载，通过简单的几篇软文释放巨大的引爆力，因为茅台选对了营销的方式。

十二、问答营销

问答营销就是在搜索引擎提供的问答营销平台上，发布问答，对自己的宣传内容进行营销，目的在于提升自己的目标关键字排名，在此基础上，达到宣传目标企业产品，推广目标企业品牌，使得目标企业的相关网站能够在用户输入相关关键字时，第一时间出现在搜索引擎的首页，获得很好的排名。

十三、网络视频营销

网络视频营销指的是通过数码技术将产品营销现场实时视频图像信号和企业形象视频信号传输至Internet上，达到一定宣传目的的营销手段。网络视频广告的形式类似于电视视频短片，平台却在互联网上。“视频”与“互联网”的结合，让这种创新营销形式具备了两者的优点。

★小贴士

SK-Ⅱ的撒手锏

2016年4月，几乎所有优质的单身女青年都在朋友圈中传播了同一支广告视频，广告片采访了数位大龄未婚女青年，通过她们的言行，来揭示剩女问题。片子的核心观点是：“剩女”是个伪命题，独立自我，活出感觉，才是关键。这与SK-Ⅱ支持独立女性的品牌诉求非常契合。这个话题的杀伤力很大，转发的几乎都是SK-Ⅱ的目标用户，我们不得不承认SK-Ⅱ花了很少的钱，办了一件大事。这就是视频营销的威力。

关键名词

网络营销　网络营销策划　搜索引擎营销　病毒式营销　网络广告

课后习题

一、选择题

1. 微博营销以（　）作为营销平台，每一个（　）都是潜在营销对象，企业利用更新自己的微型博客向网友传播（　　），树立良好的企业形象和产品形象。

A. 微博　观众　个人信息　　B. 微博　人　公司信息

C. 微博　个人　公司信息　　D. 微博听众（粉丝）　企业信息　产品信息

2. 网络营销就是（　　）。

A. 营销的网络化

B. 利用 Internet 等电子手段进行的营销活动

C. 在网上销售产品

D. 在网上宣传本企业的产品

3. 以下不属于利用微信“病毒式”营销策略进行营销的有（　　）。

A. 微信平台的群发功能可以有效地将企业拍的视频、制作的图片，或是宣传的文字群发到微信好友

B. 企业可以利用二维码的形式发送优惠信息，这是一个既经济又实惠，更有效的促销好模式

C. 可以有效地综合运用意见领袖的影响力，和微信自身强大的影响力刺激需求，激发购买欲望

D. 以上都不对

4. 下面哪些属于免费的网络营销方式？（　　）

A. 网络游戏植入营销　　B. 新闻营销

C. QQ 漂流瓶　　D. 搜索引擎营销

5. 网上间接调查方法有（　　）。

A. 利用搜索引擎、访问相关网站和利用相关的网上数据库

B. 利用搜索引擎、访问相关网站和实验法

C. 利用搜索引擎、利用网络服务器收集资料和访问相关网站

D. 利用搜索引擎、访问相关网站和利用网络服务器收集资料

二、填空题

1. 网络营销策划的原则包括系统性原则、__________、可操作性原则、__________。

2. 网络营销的价格策略包括__________、使用定价策略、__________、__________和 3C 定价策略。

3. 网络广告的价值主要表现在品牌推广、__________、__________、在线调研、__________、信息发布。

4. 微信营销模式有广告植入营销方式、__________、__________。

三、简答题

1. 从消费者的观点来看，在线购物的优缺点是什么？

2. 从营销角度来看，企业在做网络广告方面会犯哪些错误？

技能操练

1. 自己尝试通过问卷星等渠道发布调查问卷。

2. 结合电子商务领域相关产品或服务，尝试撰写一份网络营销策划方案。

第六章

电子支付

★学习目标

★ 了解电子商务网络支付系统基础与分类。
★ 了解信用卡、电子支票及电子现金的支付方式。
★ 认识网络银行系统构成、类型及流程。
★ 了解我国网络银行的发展与策略。
★ 掌握第三方支付的优缺点及发展趋势。
★ 了解互联网金融与发展趋势。

★案例引导

支付宝 VS 微信支付

微信支付和支付宝，简直就是谁也不服谁的金刚葫芦娃。这次，他们又开始互怼了，支付江湖的一场补贴大风暴已经到来。

2017 年 7 月 31 日，支付宝宣布：将从 8 月 1 日到 8 月 8 日提高支付宝支付的“奖励金”，消费 2 元以上可能有 4 888 元奖励。

微信支付也于同日宣布：从 8 月 1 日开始，持续整个 8 月，微信都会投入巨额资金，以鼓励金、代金券和现金红包等渠道推动支付。

支付宝的优势是阿里建立的金融生态，微信支付的优势是社交关系链。恰恰是因为有了微信支付和支付宝相互作为鲶鱼激励对方，两者才能始终激情爆棚，不断攻城略地向上走。

两马之争，乃是兄弟之争；而对移动支付体系这个大蛋糕，还有一头饿狼，正在垂涎欲滴，幻想染指其中，大快朵颐。

这头狼，就是苹果 Pay ，或者叫 Apple Pay。

前段时间，Apple Pay 花了大血本促销。加入 Apple Pay 促销阵营的企业一共有 44 家，其中线下实体商店有 28 家，另外还有 16 家线上商店。Apple Pay 线下补贴总额预计达到

3 000 万元。

然而，促销也没用。与微信支付和支付宝比，现在的 Apple Pay 实在是太弱了。现在 Apple Pay 在全球只有四个国家使用，美国、加拿大、英国、澳大利亚，都是美国的核心同盟国，都是说英语的轴心国。

特别是在中国市场上，微信用户量早已经突破 8 亿，而支付宝实名制用户数量已经超过 4.5 亿，而在国内支持 Apple Pay 的用户群体最多不超过 1.4 亿。

在中国，微信支付和支付宝的比例占 67%，三分之二！现金交易只占了 11%，十分之一！而 Apple Pay，占比竟然是 0%！

这也就是说：只要微信支付和支付宝还存在一天，苹果支付就别想赚到中国人一分钱！

更惨的是，城门失火，殃及池鱼。王老吉 PK 加多宝，和其正消失；360PK 金山，卡巴斯基消失；可口可乐 PK 百事可乐，非常可乐消失；苹果 PK 三星，诺基亚消失；赶集网 PK58 同城，百姓网消失……

而今天，支付宝 PK 微信，将加速苹果支付等一系列苟延残喘、抱团取暖的利益者消失！更让苹果着急的是，非但自己的 Apple Pay 未能攻占中国的市场，连自己原来的势力范围，也逐渐被微信支付和支付宝蚕食和攻占！

这个世界上，究竟有什么东西可以超越国家、超越种族、超越宗教——货币！

所以，我们该如何构建一个新世界？从货币开始！

马不停蹄，加速推进，在世界掀起一场“无现金革命”，这就是现在马云、马化腾正在做的事！

消灭了现金，表面上是让你出门不带钱包，支付消费更便捷。但背后，却是在为你建立信用，让陌生人之间产生信任！

在移动支付领域，中国已经成为举世公认的先锋，率先冲入了无现金的社会。令很多外国人震惊的是，在中国连乞丐要饭都不要零钱了，而是放了一个二维码。

中国的移动支付方式，正在攻占全世界！马云曾表示：未来四年，一半用户在国内，另一半用户在国外！

阿里巴巴集团和腾讯在国际市场的声明日益隆盛。2017 年以来，腾讯和阿里巴巴股价均大幅上涨，阿里甚至一度突破了 4 000 亿美元。这是世界对中国企业的看好！

全世界正在改变对中国品牌的认知：这个世界上，除了美国苹果、韩国三星，还有中国华为；除了美国谷歌、微软，还有中国阿里、腾讯！

今天，当世界将目光投向马云和支付宝的时候，他们更看重的，是腾飞中的中国经济样本和经济力量。

一场新时代的风暴，正在到来！这场风暴，将消灭现金，催生以中国为主导的未来全球信用体系！

伟哉，阿里！壮哉，腾讯！

第一节　电子商务网络支付系统概述

一、网络支付与电子商务发展的关联

20 世纪 90 年代 Internet 的爆炸性发展与应用，使其成为全球最大的、最具发展前途的通信和交换信息的新媒体。Internet 不仅是全球最大的信息库和最大的互联网络，还开辟出了一种新的商业交易方式，即电子商务。电子商务正在引发一场全球性的商务革命和经营革命，正在开创数字经济新时代，有力地推进全球经济一体化和全球金融一体化的进程，改变着整个社会和企业的未来。

而电子商务必然要涉及网络支付和银行之间的支付结算，需要银行的参与和推动。反过来，电子商务的推广应用，不仅推动了网络支付和网上金融服务的发展，还使金融电子化建设进入了一个全新的发展阶段。

二、网络支付系统基础

（一）网络支付系统的定义

网络支付系统是电子商务系统的重要组成部分，它指的是消费者、商家和金融机构之间使用安全电子手段交换商品或服务，即把新型支付手段［包括电子现金（E-cash）、信用卡（Credit Card）、借记卡（Debit Card）、智能卡等］的支付信息通过网络安全传送到银行或相应的处理机构，来实现电子支付。

（二）网络支付系统的要求

一套数字支付系统要获得成功必须符合下列要求：

（1）可接受性。为了获得成功，支付体制必须被广泛接受匿名操作，即如果客户要求，他们的身份应该受到保护。

（2）可兑换性。数字货币应该能够兑换成其他类型的货币。

（3）有效性。每笔交易的费用应该接近于零。

（4）灵活性。应该支持几种不同的支付方案综合，为了支持现有的应用程序，应该开发接口与应用程序综合使用。

（5）可靠性。支付系统应该具有高度可靠性，避免任何小小的失误。

（6）可升级性。允许新客户和经营者的加入，不应当破坏系统结构。

（7）安全性。允许在开放网络上，比如 Internet 上，进行财务交易。

（8）易用性。支付过程应该像现实世界中那样方便。

虽然货币的不同形式会导致不同的支付方式，但安全、有效、便捷是各种支付方式追求的目标。

（三）网络支付系统的功能

使用数字签名和数字证书实现对各方的认证。为实现协议的安全性，对参与贸易的各方

身份的有效性进行认证，通过认证机构和注册机构向参与各方发放 X. 509 证书，以证实身份的合法。

使用加密技术对业务进行加密。可以采用对称体制和非对称体制来进行消息加密，并采用数字信封、数字签名等技术来加强数据传输的保密性，以防止未被授权的非法第三者获取消息的真正含义。

使用消息摘要算法以确认业务的完整性。为保护数据不被未授权者建立、嵌入、删除、篡改、重放而完整无缺地到达接收者，可以采用数据变换技术。通过对原文的变换生成消息摘要一并传送到接收者，接收者就可以通过摘要来判断所接收的消息是否完整，否则，要求发送端重发以保证其完整性。

当交易双方出现异议、纠纷时，保证对业务的不可否认性用于保护通信用户对付来自其他合法用户的威胁，如发送用户对他所发消息的否认，接收者对他已接收消息的否认等。支付系统必须在交易的进程中生成或提供足够充分的证据来迅速辨别纠纷中的是非。可以采用仲裁名、不可否认签名等技术来实现。

能够处理贸易业务的多边支付问题。由于网上贸易的支付要牵涉到客户、商家和银行等多方，其中传送的购货信息与支付信息必须连接在一起，因此商家只有确认了支付用户后才会继续交易，银行业只有确认了购付信息后才会提供支付。但同时，商家不能读取客户的支付信息，银行不能读取商家的订单信息，这种多边支付的关系就可以通过双联签字等技术来实现。

三、网络支付系统的分类

目前，世界通用的支付系统不下几十种，可从以下角度进行分类。

（一）根据在线传输数据的种类（加密、分发类型）分类

第一类是使用“信任的第三方”（Trusted Third Party）。客户和商家的信息，例如银行账号、信用卡号都被信任的第三方托管和维护，当要实施一个交易的时候，网络上只传送订单信息和支付确认，清除信息，而没有任何敏感信息。实际上通过这样的支付系统没有任何实际的金融交易是在线实施的。First Virtual 是典型的信任第三方系统。在这种系统中，网络上的传送信息甚至可以不加密，因为真正金融交易是离线实施的。

第二类是传统银行转账结算的扩充。在利用信用卡和支票交易中，敏感信息被交换。例如如果客户要从商家购买产品，客户可以通过电话告知信用卡号以及接收确认信息，银行同时也接收同样的信息，并且相应地校对用户和商家的账号。如果这样的信息在线传送，必须经过加密处理。著名的 Cyber Cash 和 Visa/MasterCard 的 SET 就是基于数字信用卡（Digital Credit Cards）的典型支付系统。这种支付系统，相对于 B2C（Business to Clients）在线交易来说是主流，因为现在大部分人更习惯于传统的交易方式。通过合适的加密和认证处理，这种交易形式应该比传统的电话交易更安全可靠，因为电话交易缺少必要的认证和信息加密处理。

第三类是包括各种数字现金（Digital Cash）、电子货币（Electronic Money or Electronic Coins）的支付系统。和前面的系统不一样，这种支付形式传送的是真正的“价值”和“金钱”本身。前面两种交易中，信息的丢失往往是信用卡号码。被伪造的信息，也只是信用卡号等。而这种交易中被偷窃信息，不仅仅是信息丢失，往往也是财产的真正丢失。

（二）根据支付体系结构的不同分类

银行卡非 SET 电子商务支付系统（SSL）。此类型是国内网上支付普遍采用的方法。

银行直接参与的非 SET 电子商务支付系统（类 SSL）。该系统支付信息不经商家，人们可以直接到银行站点支付，该系统风险较小。

SET 电子商务支付系统。SET 是实现在开放的网络（Internet 或公众多媒体网）上使用付款卡（信用卡、借记卡和取款卡等）支付的安全事务处理协议。

目前中国银行的网上银行中的支付方式都是基于 SET，且中国各商业银行推出的网上支付都可归类到以上三种支付系统。

（三）根据支付时间的不同分类

可分为：预支付系统、即时支付系统、后支付系统。

（四）根据支付工具的类型分类

可分为：电子信用卡支付、电子货币支付、电子支票支付等（这将在后一节详细介绍）。

第二节　网络支付方式

一、信用卡网上支付方式

（一）信用卡支付的基本概念

信用卡在线支付就是指商品购买者在网站上选择商品之后，通过第三方支付公司提供的信用卡网关输入相应的信息，例如卡号、有效期、CVV 码、支付金额，支付商品款项给第三方支付公司，通道使用者即卖家（网站所有人）在第三方支付公司提供的后台实时查询到付款成功的信息后发货给购买者，第三方支付公司再把商品款项结算给卖家的一种支付方式。这里所说的信用卡包括 Visa（维萨）、MasterCard（万事达）、AE（美国运通）、JCB（日本的世界通用国际信用卡）、Diners Club（大来卡）等信用卡种。其中 Visa 目前占世界信用卡发行的 70% 左右，MasterCard 占世界信用卡发行的 20% 左右，其他种类的信用卡占世界信用卡发行的 10% 左右。所以大多数第三方支付公司提供的信用卡在线支付网关基本上是支持 Visa 卡和 MasterCard 卡的。

（二）信用卡支付的基本流程

传统的信用卡支付是在商家、持卡人以及各自的开户银行之间进行，整个支付是在银行内部网络中完成的。

利用信用卡在 Internet 上进行支付，与现实生活中传统的信用卡购物过程基本相似，在早期的电子商务应用中，如果在网上支付采用的是信用卡方式，只是要求输入信用卡号码，然后把这个号码以明码的方式通过 Internet 传送给清算系统，以获得确认，这种方式存在着安全问题。为了提高联机信用卡的安全性，一些保障安全的技术如安全套接层协议 SSL 等被采用，SSL 保证在浏览器与 Web 服务器间的通信信息不会被第三方获取。这样就有效防止了通过监听网络来收集信用卡号码或修改有关交易报文的可能。信用卡支付的基本流程如图 6-1 所示。

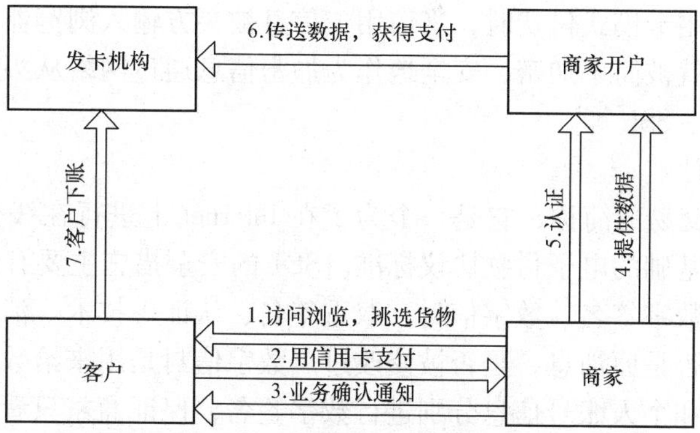

图 6-1　信用卡支付的基本流程

（三）信用卡支付类型

1. 无安全措施的信用卡支付

无安全措施的信用卡支付的基本流程是消费者从商家订货，信用卡信息通过电话、传真等非网上进行传输，但无安全措施，商家与银行之间使用各自现有的授权来检查信用卡的合法性。不安全包括两个方面，一是信用卡信息传输的不安全，二是商家付货后不一定能得到货款。

由于卖方没有得到买方的签字，如果买方拒付或否认购买行为，卖方将承担一定的风险，信用卡信息可以在线传送，但无安全措施，买方，即持卡人，将承担信用卡信息在传输过程中被盗取及卖方获得信用卡信息等风险。

无安全措施的信用卡网络支付主要是在 20 世纪 90 年代初期，在电子商务各方面发展还不太成熟，特别是银行对电子商务的支持还不完善的情况下出现的，可以说是一种临时的过渡方式。其主要特点是风险由商家负责、安全性很差、持卡人的信用卡隐私信息完全被商家掌握、支付效率较低等。

2. 通过第三方经纪人支付

改善信用卡事务处理安全性的一个途径就是在买方和卖方之间启用第三方代理，目的是使卖方看不到买方信用卡信息，避免信用卡信息在网上多次公开传输而导致的信用卡信息被窃取。

买方在线或离线在第三方代理人处开账号，第三方代理人持有买方信用卡号和账号，买方用账号从卖方在线订货，即将账号传送给卖方，卖方将买方账号提供给第三方代理人，第三方代理人验证账号信息，将验证信息返回给卖方，卖方确定接收订货。

支付是通过双方都信任的第三方完成的，信用卡信息不在开放的网络上多次传送，买方有可能离线在第三方开设账号，这样买方没有信用卡信息被盗窃的风险，卖方信任第三方，因此卖方也没有风险；买卖双方预先获得第三方的某种协议，即买方在第三方处开设账号，卖方成为第三方的特约商户。

这种方式对第三方代理机构的公正、信誉与操作规范有很高的要求。主要风险由第三方代理机构承担，该方式虽然提高了支付的安全性，但支付效率还是较低，成本也较高，它同样属于电子商务发展初期利用信用卡支付结算时的一种过渡方式。

3. 简单信用卡加密支付

使用简单加密信用卡模式付费时，当信用卡信息被买方输入浏览器窗口或其他电子商务设备时，信用卡信息就被简单加密，安全地作为加密信息通过网络从买方向卖方传递。采用的加密协议有 SHTTP、SSL 等。

4. SET 信用卡支付

SET 是安全电子交易的简称，它是一个为了在 Internet 上进行在线交易而设立的一个开放的、以电子货币为基础的电子付款协议标准。SET 的安全措施主要有：对称密钥系统、公钥系统、消息摘要、数字签名、数字信封、双重签名、认证等技术。消息摘要主要解决信息的完整性问题，即是否是原消息，是否被修改过。数字信封是用来给数据加密和解密的。双重签名是将订单信息和个人账号信息分别进行数字签名，保证商家只看到订货信息而看不到持卡人账户信息，并且银行只能看到账户信息，而看不到订货信息。

根据功能的不同，SET 认证中心划分成不同的等级，不同的认证中心负责发放不同的证书。持卡人证书、商户证书、支付网关证书分别由持卡人认证中心、商户认证中心、支付网关认证中心颁发，而持卡人认证中心证书、商户认证中心证书和支付网关认证中心或区域性认证中心的证书由根认证中心颁发。

由于 SET 系统成本较高，速度偏慢，应用上还是存在许多局限性，所以应用的地方还是不多，并未真正普及。在中国，中国银行发行的长城借记卡就是采用这种基于 SET 协议机制的网络支付模式，它也被称为中银电子钱包中借记卡支付模式。不管怎么说，基于 SET 协议机制的网络支付模式逻辑上更严密、更安全，且已获得 IETF（Internet Engineering Task Force，国际互联网工程任务组）标准的认可，随着各种条件的逐步具备，它将是电子商务安全网络支付的发展方向。

（四）几种电子信用卡系统

1. First Virtual

1984 年 10 月公布的 Virtual PIN 是 First Virtual Holdings 公司的产品，它是 Internet 上使用最早的信用卡支付系统之一。

客户使用 FV 购物的过程如下。

第一步，首先客户浏览 FV Info Haus（FV Web 服务器）或者 FV 商家正在售货的其他 Web 服务器。

第二步，客户选择希望购买的货物后，输入 FV 账目识别符（Virtual PIN 个人标识号）。

第三步，商家收到该识别符后，通过询问 FV 服务器检查识别符是否有效。可以是人工询问，也可以是与 FV 服务器的自动对话方式。如果客户的 Virtual PIN 没有不好的记录，商家则通过 E-mail、WWW 回答或其他手段给客户发送信息。

第四步，商家给 FV 服务器发送有关交易的信息，其中包括客户的 Virtual PIN。

第五步，FV 服务器向客户发送 E-mail，以询问客户对其收到的信息是否满意，客户对询问的回答可以是 Yes（表示客户将进行支付）；No（表示客户没有收到货物或对货物不满意而拒绝支付）；Fraud（表示客户没有订购这些货物）。FV 服务器收到这个消息后，应对其视为欺诈而进行调查。

2. Cyber Cash

1994 年 8 月推出的 Cyber Cash 目的是在 Internet 上为商家和金融部门提供一个支付系统。

Cyber Cash 支付的具体处理过程如下。

第一步，客户访问商家的网址并挑选货物。

第二步，商家服务器为客户回送一份有关商品价格、交易工具等的表单。

第三步，当表单出现在客户的显示屏上时，客户按“PAY”按钮，这样，客户软件向商家发出订单信息及加密的支付信息。

第四步，商家服务器向 Cyber Cash 服务器发送加密的付款信息。

第五步，Cyber Cash 服务器为商家的开户银行或指定的信用卡处理机构建立一份标准的信用卡授权申请。

第六步，商家的开户银行或指定的信用卡处理机构向发卡机构发送一份授权申请；发卡机构以“许可或拒绝”向 Cyber Cash 服务器做出答复。

第七步，Cyber Cash 将以上答复发送给商家服务器。

第八步，商家服务器再把以上答复通知客户，并告知客户交易已经完成。

第九步，发卡机构及商家的开户银行为其客户办理资金划转。

二、电子支票支付方式

（一）背景

Internet 的迅速发展和网络用户的逐年猛增，为电子商务（EC）的发展提供了良好的环境。EC 对社会资源的巨大发挥和节约也为它自身的发展提供了内在的动力。EC 发展至今，商家已逐渐从简单的网上信息发布向网上实际交易的方向发展。在这一背景要求下，安全支付成为电子商务的当务之急。为了安全、快捷地达成网上交易，各厂商提出了各种安全支付的解决方案和各种支付手段。较为有影响的方案是 SSL 和 SET。手段包括信用卡、电子支票、电子现金等。而当前国内较为流行的支付方式是信用卡支付。在美国，普通支票在企业和个人都有较多的使用，所以美国的电子商务正大力发展电子支票的支付系统。

（二）电子支票的概念

1. 传统支票

我们的电子支票思想来源于传统的纸基支票，所以首先来看一下传统支票的概念及运作流程。

客户在使用支票前，必须通过申请，在银行建立支票账户号，然后通过这个账户支付各种消费。客户手里有支票本，购物或消费时，在支票上填好有关的信息，例如金额、用途等，签上名字，需要盖章的还要盖章。然后把支票交给商家。商家拿到支票以后，先背书，然后向银行提示付款。如果商家和客户不在一个银行开户，那么商家一般把支票交给自己的开户行，商家的开户行和客户的开户行之间通过票据清算系统进行清算。传统支票的支付流程如图 6-2 所示。

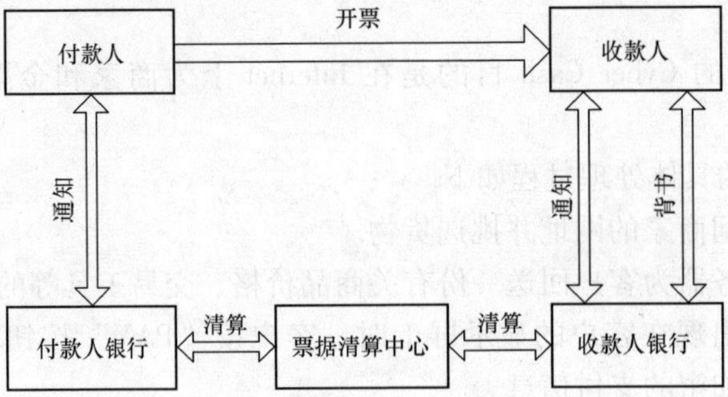

图 6-2 传统支票支付流程

传统支票在给人们带来方便的同时，也带来了一系列的问题。首先，支票的处理成本过高。例如，新加坡每年要处理 8 000 万张支票，每张支票的处理成本为 1.5 新加坡元，成本费用很高。其次，支票的处理速度较慢。一张支票的处理时间为 2～3 天，大量的在途资金给收款人带来不少的损失。最后，传统支票易于伪造。据统计，美国每年因伪造支票而给银行和客户带来的损失高达 6 000 亿美元。

2. 电子支票

电子支票是客户向收款人签发的、无条件的数字化支付指令，它可以通过 Internet 或无线接入设备来完成传统支票的所有功能。像传统支票一样，电子支票需要经过数字签名、被支付人数字签名、使用数字凭证确认支付者和接收者的身份，然后金融机构用签过名和认证过的电子支付进行账户存储。

由于电子支付为数字化信息，因此处理极为方便，处理的成本也比较低。电子支票通过网络传输，速度极其迅速，大大缩短了支票的在途时间，使客户的在途资金损失减为零。电子支票采用公开密钥体系结构（PKI），可以实现支付的保密性、真实性、完整性和不可否认性，从而在很大程度上解决了传统支票中大量存在的伪造问题，也可以避免传统支票的空头支票现象，减少用户损失。电子支票的支付流程如图 6-3 所示。

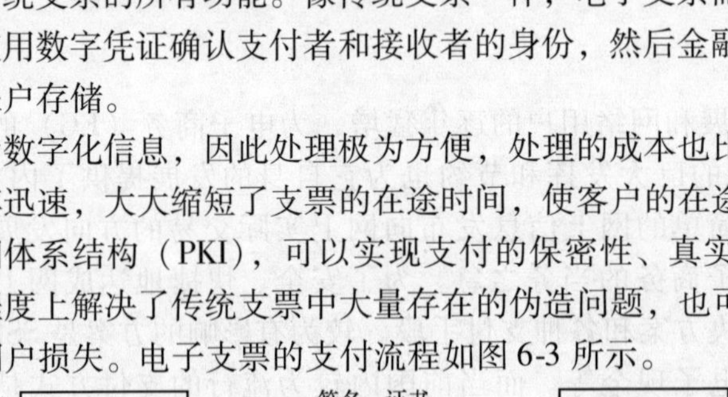

图 6-3 电子支票支付流程

（三）电子支票支付方式的优点

电子支票与信用卡和电子现金比较起来，具有自身的优势和特点。

（1）安全性较高。卡支付时，网络中传输的是消费者的卡号和密码，卡支付使用的基础是对商务参与各方的信任，但这可能给不法分子可乘之机。另外，卡号和密码在传输过程中如果被第三方得到，可能被非法使用，电子支票可以预防此种危险。电子支票的安全通过签名实现，电子支票的拥有者对它签名后，任何人都不能对它做出更改，非法更改的电子支票将被识别、作废，所以即使被第三方得到也毫无用处。

（2）方便。卡支付协议（比如 SET）过于复杂，采用 SSL 协议的卡支付系统则安全性较差。

（3）兼容性好。只要大家采用同样的标准，电子支票可以在各银行间通用，使用时不需转换。比较起来，电子现金支付则存在各行的电子现金彼此不兼容的现象。

（四）电子支票系统

1. 电子支票系统组成

电子支票系统包含三个实体，即购买方、销售方及金融中介。在购买方和销售方做完一笔交易后，销售方要求付款。购买方从金融中介那里获得一个唯一凭证（相当于一张支票），这个电子形式的付款证明表示购买方账户欠金融中介钱。购买方在购买时把这个付款证明交给销售方，销售方再交给金融中介。整个事务处理过程与传统的支票查证过程非常相似。但作为电子方式，付款证明是一个由金融中介出文证明的电子流。更重要的是，付款证明的传输及账户的负债和信用几乎是同时发生的。如果购买方和销售方没有使用同一家金融中介，将会使用金融中介之间的标准化票据交换系统，这通常由国家中央银行（国内贸易）或国际金融机构（国际事务）协同控制。

2. 类型

（1）NetBill。NetBill 是由美国匹兹堡的卡内基梅隆大学设计的用于销售信息的一个电子支票系统。系统中有一计算机记录各类账目。在其基本的交换协议中，中心服务器记录账目余额和意欲购买信息的客户数。客户和中心服务器在服务器之间交换金额以前，首先交换经过加密和数字化签字的购买订单。其协议可防止客户付账前获取欲购买的任何产品或服务。

NetBill 中的简单业务由客户、商家和中心服务器三方参与。把客户使用的软件简称为支票簿，把中心服务器使用的软件简称为钱柜。商家从钱柜收到客户想买或卖什么的信息。

（2）NetCheque。NetCheque 系统是由南加利福尼亚大学的信息科学研究所 ISI（Information Sciences Institute）开发的，用于模拟支票交易银行。系统中使用 Kerberos 实现认证，并且中心服务器在认为有必要时，可对所有主要的业务进行跟踪。

支票是通过将有关金额、货币类型、接收者姓名、银行名称、账号、支票号及其他细目的标准信息打包在一起而产生的。记以上打包结果为 C。

用户 U 要想签一张支票，必须向 Kerberos 服务器申请一张票据，票据中包含一私钥 Ku，bank 。银行得到支票后，知道支票一定是 U 签的，这是因为只有三方能从票据中取出 Ku，bank ，这三方是产生票据的 Kerberos 服务器（假定是可信赖的）、U 和银行。

NetCheque 系统也允许其他人用相同的签字方案签署支票。如果 V 从 U 处收到一支票，V 可以用 U 签署支票的方式，通过产生 Kerberos 签字而签署支票，然后把支票发送给银行存储。V 存储支票的银行和 U 提取支票的银行可以不同。这时，V 的银行把支票发送给 U 的银行，通过一中介银行交易系统，现金被返回到 V 的银行并被存储。

NetCheque 系统在很多方面是模仿普通的支票交易系统的。Kerberos 系统的主要优点是使用私钥加密，而私钥加密一般都未申请专利。因此，很多好的加密方案可被采用，不必担心侵犯了专利权。

使用 Kerberos 时，要求每个用户产生一个用于签署支票的票据，而票据常常会出现过期的问题，因此要求有一个更好的在线环境。另一主要问题是 Kerberos 环境仅在两方之间建立安全联系，因此无法使得某人签署的支票可由任何其他人验证。V 不能验证 U 对支票的签字，因为票据仅在 U 和银行之间建立一安全的联系。这一问题的解决方法是要求支票的产生者对银行和接收者分别建立两个不同的签字字段。

三、电子现金支付方式

（一）电子现金定义

电子现金是一种以电子数据形式流通的、能被客户和商家普遍接受的、通过 Internet 购买商品或服务时使用的货币。

电子现金是一种隐形货币，它把现金数值转换成为一系列的加密序列数，通过这些序列数来表示现实中各种金额的币值。

（二）电子现金系统的基本模型

电子现金以数字信息形式存在，通过通信网流通。电子现金在其生命周期中要经过提取、支付和存款三个过程，涉及用户、商家和银行三方，还可以包括一个可信赖的第三方（它完成对电子现金流通过程及电子现金主人身份的追踪）。用户与银行执行提取协议从银行提取电子现金；用户与商家执行支付协议支付电子现金；商家与银行执行存款协议，将交易所得的电子现金存入银行。电子现金系统的业务可分为两个阶段：生成电子现金阶段和支付阶段。电子现金的基本流通方式如图 6-4 所示。

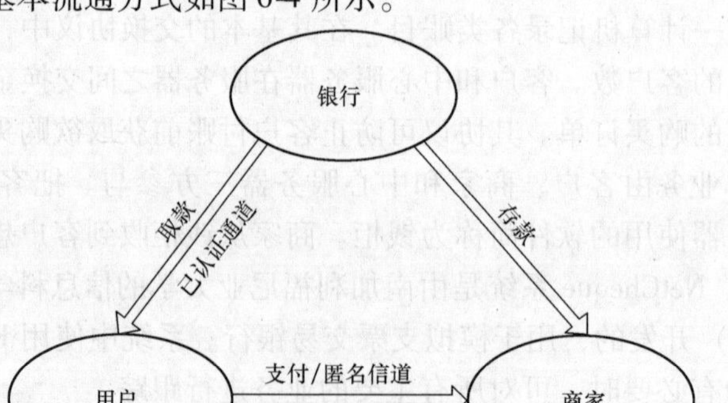

图 6-4　电子现金的基本流通方式

（三）电子现金应具有的基本性质

电子现金在经济领域起着与普通现金同样的作用，对正常的经济运行至关重要。一个好的电子现金系统应具备以下性质。

（1）系统无关性。电子现金的安全性不能只靠物理上的安全来保证，必须通过电子现金自身使用的各项密码技术来保证电子现金的安全。

（2）不可重复花费性。电子现金只能使用一次，重复花费能被容易地检查出来。

（3）匿名性。银行和商家相互勾结也不能跟踪电子现金的使用，就是无法将电子现金的用户的购买行为联系到一起，从而隐蔽电子现金用户的购买历史。

(4) 不可伪造性。用户不能造假币，包括两种情况：一是用户不能凭空制造有效的电子现金；二是用户从银行提取 N 个有效的电子现金后，不能根据提取和支付这 N 个电子现金的信息，伪造出有效的电子现金。

(5) 可传递性。用户能将电子现金像普通现金一样，在用户之间任意转让，且不能被跟踪。

(6) 可分性。电子现金不仅能作为整体使用，还应能被分为更小的部分多次使用，只要各部分的面额之和与原电子现金面额相等，就可以进行任意金额的支付。

（四）电子现金的分类

根据电子现金的交易载体可分为基于账户的电子现金系统和基于代金券的电子现金系统。

根据电子现金在花费时商家是否需要与银行进行联机验证分为联机电子现金系统和脱机电子现金系统。

根据一个电子现金是否可以合法地支付多次将电子现金分为可分电子现金和不可分电子现金。

根据电子现金是否可以撤销匿名可将电子现金分为不可撤销匿名电子现金和可撤销匿名电子现金。

（五）典型的电子现金系统

1. E-cash 电子现金系统

E-cash 是 Digi Cash 公司开发的在互联网上使用的完全匿名的安全的电子现金，它使用公钥加密和数字签名确保安全（768 位 RSA 密钥的 3-DES），电子现金账号可以续存，并且移动电话、掌上电脑和其他信息工具也都将支持 E-cash 支付。用 E-cash 客户软件，消费者从银行提取和在自己的计算机上存储 Ecash。制造货币的银行验证现有货币的有效性和把真实的货币与 E-cash 交换。商家能够在提供信息或货物时接受支付的 E-cash 货币。客户端软件称为“电子钱包”（Cyberwallet），负责到银行的存/取款，以及支付或接收商家的货币，支付者的身份是不公开的。E-cash 可以实时转账，商家和银行之间不需要第三方服务中介介入。

2. Digi Cash 电子现金系统

Digi Cash 是由 Digi Cash 公司于 1994 年 5 月开发的一种电子现金系统。该系统允许消费者使用电子现金进行在线交易。Digi Cash 是一种无条件匿名系统。当消费者使用硬币时，商家所能看到的只是银行的签字，而不是消费者本人的签名。

3. Net Cash 电子现金系统

Net Cash 仅是软件解决办法，不要特殊硬件，利用对称和非对称加密算法保证支付安全，防止欺骗。

电子现金发行：顾客和商家可以使用不同货币服务器 CS（Coin Server）。这里每个用户只能使用他注册的 CS 的货币，与其他用户货币兑换由 CS 完成。用户可以用电子支票或信用卡从 CS 买电子货币，商家最终可以获得由本地 CS 发行的货币或电子支票。

现金交易过程：用户付款给商家，商家将货币传给货币服务器 2（CS2），但最终货币验证还要到货币服务器 1（CS1），CS1 向 CS2 发出电子支票。CS2 既可以自己发行新货币给商家，也可以用电子支票向 CS1 换取货币。所有支票清算都要经过 Net Cheque 账户和结算体系。CS2 通知商家货币转账完毕，商家向顾客发出单据和货物。

（六）电子现金的不足

电子现金发展到现在仍然没有一套国际兼容的统一技术与应用标准，接收电子现金的商家和提供电子现金开户服务的银行还是太少，因而不利于电子现金的流通。这也是电子现金发展得还不成熟的地方。

电子现金的灵活性和不可跟踪性带来发行、管理和安全验证等一系列问题。从技术上说，各个商家都可发行电子现金，如果不加以控制，电子商务将不能正常发展，甚至带来严重的经济和金融问题。

应用电子现金需要在客户、银行和商家计算机均安装对应的电子现金软件，且对三方都有较高的软、硬件要求，至少目前的运作成本还较高。为加强认证、防伪与防重复消费，需要银行建立大型数据库进行记录，因而加大了投入，也限制了电子现金的自由流通性。

对于无国家界限的电子商务应用来说，电子现金还存在税收、法律、外汇的不稳定性，以及货币供应的干扰和金融危机的可能性等潜在问题。美国联邦储备银行电子现金专家 Peter Ledingham 在他的论文《电子支付实施政策》一文中告诫说：“似乎可能的是，电子‘钱’的发行人因存在伪钞的可能性而陷于危险的境地。使用某些技术，就可能使电子伪钞获得成功的可能性非常低。然而，考虑到预计的回报相当高，因此不能忽视这种可能性的存在。一旦电子伪钞获得成功，那么，发行人及其一些客户所要付出的代价则可能是毁灭性的。”

电子现金使支付变得很容易，因为利用电子现金可以将钱送到世界上的任何地方而不留下一点痕迹。不法分子利用电子现金的完全匿名性进行一些违法犯罪活动，例如贪污、非法购买、敲诈勒索、洗钱等。警方即便拿到赃款，如果想要获取证据，则需要检查所有的数据包并且破译所有的密码，这几乎是不可能的。

第三节　网络银行

一、网络银行概述

网络银行，又称网上银行、在线银行，是指银行利用 Internet 技术，通过 Internet 向客户提供开户、销户、查询、对账、行内转账、跨行转账、信贷、网上证券、投资理财等传统服务项目，使客户可以足不出户就能安全便捷地管理活期和定期存款、支票、信用卡及个人投资等。可以说，网上银行是在 Internet 上的虚拟银行柜台。

二、网络银行的产生和发展

（一）网络银行产生的原因

1. 网络银行是网络经济发展的必然结果

由于电子商务活动无时间和空间的限制，国界也将在某种程序上消失，经济全球化的结果也带来了金融业务全球化，世界金融业的竞争更加激烈。同时，电子商务需要处理好信息流、商流、资金流和物流中的各个环节，才能健康运行和发展，才能真正体现电子商务的效率。资金流作为电子商务以及传统商务流程中的一个关键环节，其高效率、低成本、安全可靠的动作是商务发展的需求。顺应这种需求，结合信息网络技术特别是 Internet 技术的应用，网络银行就产生了。

2. 网络银行是电子商务发展的需要

无论是对于传统的交易，还是新兴的电子商务，资金的支付都是完成交易的重要环节。在电子商务中，作为支付中介的商业银行在电子商务中扮演着举足轻重的角色，无论网上购物还是网上交易，都需要银行借助电子手段进行资金的支付和结算。商业银行作为电子化支付和结算的最终执行者，是连接商家和消费者的纽带，是网络银行的基础，它所提供的电子与网络支付服务是电子商务中的最关键要素和最高层次，直接关系到电子商务的发展前景。商业银行能否有效地实现支付手段的电子化和网络化是电子交易成败的关键。因此，网络银行是电子商务的必然产物和发展的需要。

3. 网络银行是银行自身发展并取得竞争优势的需要

银行发展面临的形势如下。

（1）客户获得银行电子化服务的工具发展很快。

（2）面向普通消费者的银行设备在不断更新和发展。

（3）各种现代化的银行金融支付与清算系统等得到广泛应用。

（4）网上金融信息服务发展很快。

（5）现代金融计算机系统发展很快且得到广泛应用。

（6）银行金融业全能化和国际化趋势明显。

可见，网络银行的产生有其必然性，发展趋势不可逆转。虽然今天的网络银行服务给银行业并没有带来巨大的利润，但前景大好，更关键的是，不开展网络银行服务的银行正面临在产品种类、客户服务、运行成本等方面全面落后的危险。

（二）网络银行的发展历程

在我国，网络银行主要经历了四个发展阶段，逐步实现了从信息的发布向交易渠道和营销服务的转变。第一阶段是从 1996 到 1999 年的孕育阶段，银行主要开通了形象宣传、信息发布、建立网站、简单业务查询等业务；第二阶段是 2000 到 2004 年的起步阶段，银行在此阶段主要是将传统业务逐渐移植到网上进行操作，从而实现了网上业务交易；第三阶段是从 2005 到 2010 年的发展阶段，银行为了满足客户需求，在传统银行业务需求基础上，对其进行业务功能和服务创新，从而建立了网银综合业务管理系统；第四阶段是自 2010 年以后的高度创新阶段，提供了更为强大的安全保障手段和措施，具有良好的多渠道互动和客户体验、全面业务功能，并建立了良好的信用赔偿风险防范机制。

网络银行在中国起步较晚，但发展迅速。中行自 1996 年开始开发网络银行，第二年就建立了自己的网页。中行提供的数据显示，截至 2010 年年底，该行网银客户增长迅猛，增幅突破 100%，另外，截至 2011 年 3 月底，工行网银客户已经达到 1.02 亿户，成为国内首家拥有“亿级”个人网银客户群的商业银行。此外，深圳商业银行、深圳开发银行、浦东发展银行等地方性银行也针对网络时代和电子商务的需求，相继投入了网络银行业务的开发与竞争，以求进一步的发展机遇。2005 年，我国网络银行业务量占到了银行业务总量的 20%。原信息产业部公布的数据，截至 2007 年 3 月底我国已经有超过 1.23 亿上网用户，国际接口带宽、国内带宽都显著改善，而上网费用越来越低。银行业通过建立 Internet 提高自己的信息化水平及管理决策水平，借助网络在世界范围内宣传自己的形象并开展网上业务，接受电子商务的交易方式，给中国的网络银行发展带来巨大的机遇。

（三）网络银行的发展趋势

1. 电子银行业务是商业银行未来扩规模、提高质量的必由之路

相对于传统银行，电子银行客户规模增长更快。近年来，电子化产品普及率越来越高，随着电子银行产品功能的丰富和安全程度提高，电子银行产品对客户的吸引力逐步增强。截至 2015 年年末，中国银行业金融机构网上银行交易 608.46 亿笔，同比增加 21.59%，交易金额同比增加 17.05%。其中，个人客户数达到 9.09 亿户，新增 1.5 亿户，同比增加 19.71%；交易总额达 1 248.93 万亿元，同比增加 17.05%；企业客户达到 1811.4 万户，同比增加 16.75%。中国网上银行交易规模突破 6 亿元人民币，交易规模环比增长率保持在较高水平；2016 年年末，网上银行与网上支付用户已分别突破 3.5 亿人和 4.5 亿人。

电子银行业务有助于推进客户关系管理，提高客户满意度。电子银行业务的运营不受时间和空间限制，省去了客户的奔波之苦，节约了客户时间成本和业务经营成本，从而能与客户保持最紧密的接触，最快速地响应客户需求，提高客户满意度和忠诚度，使银行实现以产品为中心向以客户为中心的转变，为深化客户关系管理创造条件。同时电子银行产品具有一定的排他性，可以带动客户更多地使用农行的金融产品，比如注册消息服务必须在农行开立账户。

电子银行可以提高优质公司及机构客户对银行的综合贡献度。随着金融全球化和中国对外资银行逐步全面开放，客户需求日益呈现多样化、个性化、集约化、综合化的特点，大型企业集团客户财务管理集中化和资金管理集中化趋势不断增强，对银行业务创新和服务创新提出了更高要求。传统柜面服务已经不能满足客户需要，必须借助电子银行的技术和创新优势，为客户提供更加丰富的服务。比如，企业网上银行的集团理财、电子商务等产品为集团性公司提供了更好的服务。

电子银行有助于维系个人高端客户，为实现个人客户战略提供保证。个人客户不同于公司客户，它具有广泛性、多样性、移动性的特点。低端客户可以通过自助渠道办理业务，但高端客户同样需要电子渠道，银行的电子渠道是为高端客户提供完备金融服务的必要途径。要按照二八法则来分类经营客户，牢牢经营好大众富裕客户，还要考虑如何把大众客户经过经营变为盈利客户。而且电子银行通过提供不断创新的服务内涵，在服务客户过程中还能发挥很强的“锁定”效应，客户一旦选定一家银行的电子银行，往往会将其他业务也随之转到这家银行。

2. 电子银行业务是进一步增强商业银行核心竞争力的必然选择

商业银行的核心竞争力是指通过富有竞争力的金融产品和服务，战胜竞争对手而成为客户和市场金融服务供应商，并获得超额利润和持续发展的独特能力。核心竞争力可以体现在多个方面，例如人才、组织、资本、风险、技术、业务等。如果从业务结构入手对商业银行的核心竞争力进行分析，那么竞争目标客户和拓展核心业务是提升核心竞争力的两个关键。

电子银行业务是提高客户忠诚度的有力手段。客户数量和质量，特别是目标客户的多寡，决定了一个银行的盈利能力，体现银行的核心竞争力。除客户数量外，更重要的是客户质量、竞争目标客户的能力、核心客户占比。调整客户结构，目的是增加有效客户、核心客

户，使产品、服务水平与不同的客户实际需求相吻合，促进可持续发展。目标客户有两个最基本的属性：第一，能带来较大的利润贡献；第二，具有较好的成长性。不但现在能带来利润，而且以后业务能持续发展，利润贡献不断增加。客户选择银行的标准包括方便快捷、带来利润和提供高附加值等，这些都是电子银行渠道所具有的特性。

电子银行业务已经逐步成为银行发展的核心业务。核心业务具备三个标准，一是成为收入的主要组成部分，二是满足客户的主要需求，三是代表未来的发展方向。目前我行电子银行业务收入占全部中间业务收入的比例接近20%，向客户提供了包括信息服务、资金交易、理财服务等在内、较为全面的金融服务。同时，电子银行作为一个创新能力极强的平台，它能够带动资产、负债、中间业务等各项产品进一步发展，进而带动相关的产品创新，使过去很多在柜台无法实现的业务在电子银行渠道实现。依托电子银行，可以为更多高价值客户设计更多高效的理财方案，提供更多差异化、个性化的服务，形成新型的合作关系，实现双赢，实现商业银行增长方式和盈利结构的根本转变。

三、网络银行的系统构成

（一）按服务对象，网上银行可以分为企业网上银行和个人网上银行

（1）企业网上银行。主要针对企业与政府部门等企事业组织客户。企事业组织可以通过企业网上银行服务实时了解企业财务运作情况，及时在组织内部调配资金，轻松处理大批量的网上支付和工资发放业务，并可处理信用证相关业务。

（2）个人网上银行。主要适用于个人与家庭消费支付与转账。客户可以通过个人网上银行服务，完成实时查询、转账、网络支付和汇款功能。

（二）按经营组织形式，网上银行可以分为分支型网上银行和纯网上银行

（1）分支型网上银行。是指现有的传统银行将互联网作为新的服务手段，为建立银行站点、提供在线服务而设立的网上银行。

（2）纯网上银行。又称为虚拟银行，起源于美国1985年开业的安全第一网上银行。纯网上银行是为专门提供在线银行服务而成立的独立银行，因此也被称为“只有一个站点的银行”。

注：中国银行网上银行属于分支型网上银行，既有企业网上银行也有个人网上银行的机构。

四、网络银行的系统构成及主要工作

网络银行由以下系统构成。

（1）用户系统：是用户进行网上交易的环境，在用户系统中可完成认证介质登录，访问网上银行系统等工作。

（2）银行网站：负责银行信息公布和对外宣传，并提供到网银中心的链接。

（3）网银中心：位于银行端，通常包括交易服务器、安全认证加密系统等。交易服务器起到支付网关的作用，通常装有SSL服务器，能将客户端发来的数据解密后转化成银行业务格式，与业务数据中心进行交易，同时加密相关信息返回客户。

（4）业务数据中心：是银行的账户中心，保存用户账户的信息。

(5) 银行柜台：是银行的营业网点，进行开户、存取款交易，此时与系统业务数据中心相连；又可与 CA 中心相连，完成用户公私钥对生成和证书颁发、撤销等。

(6) CA 中心：是一套复杂系统，负责银行和用户的证书颁发、验证、废止和维护等工作。

五、网络银行业务的类型和一般流程

（一）网络银行业务类型

第一类是信息服务。主要是宣传银行能够给客户提供的产品和服务，包括存贷款利率、外汇牌价查询、投资理财咨询等。这是银行通过互联网提供的最基本的服务，一般由银行一个独立的服务器提供。这类业务的服务器与银行内部网络无链接路径，风险较低。

第二类是客户交流服务。包括电子邮件、账户查询、贷款申请、档案资料（如住址、姓名等）定期更新。该类服务使银行内部网络系统与客户之间保持一定的连接，银行必须采取合适的控制手段，监测和防止黑客入侵银行内部网络系统。

第三类是交易服务。包括个人业务和公司业务两类。这是网上银行业务的主体。个人业务包括转账、汇款、代缴费用、按揭贷款、证券买卖和外汇买卖等。公司业务包括结算业务、信贷业务、国际业务和投资银行业务等。银行交易服务系统服务器与银行内部网络直接相连，无论是从业务本身还是网络系统安全角度来看，均存在较大风险。

（二）网络银行业务的一般流程

第一步，客户接入 Internet，通过浏览器在网上浏览商品、选择货物、填写网络订单、选择应用的网络支付结算工具，并且得到银行的授权使用，如银行卡、电子钱包、电子现金、电子支票或网络银行账号等。

第二步，客户机对相关订单信息，如支付信息进行加密，在网上提交订单。

第三步，商家服务器对客户的订购信息进行检查、确认，并把相关的、经过加密的客户支付信息转发给支付网关，直到银行专用网络的后台业务服务器确认，以期从银行等电子货币发行机构验证得到支付资金的授权。

第四步，银行验证确认后，通过建立起来的经由支付网关的加密通信通道，给商家服务器回送确认及支付结算信息，为进一步的安全，给客户回送支付授权请求（也可没有）。

第五步，银行得到客户传来的进一步授权结算信息后，把资金从客户账号上转拨至开展电子商务的商家银行账号上，借助金融专用网进行结算，并分别给商家、客户发送支付结算。

六、我国网络银行的发展与策略

（一）我国网络银行存在的问题

1. 安全问题

如何保证账户信息和交易信息在传播的过程中不被窃取，如何防止非法用户侵入银行主机和核心数据，这一直是网络银行亟待解决的问题。

2. 信用问题

在网上银行虚拟环境加剧了信息不对称的情况下，它更依赖于信用体系建设。信用制度在我国一直相对薄弱，网上银行客户的信用标准不统一，互相不承认其客户资格，导致信用资源不能共享，从而限制了网上银行发挥作用。

3. 技术问题

信息技术的核心是网上银行，网上银行的发展依赖于信息技术的进步。信息技术的快速发展，将导致银行的方式的变化，为促进全球化和商业化的银行产品和服务，这对银行业和商业都具有重大的影响。此外，网上银行的稳定性和安全性也依赖于信息技术的改进。

4. 监管问题

网上银行作为一种新的模式在互联网上的商业活动，它的新的运行机制，无疑将影响中国央行现行的监管制度。互联网技术的应用，进一步打破地域界限的银行业务和行业界限。因此，网上银行的监管已经成为一个更重要的问题。

5. 法律问题

由于网络银行是银行的一个新领域，涉及网上银行的立法还不够完善，例如客户的义务、银行的责任和相互间的权利没有被明确界定的法律，使得参与各方的网络银行，也有一定的法律风险。虽然《合同法》定义了电子合同的法律地位，但电子票据的有效性、数字签名的合法性等诸多问题目前还没有明确的法律依据。

（二）我国网络银行发展的策略

1. 完善和健全法律法规，营造良好的外部环境

我国网络银行的发展首先必须从外部营造一个良好的制度环境。电子商务和网络银行的独特运行方式向现有的商业规范模式提出了法律、货币、技术和安全等方面的重大挑战，如在上一章所述，由于金融机构和非金融公司在网络商务活动中可以不经人民银行自己发行电子货币，实际上挑战了《中华人民共和国人民银行法》中央行垄断发行货币的相关规定。目前我国现行的银行立法，例如《中华人民共和国商业银行法》等主要基于传统业务，已不适应提供“金融超市”式服务的网络银行业务发展的需要。网络银行和网上交易法规的缺乏，阻碍了我国网络银行发展的步伐。因此，没有法律规范，电子商务和网络银行难以正常发展。健全和完善我国网络银行法律法规，已是一项刻不容缓的工作。一方面，我国应加紧对网络银行发展、安全体系、风险防范、监管等各方面展开系统性的研究，对现行的法律法规进行修改、调整；另一方面，要制定有关规范电子货币和网络银行发展的一系列法律法规，从法律上明确网上电子商务、电子资金流动的安全标准和程序，强化对网络银行和网上电子支付结算中心的资格认证，为网络银行的发展和网络金融化提供法律保障和安全保障，促进网络银行和电子商务积极、稳妥地发展。在日常交易中，我们应充分利用已公布的有关交易的民商法和计算机安全法律法规，保护电子商务和网上支付的正常进行，并在不断探索中，逐步建立适合我国国情的、适用于网络银行的法律制度。同时，要密切注意国际网络法律的动向，加以学习借鉴，尽快赶上发达国家的网络法律建设步伐。

政府在围绕电子商务制定法律法规时，应有一定的战略眼光，立足于国际和国内市场，参照国际惯例，尽量减少一些不必要的限制，避免因新法规的出台而造成网络银行发展的新瓶颈。透明、和谐的商业法律环境，是交易得以正常进行的根本保证。法律框架须着眼于保护公平交易、保护平等竞争、保护消费者权益及保护个人隐私方面，制定有助于鼓励监督、调解纠纷、打击犯罪的一套行之有效的办法。

目前需制订和完善的电子商务的法律法规主要有市场准入制度、交易有效认证、网上支

付、信息保密办法、税收征收办法、广告管制及网络信息内容限制等。对于网上支付，还需要研究以下法律问题：网上支付的定义和特征、网上支付的当事人及其权利和义务涉及伪造、更改、销毁网上支付以及其他纠纷的法律责任认定和追究等。

2. 加强金融监管，转变金融监管的方式

网络银行的出现，改变了传统银行业务的服务方式，从过去通过银行柜台提供服务的方式改变为通过电子方式提供服务，金融监管机构也应随着银行服务方式的转变而转变监管方式。金融监管应在促进良性市场竞争机制发展的同时，不阻碍金融的创新，并保证消费者能获得最好、价格最佳的金融服务。监管者应保持监管的透明度和一致性，保证金融机构提供的信息真实、公正及准确。金融监管机构应将网络银行业务正式列入金融机构管理序列，建立专门的网络银行准入制度。对从事网络业务的金融机构，在办理网上业务前，必须到金融监管机构办理网络银行业务登记，并提供有关的网络资料。金融监管机构对从事网络业务的金融机构，实现按网络业务能力和银行资信能力进行分级的制度，同时对从事网上业务金融机构进行登记，通过与税务、财政等专门机构的密切配合，深入了解金融机构的网上活动，确保网络银行在批准的业务范围内从事网络业务活动。

金融监管机构应结合网络银行业务的特点，尽快完善和补充有关网络银行业务的法律法规，明确对网络银行的监管权力，确定网络银行业务的管理办法，使金融监管当局对网络银行的监管明确化、规范化。为培育我国的超级金融服务公司，增强我国金融机构的竞争能力，为客户提供全能的金融服务，我国要尽快采取措施，解除分业经营的政策限制，创造金融运作的宽松环境。对金融业的监管方式由机构监管向功能监管转变。在实行分业经营年代，监管者对金融业是进行机构监管，即银行、证券、投资及保险机构由不同的监管机构分管。在金融混业经营的条件下，金融服务公司既从事银行、证券和投资业务，也经营保险业务，势必要求按金融服务的功能、性质进行监管。随着中国加入世界贸易组织进程的加快，金融业也将进一步对外开放。适应我国银行业国际化要求，监管者还应借鉴和吸收外国金融监管特别是网络银行监管的先进经验，加强与国外金融监管机构的合作，做到信息共享，促进我国网络银行跨国经营。

3. 构建完整的交易安全保障体系，建立中国金融认证中心

开展网络银行业务必须以网上交易安全为前提。政府应组织力量研究、筛选符合我国国情的电子商务交易安全技术，开发我国自己的网络安全产品，并进行推广应用。银行也应根据各自实际情况，投入巨资开发先进的、无懈可击的保密安全系统，利用各类安全技术如防火墙技术、信息加密存储通信、身份认证等来保障网上客户的交易及资金安全。同时借鉴国外成功的网络银行在安全保障方面的经验和技术，如美国网络银行所采用的作业系统三重安全防护措施：客户终端浏览器码处理技术、防火墙技术和保护交易中枢不被入侵的可信赖操作系统。该系统至今未有过被侵入的记录。

建立与安全电子交易（SET）相对应的国家认证中心进行客户认证。2000 年 6 月，中国人民银行牵头同十二家商业银行联合共建的中国金融认证中心 CFCA 正式挂牌运行，标志着中国电子商务突破了网上支付结算的障碍——电子身份认证。电子身份认证技术是保证电子商务交易安全的一项重要技术，包括加密、验证、授权、抗否认、自动撤销检查等基本功能，保障在网络中交易的各方具有平等的安全地位，推动电子商务在安全、有序的环境中运行。

完整的网络银行交易安全体系除包括技术方面的措施外，还应包括管理措施，即交易的安全制度、交易安全的实时监控、提供实时改变安全策略的能力、对现有的安全系统漏洞的检查等。银行应建立一套完整的网上交易的安全管理制度，包括人员管理制度、保密制度、跟踪审计制度、系统维护制度、数据备份制度、病毒防范制度，以防止内部作案，及时发现、排除安全隐患，或在安全事故发生时，保障计算机系统继续运行或迅速恢复。

4. 积极推进金融创新，大力发展“金融超市”，努力提供具有个性化的高附加值金融产品

在业务体系上，网络银行应利用互联网的强大功能，积极创新，完善服务方式，丰富服务品种，提供“金融超市”式的服务。传统银行必须重新构建业务体系，把网络作为商业银行与证券、保险、基金等金融企业合作的平台，为商业银行的综合化全能经营和金融控股公司的构建奠定基础，使银行由原来单一的存取款中心发展为无所不能的“金融超市”，实现“有病找医生，有纠纷找律师，其他都可以找银行”的神话。在为“E—客户（在线部）”提供“一站式”的全方位服务的基础上，推进我国电子商务的发展。

在经营理念上，商业银行必须实现由“产品中心主义”向“客户中心主义”的转变，为客户提供“量身定做”的个性化金融产品和金融服务。传统银行的经营理念的核心是“以显胜出”和“产品中心主义”，其标志是通过机构网点的扩张和批量化生产为客户提供标准化的金融服务，以此来降低成本。然而，在网络经济条件下，客户对银行产品和服务的个性化需求和期望越来越高，这迫使商业银行必须从客户需求出发，充分体现“以质取胜”和“客户中心主义”。为了实现这一转变，银行必须将客户关系管理放在重要位置，依靠发达的网络系统，了解、分析、预测、引导甚至创造客户需求，为客户量身定做最合适的金融产品，从而获取金融服务附加价值。网络银行应结合电子商务、电子交易，以战略联盟为手段，混业经营，使业务品种多样化，如与保险公司、基金公司合作推出新的金融产品等。银行可利用网络技术优势和客户资源，向其他行业，如信息产业机构和连锁服务机构渗透，进行多元化经营，如提供B2B网上交易平台，成为交易中心，代理发售航空、铁路客票等，实现银行业务领域和范围的扩张，成为真正意义上的“金融超市”。

总之，网络银行可以综合客户的多个账户、多种货币、多种信用卡、多种投资商品信息，并通过相关软件，建立单个客户的资料信息库，详细分析、全面把握客户的消费习惯、投资偏好，从而为客户提供极具个性化的高附加值的优质理财服务，推进以客户为中心的银行战略。还可利用Internet网络向客户直接促销。在网上与客户互相沟通，银行的业务部门能够找到潜在客户，企划部门也能针对客户需求设计新的金融商品。同时，应借鉴国外成功的网络银行的经验，进一步提高我国网络银行的服务水平．如Wells Fargo银行的网上银行服务中“建立你自己的银行”（Build Your Own Bank），便是通过了解客户的情况，然后针对该客户的特点和需求推荐适合的银行产品和服务，甚至使客户拥有符合自己特点和需求的银行主页，使客户获得实用和感觉上的双重满足，这都值得我们学习和借鉴。

★小贴士

打造银行3.0时代，以人为中心的极致体验

银行3.0时代的业务诉求

《Bank 3.0》作者Brett King曾预言，“未来的银行将不再是一个地方，而是一种行为”。在经历了分别以实体网点、网银为中心的1.0和2.0时代之后，3.0时代的银行将构成一个

无处不在的服务环境，以人为中心提供不依赖物理设施的金融服务。届时，消费者将可享有一种更加实时（Real-time）、按需（On-demand）、全在线（All-online）、自助服务（DIY）和社交化（Social）的极致互动体验。

拥抱银行3.0时代，银行业中的领导者，正在推动一场从以业务条线为中心转向以人为中心，提升服务质量、改善服务体验的变革。在前端，要加强与用户的交互，实时洞悉用户需求的变化，提供按需定制的便捷服务等；在后端，须转变管理流程模式，整合后端平台，集中共享资源，从而对前端提供强有力的支持，及时响应客户需求，真正地提供"以人为中心"的产品和服务。

招商银行的业务挑战

招商银行，中国最勇于创新的行业领导者之一，也是这场行业变革浪潮的重要一员。招商银行与其他传统银行一样，也经历了从以实体营业网点为中心的银行1.0时代和以网上银行为中心的银行2.0时代，并且取得了非常辉煌的成绩，从当初只有1亿元资本金、1家营业网点、30余名员工的小银行，发展成了资本净额超过3 600亿元、资产总额超过4.7万亿元、全国设有超过1 200家网点、员工超过7万人的全国性股份制商业银行，并跻身全球前100家大银行之列。凭借持续的金融创新、优质的客户服务、稳健的经营风格和良好的经营业绩，招行现已发展成为中国境内最具品牌影响力的商业银行之一，并荣膺英国《金融时报》《欧洲货币》《亚洲银行家》《财资》等权威媒体授予的"最佳商业银行""最佳零售银行"等多项殊荣。

随着移动互联网时代的到来，以手机支付、手机网银为代表的移动电子商务正成为当前越来越重要的交易渠道，以支付宝为代表的互联网金融对传统银行经营理念和经营模式带来的颠覆性冲击越来越大。招商银行与其他传统银行一样，也面临着如何主动变革，以应对移动电子商务与互联网金融带来的业务冲击与经营模式冲击，以及如何将这种冲击变成机遇的重大挑战。

招商银行的应对之道

面对移动电子商务和互联网金融带来的业务挑战，招商银行经过研究发现，移动电子商务带来的挑战主要是手机银行所带来的金融业务种类与业务量的迅猛增长，对后端业务支撑体系以及IT支撑系统带来的巨大压力；而互联网金融所带来的业务挑战，则主要是互联网金融企业相较传统商业银行，能够更加便捷地接触客户，发现客户的需求，从而更加精准地服务客户，提升客户的满意度所带来的银行业务流失。

面对互联网金融浪潮带来的挑战，招商银行正积极重构以金融大数据分析为基础的决策和服务体系，提升自身竞争力和客户体验。同时，对于移动电子商务所带来的金融业务种类与业务数据量的不断增加，招商银行正对传统的IT架构和数据处理平台进行改造，以进一步打通框架统一管理客户数据，助力以人为中心的极致互动体验逐步实现。

为了实现面向未来的转型，招商银行与华为全面合作，对基于云计算和大数据等领先的ICT技术进行敏捷创新，强化内部以人为中心的数据整合，以支持向更加实时、按需、全在线、服务自助和社交化的客户极致体验的未来目标发展。

招行和华为一起，梳理了面对招行亿级活跃用户进行互联网化运营时，对IT系统的要求。结果发现现有IT架构和业务处理平台，在处理营业网点为主、网银为辅的业务需求时，非常顺畅。而在面对网银为主、营业网点为辅的业务需求时，现有架构将面临严峻的挑战。

于是，招行和华为合作，采用华为的云计算产品 FusionSphere 和分布式存储产品 FusionStorage，建设了开放、灵活的 IaaS 云平台和高性能、高扩展、高开放性的分布式存储资源池，以满足传统 IT 架构在面对这些业务时，计算资源与存储资源在资源灵活调度以及 IO 处理能力方面的不足。基于华为高效（性能领先）、安全（满足安全合规）、融合（虚拟机与物理机融合负载）、开放（异构虚拟化管理）的云计算平台 FusionSphere，以及高性能（千万级 IOPS）、高扩展性（4 096 个结点规模）、高开放性（支持业务混合部署）的分布式存储软件 FusionStorage，招行真正实现了“业务部署快、产品开发快、支持业务发展快”的目标。进一步，通过采用华为的 FusionInsight 大数据平台，招行也可以像那些互联网金融厂家一样，更加方便地存储和分析用户的各种交易数据、日志数据以及其他数据，从而更加精准地把握用户喜好与用户需求，并根据用户的喜好和需求，快速推出创新产品，以及移动互联网式的金融服务，让银行能够更加主动、及时地按照客户需求，提供更加简单、易得的产品与服务。在这套云计算和大数据系统上，招行可以像那些 TOP 互联网厂家一样，更加灵活方便地服务于招行的客户，比如在招行掌上生活和手机银行上开展 9.9 元秒杀疯抢、9 元积分限时抢购等业务，从而更好地提升客户的体验，满足客户的需求。

招商银行的成功之路

经过两年多的业务探索与实践，招商银行已经切身体会到了云计算和大数据对金融服务与金融创新所带来的惊人改变，并率先踏出了基于大数据分析提供金融服务的关键一步。现在，招商银行在以人为中心的业务洞察支持下，某高端卡的营销转化率相比原来的方式提升了 4 倍；招行能够为用户提供更加按需、更加实时的在线历史明细查询服务，过去仅能在线查询 13 个月的用户历史交易明细，现在可以实时查询到 7 年以上；招行信用卡征信可以从原来的 15 天发卡做到现在的实时核准……

银行 3.0，以人为中心的极致体验，是未来银行业的发展方向，招商银行正以自己的节奏一步步地开展业务实践，以行践言！

第四节　第三方支付

一、第三方支付简介

第三方支付是具备一定实力和信誉保障的独立机构，采用与各大银行签约的方式，提供与银行支付结算系统接口的交易支持平台的网络支付模式。

在第三方支付模式中，买方选购商品后，使用第三方平台提供的账户进行货款支付（支付给第三方），并由第三方通知卖家货到付款、要求发货；再通知第三方付款；第三方再将款项转至卖家账户。

第三方支付是电子支付产业链中重要的纽带，一方面连接银行，处理资金结算、客户服务、差错处理等一系列工作；另一方面连接商户和消费者，使客户的支付交易能顺利接入。

第三方支付较好地解决了长期困扰电子商务的诚信、物流、现金流问题，在电子商务中发挥着重要作用。

二、第三方支付现状及预测

据统计，第三方银行卡收单交易额占第三方支付整体交易额的比例由 2013 年的 46% 下降到 2016 年的 25%。2016 年上半年银行收单部分 10.6 万亿，进一步萎缩，释放出的市场被第三方收单和移动支付抢占。2016 年上半年第三方收单部分 9.9 万亿，同比增幅为 58.9%，预计全年占比为 52%。

短期内收单服务费率下行不会过快，但市场增速放缓后可能出现激烈的价格竞争，对中小机构再一次进行洗牌。

（1）目前市场交易额近五年来仍保持年均 54% 的高增速，收单机构收入的增长主要来自增量空间，因此各方对收单服务费率还保持相对统一的水平。

（2）但市场交易额增速一旦放缓，则收单机构之间的竞争将逐渐加剧，收单服务费率在市场化的机制下将有可能出现价格竞争，对没有壁垒的中小机构将形成较大压力。

（3）同时，线下二维码支付的费率（0.3%~0.6%）较之银行卡刷卡费率（0.5%~0.6%）具备一定的优势和空间，移动支付和银行卡刷卡之间的竞争将逐渐激烈，对银行卡收单服务费率形成压力。综合考虑预计收单服务费能够维持在 0.1% 左右。

随着第三方支付规模的不断扩大，第三方支付市场主体的经营着力点已经从拓展渠道逐步转向快速提升客户规模、有效增加客户黏性上来。而其中的关键在于为客户提供多样化、个性化、高附加值的服务，全面满足客户在家居、交通、医疗、教育、卫生等领域的信息查询类、支付缴费类、资产增值类等复合型需求。市场主体将加快推动产品和服务创新，全面打造便民支付综合化服务体系，尝试为客户提供全业务第三方支付解决方案，不断优化业务流程，提升客户支付体验，降低综合成本。

三、第三方支付的优缺点

1. 优点

（1）成本优势。支付平台降低了政府、企业、事业单位直连银行的成本，满足了企业专注发展在线业务的收付要求。

（2）竞争优势。第三方支付平台的利益中立，避免了与被服务企业在业务上的竞争。

（3）创新优势。第三方支付平台的个性化服务，使得其可以根据被服务企业的市场竞争与业务发展所创新的商业模式，同步定制个性化的支付结算服务。

在缺乏有效信用体系的网络交易环境中，第三方支付模式的推出，在一定程度上解决了网上银行支付方式不能对交易双方进行约束和监督，支付方式比较单一；以及在整个交易过程中，货物质量、交易诚信、退换要求等方面无法得到可靠的保证；交易欺诈广泛存在等问题。其优势还体现在以下几方面：首先，对商家而言，通过第三方支付平台可以规避无法收到客户货款的风险，同时能够为客户提供多样化的支付工具。尤其为无法与银行网关建立接口的中小企业提供了便捷的支付平台。其次，对客户而言，不但可以规避无法收到货物的风险，而且货物质量在一定程度上也有了保障，从而增强了客户网上交易的信心。对银行而言，通过第三方平台，可以扩展业务范畴，同时也节省了为大量中小企业提供网关接口的开发、维护费用。

可见，第三方支付模式有效地保障了交易各方的利益，为整个交易的顺利进行提供了支持。

2. 缺点

(1) 风险问题。在电子支付流程中，资金都会在第三方支付服务商处滞留，即出现所谓的资金沉淀，如缺乏有效的流动性管理，则可能存在资金安全和支付的风险。同时，第三方支付机构开立支付结算账户，先代收买家的款项，然后付款给卖家，这实际已突破了现有的诸多特许经营的限制，它们可能为非法转移资金和套现提供便利，因此形成潜在的金融风险。

(2) 电子支付经营资格的认知、保护和发展问题。第三方支付结算属于支付清算组织提供的非银行类金融业务，银行将以牌照的形式提高门槛。因此，对于那些从事金融业务的第三方支付公司来说，它们面临的挑战不仅仅是如何盈利，更重要的是能否拿到将要发出的第三方支付业务牌照。

(3) 业务革新问题。因为支付服务客观上提供了金融业务扩展和金融增值服务，其业务范围必须明确并且要大胆推行革新。到目前为止，全球拥有手机的人多于拥有电脑的人，相对于单纯的网上支付，移动支付领域将有更大的作为。所以第三方支付能否趁此机遇改进自己的业务模式，将决定第三方支付最终能否走出困境，获得发展。

(4) 恶性竞争问题。电子支付行业存在损害支付服务甚至给电子商务行业发展带来负面冲击的恶意竞争的问题。国内的专业电子支付公司已经超过 40 家，而且多数支付公司与银行之间采用纯技术网关接入服务，这种支付网关模式容易造成市场严重同质化，也挑起了支付公司之间激烈的价格战。由此直接导致了这一行业“利润削减快过市场增长”，在中国，惯用的价格营销策略让电子支付行业吞下了利润被摊薄的苦果。

(5) 法律法规支持问题。在保护电子商务交易的同时，从支付认证、支付标准和交易公开性的角度看，中国必须考虑建立一些标准，为工商管理、税收管理和政府的行业管理做技术上和政策上的准备。如何规范电子支付业务、防范支付风险、保证资金安全、维护广大商户和用户在电子支付活动中的合法权益，已成为影响中国电子支付产业健康发展的关键问题。《支付清算组织管理办法》和《电子支付指引（第二号）》法规的颁布，将在一定程度上解决这个问题。

四、第三方支付的未来趋势

随着第三方支付应用领域的深化和拓展，未来带有金融属性的第三方支付将成为行业发展的一个重要方向，同时具备金融支付实力的企业将拥有良好的市场竞争力和发展潜力。目前在此领域形成较大交易规模的企业主要包括汇付天下、支付宝、快钱、财付通、银联在线、易宝支付等国内第三方支付行业佼佼者。

（一）布局传统金融理财行业

第三方支付线上理财主要包括基金、保险（主要是寿险等投资连接险，财险除外）、信托、银行理财、投融资类业务和券商集合理财等互联网支付结算业务。目前国内主流第三方支付巨头已悉数获得基金支付结算许可，政策的放行一方面有助于突破传统金融产品销售渠道瓶颈、降低运营成本、提升客户黏性和品牌专业形象、加速传统金融行业电子商务化进程；同时也为第三方支付企业拓展新的市场和盈利空间、稳固市场份额及其市场地位，提供了有利条件。

（二）转型 B2B 金融服务提供商

目前国内部分第三方支付企业除已初步形成的投资理财支付外，正逐渐将业务范畴扩展至 B2B 的企业流动资金管理需求上，致力于成为供应链金融提供商。

供应链金融主要包括产业链支付（信用支付）、供应链保理等业务，主要围绕第三方支付应用领域，管理上下游中小企业的资金流和物流，变单个企业的不可控风险为供应链企业整体的可控风险，通过立体获取各类信息，将风险控制在最低的金融服务。

（三）渗透 P2P 与小额贷款资金监管领域

P2P 信贷，是指个人与个人间的小额借贷交易，一般需要借助电子商务平台帮助借贷双方确立借贷关系并完成相关交易手续。对于普遍担忧的资金安全，部分 P2P 信贷平台与具有人民银行认可资质的第三方支付平台合作，使网站资金与用户资金完全隔离，分开托管，并形成封闭的支付环境。资金全部由客户通过第三方支付平台自主操作完成，规避了资金挪用风险。在法规没有对网贷资金强制要求的情况下，这种第三方支付独立托管的方式目前是 P2P 行业的方向。

网络小额贷款是指互联网企业与金融机构以借款人的信用来发放贷款，债务人无须提供抵押品或第三方担保。以阿里巴巴小额贷款公司为例，其提供的贷款不需要抵押，虽然利息比银行高，但是高利息的部分可以随贷随还，按日计息，因此利息总额并不是非常高。同样以支付宝为代表的第三方支付充当了资金监管方，从而在平台商户、网络小贷贷款、第三方支付工具之间形成一个封闭体系，有效防止资金的挪用。

（四）第三方支付企业全力进军金融支付业务

随着当前第三方支付的迅速发展，未来会有更多的第三方支付企业将全力进军金融支付业务，致力于互联网金融理财和企业资金加速。据赛迪顾问相关资料显示，汇付天下、支付宝（含阿里系企业）、快钱依次位列中国第三方金融支付交易规模的前三位，主要包括在线理财、供应链金融服务、P2P 与小额贷款资金监管业务的交易规模。

第五节　互联网金融与发展趋势

一、互联网金融概述

互联网金融是当今我国经济热点问题。一方面，我国互联网金融发展迅猛。近年来，随着互联网技术和电子商务的快速发展，互联网技术全面渗透到了金融业，对金融业业态产生了深远影响，互联网金融随之应运而生。互联网技术的广泛运用将对人类金融模式产生根本影响。另一方面，互联网金融快速发展的同时，其风险日益凸显出来。其中，影响最为严重的则是频频发生的互联网跑路和倒闭事件。2016 年全国共有 1 297 家平台发生问题，同比 2015 年上升 30.52%，问题平台增幅超过新增平台，涉及近千亿资金，超过 100 万投资人遭受了重大损失。由于互联网金融参与人员众多，金融风险的频频发生不仅对我国金融体系产生了较大的冲击，也给众多的投资者造成了严重的损失。

互联网金融以及网络借贷平台在国外也正处于快速发展阶段，作为新兴事物的互联网金融，其定义有广义与狭义之分。广义上的互联网金融指在世界范围内只要是以互联网技术为依托而开展的金融活动都可归之于互联网金融的名下，不仅包括了互联网金融交易与服务，还包括互联网金融安全与监管等各个相关的方面。而狭义上的互联网金融则仅指网络银行、证券、保险、信托等网络金融服务。

二、互联网金融发展现状

（一）行业规模迅速增加

中国互联网金融在近几年的发展态势十分迅猛，以电子商务金融、创新型理财工具、移动支付、众筹等为代表的互联网金融行业呈现出爆发性的增长。2014 年年底，中国的互联网金融规模已经突破 10 万亿元，第三方支付、P2P、众筹等互联网金融模式都得到了快速发展。

以 P2P 业务为例，从平台成立的数量来看，自 2014 年以来，P2P 全行业进入爆发式增长阶段，几乎平均每天就有 3～4 家新设平台成立；截至 2016 年 12 月 31 日，零壹研究院数据中心监测到的 P2P 借贷平台共 2 448 家。从历年来的交易规模来看，中国 P2P 交易规模呈大幅增长的趋势，2010 年还不到 100 亿元，2016 年 P2P 借贷行业累积交易规模已经达到 28 049 亿元，是 2015 年交易量的 3 倍。

（二）业态门类相对齐全

互联网诞生于美国，欧美国家的金融体系也比较完善、成熟。因此，其传统金融体系与互联网的融合较之世界其他国家，时间更早、程度更高。互联网金融目前在欧美国家的主要模式大致分为 6 种：互联网支付、P2P 网络借贷、众筹融资、互联网银行、互联网证券以及互联网保险等。中国互联网金融发展历程要远短于欧美等发达国家，但由于中国经济的迅速发展、互联网普及率的大幅提高以及金融创新的加速发展，中国互联网金融在近几年取得了飞速发展。

尽管学术界对中国互联网金融模式尚未取得共识，但从研究中可以发现，中国互联网金融发展模式涵盖了发达国家互联网金融发展的所有模式，业态门类较为齐全，且发展规模较大，尤其以第三方支付和 P2P 发展最为迅速。但由于受限于不甚健全的监管法规、薄弱的创新意识，总体来看，我国互联网金融发展模式与国外市场的模式结构基本相同，但是相比国外已经形成一定规模的互联网直营银行、直营保险和在线折扣券商等纯线上模式，我国尚处在起步摸索阶段。

（三）互联网基础资源良好

互联网基础资源是互联网金融发展的重要保障。近年来中国互联网金融的快速发展也是与互联网的迅速发展息息相关的。中国互联网的快速发展主要体现在三个方面：一是半数中国人已经接触互联网，手机网民占比超九成。截至 2016 年 12 月，中国网民规模达到 7.31 亿人，互联网普及率达到 53.2%，中国公民上网人数已过半。同时，网民的上网设备正在向手机端集中，截至 2016 年 12 月，我国手机网民规模达 6.95 亿人，超过有 90% 的网民通过手机上网。二是“.cn”域名注册保有量居全球第一，国际出口带宽创新高。截至 2015 年 12 月，中国国家顶级域名“.cn”注册总数为 1 950 万人，年增长为 19.8%，占中国域名总数的 52.7%，“.cn”域名已超过德国国家顶级域名“.de”，成为全球注册保有量第一的国家和地区顶级域名。三是无线 WiFi 普及迅速，移动互联网更贴近生活。手机、平板电脑、智能电视带动家庭无线网络使用，网民通过 WiFi 无线网络接入互联网的比例高达 91.8%，目前，WiFi 无线网络已成为网民在固定场所下接入互联网的首选方式。互联网基础资源推动了近年来互联网金融的迅猛发展。以手机网上支付为例，截至 2016 年 12 月，手机网上支付用户规模达到 4.69 亿，增长率为 31.2%，网民使用手机网上支付的比例由 2014 年年底的 39.0% 提升至 67.5%。因此，良好的互联网基础资源是互联网金融发展的重要保障。

（四）产业呈现集聚现象

互联网金融在快速发展的同时，还呈现出向金融发达地区集聚的特征。主要体现在以下几个方面。

一是 P2P 向经济金融发达地区集中。根据 P2P 借贷公司在工商局的注册信息来看，全国各省市均有 P2P 平台设立；由于优越的地理位置、开放的经济环境、良好的金融条件，广东、北京、上海、山东和浙江是平台数量最多的 5 个省市，这 5 个省市的平台数量总额占全国 P2P 平台数量的 63.22%，即一半以上的平台都设立在了经济发达的省市；前 10 位省市的平台数量总额占全国 P2P 平台数量的 80.47%。从区域来看，长三角地区的 P2P 平台数占全国总数量的 30.34%，珠三角地区所占比重为 20.31%，京津冀地区所占比重则为 16%。3 个经济圈占全国的比重达到了 66.65%。

二是从 P2P 综合发展指数看，P2P 仍呈产业集聚的趋势。广东、北京、上海、浙江、江苏位居前 5 位，而其中，山东省虽然问题平台发生率较高，但该地区的网贷综合收益率也较高，使得安全收益得分高于平均水平，综合排名第 6 位。另外，按照成交因子、安全收益因子、流动性因子得分可以将 31 个省级行政区（除香港、澳门、台湾外），分为 6 大梯级。广东、北京、上海、浙江、江苏、山东等经济发展较快的省市的 P2P 发展指数均处于前 3 个梯队。

三是互联网金融龙头企业向经济发达省市集中。这一点在上海表现得尤为突出。上海不仅是中国网络借贷行业的发源地，而且也是各种创新模式的集大成者；且在上海互联网金融机构中，很多企业在业内都是非常有名或者说是顶尖的：中国首家纯线上模式的 P2P 平台——拍拍贷；中国首个网络信贷服务业自律行业组织——上海市网络信贷服务业企业联盟；创立了网络信贷 B2C 即垂直金融搜索引擎模式、首个 OFA 在线融资贷款代理模式——融道网；中国首个大型金融集团开设的 P2P 平台———陆金所；中国首个网络信贷征信数据库“网络金融征信系统（NFCS）”。众安在线、中国银联、支付宝、平安陆金所、拍拍贷、点融网、东方财富、万得信息等均集聚在上海。

具体来讲主要体现在 3 个方面：一是第 3 方支付表现最为突出。该领域 60% 左右的业务量、54 家企业汇集上海，特别是行业排名前 10 的公司中，有一半总部位于上海，包括银联商务、上海汇付、通联支付、迅付信息、杉德等。据统计，2014 年上半年上海互联网金融营业收入达到 120 亿元，第三方支付收入就达到 98 亿元，同比增长 22.8%。二是 P2P 领域在国内居于领先地位。P2P 领域目前相对活跃的平台在上海也已有 80 余家，贷款金额近百亿元，在国内市场占比居于前列，但和第三方支付相比领先优势不明显，行业 TOP10 仅 2 家位于上海，分别是陆金所和拍拍贷。2014 年上半年 P2P 行业收入超过 2 亿元，同比增长超过 30%。三是互联网证券发展领先。东方财富、诺亚财富、好买基金等企业首批获得基金销售牌照并开展网上销售。

很显然，在经济发展相对发达的长三角、珠三角和京津冀地区，由于具有良好的政府环境、资本市场环境、人才环境、法制环境、基础设施环境等，互联网金融行业也快速发展，并向这些经济发展相对发达的地区集中。

三、互联网金融发展中存在的问题

中国互联网金融迅速发展的同时，由于监管模式和手段还比较落后，因此产生了一系列问题。主要体现在以下几个方面 。

（一）互联网金融风险逐步加大

随着中国互联网金融的快速发展，互联网金融风险逐步加大。互联网金融发展缺乏外部监管，相关的制度安排和法律法规亟须完善。互联网金融多样化的业务模式和产品种类对于法规和监管的规避性较强，商业银行、互联网公司、第三方支付平台等多元化的业务主体也给传统的监管方式和监管政策带来了挑战。尤其以屡屡上演的 P2P 平台欺诈、跑路、倒闭事件产生的影响最大。

作为新兴事物的互联网金融，存在着一定的风险，尤其以互联网金融平台跑路事件的频发最为突出。互联网金融在每一发展阶段都具有较为明显的特征，这使得其存在着政策风险、经济周期风险、流动性风险、审贷风险、IT 技术安全风险和人员操作的道德风险，这些风险对我国的金融安全防范体系甚至经济安全都有可能造成很大的威胁。而互联网金融在快速发展的同时，也存在着监管缺乏的问题，同时，由此也引发了一系列别的问题，最突出的问题就是互联网金融平台频频发生跑路、倒闭现象，这不仅给投资者带来了重大的经济损失，也严重影响了互联网金融的健康快速发展。因此，如何对互联网金融进行监管，从而使得互联网金融稳健发展，并在此基础上使互联网金融成为中国金融体系的有益补充？显然，这已经成为互联网金融当前必须解决的重大问题。

（二）监管模式和手段亟待改进

中国互联网监管模式和监管手段比较滞后。中国互联网金融创新速度太快，加速度发展的同时，互联网监管模式和监管手段却难以与之匹配。由于互联网金融发展迅速，互联网公司、通信运营商等非金融类企业纷纷进入金融领域搅局，传统金融产品加快了创新步伐，互联网金融领域的新产品、新业态与新模式不断涌现，而我国对互联网金融的监管还相当滞后，传统金融监管缺乏对互联网环境下的金融监管，跨部门的监管协调机制尚未形成，部门间职能不清等导致互联网金融行业还存在很多不规范的地方。

（三）网络与信息安全问题突出

信息安全是保障互联网金融创新发展的基础。一是互联网金融虚拟化的服务方式、跨领域的业务开展、开放与透明的市场经营环境，使其具备了互联网所包含的信息安全的动态性、综合性等特点，当前互联网金融支撑保障体系的发展速度远远落后于互联网金融业务运营的发展。且与传统金融相比，互联网金融的特点决定了其引发的风险具有特殊性。二是互联网金融存在多方面的风险。除了具有传统金融业经营过程中存在的流动性风险、市场风险和利率风险外，还存在基于信息技术导致的平台风险、技术风险、系统安全风险和基于虚拟金融服务的业务风险，且风险诱因更加复杂、风险扩散传播速度快。三是除传统互联网风险外，还面临新形势、新技术、新业态的安全风险挑战。支撑互联网金融的大数据、云计算等新技术发展还不成熟，安全机制尚不完善；同时，第三方支付、P2P 等互联网金融新业态还处于起步阶段，安全管理水平较低。因此，在上海互联网金融业务快速发展的同时，凸显出来的网络与信息安全问题成为阻碍互联网金融健康稳定发展的阻力。

（四）互联网金融人才严重短缺

在行业快速发展的同时，互联网金融人才短缺问题日益突出。

一是互联网金融人才需远大于求。2015 年以来，互联网金融行业“人才饥荒”的新闻常见诸报端。有专家表示，由于特殊的用人条件，井喷的市场需求，未来 5 至 10 年内，中国互联网金融行业人才缺口将达 100 万人以上，人才成为制约互联网金融发展的重要瓶颈之一。另据江苏省互联网金融协会最新调研的数据显示，未来 P2P 企业人才缺口将会达到 142 万人，再加上互联网金融其他业态的人才缺乏，互联网金融的人才总缺口将会达到 300 万人左右。

二是专业的互联网金融人才严重缺乏。领英中国智库联合人力资源资讯公司怡安翰威特发布《2016 年中国互联网金融人才白皮书》显示，互联网金融行业 85% 的人才都是从其他的行业跨界而来，该行业对于高科技行业人才的吸引力最高，其次是互联网人才、金融人才，对于多个行业均显示净流入状况。绝大部分人才均为跨界而来，他们普遍缺乏金融行业工作经验，既无法有效把控金融行业最核心的风险性问题，也难以促进互联网金融创新。

三是互联网金融高端人才严重缺乏。对互联网、金融以及互联网金融这三个行业的人才结构比例进行对比可以发现，从三个行业的职级分布可以发现，互联网金融行业的初级职位人才比例在互联网行业和金融行业之间，而总监及以上级别的人才占比却远远不如互联网和金融行业，这也反映了互联网金融行业高端人才“一将难求”的现状。显然，互联网金融行业在飞速发展的同时，作为新兴行业，人才供给跟不上行业的扩张步伐；在专业人才方面，既有互联网思维，又有金融专业知识的复合型金融人才目前比较缺乏，这既不利于互联网金融行业的创新发展，也不利于互联网金融行业的风险控制。

★小贴士

互联网金融消费者权益保护需走上法治轨道

2016 年“两会”期间，互联网金融监管的信号频频放出。3 月 12 日一行三会记者会上中国人民银行行长周小川，副行长潘功胜、陈雨露表示要加强互联网金融的监管，3 月 13 日上午，最高人民法院院长周强向全国人民代表大会报告工作时表示，2016 年将依法审理民间借贷等案件，规范融资行为。

再看 2016 年《政府工作报告》的重心已从往年的“积极促进”向“规范发展”转化，监管态度收紧是趋势也是必然。针对互联网金融这匹脱缰的野马，不难看出，互联网金融规范化发展是大势所趋。

在 3·15 消费者权益保护日到来之际，关注金融创新的新媒体野马财经联合《消费者报道》，在北京举办了互联网金融消费者权益保护沙龙。会上，嘉宾们表示，完善行业规范，从风险控制的角度开发更加安全的理财产品，加强投资者保护显得刻不容缓。

行业规范自身首先应当走出认识误区。中国人民大学商法研究所所长、中国消费者权益保护法研究会副会长兼秘书长刘俊海认为，整个行业要扭转重发展轻规范、重效率轻公平、重创新轻诚信、重便捷轻安全的四个误区。刘俊海表示，总体而言，互联网金融必须走上法治轨道，才能获得可持续的发展。

然而，互联网金融的监管又不同于线下的监管。阿里研究院顾问周子衡表示，能否将线下的既有监管框架搬到线上，还不能确定，主要是因为线下有柜台，线上没有且情况更为复杂。互联网金融不是简单地把金融搬到了网上。既有的线下监管资源和法律资源十分有限，由此周子衡认为，一定要通过各种渠道、方法来发掘网上活动自身的监管和规范资源。

行业的发展最终来自消费者的信任，重塑行业信用显得急迫，规范的建设还要围绕消费者进行。网信集团首席法务官刘志强认为，一个企业要把消费者保护放在第一位，应该从信息安全、项目和相关主体资信审核、信息披露、资金存管、风控落实、纠纷处理等方面对企业加以规范。

搜易贷VP、资深律师李宜坤在野马财经举办的这次沙龙上表示，业内存在三种平台，一种是稳健经营的平台，比如搜易贷；一种是盲从者，还没有想好就进入行业；最后一种是欺诈者，利用互金名号行骗。

做好风控是稳健从业者的重要工作。李宜坤表示，搜易贷通过坚持小额分散业务模式、坚持合规运作、制定全面的风险管理流程、保障网站和系统安全、甄选合作机构、设立多重风险保障机制、建立全方位安全平台七重保障，确保风控安全。

风控措施不仅要全面，更重要的是落实。网贷行业由于具有一对多、合同电子化等特性，与线下相比，风控措施落实会有一些障碍。刘志强表示，网络借贷线上网签的电子合同形式不被相关管理部门认可，这是目前网络借贷面临的问题。他认为，线上抵押质押贷款能否获得像线下一样的认可，有关管理部门需要出台解决方案。

另外，周子衡表示，在消费者权益保护方面，金融服务并不等同于商品服务当中的消费者权益保护，不能把商品和服务消费者权益保护直接搬到金融领域来。

互联网金融本质还是金融，具备风险性，这需要加强投资者教育。李宜坤表示，除了做好各项风控措施外，搜易贷在官网上还开设专栏，跟投资人沟通关于金融产品、借贷风险提示的内容。

四、互联网金融发展趋势分析

（一）互联网金融业务创新

网络时代的金融业务不同于以往任何时代的发展规律，由于信息技术的应用，很多传统金融业中并不存在的业务显露出了冰山一角，而通过技术应用探索和挖掘这些潜在的业务可以说是目前业务创新的一个趋势。最初的网络金融业务只是应用了网络信息技术在虚拟的网络空间模拟传统金融业务的流程，如网上银行、网上证券、网上保险等。但信息技术的应用并不仅限于此，网络金融服务中存在大量的交易和结算，由此滋生了网上支付结算业务。网络中存在着大量的金融信息，对此进行整合和筛选，进而推出网络金融信息服务平台。随着网络技术的不断发展，对网络金融业务新领域的探索将是各个金融服务提供商长期的课题之一。

互联网金融业务创新的表现在于：第一，重视个人金融信息服务。如今网络使用者与日俱增，而这其中大部分用户属于个人用户，在今后网络金融的发展当中，个人网络金融业务将会更加丰富、多样化，同时更加细化、更加贴近日常生活。第二，加强关联业务发展。网站提供公共事业服务这类贴近生活的服务是难能可贵的。而由于现实中用户需要关注与日常生活相关的金融服务，因此这类业务将在未来得到更好的发展。第三，业务流程更加人性化。网站版面清晰，所有业务一目了然。用户在享受业务的时候十分方便，需要填的资料提示清楚，步骤明确。这种人性化的流程带来了很好的用户体验，有利于提高客户忠诚度。

（二）互联网金融的经营模式创新

互联网金融的经营模式创新离不开网络时代信息技术的不断进步，同时也和金融业务的变化密不可分，但是真正决定其经营模式发展方向的是金融业的经营导向。最初国外很多国家都是以金融机构的盈利及便利为经营导向，采用金融业混业经营模式，其商业银行从事多种业务（如投资银行业务），为了盈利进行内幕交易、股市操纵，最终不可避免地导致金融危机爆发，残局难以收拾。一些国家把分业经营的模式作为过渡并最终将其转变为以消费者需求和便利为经营导向的混业经营模式。这对于网络金融时代的金融服务提供商尤其重要，因为在网络时代，网络金融服务提供商的成本大大降低，导致行业进入门槛下降，竞争更加激烈，客户的可选择性大大增加，所以只有更好地满足消费者个性化需求，为消费者谋求便利才能给金融服务提供商带来盈利和发展。以 BeatThatQuote. com 为例，该网站提供的所有业务都体现了以消费者需求和便利为经营导向的混业经营模式。除了银行业务、保险业务，还增加了公共服务业务，方便了普通人群缴纳电费、煤气费、网费、电话费，并且这些业务都提供价格比较服务。这也是该网站能够成为英国发展最快的价格比较服务网站的原因。由此可见，以消费者需求和便利为经营导向的混业经营模式是我国网络金融经营模式未来可行的发展方向。

（三）互联网金融盈利模式创新

互联网金融盈利模式的发展与各国传统金融盈利模式的发展息息相关却又迥然相异。传统金融的业务大致可以分成对公业务、对私业务，盈利模式又有利息收入、保险金以及各种中介费、代理费等。国外采用混业经营模式，经营多种互相渗透的业务，商业银行存贷利差收入在盈利中的比例逐渐下降，个人金融服务盈利增加。这也正是国外互联网金融盈利模式的发展方向，由于互联网金融面向的是所有人群，其主要服务对象是个人，所以个人服务费和中介费为主的盈利模式成为主流。以 BeatThatQuote. com 为例，该网站主要的盈利模式为个人金融服务的佣金收入，而采用这种盈利模式的网站不在少数。可以预见，在今后的发展中将会出现各种形式的中介费用。我国与国外的传统金融盈利模式有很大的差别。首先在传统的银行业我国的盈利来源主要靠存贷利差，利息收入占总收入的比例很大，中介费和代理费的盈利比重很少。这主要是由我国存贷款利率差别大、储蓄规模大、实行严格的分业经营制度导致的。在互联网金融发展方面，国内外服务对象相同，主要面向个人金融服务，所以以服务费和中介费为主的盈利模式也是国内网站的发展趋势。

关键名词

网络支付系统　信用卡在线支付　电子支票　电子现金　网络银行　第三方支付　互联网金融

课后习题

一、选择题

1. 以下选项中不属于电子支付安全问题的是（　　）。

A. 缺乏相应支付系统的支持　　B. 黑客入侵

C. 内部作案　　D. 密码泄露

2. 电子支付具有以下特征，其中错误的是（　　）。

A. 电子支付是采用先进的技术通过数字流转来完成信息传输的

B. 电子支付的工作环境是基于一个封闭的系统平台之中

C. 电子支付使用的是最先进的通信手段

D. 电子支付具有方便、快捷、高效、经济的优势

3. 电子支付指的是电子交易的当事人，使用安全电子支付手段通过网络进行的（　　）。

A. 现金流转　　B. 数据传输　　C. 货币支付或资金流转　　D. 票据传输

4. 在电子支付流程中，SET是何时开始介入的？（　　）

A. 在线商店接受订单后

B. 消费者输入订货单后

C. 消费者选择支付方式，确订订单、签发付款指令后

D. 在线商店发送订单、确认信息给消费者后

5. 世界上最早的电子钱包系统是（　　）。

A. Mondex　　B. Visa Cash　　C. MasterCard　　D. Clip

6. 由MasterCard和Visa联合开发的一种被称为（　　）的标准，为网上信息及资金的安全流通提供了充分的保障。

A. ATM　　B. PIN　　C. SSL　　D. SET

7. Mondex卡最早在哪个国家开发和试用？（　　）

A. 美国　　B. 德国　　C. 英国　　D. 法国

8. 随着计算机技术的发展，电子支付的工具越来越多，其中电子钱包和电子支票分别属于（　　）。

A. 电子货币类和电子支票类　　B. 电子货币类和电子划款类

C. 电子钱包类和电子支票类　　D. 电子钱包类和电子划款类

9. 不属于电子支票类的电子支付工具是（　　）。

A. 电子支票　　B. 电子汇款　　C. 电子划款　　D. 电子钱包

10. 目前我国智能卡的推广应用中还存在一些障碍，主要是安全问题和（　　）。

A. 资金问题　　B. 政策问题　　C. 成本问题　　D. 观念问题

11. 电子支付的特征包括哪些？（　　）

A. 通过数字化的方式进行款项支付

B. 工作环境是基于一个开放的系统平台

C. 使用的是最先进的通信手段，对软件、硬件设施的要求很高

D. 具有方便、快捷、高效、经济的优势

12. 以下哪些问题会涉及资金的安全？(　　)

A. 黑客入侵　B. 内部作案　C. 密码泄露　D. 窃取信息

13. 电子支付工具包括以下哪几类？(　　)

A. 电子货币　B. 电子信用卡　C. 电子支票　D. 电子钱包

14. 我国 1993 年起在全国范围内开展的“金卡工程”，其总体构想是建立全国统一的(　　)。

A. 金卡结算体系　B. 金卡专用网　C. 金卡服务中心　D. 金卡发行体系

15. 电子现金的特点有哪些？(　　)

A. 匿名性

B. 用户、商家和 E-cash 银行都需使用 E-cash 软件

C. 身份验证是由 E-cash 本身完成的

D. 具有现金特点，可以存、取、转让，适用于小额交易

16. 电子现金支付方式存在的问题有（　　）。

A. 成本较高

B. 风险较大

C. 存在货币兑换问题

D. 只有少数商家接受电子现金，只有少数银行提供电子现金开户服务

17. 下列哪些是电子现金支付系统？(　　)

A. CHIPS　B. Digi Cash　C. Net Cash　D. E-cash

18. 以下属于电子钱包的服务系统的有（　　）。

A. Visa Cash　B. Mondex　C. MasterCard Cash　D. Clip

二、填空题

1. 根据支付体系结构的不同分类，网络支付系统可以分为________、________和________。

2. 电子支票与信用卡和电子现金比较起来，电子支票具有自身的优势和特点，比如________、________、________。

3. 以电子数据形式流通的、能被客户和商家普遍接受的、通过 Internet 购买商品或服务时使用的货币叫作________，其具备的基本性质是________、________、________、不可伪造性、________、可分性。

4. 网络银行的系统构成包括银行网站、________、________、银行柜台、________、CA 中心。

5. 第三方支付的优点为________、________、________，缺点为________、________、________业务革新问题、________、法律法规支持问题。

三、简答题

1. 请至少列举 3 个第三方支付平台。

2. 按支付方式分类，可将电子货币分为哪 4 种？

3. 简述第三方支付的优缺点。

3. 互联网金融发展中存在哪些问题？

第七章

电子商务物流

★学习目标

★理解并掌握物流的概念和功能。

★掌握电子商务物流的内涵，理解电子商务与物流的关系，了解电子商务物流业务流程。

★掌握电子商务物流模式。

★掌握电子商务物流配送中心功能，了解电子商务订单履行的过程。

★掌握快递市场产品分类与三大阵营，理解快递发展的趋势与影响因素。

★掌握跨境电子商务物流模式，了解上海自贸区电子商务的现状。

★案例引导

京东阿里电子商务物流鏖战

京东、阿里两电子商务巨头你来我往，如今在无人技术上更是硝烟四起。这边阿里搞起了无人超市，那边京东搞起了无人机送货；京东刚刚宣布“物流无人分拣中心”在昆山启用，菜鸟网络也宣布“智能机器人仓库”已在广东惠阳投入使用。

业内人士分析称，双方几乎同时宣布自己的无人仓科技，有着明显的“军备竞赛”意味，这也标志着中国无人仓领域更加国际化、科技化。

全球首个无人分拣中心

据有关媒体2017年8月9日报道：近日，京东公开昆山的无人分拣中心，并称这是全球首个正式落成并运营成功的全程无人分拣中心。京东提供的资料显示，在目前的物流行业内，整个仓配流程中，某个单一环节的无人模式已逐渐成熟，但像昆山无人分拣中心这样整个分拣大环节的全流程均无人操作“在全球尚属首次”。无人化不仅效率提高了，而且人工成本也在降低。

据京东公布的数据，目前昆山全程无人分拣中心的分拣能力已经达到9 000件/小时。

在同等场地规模和分拣货量的前提下，据测算，每个场地可以节省180个人的劳动力。同时，一线设备的操作效率和运营质量也得到显著提升，对比传统供包能力，自动供包台的效率最高可达到传统效率的4倍。

此前刘强东曾透露，从2017年7月开始，京东已经在北京建立了无人仓库，在2018年"双十一"前，京东有望实现第一个真正的无人仓库，全部管理采用人工智能+机器人技术来完成，实现整个库房无人操作。

"未来12年，京东至少还有十几倍的销售增长，但员工人数希望保持不变。相信10年之后，京东的人员加起来，反而会很少，我们的目标是8万人。"

"中国最大"机器人仓库

就在京东发布无人分拣中心之后，菜鸟网络也宣布，自己打造的"中国最大"机器人仓库已在广东惠阳投入使用。

比起之前曝光的智慧仓库，这个机器人仓库更为复杂，拥有上百台搬货机器人，每台机器人既可以独立运行，也可以多台机器人协同合作。

同样地，菜鸟网络也提升了效率和节省了人力成本。

菜鸟网络举例说明，机器人会自动前往相应货架，将货架拉到拣货员的面前，由拣货员将消费者购买的物品放置在分拣箱内，随后进行打包配送。目前，机器人与拣货员搭配，1小时拣货数量比以前提升了3倍多。

而在传统仓库内，消费者下单之后，拣货员需跑步到货架前，将货物拣出。由于一个订单往往有几件、几十件货物，拣货员需要在仓库内多次跑动，通常1个小时能拣货100多件。

无人智能减少70%人工

除了阿里和京东，国内外还有很多电子商务或者快递公司已经有了无人智能仓库。

申通的智能分拣系统，在1 300平方米的仓库，只需布置10个入口、350个机器人，就能完成扫码、称重、分拣功能"三合一"，每次扫码时间在1秒以内，运行速度可达到3米/秒。据称机器人充电5分钟狂奔4小时，在1小时内，可以分拣18 000个快递包裹，每天至少分拣20万个快件，可减少70%人工！机器人托盘还可实现对传统面单和电子面单的自动识别，错分率几乎为零。

第一节　物流概述

一、物流的产生与发展

在原始社会，人类自给自足，相互之间没有交换，也就不存在生产和消费。但是随着人类对不同商品的需求变多，社会分工开始出现并日益深刻，生产和消费出现了分离，流通由此而生。流通成为生产和消费的中间环节，帮助弥合两者之间的差距。这是人类历史上物流发展的雏形。物流概念源于20世纪30年代的美国军方，是从Physical Distribution（PD）一词演变而来。在第二次世界大战中，美国军方为了满足战争供应建立了"后勤"（Logistics）

理论，研究军事物资采购、运输、储存、分配、保养，以及废弃后处理的一体化方案。现在欧美国家更多地把物流称作 Logistics，而不是 Physical Distribution。1956 年，日本考察团在研究美国物流的基础上，提出了“第三利润源泉”，认为除生产资料、人力资源之外，物流可以帮助日本企业产生巨大利润。20 世纪 80 年代初期，我国从日本直接引入“物流”这个概念，实际上是日语“物的流通”的简称。物流的产生与发展思路如图 7-1 所示。

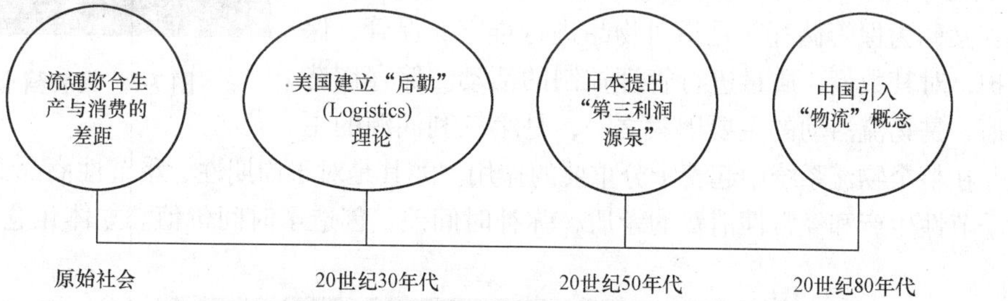

图 7-1　物流产生与发展思路图

二、物流的概念

关于“物流”的概念，不同的国家、不同的机构、不同的时期对物流的认识是不断发展、不断进步的，因而，对物流的定义也是不断变化的。

中华人民共和国国家标准《物流术语》GB/T 18354—2001 中对物流的定义是这样的：物品从供应地向接收地的实体流动过程。根据实际需要，将运输、储存、装卸、流通加工、配送、信息处理等基本功能实施有机的结合。

有的物流定义强调物流与供应链中的其他“流”相互协同配合；有的从物流的基本功能方面展开解释物流。虽然角度不同，但是物流的内涵不变，集中体现为以下几点。

（1）物流的研究对象是物。物流定义中“物”是指一切具有经济意义的物质实体，具体包括物资、物料、货物、商品、物品；既包括生产过程中的物质，又包括流通过程中的消费性商品，还包括消费过程中的废弃物品。

（2）物流是“物”的物理性运动。物流是物品从供应地向接收地的实体运动，在运动的过程中创造了时间价值、空间价值。它不同于其他形式的运动，如化学的、机械的、生物的、社会的运动等。

（3）物流运动是一种经济活动。物流是一种为满足社会需求而进行的原材料、中间库存、最终产品在供应地与接收地之间的转移，是一种经济活动。如果只是物质使用价值的转移，即使伴随商流的过程也不属于物流的范畴。另外，不是经济活动的物质实体流动也不属于物流的范畴。

三、物流的基本功能要素

现代物流的基本功能要素包括运输、储存、装卸搬运、包装、流通加工、配送、信息处理等。

1. 运输

运输是指利用各种运输设备和工具，将物品从一个地点向另一个地点运送的物流活动。其主要任务是对物品进行较长距离的空间位移，包括集货、分配、搬运、中转、卸下、分散等一系列操作。运输除了包括供应及销售物流中陆、海、空运输，还包括生产物流中管道、传送带的运输。运输活动可以创造“场所效应”，实现“空间价值”。集装箱卡车如图 7-2 所示。

图 7-2　集装箱卡车

2. 储存

储存又称为保管储存，是指对物品进行堆存、保管、保养、维护，对其数量、质量进行管理控制的活动。储存创造时间价值，是物流活动的主要因素之一，是第三利润源的主要源泉，在整个物流系统中起着十分重要的作用。尤其是对于周期性、季节性商品而言，储存克服了季节性生产和经常性消费的矛盾，弥补时间差，创造了时间价值。立体化仓库如图 7-3 所示。

图 7-3　立体化仓库

3. 装卸搬运

装卸搬运是指在同一地域范围进行的，以改变物品的存放状态和空间位置为主要内容和目的的活动。这里需要注意两组概念的区别与联系：装卸与搬运、搬运与运输。

我国物流术语标准（GB/T 18354—2006）规定：装卸是指物品在指定地点以人力或机械载入或卸出运输工具的作业流程；搬运是指在同一场所内，对货物进行以空间水平移动为主的物流作业。在实际业务中，更多的情况是装卸和搬运二者的结合，故统称为装卸搬运。

搬运和运输的主要区别在于运输是在较大范围的活动，如两个城市之间、两个工厂之间，而搬运则是在同一地域的小范围内发生的，活动范围较小。搬运和运输之间没有一个绝对的界限。自动装卸车如图 7-4 所示。

图 7-4　自动装卸车

4. 包装

包装是为了维持产品状态、方便储运、促

进销售，采用适当的材料、容器等，使用一定的技术方法，对物品包封并予以适当装潢和标识的操作活动。包装按层次分为个装、内装和外装三种。个装是到使用者手中的最小单位包装，是对产品的直接保护状态。内装是把一个或数个个装集中于一个中间容器的保护状态。外装是为了方便储运，采取必要的缓冲、固定、防潮、防水等措施，对产品的保护状态。包装是生产的终点，同时又是物流的起点，它在很大程度上制约着物流系统的运行状况。

5. 流通加工

流通加工是指物品在从生产地到使用地流通过程中，根据客户的要求和物流的需要施加包装、分割、计量、分拣、刷标志、贴标签、组装等简单作业的总称，是一种辅助性加工活动。流通加工是流通中的一种特殊形式，其目的是促进销售、维护商品质量和提高物流效率。流通加工包括多种形式，如为满足需求多样化而进行的服务性加工、为保护商品所进行的加工、为提高物流效率的加工、为促进销售流通的加工等。图 7-5 所示为超市对蔬菜的流通加工；图 7-6 所示为钢材的流通加工。

图 7-5　超市对蔬菜的流通加工

图 7-6　钢材的流通加工

6. 配送

配送是指在经济合理区域内，根据用户的要求，对物品进行拣选、加工、包装、分割、组培等作业，并按时送达指定地点的物流活动。配送是“配”和“送”的有机结合，在进行了充分的备货、储存前提下，“配”包括分拣、配货和配装；“送”包括配送、运输和送达服务。图 7-7 所示为配送中心分流货物的分拣线。

图 7-7　配送中心分流货物的分拣线

7. 信息处理

物流过程中有关输入、输出物流的结构、流量与流向、库存动态、物流费用、市场情报、运输跟踪等信息，形成各种物流活动的知识、资料、数据、图像、文件等，构成不同形式的物流信息。物流信息的处理包括对信息的搜集、加工、传递、存储、检索等。应用计算机进行加工处理，获得实用的物流信息，将有利于及时掌握物流动态，协调各物流环节，有效地组织好物流活动。

第二节　电子商务背景下的物流管理

一、电子商务物流概述

（一）电子商务物流的内涵

电子商务物流是信息化、现代化、社会化的物流。物流企业采用网络化的计算机技术，现代化的硬件设备、软件系统，先进的管理手段，针对社会需要，严格按照用户的订货要求，进行一系列分类、编码、整理、分工、配货等理货工作，定时、定点、定量地交给没有范围限度的各类用户，满足其对商品的要求。

电子商务物流是伴随电子商务技术和社会需求的发展而出现的，它是辅之以电子商务真正的价值实现不可缺的重要组成部分。

1. 物流是电子商务概念模型的基本要素

电子商务概念模型是对现实世界中电子商务活动的一般抽象描述，它由电子商务实体、电子市场、贸易活动和信息流、资金流、物流等组成，如图 7-8 所示。

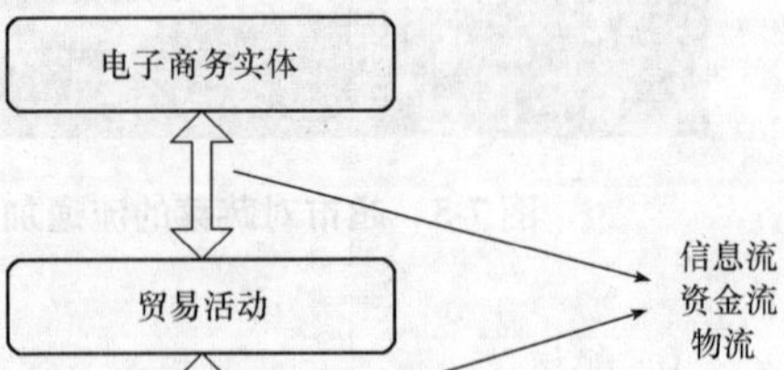

图 7-8　电子商务概念模型

电子商务实体是指能够从事电子商务的客观对象，包括企业、银行、商店、政府机构和消费者等。

电子市场是指电子商务实体从事商品和服务交换的场所，它由各商务活动参与者通过通信网络连接成一个统一的整体。

贸易活动是指电子商务实体之间所从事的具体的商务活动，包括询价、报价、转账支付、广告宣传和商品运输等。

信息流包括商品信息的提供和发布，也包括查询单价、报价单、付款通知单等商业贸易凭证的网上传递，以及交易方支付能力和支付信誉的认证等；资金流是指资金的转移过程，包括付款和转账等；物流是指物质实体的流动过程，包括运输、储存、配送、装卸和保管等各种活动。

在电子商务下，信息流、资金流的处理都可以通过计算机和网络通信设备实现，物流是“三流”中最为特殊的一流。对于少数商品和服务来说，可以直接通过网络传输的方式进行配送，如各种电子出版物、信息咨询服务、有价信息软件等。而对于大多数商品和服务来说，物流是无法通过网络传输的。

2. 物流是体现电子商务优越性的重要条件

电子商务是Internet爆炸式发展的直接产物，是网络技术应用的全新发展方向。电子商务不仅改变企业本身的生产、经营、管理活动，而且影响到整个社会的经济运行和结构。以Internet为依托的“电子”技术平台为传统商务活动提供了一个无比宽阔的发展空间，其突出的优越性是传统媒介手段根本无法比拟的。

电子商务突破时空限制。传统的商务是以固定不变的销售地点（商店）和固定不变的销售时间为特征的店铺式销售。电子商务将传统的商务流程数字化、电子化，让传统的商务流程转化为信息流，突破了时间空间的局限，大大提高了商业运作的效率，并有效地降低成本。物流活动通过包装、装卸、仓储、运输、流通加工、信息处理系统等现代化、标准化的物流软硬件装备来缩减物流时间，创造时间效用。

对于特殊性产品而言，因为产品生产自身存在季节性和周期性，所以消费者的日常消费难以满足。这样势必形成了周期性生产和经常性消费的矛盾。物流过程巧妙地运用运输和仓储等活动来弥补生产和消费的时间差，使得消费者对特殊产品的日常性消费成为可能。这就是物流在弥补时间差方面所带来的价值效用。

物流的空间价值体现在物流活动可以使商品从供应商转移到消费者。由于现代社会产业结构、社会分工、不同地区自然条件和地理条件等因素的影响，商品在不同地理位置的生产出现差异性，这种差异性的外在表现为部分商品的生产集中于某几个区域，特殊商品只能在某一个地区生产等。物流活动通过运输和仓储将商品由低价值区转移到高价值区，便可以获得价值差，即“空间价值”。物流的空间效用具体体现在：第一，从集中生产场所（空间）流入分散需求场所创造价值，如西气东输、北粮南调、西煤东运等工程项目就是将集中在我国西北部地区的原材料，如棉花、粮食、煤炭等，通过物流流入分散需求地区；第二，从分散生产场所（空间）流入集中需求场所创造价值，例如计算机、汽车的零配件生产分布非常广，最后集中在一起装配；第三，从本地流入外地，创造场所（空间）价值，如海南的椰子通过物流运输到全国各地的超市和水果店销售。

（二）电子商务物流的特点

相对于传统意义上的物流，电子商务环境下的物流具有以下特点。

1. 信息化

电子商务时代，物流信息化是电子商务的必然要求。物流信息化表现为物流信息的商品化、物流信息收集的数据库化和代码化、物流信息处理的电子化和计算机化、物流信息传递的标准化和实时化、物流信息存储的数字化等。以电子商务技术应用为代表的信息革命，为企业物流的信息管理提供非常丰富的技术手段和解决方案，可以大幅度地提高信息管理水平和客户服务质量。因此，条码技术（Bar Code）、数据库技术（Database Technology）、电子订货系统（Electronic Ordering System，EOS）、电子数据交换（Electronic Data Interchange，EDI）、快速反应（Quick Response，QR）、有效客户反应（Effective Customer Response，ECR）、企业资源计划（Enterprise Resource Planning，ERP）等技术与观念在我国的物流中将会得到普遍的应用。

2. 自动化

自动化的基础是信息化，自动化的核心是机电一体化，自动化的外在表现是无人化，自动化的效果是省力化，另外，还可以扩大物流作业能力、提高劳动生产率、减少物流作业的差错等。物流自动化的设施非常多，如条码、语音、射频自动识别系统（无线射频识别技术见图 7-9）、自动分拣系统见（图 7-10）、自动存取系统、自动导向车、货物自动跟踪系统等。

图 7-9　无线射频识别技术

图 7-10　自动分拣系统

3. 网络化

物流的网络化是电子商务环境下物流的主要特征之一。物流网络化的基础是信息化，表现为物流系统的计算机通信网络化和物流组织的网络化。物流系统的计算机通信网络化包括物流配送中心与供应商或制造商的联系要通过计算机网络，一些作业（如物流配送中心向供应商提出订单）就可以使用计算机通信方式，借助于增值网上的电子订货系统和电子数据交换技术来自动实现，物流配送中心通过计算机网络收集下游客户订货的过程也可以自动完成。物流组织的网络化就是指拥有企业内部网，有了企业内部网，企业内部的信息传递和共享、生产进度的协调等作业就可以通过网络来完成。

4. 智能化

智能化是物流自动化、信息化的一种高层次应用，物流作业过程大量的运筹和决策，如库存水平的确定、运输（搬运）路径的选择、自动导向车的运行轨迹和作业控制、自动分拣机的运行、物流配送中心经营管理的决策支持等问题都需要借助于大量的知识才能解决。为了提高物流现代化的水平，物流的智能化已成为电子商务下物流发展的一个新趋势。目前，专家系统、机器人等相关技术在国际上已经有比较成熟的研究成果，为提高物流的现代化水平打下了基础。图 7-11 和图 7-12 所示分别为京东智慧物流的配送无人机和无人送货小车。

一些发达国家的企业已经通过有效地利用 IT 技术，开发出智能交通系统（Intelligent Traffic System，ITS）。同时，全球定位系统（Global Positioning System，GPS）的发展，也为运输路径的合理选择和定位提供了便利。

图 7-11　京东智慧物流的配送无人机

图 7-12　京东智慧物流的无人送货小车

5. 柔性化

电子商务的发展，使需求由大批量、标准化转变为小批量、个性化、快速化。为了与之相适应，物流管理也需要从刚性化过渡到柔性化。柔性化是本着“以客户为中心”的理念提出的，要求生产和物流都必须按照需求端的要求来组织生产，安排物流活动。随着市场变化的加快和人们对个性化产品需求的加大，产品生命周期正在逐步缩短，小批量、多品种的生产已经成为企业生存的关键。这就要求物流配送中心要根据消费者“多品种、小批量、多批次、短周期”的需求特点，灵活地组织物流作业。

另外，物流设施标准化、商品包装标准化、物流社会化、物流共同化也都是电子商务环境下物流模式的新特点。

二、电子商务与物流的关系

近年来，我国电子商务的快速发展取得了令人瞩目的成绩，保持着快速增长的势头。聚美优品、京东、阿里巴巴先后赴美上市，我国电子商务在世界舞台上崭露头角。伴随着电子商务的快速发展，我国电子商务物流发展迅猛，电子商务自建物流和第三方快递业市场规模继续扩大。快递行业2016年收入达到3 974亿元，业务量达到313亿件，过去5年每年单量增长几乎都在50%以上，现已稳居全球第一。

网上购物所具备的极大优势加之我国互联网用户数量的持续上升，都让电子商务成了物流行业发展的新增长点，物流与电子商务之间的协作更加密切，其合作范围也在逐渐扩大。但是物流与电子商务在发展过程中必然会存在一些问题，如运营衔接、协调机制、管理质量等方面的问题。因此，我们更应该关注物流与电子商务发展之间的联系，加快促进国家对物流相关标准规范的制定，不断提高行业的自律性，促进物流和电子商务之间的深化合作。

1. 物流活动是电子商务过程的基本要素

电子商务活动过程中的任何一笔交易，都是由信息流、资金流、物流组成的，物流是最特殊的一种。电子商务条件下物流的一般流程是：企业将商品信息通过网络展示给客户，客户通过浏览器访问企业网站，选择需要购买的商品，并填写提交订单。企业通过订单确认客户，并通过第三方认证中心确认收费方式，同时启动自己的应用系统组织货源程序。客户通过电子结算与金融部门交互执行资金转移。金融部门通过电子票据（或其他方式）通知买卖双方资金转移的结果。企业组织产品，并送达到客户手中。

2. 现代物流是实现电子商务的基本保证

只有合理化、现代化的物流活动，才能优化库存结构、减少资金占压、保障现代化生产的高效进行。随着电子商务的不断扩大发展，对物流的需求越来越高，而作为实体流动的物流活动发展相对滞后，从而在某种程度上来说，物流成为电子商务发展的瓶颈，物流业直接影响着电子商务，其发展壮大对电子商务的快速发展起到支撑作用。

3. 现代物流发展制约电子商务的发展

电子商务活动顺利地实现了商品和服务的价值交易过程，但是，商品和服务的使用价值的交割必须通过现代物流活动才能实现，同时，它开展网络购物最需要的也是物流和配送，只有建立和发展了现代物流配送网络体系，从整个社会生产过程和物流过程来有效地畅通社会物质的流动，才能为电子商务的发展创造有利的基础环境。

4. 电子商务引导现代物流的发展

虽然电子商务本身不能实现最终的物流，但它以一种最为直接的方式引导着社会物质的流向、流速和流量，并在电子商务技术促进物流交易与物流分离的同时，通过电子商务发展形成的强大物流需求引导和促进现代物流的信息化、网络化、现代化的发展。电子商务高效率和全球性的特点，要求物流也必须达到这一目标。

5. 电子商务促进物流技术的进步

物流技术主要包括物流硬技术和软技术。物流技术水平的高低是实现物流效率高低的一个重要因素，要建立一个适合电子商务运作的高效率的物流系统，加快提高物流的技术水平则有着重要的作用。

6. 电子商务提供现代物流发展的信息处理平台和技术

电子商务为提高物流效率、保持信息流通畅并及时准确地反馈、传递和处理物流运作各环节、各部门所需要的信息提供了现代化平台和网络化技术，并随着现代信息网络技术的不断发展为物流信息资源的充分运用创造了条件，有力地促进了物流运作能力并提高了效率。

三、电子商务物流业务流程

在为电子商务客户提供物流服务时，根据电子商务物流的特点，对物流体系实行统一的信息管理和调度，根据客户需求，有针对性地实施采购，然后在集中生产和控制系统中完成产品的生产过程，在物流基地进行理货工作，并将配好的货物送交消费者。这一集成的、优化的流通方式对流通企业提高服务质量、降低物流成本、优化社会库存配置有着重要作用，对提高企业的经济和社会效益具有重要意义。

电子商务物流的作业流程与普通商务环境下的物流作业流程基本上是一样的，目的都是要将用户所订货物送到用户手中，包括进货、进货检验、分拣、储存、拣选、包装、分类、组配、装车及送货等基本的业务活动。只是电子商务物流的每个订单都要送货上门，而传统店面销售则不需要。因此，电子商务物流成本更高，配送路线的规划、配送日程的调度、配送车辆的合理利用难度更大。

四、电子商务物流发展趋势

1. 电子商务物流的移动化、数据化、平台化

在过去的一年时间里，约 1.3 亿网购人群从 PC 端转移到移动端，移动端网购人群的占比已经逼近 70%。信息经济条件下的消费行为发生了本质改变，由固定位置、断点式在线转变为 24 小时在线，可以随时随地下单、接单、发包裹、收包裹，电子商务物流的应用场景呈现指数级增长。同时平台化带来的分享经济和共享经济的变化，也使得在整个 O2O 业态发展当中，快递物流快速跟进。

2. 电子商务物流正在以前所未有的速度全球化、农村化

技术在不断地改变着商业的形态，在拓展着商业的边界，也在拓展着物流快递的边界。过去一年，跨境电子商务迅猛发展，一度成为行业热词。“双十一”期间，超过 3 000 万国人在当天购买来自全球 100 多个国家的产品，同时有 232 个国家和地区的消费者参与了“双十一”狂欢，跨境出口物流规模同比增长了 224%。

全球化的同时，电子商务物流的农村化、城市本地化也在快速演进，伴随这样一个过程：快递物流行业从骨干线路的覆盖，进一步走向支线、毛细血管的覆盖。以三通一达为代表的快递公司，今天正在把它们的毛细体系铺设到农村，让农村得到跟北京、上海的居民一样的普惠的商业服务。

3. 电子商务物流的园区化以及跨业态聚集

2015 年一年时间内，有超过一千个电子商务产业园建立起来，甚至有的不是新建的产业园，而是通过改造传统的过剩房地产的园区，使其变成了产业园，例如著名的广东岭南电子商务产业园，就是从东莞一家鞋城批发市场转型升级而来的。类似这样的案例不在少数，随着互联网打通商业信息链、去中间化趋势日益明朗，原本依赖信息优势的各类专业批发市场面临巨大压力，很多开始转型升级为电子商务产业园。

物流需要货物集聚，电子商务在园区的小集聚意味着货物的大流转、大集聚，园区聚焦形成的对等开放与大规模协作，使得“互联网 + 产业园 + 物流园”的发展模式应运而生，这成为当前电子商务物流发展布局的一大趋势，这也是线上生态与数据的变化所导致的线下物流产业空间集聚态势改变的新鲜商业场景。

4. 需求侧供应链再造促进供给侧改革

中央提到的供给侧改革问题，是要解决过剩产能的问题，要解决中国的高端消费者没有好商品的问题。但目前所观察到的是需求侧的供应链的全新的再造，电子商务与快递物流公司正在协力打造一个需求端的商业价值体系，并进行进一步的升级和改造。为了推动供给侧改革，一个全新的、覆盖全国的电子商务和物流的服务体系将会建立，这个基础设施的建立是非常重要的。

5. 商业基础设施的个人化、应用化

电子商务物流最重要的特征是基础设施投资更加社会化、私人化，这种投资甚至包括每一台智能手机。个人购买的手机，不再像是过去的国有航空公司购买飞机，这个基础设施的主导者是个人。商业基础设施的投资，当然也包括物流快递的基础设施投资，使设施进一步走向轻资产化、应用化、融合化，将一切社会资源连接起来、整合起来、重新盘活并运营起来，这比过去占有重资产的基础设施更加重要。这是基础设施升级和转型创新的方向。

电子商务仓储、城市配送、跨境电子商务物流、本地末端服务、物流园区和电子商务物流供应链金融是今后电子商务物流发展的六个热点和重点领域。

第三节　电子商务背景下的物流模式

电子商务物流模式主要指在计算机网络通信技术不断发展、电子商务日益盛行的背景下，以市场为导向、以满足顾客要求为宗旨、获取系统总效益最优化的适应现代社会经济发展的模式，其主要模式有企业自营物流模式、第三方物流模式、第四方物流模式、物流联盟模式、物流一体化等，以及基于 Internet 的新型物流模式。电子商务环境下企业应该选择何种物流模式才能不断适应经济发展的需要，在激烈的市场竞争中保持竞争优势和强劲的发展势头，是每一个企业都需要认真解决的问题。

一、企业自营物流模式

（一）企业自营物流模式的概念

企业自营物流模式又称为自建物流或自有物流，是指企业自身投资物流资源，如运输工具、存储仓库、物流中心等，并由企业内部人员参与管理运作的物流模式。自营物流并不一定是自己组织所有的物流过程，自营物流也可以将某些功能外包，比如根据企业的自身特点，将一些临时的、只限于一次或者一系列分散的物流功能外包给其他的专业公司来做。

（二）企业自营物流模式的优势

（1）掌握控制权。企业自营物流，可以充分运用自身对采购、加工、销售等各环节的充分了解而有效协调物流活动，以最快的速度解决物流活动管理过程中出现的问题。因为企业拥有供应商、销售商以及消费者的信息，可以根据变化随时调整自己的物流策略。因为自营物流可以保证企业拥有对物流整体过程的有效控制，因此可以最大限度地保证与上游供应商的信息对流以及对下游顾客的服务要求。

（2）充分利用企业原有资源。企业自建物流系统，势必会在企业内部进行结构和机制的改造和改革，从而充分挖掘出自身的物流资源和物流优势，带动物流系统的整体运作，为创造企业的“第三利润源泉”提供可能性。在电子商务的环境下，自建物流利用网络技术向客户实时更新物流状态，提供高质量的物流服务水平。

（3）降低交易成本。相对于自营物流，依靠其他物流公司实现物流功能会因为信息的不对称性而造成沟通不及时、消息传递延迟甚至出现错误等管理问题。另外，在跟企业外的物流公司合作过程中，会在运输、仓储、配送、售后等多环节中产生交易费用，提高企业的运作成本和经营风险。

（4）提高企业品牌价值。企业自建物流系统对物流服务水平具有最直接、最有效的控制，可以最大限度地保证物流服务质量，特别是针对物流配送的最后一公里问题，有效提高顾客对物流速度和服务水平的满意程度，加强顾客的中心度，提高企业的品牌效用；另外，在给顾客提供物流配送的过程中，企业能够获得第一手信息，在了解顾客需求方面，自营物流更具有优势，这种优势体现在时间上的优先权和方式上的主动性，所以可以在瞬息万变的市场环境中做出决策和调整方案。

（三）企业自营物流模式的挑战

（1）企业投资负担增加。企业自建物流系统需要投入大量的财力来建设仓储设备、运输设备、物流信息化管理系统，同时，还需要数量庞大的物流专业人才从事物流服务和物流管理工作。所以，企业在设施设备等硬件方面和人力资源的软件方面都要投入大量资金，从而增加自身的财务负担，削弱了企业抵御市场风险的能力。

（2）企业物流水平难以保证。物流系统的高效运作需要自动化的机械设备、先进的信息管理系统，以及富有经验的物流专门人才。对于自建物流的企业而言，想要在短时间内成熟运作物流系统是非常难的。所以，在物流系统的功能完全释放之前，企业的配送效率、物流专业化水平都是有限的。企业很难保证在核心竞争力不断提升的同时，物流系统在建设初期就进入高效运转阶段。

（3）物流成本难以核算。在自营物流的模式下，大多数企业采用内部各职能部门彼此独立负责部门内的物流工作，只是把它作为部门内后勤工作的一部分，并没有将其分离出来进行管理、核算和评估。因此，企业无法从整体角度核算出物流成本，更不可能精确到每一种产品物流成本的计算。

★小贴士

企业自营物流模式的案例分享——京东物流

京东（股票代码：JD），中国自营式电子商务企业，创始人刘强东担任京东集团 CEO。京东旗下设有京东商城、京东金融、拍拍网、京东智能、O2O 及海外事业部等。2013 年京东正式获得虚拟运营商牌照，2014 年 5 月在美国纳斯达克证券交易所正式挂牌上市，2016 年 6 月与沃尔玛达成深度战略合作，1 号店并入京东，2017 年 4 月 25 日，京东集团宣布正式组建京东物流子集团。

京东自 2007 年全面开始自建物流以来，目前已经成为中国规模最大、最专业以及用户体验最佳的物流服务提供商之一。截至 2016 年 9 月 30 日，京东物流已经形成了中小件物流网、大件物流网和冷链物流网的 3 张网布局，拥有 7 个智能物流中心、254 个大型仓库、550 万平方米的仓储设施、6 780 个配送站和自提点，完成了对全国 2 646 个区县的覆盖。其中，中小件物流网已覆盖中国大陆 93% 的区县，当日达及次日达订单占比已经达到了 85%，大件物流网已全面覆盖中国大陆的所有省级行政区，冷链物流网则通过 7 地生鲜仓覆盖全国，目前依旧在快速扩张中。京东物流已经成为涵盖仓储、运输、配送、客服、售后等一体化供应链服务的解决方案提供商。

京东物流经过 10 年的发展，大致历经了 3 个阶段：2007—2009 年是初创阶段，京东独立摸索自建物流的业务模式，逐步建立了自己的仓储、配送设施和全自营的队伍，支撑了京东百亿业务规模；2010—2015 年，京东物流开始追求专业化和规模化的经济效应，通过“亚洲一号”的建设，将京东物流的客户时效和服务标准打造成了全球标杆，支撑千亿电子商务体量的同时，引领和重塑了行业的标准和规则；从 2016 年开始，京东物流将全面转向开放化和智能化的时代，通过技术创新和价值输出，推动整个中国商业社会的进步。

京东物流将为商家提供的是线上线下、多平台、全渠道、全生命周期、全供应链一体化的物流服务产品。为此，京东物流将向社会开放三大服务体系：仓配一体化的供应链服务、京东快递服务和京东物流云服务。

首先是仓配一体的供应链服务、冷链物流和大件物流的专项解决方案。

据京东集团副总裁、京东商城物流规划发展部负责人傅兵介绍，京东物流将针对不同行业的供应链特性和差异，在仓配一体的物流服务中，提供不同的解决方案，例如在消费品行业会对商品保质期进行全程的监控和管理，在 3C 行业有针对高值、系列号的细致管理体系，对服装行业有多地备货逻辑和淡旺季的运营策略，在大件的解决方案中，着重提供大家电、家居家装、运动健身等产品仓、配、安一体化的服务，在冷链物流上提供全程温控的多温层冷链物流产品，对蔬菜水果、海鲜、冷冻等生鲜食品开通了优先配载权以及绿色通道等。

傅兵表示，通过对合作商家采用京东物流仓配一体化服务后的调查发现：采用京东物流之后，合作商家的库存周转天数平均缩短 8 天，发货时效平均缩短 2 天，销售额平均提升 87%，客户满意度平均提升 113%。在 2016 年的“双十一”，京东物流在“双十一”当天的订单 72 小时内的妥投率已经超过了 82%。

在仓配一体化服务之外，京东物流还提供标准的京东快递服务。目前京东快递已经在42个城市开通了免费上门接货，全年365天，不分节假日地全天候服务，提供多种时效产品和代收货款、保价、自提等增值服务。

除了面向全社会和行业的开放之外，京东物流的下一步将是通过技术创新提升京东物流的智能化水平，以云计算、人工智能和机器人技术为核心，更大幅度地提升京东物流的效率和体验。京东集团副总裁兼×事业部总裁肖军表示，“大数据和人工智能的深入应用已经让京东物流在仓储布局、拣货路径优化、智能排产、路网规划、动态路由规划等领域取得了显著的成果，提升了运营效率；而无人仓、无人机、无人车组成的智慧物流更将成为京东智能化商业版图中的关键环节，提升全社会的物流效率，让消费者拥有更好的体验”。

2009年年初，京东斥资成立物流公司，开始全面布局全国的物流体系。京东分布在华北、华东、华南、西南、华中、东北、西北的7大物流中心覆盖了中国各大城市，并在杭州等城市设立了二级库房，仓储面积在2012年年底已经超过100万平方米。除此之外，京东斥巨资建设“亚洲一号”现代化仓库设施。上海的“亚洲一号”一期工程面积近10万平方米，后续工程全部建完后预计总体仓储面积将达20多万平方米。2016年京东快递共有6个“亚洲一号”投入使用，7大物流中心服务地区如下所示。

（1）华北（北京）物流中心：北京市、天津市、河北省、山东省、山西省、内蒙古自治区。

（2）华东（上海）物流中心：上海市、江苏省、浙江省、安徽省。

（3）华南（广州）物流中心：广东省、海南省、福建省、广西壮族自治区。

（4）西南（成都）物流中心：重庆市、四川省、贵州省、云南省、西藏自治区。

（5）华中（武汉）物流中心：河南省、湖北省、湖南省、江西省

（6）东北（沈阳）物流中心：辽宁省、吉林省、黑龙江省。

（7）西北（西安）物流中心：陕西省、甘肃省、青海省、宁夏回族自治区、新疆维吾尔自治区。

实现城市之间运输的自主性、提高仓与仓之间的调拨速度，是京东自建物流战略中的重要举措。自此，通过自建的仓储、干线以及配送京东完善了自己在物流领域的布局。京东首批投入干线运营的车辆达300余辆。

京东快递的物流配送服务主要分为4种模式：一是FBP模式，由京东全权负责采购和销售；二是LBP模式，商品无须入库，用户下单后，由第三方卖家发货到京东分拣中心，京东开发票；三是SOPL模式，商品无须入库，用户下单后，第三方卖家发货到京东分拣中心，但由商家开发票；四是SOP模式，商家直接向消费者发货并开发票。

从自建巨量仓储中心到自建干线运输，物流供应链对京东的价值可以被归纳为以下3个方面。

第一，是人人皆知的降低成本。就目前的状况看来，京东物流在成本控制领先于竞争对手阿里巴巴的菜鸟网络。一方面，京东仓库的“圈地”成本很低，例如不久前它们与河南郑州的签约，会将结算、税收都留在河南，并创造就业条件，所以能够以一个十分优惠的价格拿到土地；另一方面，无论京东还是阿里巴巴，大型物流仓库都会用以租售，但淘宝和天猫的大量小型商户是完全用不上如此规模的库存空间的，虽然京东也会遇到类似问题，但它们的自营业务能够直接使用这些空间。

第二，是被不少人忽视了的“用户体验”。自建物流体系能够让京东为用户提供正品保证，并且合理匹配用户的收获时间——考虑到不少用户的工作时间，京东可以做到每天3个时间段送货上门，这是第三方物流难以实现的。

第三，是物流体系的建立对于京东电子商务市场的扩展——如今，京东在三四线城市的渗透还较低，其中一个非常重要的原因就是自营物流还没能覆盖到这些区域，而随着物流配送的逐渐扩展，京东将发展更大的电子商务市场。

京东商城自建物流体系，能够将物流最大限度地控制在自己手里，目前京东商城已经将70%以上的物流掌控在自己手中，从全部的仓储到大部分的配送都由京东商城自己的团队来完成，这样京东商城完成了对整个供应链链条的控制，这个模式能够帮助京东商城将物流从成本控制中心转变成未来新的盈利点，为其保持高速发展提供强有力的支撑，而且这将大幅提升其在全国的配送速度，服务质量更将得到改善，从而解决许多问题。这也是京东商城的差异化战略，将许多电子商务竞争对手阻挡在外。

二、第三方物流

（一）第三方物流的概念

第三方物流（Third Party Logistics，3PL）是由供方与需方以外的物流企业提供物流服务的业务模式。具体来说，它是指由物流的实际需求方（第一方）和物流的实际供给方（第二方）之外的第三方部分或全部利用第三方的资源通过合约向第一方提供的物流服务，也称物流外包。第三方是指提供部分或全部物流功能服务的一个外部提供者，是物流专业化和社会化的一种形式。第三方物流公司的运作模式如图7-13所示。

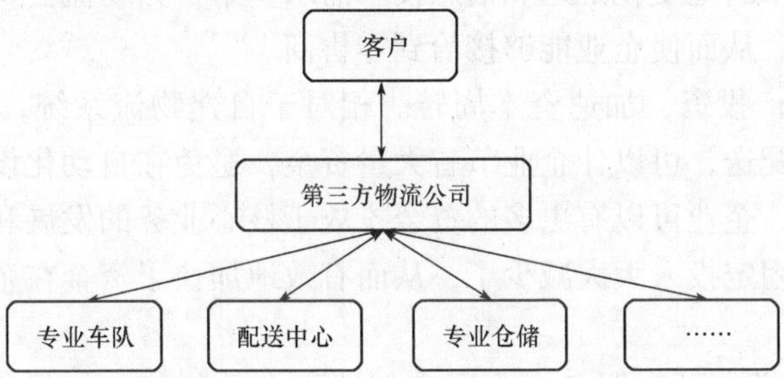

图7-13　第三方物流公司的运作模式

第三方物流随着物流业的发展而发展，是物流专业化的重要形式。物流业发展到一定阶段必然会出现第三方物流，且它的占有率与物流业的水平之间有着非常紧密的相关性。西方的物流实证分析证明，独立的第三方物流必须至少占社会的50%，物流业才能形成。因此，第三方物流的发展程度反映和体现着一个国家物流业发展的整体水平。

随着第三方物流的不断发展，其日渐呈现出如下的特点和趋势。

（1）关系契约化。首先，第三方物流是通过契约形式来规范物流经营者与物流消费者之间的关系的。物流经营者根据契约规定的要求，提供多功能直至全方位一体化物流服务，并以契约来管理所有提供的物流服务活动及过程。其次，第三方物流发展物流联盟也是通过契约的形式来明确各物流联盟参加者之间的权责利关系的。

（2）服务个性化。首先，不同的物流消费者存在不同的物流服务要求，第三方物流需要根据不同物流消费者在企业形象、业务流程、产品特征、顾客需求特征、竞争需要等方面的不同要求，提供针对性强的个性化物流服务和增值服务。其次，从事第三方物流的物流经营者也因市场竞争、物流资源、物流能力的影响需要形成核心业务，不断强化所提供物流服务的个性化和特色化，以增强物流市场竞争能力。

（3）功能专业化。第三方物流所提供的是专业的物流服务。从物流设计、物流操作过程、物流技术工具、物流设施到物流管理必须体现专门化的专业水平，这既是物流消费者的需要，也是第三方物流自身发展的基本要求。

（4）管理系统化。第三方物流应具有系统的物流功能，这是第三方物流产生和发展的基本要求，第三方物流需要建立现代管理系统才能满足运行发展的基本要求。

（5）信息网络化。信息技术是第三方物流发展的基础。物流服务过程中，信息技术发展实现了信息实时共享，促进了物流管理的科学化，极大地提高了物流效率和物流效益。

（6）资源共享化。第三方物流经营者不仅可以构筑自己的信息网络和物流网络，同时还可以在互利互惠的基础上共享物流消费者的网络资源。

（二）第三方物流模式的优势

当今社会竞争日趋激烈和社会分工日益细化，物流外包具有明显的优越性。

（1）企业可以集中精力于核心业务。由于每个企业的资源都是有限的，很难在各方面业务上面面俱到，为此，企业应把自己的主要资源和精力集中于擅长的主业务上，把像物流这样的辅助功能业务留给物流公司。

（2）灵活运用新技术，实现以信息换库存，降低成本。专业的第三方物流能不断地更新信息技术和设备，不断地变化配送和信息技术需求。第三方物流公司可以满足一家企业的潜在顾客需求的能力，从而使企业能够接洽到零售商。

（3）减少固定资产投资，加速资本周转。相对于自建物流系统，依靠第三方物流完成仓储设备建设和物流配送，可以让企业节省大量资金，避免在自动化设备和物流信息系统上投入大量资金。这样，企业可以有更多的资金投放于核心业务的发展和变革上，那么机械设备和物流软件方面的固定投入大大减少了，从而有效地加快了资金在企业内的运转，提高了投资回报率。

（4）提供灵活多样的顾客服务，为顾客创造更多的价值。如果你是最终产品供应商，利用第三方物流还可以向最终客户提供超过自己提供范围的服务品种，如提供本企业一时不能满足客户要求的暂时缺货、短时的仓储管理等服务，为顾客带来更多的附加价值，使顾客满意度提高。

（三）第三方物流模式的劣势

（1）当企业把物流外包给第三方物流公司时，它对物流功能的控制权自然要比自建物流系统发展自营物流小得多。对于货物物流信息的实时掌控无法保证，配送的效率和准确性也很难细致规划。最后一公里问题在第三方物流的前提下也对顾客满意度提出了很大的挑战。

（2）企业与第三方物流公司签订了外包协议，会依赖于第三方公司的物流服务，不太可能再安排更多的资源和人力去研究公司的物流业务发展和变革，除非是公司领导深刻意识到自营物流对公司发展的重要性。当然，这要建立在企业不断发展，有自建物流系统的各方面基础和能力上。

(3) 不能保证顾客服务的质量，不能维护与顾客的长期关系，比如第三方物流公司的员工经常与你的客户发生交往，此时，第三方物流公司会通过在运输工具上喷涂它自己的标志或让公司员工穿着统一服饰等方式来提升其在顾客心目中的整体形象，从而取代你的地位。

三、物流联盟模式

（一）物流联盟的内涵

物流联盟是指两个或两个以上的经济组织为实现特定的物流目标而采取的长期联合与合作。其目的是实现联盟参与方的“共赢”。物流联盟具有相互依赖、核心专业化、强调合作的特点。物流联盟是一种介于自营和外包之间的物流模式，可以降低前两种模式的风险。物流联盟是为了使各个联盟中的企业从事活动时通过配合取得的效果比自身单独活动时的要好，同时，在企业间形成相互信任、共担风险、共享收益的物流伙伴关系。企业之间不完全采取导致自身利益最大化的行为，也不完全采取导致共同利益最大化的行为，只是在物流方面通过契约形成优势互补、要素双向或多向流动的中间组织。联盟是动态的，只要合同结束，双方又变成追求自身利益最大化的单独个体。

（二）物流联盟的优势

针对合作各方的不同，物流联盟包含有企业与物流公司的联盟、供应链企业之间的联盟、企业与企业的联盟、物流公司与物流公司的联盟。不同形式的联盟各有优势。

(1) 企业与物流公司的联盟。大企业通过物流联盟迅速开拓全球市场，如 Laura Ashley，正是与联邦快递联盟，完成其全球物流配送，从而使业务在全球范围内展开。

(2) 供应链企业之间的联盟。长期供应链关系发展成为联盟形式，有助于降低企业的风险。单个企业的力量是有限的，如果它对一个领域的探索失败了，那么损失会很大，如果几个企业联合起来，在不同的领域分头行动，就会减少风险。而且联盟企业在行动上也有一定协同性，因此对于突如其来的风险，能够共同分担，这样便减少了各个企业的风险，提高了抵抗风险的能力。

(3) 企业与企业的联盟。企业（尤其是中小企业）通过物流服务提供商，结成联盟，能有效地降低物流成本（通过联盟整合，可节约成本 10%~25%），从而提高竞争能力。

(4) 物流公司与物流公司的联盟。第三方物流公司通过结成联盟可以弥补自己在业务范围内服务能力的不足。如联邦快递（FedEx）公司发现自己在航空运输方面存在明显的不足，于是决定把一些不是自己核心竞争力的业务外包给 Fritz 公司，与 Fritz 公司联盟，作为它的第三方物流提供商。

★小贴士

菜鸟推出物流联盟　称自营物流不适应未来

2016 年 3 月 28 日下午，此前宣布融资 100 亿元的菜鸟网络打出了手里的第一张牌：宣布将联合多家物流商组成“菜鸟联盟”，放话称在 5 到 8 年内将接入 1 000 万家企业，每年配送 1 000 亿个包裹。

菜鸟网络同时还宣布，为了鼓励商家选择菜鸟联盟，将拿出 10 亿元作为联盟启动基金。

在2016年5月28日前与菜鸟联盟合作的商家，可以享受服务价格优惠。

菜鸟网络董事长由阿里巴巴集团CEO张勇（逍遥子）亲自担任，他在现场表示，物流是整个新商业和新经济的重要基础设施。

阿里方面给出的数据显示，2006—2016年电子商务包裹量从每年8.6亿增加到了206亿。菜鸟网络CEO童文红表示，虽然目前有的电子商务自营物流可以做到高效，但这种模式成本很重，侵蚀了大部分利润，需要靠补贴维持；而且该模式面对每天200万件的订单就需要11万个快递员，并不适应电子商务经济爆发式增长的趋势。在电子商务领域，国外的亚马逊物流和国内的京东自营物流一直被看作高效和高可控性典范，此前阿里的淘系平台商家使用的大多是“四通一达”和顺丰等物流提供商的服务，服务商过多导致物流体验并不完善，各家标准也不统一。而目前网购用户对物流体验的敏感度越来越高，菜鸟联盟这个略显松散的物流联盟组织则肩负着绕过自营物流、“弯道超车”的重担。

阿里希望通过组建菜鸟联盟，主打大数据和协同性发展，希望吸引更多的第三方物流机构加盟。菜鸟将为物流方提供基础设施、网状供应链、大计算、品牌背书、云客服等服务；与此对应的是，物流合作商需要保证服务的确定性，提供分层的物流服务，并改善数据化管理以及精细化运营能力。

这次菜鸟联盟的底气比较足，一口气推出了多款产品：当日达、次日达、橙诺达、定日配送、夜间配送、送货入户、开箱验货、上门取退等，都将陆续推送给用户。此外加入联盟后，菜鸟还将提供统一的客服，如果不能兑现服务承诺，买家将获得赔偿。

菜鸟表示，联盟首期已经在12个城市推出当日达服务，在90个城市推出次日达服务。联盟的物流产品首发平台并未选择淘宝，而是选择了淘系下面的天猫平台。

童文红非常看好自家联盟的前途，她认为电子商务接下来10年发展得怎样关键要看物流，希望在未来5到8年，菜鸟能有服务1 000万家企业，每年配送1 000亿个包裹的能力。

菜鸟网络副总裁万霖透露，到2016年年底的目标是：当日达的城市要达到20个，次日达区县要拓展到1 000个，要覆盖10 000个商品品牌，服务1亿用户，而这个数字代表着1/4的天猫用户。

四、第四方物流

（一）第四方物流的内涵

第四方物流（Fourth Party Logistics，4PL）是1998年美国埃森哲咨询公司率先提出并且作为专有的服务商标进行注册的，其定义为“一个供应链集成商，它调集和管理组织自身的以及具有互补性的服务提供商的资源、能力和技术，以提供一个综合的供应链解决方案”。第四方物流可以通过整个供应链的影响力，提供综合的供应链解决方案，也为其顾客带来比第三方物流更大的价值。它的主要作用是对制造企业或部分分销企业的供应链进行监控，在客户和它的物流和信息供应商之间充当唯一“联系人”的角色。电子商务环境下第四方物流整合模型图如图7-14所示 。

虽然当前第三方物流占主导地位，但在实际的运作中，第三方物流公司缺乏对整个供应链进行运作的战略性专长和真正整合供应链流程的相关技术。第四方物流正日益成为一种帮助企业实现持续运作成本降低和区别于传统的外包业务的综合解决方案提供商。它依靠业内最优秀的第三方物流供应商、技术供应商、管理咨询顾问和其他增值服务商，为客户提供独

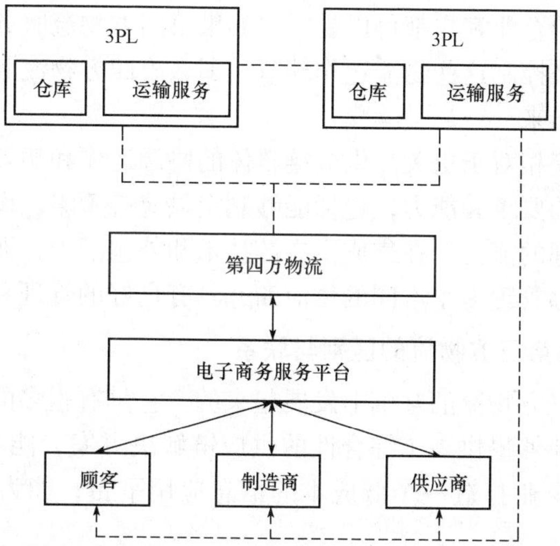

图 7-14　电子商务环境下第四方物流整合模型

特的和广泛的供应链解决方案。这是任何一家公司所不能单独提供的。

第四方物流为客户提供一整套完善的供应链解决方案，并通过其对整个供应链产生影响的能力来增加客户价值。第四方物流充分利用了一批服务提供商的能力，包括第三方物流、信息技术供应商、合同物流供应商、呼叫中心、电信增值服务商等，再加上客户的能力和第四方物流自身的能力。总之，第四方物流通过提供一个全方位的供应链解决方案来满足今天的公司所面临的广泛而复杂的需求。这个方案关系着供应链管理的各个方面，既提供持续更新和优化的技术方案，同时又能满足客户的独特需求。

（二）第四方物流的优势和挑战

与第三方物流注重实际操作相比，第四方物流更多地关注整个供应链的物流活动，这种差别表现为第四方物流相对于第三方物流有明显的优越性，体现在以下方面：

1. 4PL 供应链解决方案

第四方物流有能力提供一整套完善的供应链解决方案，是集成管理咨询和第三方物流服务的集成商。第四方物流和第三方物流不同，不是简单地为企业客户的物流活动提供管理服务，而是通过对企业客户所处供应链的整个系统或行业物流的整个系统进行详细分析后提出具有宏观指导意义的解决方案。第四方物流服务供应商本身并不能单独地完成这个方案，而是要通过物流公司、技术公司等多类公司的协助才能使方案得以实施。

第三方物流服务供应商能够为企业客户提供相对于企业的全局最优，却不能提供相对于行业或供应链的全局最优，因此第四方物流服务供应商就需要先对现有资源和物流运作流程进行整合和再造，从而达到解决方案所预期的目标。第四方物流服务供应商整个管理过程大概设计四个层次，即再造、变革、实施和执行。

2. 产生影响增加价值

第四方物流是通过对供应链产生影响的能力来增加价值，在向客户提供持续更新和优化的技术方案的同时，满足客户特殊需求。第四方物流服务供应商可以通过物流运作的流程再造，使整个物流系统的流程更合理、效率更高，从而将产生的利益在供应链的各个环节之间进行平衡，使每个环节的企业客户都可以受益。如果第四方物流服务供应商只是提出一个解决方案，但是没有能力来控制这些物流运作环节，那么第四方物流服务供应商所能创造价值的潜力也就无法被挖掘出来。

正是因为第四方物流相对于更关注供应链整体的协调运作和功效，所以实施第四方物流也对企业本身提出更高的要求和能力，包括能够制定供应链策略、设计业务流程再造、具备技术集成和人力资源管理的能力；在集成供应链技术和外包能力方面处于领先地位，并具有较雄厚的专业人才；能够管理多个不同的供应商并具有良好的管理和组织能力等。

（三）第四方物流和第三方物流的区别与联系

第四方物流是在第三方物流的基础上发展起来的。它具有很多的优势：能给客户提供最接近要求的完美服务；能够提供一个综合性的供应链解决方案；能利用第四方的信息资源、管理资源和资本规模为企业打造一个低成本的信息应用平台；能为企业提供低成本的信息技术。

第四方物流和第三方物流的显著区别在于：第四方物流偏重于通过对整个供应链的优化和集成来降低企业的运行成本；而第三方物流则是偏重于通过对物流运作和物流资产的外部化来降低企业的投资和成本。

第三方物流主要是为企业提供实质性的具体的物流运作服务，其主要的不足是本身的技术水平不高，能为客户提供的技术增值服务比较少。第四方物流刚好相反，它的专长是物流供应链技术先进，它具有丰富的物流管理经验和先进的供应链管理技术、信息技术等。它的不足在于自身不能提供实质的物流运输和仓储等服务。第四方物流的思想必须依靠第三方物流的实际运作来实现并得到验证；第三方物流又需要第四方物流在优化供应链流程与方案方面的指导。因此，只有二者结合起来，才能更好地、全面地提供完善的物流运作和服务。第三方物流与第四方物流联合成为一体后，它们二者间的外部协调便转化为内部协调，这样这两个相对独立的业务环节便能够更和谐、更一致地运作，物流运作效率因此而得到明显的改善，另外，也增大了物流成本降低的幅度，扩大了物流服务供应商的获利空间。第三方物流与第四方物流的比较如表 7-1 所示。

表 7-1　第三方物流与第四方物流的比较

<table>
<tr><th>物流模式名称</th><th>第三方物流</th><th>第四方物流</th></tr>
<tr><td rowspan="2">区别</td><td>提供具体物流运作服务</td><td>优化供应链整体</td></tr>
<tr><td>管理技术水平不高，增值服务少，主要提供物流运输和仓储等服务</td><td>具有丰富的物流管理经验、先进的供应链技术和信息技术，不提供物流运输和仓储等服务</td></tr>
<tr><td rowspan="2">联系</td><td colspan="2">第三方物流通过物流实际运作来验证第四方物流的思想</td></tr>
<tr><td colspan="2">第四方物流为第三方物流提出指导方案，优化流程</td></tr>
</table>

五、物流一体化

1. 物流一体化的概念

物流一体化是指以物流系统为核心，由生产企业、物流企业、销售企业，直至消费者的供应链整体化和系统化。它是在第三方物流的基础上发展起来的新的物流模式。

2. 物流一体化与第三方物流的关系

物流一体化是物流产业化的发展形式，它必须以第三方物流充分发育和完善为基础。物流一体化的实质是一个物流管理的问题，即专业化物流管理人员和技术人员，充分利用专业化物流设备、设施，发挥专业化物流运作的管理经验，以取得整体最佳的效果。同时，物流一体化的趋势为第三方物流的发展提供了良好的发展环境和巨大的市场需求。

六、基于 Internet 的新型物流模式

互联网影响力的日益彰显，尤其是 O2O 模式的出现，让互联网对传统物流产业的重构成为可能。经过近年的行业摸索，目前形成了三大互联网物流模式。

（一）信息平台服务模式

信息平台服务模式移植了打车软件的模式，实现货车司机与货源的实时、高效的直接对接，代表企业如罗计物流、运满满等。在该模式上，罗计物流面向货主和车主推出了两款不同的软件：罗计找车、罗计找货。货车司机打开罗计找货，点击货源一览，就能看到货源地理位置、货物类型、重量、发货时间、车辆需求，车主可根据要求对接发货方。

以服务为主导的供应链运作在全球蓬勃发展，越来越多的优秀企业由“以生产为中心”向“以服务为中心”过渡。物流行业作为关系国民经济生活的大行业，也经历了从时效、安全向服务并重的转变，充分利用互联网这一工具，用互联网技术打造行业高效运营产品，连接上中下游，重构物流生态，整合车队剩余运力、返程运力，提高物流效率。

★小贴士

罗计物流

2014 年 7 月，罗计物流获徐小平真格基金 500 万天使轮投资；2014 年 7 月，获知名机构 IDG 300 万美元 A 轮投资；2015 年 3 月，获数千万美元 B 轮投资；2015 年 5 月，获百度等多家投资机构 1.26 亿元 B + 轮投资。罗计物流的业务模式为：以整车经纪业务为主体，罗计物流旨在建立智慧物流，为大客户、中小企业主以及货代企业寻找需求匹配的最优承运商。于承运商而言，罗计物流致力于整合车队剩余运力、返程运力，提升承运商的运输效率。

目前罗计业务覆盖全国 50 多个城市，均可实现 15 分钟内报价，并且保证运费最低。货主可以清晰地看到货物的轨迹。发现异常，罗计会及时处理，为货主用户提供专业保险服务。对于合作承运商来说，罗计承运商在货物运送完成后最快 24 小时即可结算提款，保证资金周转；罗计物流还可以提供深度培训、系统运营，把每一个货主的要求统一到对承运商和他们每一辆车的管理上。

整合货运车辆，不是简单地进行运力资源的合并或叠加，而应由规模运输组织以物流效率、企业效益、服务质量等为目标，推广先进的运输方式、产品、技术等跟进工具，全面提高综合运输、增值服务、组织模式等在市场中的总体效能，提高企业核心竞争力，促进绿色货运和行业集约发展。罗计物流经过多年的发展和沉淀，结合物流行业现状及国家政策，经过多方摸索打造出一款适合广大车队和信息部门，为其增加收益的产品——罗计承运商。结合承运商模式，罗计物流根据客户的业务需求和实际情况，为客户量身定制一整套智慧物流

解决方案，有效整合车队、信息部门、物流专线，高效匹配运力，可以有效提高企业经营效益。罗计承运商在货物运送达后最快24小时即可结算提款，账期短，有利于保证承运商的资金流转。手机端随时随地查看海量货源，快速抢单报价、指派司机，电脑端方便快捷地管理订单和车队，同时精准定位，时时查看承运车辆定位，智能管理车队。

（二）技术平台模式

技术平台模式主要面向企业提供TMS（运输管理系统）技术服务及相关配套增值服务。以oTMS为例，其以软件为主导，是行业信息技术服务提供商，基于系统改造传统的运输交接方式，通过首创的社区型“SaaS（软件即服务，Software-as-a-Service）平台+移动APP”模式，将企业运输环节中的各相关方，包括货主、第三方物流公司、专线运输公司、司机和收货方等无缝互联，形成一个基于核心流程、平衡、多赢的现代运输商业网络。因为会聚在一个平台上并彼此互联，所以通过信息的同步可以轻松完成各方协同。

★小贴士

绫致时装“变形记”

丹麦绫致时装（Bestseller）在中国经营ONLY、Vero Moda、Selected和Jack Jones等服装品牌，业务量庞大。它于2013年1月成为服装行业第一个吃螃蟹的人——采用中国创业公司oTMS提供的SaaS（软件即服务）服务，来管理自己的物流链条。

在采用SaaS服务之前，绫致时装靠人工打电话、发传真方式来管理物流业务，而且它只能管到自己的一级物流公司，无法指挥到更下一级或者司机那样的“神经末梢”。

通过云计算、移动互联网、社交平台技术等实现了物流业管理的SaaS服务。在SaaS服务中，企业不需购买软件，而是根据自身需求，向提供商租用基于Web的软件，来管理企业经营活动。不仅如此，用户是按租赁服务多少和时间长短向供应商付费的，也无须对软件进行维护。

采用SaaS服务后，绫致时装发展了35家一级运输公司。这些公司的二级分包商，以及绫致时装30个物流中心和7 000家门店，在oTMS的SaaS平台上形成了一个网络。在这个网络上，每个订单都是端到端透明的，订单状态实时、真实地展现，绫致时装可以及时了解问题，做好问题预警，由过去的被动解决问题变成主动出击。绫致时装的门店和仓库，也可以根据货物运输状况，安排收货和下一步的销售计划，并对物流服务给予反馈和评价。不仅如此，每个订单的价格在执行过程中已同步计算出来，到了账期末，系统会自动完成所有对账。

绫致时装物流业务效率变化已经体现在数字上，原来用电话来进行的物流追踪人员节省了50%以上。

在把B2B物流管理理顺后，2014年“双十一”前，绫致时装电子商务部门的B2C物流管理也采用了SaaS服务。京东、天猫、亚马逊和绫致时装网上商城的物流业务也通过oTMS的SaaS平台搞定。

现在，绫致时装的物流业务效率变化已经体现在数字上。例如，它原来用电话来进行物流追踪的人员节省了50%以上，这些人员转到了客服等岗位；对账时间也缩短了70%~80%。

绫致时装（天津）有限公司的物流总监Claus Nicolajsen表示：“oTMS的设计智能、创新，而且用户使用体验非常好，让我轻松管理遍及中国的所有运输配送。”

（三）信息交易平台模式

信息交流平台模式是信息平台的衍生模式，当货主与车主信息进行匹配后，下一步动作就是交易。由于整车交易价格过高以及信用评价机制尚未完全建立，该模式主要在同城货运、快递，以及零担货运方面应用较广。比如，罗计物流“运立方”的货主可以通过该软件对物流平台品牌物流商运费进行比价，实现网络下单、线上支付、线下提货或货到付款等多种服务。这些服务实现了货运线上业务的所有闭环，之前的模式因在线上交易环节都遭遇到了各种困难，所以实施缓慢，该模式可以解决互联网物流的最后一公里问题。

★小贴士

罗计物流“运立方”新品上线

作为“互联网＋物流”的领航者，罗计物流于2015年9月15日全面上线拥有支付功能的“运立方”智慧物流平台，这是继罗计找车和罗计找货APP之后的又一拳头产品。

罗计物流创始人兼CEO宋睿表示，客户需求是罗计发展的根本指向，罗计物流的愿景是“让物流更简单”。“运立方”的客户对象更精准，主要针对中小型厂商、批发商等的发货需求，希望更有效地整合优质运力，减少中间环节，节约企业物流成本，提高运输效率，让货主发货更简单、更放心，实现货主、物流公司与司机的多赢。

“运立方”的功能主要有：商家中心，用户注册登录后，可以快速发货、修改个人信息；查询功能，可浏览此路线所有承运物流公司及该公司运输时效、单价、诚信保障情况等，选择最满意的物流公司发货；罗计找车，可从罗计平台百万优质卡车中选择最便宜、最靠谱的车辆，省去货主及物流公司自己比价的时间；车辆及订单管理，可跟踪订单情况、查看熟车信息，对有车队的用户，罗计还可以提供车辆管理服务。

一些品牌物流公司已入驻罗计“运立方”平台，货主通过“运立方”平台发货，即可享受运费折扣优惠。另外，“运立方”实现了支付闭环，这也是罗计物流信用体系建设的重要里程碑。

业内人士表示，罗计物流支付闭环的实现，是打造智慧物流生态系统的重要步骤，非常看好罗计给行业带来的新力量、新变化与新体验。

经过一年多的发展，罗计物流已成为物流O2O的领先企业，近400人团队中，有200多名地推人员活跃在全国60多个城市，并在其中40多个城市建有服务站。2015年7月，罗计物流被工信部、中国物流与采购联合会评为全国十家“2015中国物流信息化杰出服务商”之一。

第四节　电子商务物流的配送

一、电子商务物流配送概述

（一）电子商务物流配送的概念

配送是英文Delivery的意译，根据国家标准《物流术语》（GB/T 18354—2006），配送的定义为“在经济合理区域范围内，根据用户要求，对物品进行拣选、加工、包装分割、组配等作业，并按时送达指定地点的物流活动。”配送是以社会分工为基础的、综合性、完善化和现代化的送货活动，是物流中一种特殊的、综合的活动形式。

电子商务物流配送一般是指物流配送企业采用网络化的计算机技术和现代化的硬件设

备、软件系统及先进的管理手段，针对社会要求，严格地、守信用地按用户的订货要求，进行一系列的分类、编配、整理、分工、配货等工作，定时、定点、定量地交给没有范围限度的各类用户，满足他们对商品的需求。

（二）电子商务物流配送的地位

电子商务集金融电子化、管理信息化、商贸信息网络化为一体，是实现物流、资金流、信息流和谐统一的新型贸易方式。电子商务在网络的基础上，突破传统的时空观念，缩小了生产、流通、分配、消费之间的距离，大大提高了物流、资金流和信息流的有效传输和处理，开辟了世界范围内更为公平、公正、广泛、竞争的大市场，为制造者、销售者和消费者提供了能更好地满足各自需求的机会。

但是，最终的资源配置，除了电子产品，如软件、音乐等可以通过网络传递，普通的商品还是需要通过商品的实体转移来实现，这就离不开物流服务的支撑，物流配送对电子商务起到的作用如表 7-2 所示，所以，电子商务物流配送是不可或缺的一环。

表 7-2　物流配送对电子商务起到的作用

目标管理	协调电子商务的目标
	提高电子商务的效率和效益
内部管理	扩大电子商务的市场范围
	实现基于电子商务的供应链集成
	集成电子商务中的商流、信息流和资金流
行业发展	支持电子商务的快速发展
	促使电子商务成为 21 世纪最具竞争力的商务形式

（三）电子商务物流配送的基本流程

配送活动一般主要由备货、储存、订单处理、配送加工、分拣配货、配装、配送运输、送达服务及车辆回程等几个基本功能要素组成，其具体工作过程如图 7-15 所示。

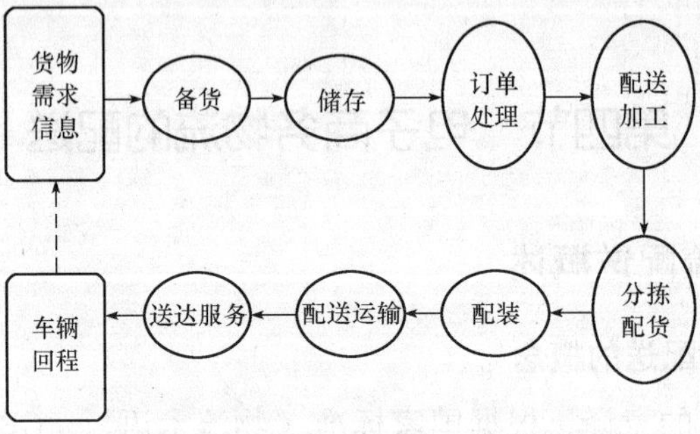

图 7-15　电子商务物流配送的基本流程

1. 备货

备货是配送的准备工作或基础工作，包括筹集货源、订货或购货、集货、进货及有关的质量检查、结算、交接等。配送的优势之一，是可以集中用户的需求进行一定规模的备货。备货是决定配送成败的初期工作，如果备货成本太高，会大大降低配送的效益。

2. 储存

配送中的储存有储备及暂存两种形态。配送储备是按一定时期的配送经营要求形成的对配送的资源保证。这种类型的储备数量较大，储备结构也较完善，视货源及到货情况，可以有计划地确定周转储备及保险储备结构及数量。配送的储备保证有时在配送中心附近单独设库解决。另一种储存形态是暂存，一种形式的暂存是指具体执行日配送时，按分拣配货要求，在理货场地所做的少量储存准备。由于总体储存效益取决于储存总量，所以，这部分暂存数量只会对工作方便与否造成影响，而不会影响储存的总效益，因而在数量控制上并不严格。还有另一种形式的暂存，即分拣、配货之后形成的发送货载的暂存，这个暂存主要是调节配货与送货的节奏，暂存时间不长。

3. 订单处理

订单处理是核心业务流程，包括订单准备、订单传递、订单登录、按订单供货、订单处理状态跟踪等活动，是与客户直接沟通的作业阶段，对后续的挑拣、调度和配送产生直接的影响，是其他各项作业的基础。处理方式主要采用人工处理和计算机处理。目前主要采用计算机处理的方式。

4. 配送加工

在配送中，配送加工这一功能要素不具有普遍性，但是往往是有重要作用的功能要素。主要原因是通过配送加工，可以大大提高用户的满意程度。配送加工是流通加工的一种，它有不同于一般流通加工的特点——配送加工一般只取决于用户要求，其加工的目的较为单一。

5. 分拣配货

分拣是指将需要配送的物品从储位上拣取出来配备齐全，并按配装的送货要求进行分类，送入指定发货地点的作业。配货是指将拣取分类的货物，经过配货检查，装入容器并做好标记，再运到发货准备区，待配装后发货。

6. 配装

在单个用户配送数量不能达到车辆的有效载运负荷时，就需要集中不同用户的配送货物进行搭配装载以充分利用运能、运力。通过配装送货可以大大提高送货水平，降低送货成本。因此，配装是配送系统中具有现代特点的功能要素，也是现在配送不同于以往送货的重要区别之处。

7. 配送运输

配送运输也称输送，它与通常所讲的“干线运输”有很大的区别：配送运输多表现为较短距离、较小规模、频度较高的运输；干线运输多为长距离运输。由于配送用户多，一般城市交通路线又较复杂，因此如何组合成最佳线路，如何根据客户要求的运送方式和运送地点使车辆配装与运输路线进行有效搭配等，是配送运输的特点，也是难度较大的工作。配送运输管理的终点是做好配送车辆的调度计划。

8. 送达服务

配好的货物运输到用户还不算配送工作的完结，因为货物送达后还会出现用户认为所送的货物与要求的存在差异等情况，这样会使配送工作前功尽弃。因此，要圆满地完成运送货物的移交，并有效地、方便地处理相关手续并完成结算，必须提高配送管理水平，严格执行订单的有关要求。同时，还应讲究卸货地点、卸货方式等送达服务工作。强调配送业务的送达服务也是非常必要的，这也是配送与运输的主要区别之一。

9. 车辆回程

在执行配送任务返回时，车辆回程往往是空驶，这是影响配送效益、增加配送成本的主要因素之一。为提高配送效率及效益，配送企业在规划配送线路时，回程线路应当尽量缩短，同时回程车可将包装物、次品运回集中处理，或将用户的产品运回配送中心。作为配送中心的配送货源，也可以在配送服务对象所在地设立一个货物联络点，顺路带回货物，提高车辆利用率。

二、配送中心

配送是一种特殊形式的服务，要实现特定货物的空间位移，必须由完成空间位移的活动主体来承担。配送中心就是专门完成特定货物空间位移服务的组织。配送中心是一种新兴的经营管理形态，具有满足少量多样的市场需求及降低流通成本的作用。配送中心工作质量的好坏决定了配送活动效率的高低。

（一）配送中心概述

中华人民共和国国家标准《物流术语》（GB/T 18354—2006）关于配送中心是这样规定的：应基本符合主要为特定的用户服务、配送功能健全、辐射范围小、多品种、小批量、多批次、短周期等要求，主要为末端客户提供配送服务的从事配送业务具有完善的信息网络的场所或组织。

配送中心是以组织配送性销售或供应、执行实物配送为主要职能的流通型结点。在配送中心，为了做好送货的编组准备，必须进行零星集货、批量进货等多种资源搜集工作和对货物进行分整、配备等工作，因此它也具有集货中心、分货中心的职能。为了更有效、更高水平地配送，配送中心往往还有比较强的流通加工能力。此外，配送中心还必须执行货物配备后送达到户的使命，这是与分货中心只管分货不管送达的主要不同之处。由此可见，如果说集货中心、分货中心、加工中心的职能还是较为单一，那么配送中心的功能则较为全面、完整。也可以说，配送中心实际上是集货中心、分拣中心、加工中心的综合，并有了配与送的更高水平。

根据功能、构成和运营方式的不同，配送中心可以具体分为专业物流配送中心、柔性化配送中心、供应配送中心、销售配送中心、城市配送中心、区域配送中心、储存型配送中心、流通型配送中心、加工配送中心。

专业物流配送中心是以第三方物流企业（包括传统的仓储企业和运输企业）为主体的配送中心。这种配送中心有很强的运输配送能力，地理位置优越，可迅速将到达的货物配送给用户。

柔性化配送中心是以可实现资源优化、动态配制的系统管理平台为核心，以具有可实现动态组合、完成不同物流作业功能的物流系统及设备为基础的物流结点。

供应配送中心是专门为某个或者某些用户（如联营商店、联合公司）组织供应的配送中心。

销售配送中心是以销售经营为目的，以配送为手段的配送中心。

城市配送中心是指以某个城市的区域范围作为配送范围的配送中心。

区域配送中心是以较强的辐射能力和库存准备，向省（州）际、全国乃至国际范围的用户配送的配送中心。

储存型配送中心是有很强储存功能的配送中心，一般来讲，在买方市场下，企业成品销售需要有较大库存支持，其配送中心可能有较强储存功能；在卖方市场下，企业原材料、零部件供应需要有较大库存支持，这种供应配送中心也有较强的储存功能。

流通型配送中心是基本上没有长期储存功能，仅以暂存或随进随出的方式进行配货、送货的配送中心。

加工配送中心是具有加工职能，根据用户的需要或市场竞争的需要，对配送物进行加工之后进行配送的配送中心。

（二）配送中心的功能

配送中心是专门实施货物配送活动的经济组织，它又是集加工、理货、送货等多种智能于一体的物流结点。配送中心包括以下功能。

1. 商品存储功能

存储功能是配送中心的主要内容之一，但它与一般的仓库不同，其仓库形式、平面布置、设备组成等，首先要有利于拣选作业、拣选顺序、拣选路线、拣选方法等。为了充分利用仓库的面积和空间，为了提高保管商品的入出库频率，随着科技和生产的进步，货架向高层化发展，作业向机械化、自动化发展，保管机械向小通道或无通道发展，库存账目管理和货位管理向计算机化发展，配送中心与相关企业的信息交换向网络化发展。

2. 商品周转的功能

配送中心必须及时将各种原料送到生产商手中，同时，要把生产好的成品送到中间商手中，这就是商品周转的功能。商品生产流通是连续进行的，任何一个环节的疏忽，都会造成不可估量的后果，这就客观上要求配送中心起到商品周转的作用。

3. 商品分类的功能

商品在配送中心保管时，一般是按保管单元的形式来分区域存放。但出库时，首先是按客户订单商品目录来进行拣选的，同一张订单的商品可能只有一种，但通常是若干种；同一订单的商品可能在一个区域内存放，但通常是在不同的区域内存放；所需商品的数量可能是一个整保管单元，但有时不是一个整保管单元。应根据具体情况，决定是采用一张订单，按顺序到有关保管区一一拣选，还是先分解若干张订单，告诉有关保管区分别拣选有关商品及其数量，然后再按订单一一汇总，这些都增加了配送中心设计的复杂性。

4. 商品加工的功能

经济高效的运输、装卸、保管一般需要大的包装。但在配送中心下位的零售商、最终客户，一般需要小的包装。为解决这一矛盾，有的配送中心设有流通加工功能。流通加工与制造加工不同，它对商品不做性能和功能的改变，仅仅是商品尺寸、数量和包装形式的改变。例如，粮油配送中心是将大桶包装加工成瓶状小包装，饲料配送中心则是将多种饲料的大包装加工成混合型的小包装。

5. 商品信息处理的功能

配送中心利用现代化的信息技术，如计算机网络技术、车载通信系统、联络系统，形成一个完整的信息流管理系统，将商品信息通过计算机硬件、网络和通信设备、计算机软件、信息资源、信息用户和规章制度组成以处理信息流为目的的人机一体化系统。

（三）**电子商务物流配送中心**

电子商务物流配送中心是利用现代通信技术和计算机技术进行配送活动，从供应者手中接收多种大量的货物，进行倒装、分类、保管、流通加工和信息处理等作业，用户的订货要求备齐货物，以令人满意的服务水平进行设施的配送。

在网络化管理的新型配送中心，大量简单重复的劳动由计算机和网络来完成，留给人们的是能够给人激励、挑战的工作。在电子商务时代，信息化、现代化和社会化的新型配送中心具有以下几个特征，即配送反应速度快、功能集成化、服务系列化、作业规范化、目标系统化、手段现代化、组织网络化、经营市场化、流程自动化、管理法制化。

（1）配送反应速度快。电子商务下，新型配送服务提供者对上、下游配送需求的反应速度越来越快，前置时间越来越短，配送速度越来越快，商品周转次数越来越多。

（2）配送功能集成化。新型配送着重于将物流与供应链的其他环节进行集成，包括物流渠道与商流渠道的集成、物流渠道间的集成、物流功能的集成和物流环节与制造环节的集成等。

（3）配送服务系列化。电子商务下，新型配送强调配送服务功能的恰当定位与完善化、系列化，除传统的储存、运输、包装、流通加工等服务外，在外延上扩展至市场调查与预测、采购及订单处理，向下延伸至配送咨询和方案的选择与规划、库存控制策略建议、货款回收与结算、教育培训等增值服务，在内涵上提高了以上服务对决策的支持作用。

（4）配送作业规模化。电子商务下的新型配送，强调功能作业流程、运作的标准化和程序化，使复杂的作业变成简单的易于推广与考核的运作。

（5）配送目标系统化。新型配送强调从系统角度统筹规划一个公司整体的各种配送活动，处理好配送活动与商流活动及公司目标之间、配送活动相互之间的关系，不求单个活动的最优化，但求整体活动的最优化。

（6）配送手段现代化。电子商务下的新型配送，采用先进的技术、设备与管理为销售提供服务，生产、流通、销售规模越大，范围越广，配送技术、设备及管理越现代化。

（7）配送组织网络化。为保证给产品销售提供快速、全方位的物流支持，新型配送要有完善、健全的配送网络体系，网络上点与点之间的配送活动保持系统性、一致性，这样可保证整个配送网络有最优的库存总水平及库存分布，运输与配送快捷、机动，既能铺开又能收拢。

（8）配送经营市场化。新型配送的具体经营采用市场机制，无论是企业自己组织配送，还是委托社会化配送企业承担配送任务，都以“服务—成本”的最佳配合为目标。

（9）配送流程自动化。运送、仓储、货箱排列、装卸、搬运等按照自动化标准作业，商品按最佳路线配送。

（10）配送管理法制化。宏观上，要有健全的法规、制度和规则；微观上，新型配送企业要依法办事，按章行事。

三、电子商务订单履行

随着网络购物的发展和逐步普及，订单履行已成为电子商务竞争的武器，客户不只是购买产品，更是购买能送达手中的产品。订单履行的核心关键是物流管理，如果没有一个高效、合理、畅通的物流系统，电子商务所具有的优势就难以发挥；如果没有现代化的电子商务物流配送，购买的产品就不能以最快的速度送达客户的手中，订单履行就难以顺利进行。供应链是物流、信息流和资金流三个流的统一，物流管理是供应链管理体系的一个重要组成部分。一般来说，供应链管理包括物流活动和制造活动；物流涉及原材料、零部件在企业之间的流动，是企业之间的价值流过程，不涉及生产制造过程的活动。

（一）订单履行的概念及流程

订单履行（Order Fulfillment）是指在客户订单下达以后组织产品，并能按时将客户所订产品配送到其手里，同时还要提供诸如产品安装说明、必要的培训、退换货等全部相关的客户服务。电子商务订单履行的流程如图 7-16 所示。

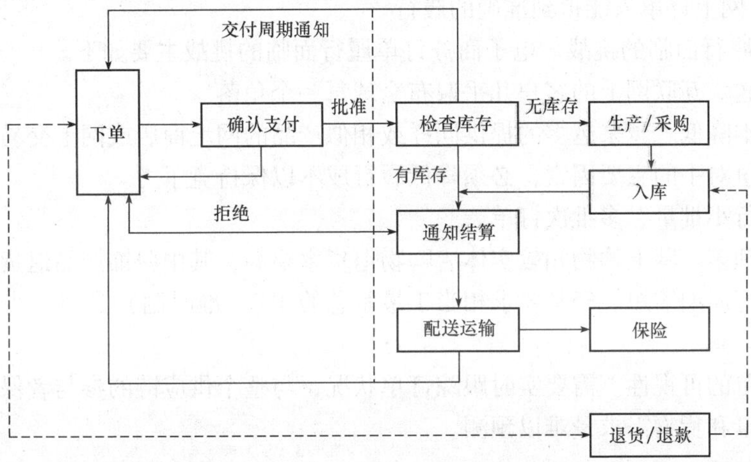

图 7-16　电子商务订单履行的流程

（二）电子商务与订单履行

订单是否发货及时、客户能否快速拿到货物并能正确使用，这些都会直接影响一个客户对公司的满意度。特别是在电子商务交易中，买方和卖方可能位居不同城市，甚至不同国家，这样订单履行就显得尤为重要。

1. 订单履行的工作内容

订单履行的工作内容可分解成三个部分：

（1）商品的生产与组织。包括库存控制、供应链管理及其电子化、协同商务。

（2）运输配送。将客户购买的产品快速地配送到客户手中。

（3）客户服务。远程支持客户使其能够顺利地安装、使用产品，同时还要保障客户在遇到对产品不满意的情况时能够方便地调换或退货。

2. 电子商务中订单履行面临的困难和挑战

（1）订单履行面临的困难。电子商务的出现使得订单履行面临一些困难，主要表现如下。

①经营方式的变化。由于电子商务改变了传统的经营方式，所以订单履行变得既重要又复杂。订单履行的重要性体现在企业与客户完成交易的最后一个环节，订单履行的好坏直接关系到企业的声誉，影响消费者的满意度和忠诚度；而复杂性则是由经营方式的改变和人们在电子商务环境下交易观念的变化所引起的。这些变化主要有以下几个方面：a. “拉”式

生产对“推”式生产；b.“送货”对“取货”；c.“现场服务”对“远程服务”。

②逆物流问题。在电子商务环境下还存在所谓的逆物流问题。在传统零售中，当客户对所购商品不满意时，可去现场调换或退货，而电子商务的远程交易使得客户所在地可能根本没有可调换或退货的场所，因此就出现了“逆物流”问题，逆物流就是将客户所购买的不满意产品退回给企业。

③订单履行是电子商务的瓶颈。由于电子商务的迅猛发展，客户很容易在网上找到几乎所有类型货物的“购买”按钮，却常常找不到相应的“发货”按钮，或发现“发货”按钮不能满足订单履行的要求。订单履行中常见的问题有以下几类：a. 在订单上不对送货到达的日期做出承诺，或者承诺后不能按时送到货物；b. 因跨国货运的复杂性而不能履行国际电子订单；c. 网上订单未能得到准确的履行。

（2）订单履行面临的挑战。电子商务订单履行面临的挑战主要如下。

①全球配送。互联网上的客户几乎遍布全球每一个角落。

②履行成本降低。越来越多的提供同样或相似产品的网上商店或网上交易的出现，使服务成为区分竞争对手的主要因素，必须降低履行成本以保持竞争力。

③需要履行小批量、多批次订单。

④退货处理多。网上购物相较实体店购物退货率要高，其中服饰产品退货率更高。

⑤订单履行周期缩短。经常要求相当于最紧急的 JIT（准时制）送货，当日或隔日送货渐成趋势。

⑥提高订单的可视性。需要实时跟踪订单状况，与整个供应链的参与者保持对接。

⑦订货数量和货物需求量难以预测。

第五节　中国快递行业的发展

一、中国快递规模与服务质量现状

（一）中国快递发展规模高速增长

快递业在当今世界，作为一种方便快捷的运输服务方式越来越受到社会各阶层客户的普遍欢迎，并得到迅速发展。早在1993年，全球十大运输企业排名中，第二位及第九位均为主要从事快递服务的公司，这一事实足以证明快递业在运输业中不可低估的地位。

在“2015中国快递论坛”上，国家邮政局首次发布了中国快递发展指数。中国快递发展指数（China Express Development Index，CEDI）是基于中国快递发展的基本特征、规律，对一定时期中国快递发展程度的量化评价，以2010年为基期，基期指数设定为100。中国快递发展指数指标体系包括发展规模、服务质量、发展普及和发展趋势四个方面，共11个指标。

2016年中国快递发展指数为538.5，同比提高40.8%。指数显示，快递行业总体保持了持续高速发展的态势，对社会经济增长的贡献显著提升，实现了“十三五”良好开局。我国快递业务量规模继续稳居世界首位，在全球占比超过四成，对世界快递业务量增长的贡献率达60%，我国已经成为全球快递市场发展的新引擎。

2016 年，中国快递发展规模指数为 1 104. 6，同比提高 49. 5%。业务量首次突破 300 亿件大关，达到 312. 8 亿件，同比增长 51. 4%，居现代服务业前列，成为我国新经济的亮点。快递日均处理量达到 8 571 万件，最高日处理量超过 2. 5 亿件。日均服务人次超过 1. 7 亿人，年人均快递使用量接近 23 件。2016 年我国快递业务收入接近 4 000 亿元，比 2015 年增长 43. 5%，是同期国内生产总值增速的 6 倍以上。

根据国家邮政局统计，2006—2015 年，我国快递业务量复合增速达 40%，业务量从 2006 年的 10 亿件增长到 2015 年的 206. 7 亿件，增长近 20 倍，并在 2014 年首度超过美国，规模持续保持全球第一。2015 年，我国快递收入规模达 2 769. 6 亿元，同比增长 35. 4%，收入规模较 2006 年的 300 亿元增长超过 8 倍，十年复合增速为 28%。快递收入增速不及业务量增速主要原因是快递单价逐年下降。

（二）中国快递服务质量稳步提高

我国快递业经历了规模高速增长后，面临从快递大国向快递强国的转变，提质增效成为快递业发展的新方向。邮政管理部门重视维护消费者合法权益，加强快递服务质量监测，构建了快递服务质量评价体系；加强快递标准体系的建设和宣贯，建立了消费者申诉与执法联动机制。快递企业也不断加强基础设施建设和服务标准化建设，优化业务流程，改善服务质量。

2016 年，中国快递服务质量指数为 95. 8，同比提高 5. 5%。服务质量指数从 2013 年开始稳步上扬，呈现逐年改善的迹象。快递服务公众满意度持续提升，2016 年为 74. 7 分，较上年提高 0. 7 分。重点城市间 72 小时准时率连续 2 年提高，2016 年 72 小时准时率为 75. 5%，较 2015 年提高 1. 6 个百分点。有效申诉率连续 4 年下降，2016 年快递有效申诉率为 8. 4 件/百万件快件，较 2015 年下降 4. 9 件/百万件快件。

为了有效提高快递服务质量，切实保护消费者的合法权益，国家邮政局采取了相关措施。

第一，完善相关规章制度。国家邮政局先后出台了《快递市场管理办法》、《快递服务》国家标准、《快递业务操作指导规范》等，对快递服务全面予以规范。

第二，督促企业落实经营主体责任，完善投诉处理机制，持续开展好服务质量测评和发布，强化社会监督作用，不断提升消费者满意度。

第三，做好消费者申诉受理工作，有效化解消费矛盾。

第四，开展服务质量专项整治。通过行业监管部门组织开展服务质量专项整治行动，进行《快递服务》国家标准再宣贯，利用消费者申诉受理、媒体曝光、执法检查等多种渠道和手段，及时发现快递服务质量问题，采用约谈告诫、责令整改、行政处罚、通报公示等方式，加强服务质量监管。对违反《快递服务》国家标准、严重损害用户合法权益的行为，加大执法检查工作力度，督促企业开展自查整改。

同时，构建行业信用管理体系，通过建设快递业信用信息平台，建立企业和从业人员的电子信用档案。采取动态管理、适时调整的信用评价指标体系，定期开展信用评定。加强信用信息公开，构建守信激励和失信惩戒机制。完善信息交换共享机制，推动与国家统一信用信息平台对接。完善与工商、海关等部门的联合惩戒机制，逐步建立“一处失信、处处受限”的信用监管工作格局。

2017 年 4 月起全国逐步启动邮件快件实名收寄信息系统推广应用试点，计划 2018 年年底前基本实现实名收寄信息化全覆盖。邮件快件实名收寄信息系统由国家邮政局统一指导建设，寄递企业采集实名收寄数据信息并实时上传。邮件快件揽收人员利用扫描器、手机 APP 等，结合身份证识读设备，对消费者身份信息进行数字化、自动化采集，并利用移动通信网络进行实时传输，一次性比对采集，重复共享使用。

以信息技术为支撑开展实名收寄，是保障用户个人信息安全的有效途径，也符合寄递行业全程全网作业特点。实名收寄信息系统推广应用，在寄递服务安全和个人信息安全方面改善了用户体验。实行实名收寄制度的根本目的是实现寄递行为的信息可追溯、风险可管控、责任可追溯、违法受追究，从而确保消费者能够享受优质、安全的寄递服务。

二、中国快递市场产品与品牌

（一）中国快递产品分类

国内的快递产品主要按地域范围划分，分为同城快递、异地快递和国际快递三类，如表 7-3 所示。

表 7-3　中国快递产品分类及特点

快递分类		定义	特点
国内快递	同城快递	寄件人和收件人在同一个城市的快递服务	快捷、安全、低成本
	异地快递	寄件人和收件人在不同城市的快递服务	运输成本较高，时限不超过 72 小时
国际快递		其他国家或地区的快递服务	操作难度大、信息化程度高、运输成本高

国内快递以异地快递业务为主。据国家邮政局统计，2016 年，同城、异地、国际/港澳台快递业务收入分别占全部快递收入的 14.2%、52.8% 和 10.8%；业务量分别占全部快递业务量的23.7%、74.3%和2%。2015 年，同城、异地和国际快递业务收入分别占全部快递收入的 14.5%、54.6% 和 13.3%；业务量分别占全部快递业务量的 26.1%、71.8% 和 2.1%。与2015 年同期相比，2016 年同城快递业务收入的比重下降0.3 个百分点，异地快递业务收入的比重下降 1.8 个百分点，国际/港澳台业务收入的比重下降 2.5 个百分点。

从近年数据来看，快递业务结构总体比较稳定，以异地业务为主，异地快递收入占比 50%以上，业务量占比 70%左右。

（二）中国快递市场经营模式

当前国内快递市场有两种主流经营模式——直营和加盟。顺丰和 EMS 采用了直营的模式，而以“四通一达”为代表的民营快递企业则纷纷采用了加盟制。

直营是指公司总部掌管所有权和经营权，所有成员企业由总部集中领导、统筹规划，实行统一的核算制度，各直营店实行标准化经营管理。快递直营中总部控制所有的快递结点，包括干线运输、枢纽转运中心、支线运输和落地配送，收派件取得的收入、发生的成本、人员福利、车辆购置等都纳入总部统一结算。

加盟是总部通过契约方式，在品牌使用、网络间接入、服务标准和市场指导价等方面对加盟商做出要求，加盟商的其他经营活动及自身能力建设均独立自主开展。网点除了向总部缴纳加盟费用、面单费、中转分拨费、入库费和派件费以外，自担成本，自负盈亏，加盟商共用一个企业名称。总部在较少投入的情况下，可实现网点的迅速扩张。

（三）中国快递市场品牌集群

1979年中国引入快递这一全新的服务理念和运行模式，在经过长期的计划经济和闭关锁国之后，中国实行改革开放的政策，在激发了中国经济活力和中国人民创造力的同时，也为快递业在中国的发展提供了适宜的土壤和环境。经过几十年的发展壮大，今天的中国快递行业已经形成了一个规模庞大的产业，并呈现出由国企阵营、民企阵营、外资阵营三分天下的格局。

（1）国企阵营：以中国邮政EMS为代表。

中国邮政主要经营国内和国际邮件寄递、报刊等出版物发行、邮政汇兑、邮政储蓄、邮政物流、邮票发行等业务。中国邮政集团公司是国内唯一同时拥有实物流、资金流、信息流的企业。国家从战略层次对其做出了许多政策支持，新邮政法也做出了有利于EMS发展的规定。EMS依托中国邮政储蓄银行建立网点，网点完善，覆盖面积广。

由于电子技术迅速发展普及，邮政传统的信函业务不断被分流和替代，邮政加大了进入速递服务市场的力度，与其他市场主体的矛盾日趋激化。但是，国家在扶持民营快递的同时，不允许EMS通过恶意压价的行为来争夺市场份额。与此同时，EMS缺乏一套与市场经济相适应的、具有竞争机制的运行体制。

在这样的情况下，EMS也在探索着求新求变的发展空间。2013年10月，上海邮政EMS与日本雅玛多国际物流有限公司签订合作协议，双方将共同开拓入网进境快件市场，分享在电子商务物流等领域的先进信息技术和管理理念，积极促进并推动企业的发展和转型升级。这就意味着，EMS也将在电子商务快递市场夺取一席之地。

（2）民企阵营：由以低价、电子商务为主的占据低端市场的“四通一达”（即申通、圆通、中通、百世汇通和韵达快递）和以商业快件为主占据高端市场的顺丰速运两部分组成。

随着中国改革开放进程的不断深化，珠三角和长三角地区开始释放出前所未有的活力。这些地区依托独特的资源和灵活的机制，成为新一轮国际制造业转移的理想之地，也成为中国外向型经济最活跃的地区。在这些地区，民营经济不断壮大，企业参与国际分工的水平不断提高深化，国内外市场竞争日趋激烈，企业对商务文件、样品、目录等传递的时效性、方便性、安全性有了更高的需求。此时，传统邮政服务已无法满足广大工商企业日益增长的需求，加上EMS偏高的价格和不够灵活的运营体制，难以完全承担快递服务的全部业务。在这种背景下，中国民营快递企业应运而生。

民营快递企业提供了客户迫切需要而EMS却难以满足的更高要求的服务，因而在短时间内以超乎寻常的速度发展起来。民营快递企业异军突起，市场地位日益巩固，已经成为当今中国快递业的重要组成部分。

虽然自诞生以来，民营快递的业务量以每年60%到120%的速度递增，但是飞速增长给中国民营快递带来利润的同时，行业内部的隐患也越来越大。加盟商和承包商的资质良莠不齐、没有统一的管理体系，使得民营快递企业无法在全国范围内提供统一的、品质稳定的服务；无法在企业快递体系中做到相互协调、集中管理，从而导致了中国民营快递行业企业规模偏小、物流管理分散、缺乏整体物流规划、企业运营方式单一等诸多行业问题普遍存在。

而以网点直营模式和速度快为最大特点，以快速、安全、准确为服务标准，主攻高端市场的顺丰快递，其价格也是行业内相对较高的。因此，除了不是太注重价格的商务快件、比较贵重的物品和一些特别急用的快递，大多数电子商务公司和网商是不会选择顺丰的。另外，由于顺丰完全采用直营模式，再开设站点的速度也显得略慢一些；由于近两年中国经济增速放缓，商务快件的增长也不及电子商务包裹的增速；用工以及其他费用的不断增加，促使行业成本不断增加、利润下降，企业发展前景不明朗。

（3）外企阵营：以业内著名的“四大天王”（即 FedEx、DHL、UPS、TNT）为首，占据着中国国际快递业务 80% 的市场份额。

20 世纪 80 年代以来，世界各大快递公司纷纷进入中国市场，为中国对外经贸的国际快递业务服务。随着中国相关行业准入条件限制的放宽，外资中小型快递企业也开始进入中国快递市场，并开始由沿海发达地区逐渐进入内地，业务范围也不断地拓宽。

中国快递市场向外资企业全面开放之后，外资快递以增资扩股、兼并收购等方式，逐步走向合资控股或独立经营的企业形态，并迅速囤积力量，发展各自的分销和运输网络。根据中国社科院城市发展与环境研究中心公布的一份《我国快递市场发展现状分析与政策建议》课题报告显示，目前我国利润最高、技术与知识最为密集的高端国际快递业务市场，80% 的份额垄断在国际快递公司手中，其中“四大天王”就拥有 70% 以上的份额。

更值得注意的是，国际物流巨头在占据高端快递市场的同时，还将目光投向细分市场和中低端市场领域，并开始通过并购等手段积极打通中国国内业务网络资源。例如，DHL 在稳拿中国国际快递市场老大头衔的同时，挥师中国国内快件市场，增设服务网点，最先向 EMS 发起进攻；FedEx 及 UPS 在签署了《中美航空协定》后，立即增发航班，抢滩中国航空快递份额；TNT 则另辟蹊径，开展连锁经营，主力攻占汽车零配件快递市场，并于 2010 年 3 月 8 日宣布，其在中国首个全国公路定日快运递送网络已经建成，该网络已经成功拓展至中国 26 个主要城市，并通过 246 条“定日达”线路，使服务覆盖 800 个运营网点。由此，长期由本土民营物流公司统治的中国国内货运市场将面临严峻挑战。

此外，由于进入国际速递服务领域的门槛高，其要求提供商必须具备足够的航空和地面运输能力、枢纽中心、遍布世界主要国家和城市的投递网络、先进的信息跟踪和控制技术。而目前开展该业务的中国国内、国际速递服务的提供商并不多。中国快递市场三大阵营的形成如图 7-17 所示。

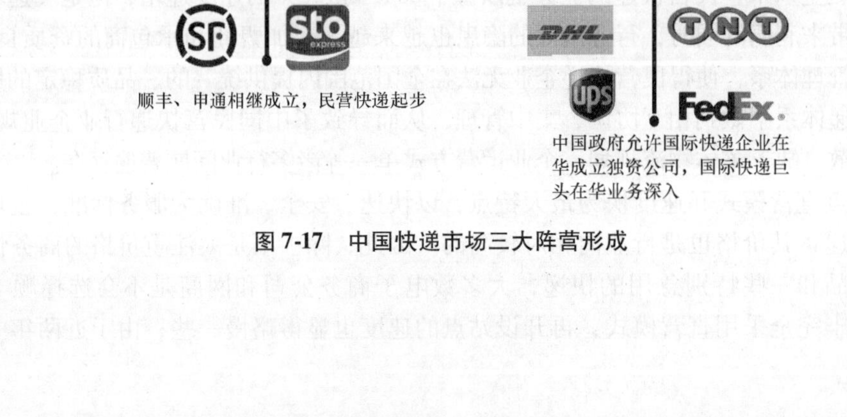

图 7-17 中国快递市场三大阵营形成

三、推动中国快递发展的因素

1. 快递业务量与宏观经济发展高度相关

从理论上分析，宏观经济的好坏直接影响到客户对快递服务的需求量，当宏观经济不断好转的时候，社会经济活动活跃度提升，客户对于快递服务的需求量就会增加；反之，当宏观经济增速下滑，客户消费意愿下降时，他们对快递服务的需求将随之下降。

2016 年，我国快递业收入达 4 005 亿元，占 GDP 比重为 0.53%。快递业务收入占国内生产总值的比重首次超过 0.5%，快递服务社会经济和普惠民生方面的作用日益显现。2015 年，我国快递业收入达 2 780 亿元，占 GDP 比重为 0.41%。我国快递目前处于快速增长期。市场分散、同质化竞争激烈是成长期的主要特征。

2. 电子商务发展直接推动快递业务量增长

2015 年，我国电子商务规模达 18 万亿元，位居全球第一。2010—2015 年，电子商务规模复合增速达到 32%，电子商务的快速发展直接带动快递业务量的跨越式增长。2015 年，我国快递业务量规模达到 206.7 亿件，2010—2015 年，行业复合增速达到 55%。

3. 网络购物的兴起推动快递行业快速发展

2007—2015 年，网购市场规模复合增速达 71%。近年来我国电子商务尤其是网络购物快速兴起，我国网络购物市场规模从 2007 年的 520 亿元，增长到 2015 年的 3.8 万亿元，复合增速达 71%，网购规模占全社会商品零售总额的比例已超过 10%。激增的市场需求使得快递业爆发式增长，快递业 60% 的业务量来自电子商务。根据国家邮政局数据，快递业务量规模从 2007 年的 12 亿件增长到 2015 年的 207 亿件，复合增速达 43%，快递业务收入亦从 343 亿元增长到近 2 800 亿元，复合增速达 30%。

快递业收入规模和网络购物市场交易规模呈现明显的线性正相关关系。通过对 2007—2015 年快递业收入规模与网购市场规模数据进行回归分析，我们发现二者存在高度正相关，网络购物市场每增加 100 亿元规模将给快递业市场带来 6.3 亿元的收入。

四、中国快递发展趋势及其影响因素

（一）网购市场增长隐射快递发展潜力

我国互联网普及率逐年提高，2015 年互联网普及率达 50.3%，2016 年互联网普及率达 53.2%，但与发达国家 70%～80% 的普及率相比仍有较大提升空间。2016 年，我国新增网民中使用手机上网的群体占比达到 80.7%，较 2015 年增长 9.2 个百分点。2016 年，网民在手机端最经常使用的 APP 应用调查显示，除了即时通信类的微信和 QQ，淘宝和支付宝分别位于第 3 位和第 5 位，占比分别为 24.1% 和 14.4%。

截至 2016 年 12 月，我国网络购物用户规模达到 4.67 亿，占网民比例为 63.8%，较 2015 年年底增长 12.9%。其中，手机网络购物用户规模达到 4.41 亿，占手机网民的 63.4%，年增长率为 29.8%。未来中西部偏远地区的移动端渗透率进一步提高，将释放更多的消费购买力。另外，我国农村有 6 亿人口的消费市场，未来消费规模可能超过城市，显示出农村这一空白市场的巨大商机。

（二）快递下乡工程促进农村快递发展

“快递下乡”自提出后短短两年时间内即上升成为国家战略。2016 年年初颁布的中央一号文件《中共中央国务院关于落实发展新理念加快农业现代化实现全面小康目标的若干意见》中，第14条明确提出，实施快递下乡工程；加强农产品流通设施和市场建设；加强商贸流通、供销、邮政等系统物流服务网络和设施建设与衔接，加快完善县、乡、村物流体系。

近几年农村快递市场发展迅猛。截至2015年年底，我国农村快递网点发展近9.5万个，邮政快递网点密度明显提高，邮政快递设施网络初步形成。2015年全年新增农村地区快递服务营业网点4.5万个，乡镇快递服务营业网点覆盖率由2014年的50%提升至70%以上；全国农村地区收投快件量超过50亿件，是2014年的2.5倍，占快递总业务量的24%，而国内各大快递企业与电子商务巨头已经开始积极布局农村市场。快递企业与电子商务巨头农村市场布局如表7-4所示。

表7-4　快递企业与电子商务巨头农村市场布局

快递企业/电子商务	主要布局措施
圆　通	2014年开始推进“通乡镇、通村组”的两通工程
申　通	2015年启动“千县万镇”工程
韵　达	2014年实施开通乡镇拓展计划，正在建立健全适应农村电子商务发展的标准和体系
顺　丰	2014年开始尝试农村网点布局，鼓励内部员工农村网点创业
阿里巴巴	2014年正式推出“千县万村”计划，接下来的3~5年斥资100亿元，建立1 000个县级运营中心和10万个村级服务站；阿里巴巴集团旗下的农村淘宝、蚂蚁金服、阿里健康以及智慧县域等16个相关项目也将适时落地，发展农村电子商务生态链和生态圈
京　东	2015年开始在全国建立自营的“县级服务中心”，同时又以加盟形式开设“京东帮服务店”(针对大家电业务)；2016年1月下旬，国务院扶贫开发领导小组就与京东集团签署了《电子商务精准扶贫战略合作框架协议》，约定“十三五”期间，京东集团在贫困地区加大投资力度，主要用于生鲜冷链宅配体系建设；在832个贫困县中选择200个县作为电子商务扶贫示范县
苏　宁	2015年完成在三四级城市布局1 000多家直营店目标；2015年9月和国务院扶贫办签署了《全国农村电子商务扶贫战略合作框架协议》，探索“互联网+土特产”的电子商务精准扶贫新模式

未来期待配套政策解决配送成本过高的问题。尽管快递网络网点覆盖率整体水平达到70%，但是中西部的村镇覆盖率仅在10%~20%，因为中西部乡镇存在人口密度低、单网点覆盖人口少等问题，这导致其物流成本相比东部地区高出5~10倍，甚至更多。从未来发展来看，中西部县域有望相继出台对快递入驻的扶持政策，包括政府补贴、减免税收等，“最后一公里”配送亦可通过设立乡镇代理点（同时代理几家快递公司的收派件）的形式，解决量小成本高的问题。

（三）消费主体推动网购规模进一步扩大

我国网民以10~39岁群体为主。截至2016年12月，10~39岁群体占整体网民的73.7%。其中20~29岁年龄段的网民占比最高，达30.3%；10~19岁、30~39岁群体占比分别为20.2%、23.2%，较2015年年底略有下降。

未来更加富裕、年轻、乐于网购的新生代消费者将重塑中国消费市场。当下 18 ~ 35 岁的中国消费者正蓄势待发，有望取代出生于 20 世纪 50、60、70 年代的消费者成为中国消费市场的主导力量。根据波士顿咨询预测，新生代消费占比将从现在的 45% 激增至 2020 年的 53%，年轻一代中国消费者比上一代的消费能力更强、网络购物热情更高、网络消费经验更多，消费力将达到上一代消费力增速的两倍。

（四）跨境电子商务成为快递增长新动力

2016 年中国进出口跨境电子商务（含零售及 B2B）整体交易规模达到 6.3 万亿。2010—2015 年，我国跨境电子商务交易量年均增速超过 35%，而同期我国进出口贸易总额年均增速约为 9%，跨境电子商务将成为我国外贸的新增长点。一方面，我国正处在消费结构升级的关键阶段，解决了深层问题以后，高端型和享受型消费方兴未艾，从近年跨境电子商务进口业务快速增长中可见一斑。2015 年，我国跨境进口零售电子商务行业交易规模达到 1 184.3 亿元，较 2014 年同比增长 111.9%，在进口电子商务中的占比达 13.2%，在网购市场的渗透率达到 3.1%。另一方面，跨境电子商务里 82% 以上都是出口业务，商务部明确要做大做强 B2B，跨境电子商务出口将迎来新的发展阶段。

第六节　自贸区跨境电子商务物流的管理

（一）跨境电子商务

跨境电子商务狭义上是指 B2C 跨境电子商务或零售跨境电子商务，指的是分属于不同关境的交易主体借助计算机网络达成交易、进行支付结算，并采用快件、小包等方式通过跨境物流将商品送达消费者手中的交易过程。

跨境电子商务广义上包括 B2C 和 B2B。而 B2B 电子商务是指分属不同关境的交易主体，通过电子商务的手段将传统进出口贸易中的展示、洽谈和成交环节电子化，并通过跨境物流送达商品、完成交易的一种国际商业活动。

总的来说，跨境电子商务是跨境电子商务的简称，是指不同关境的交易主体借助电子商务平台进行交易、结算、支付，并通过跨境物流送达商品、完成交易的一种国际贸易商业活动。跨境电子商务分为出口跨境电子商务和进口跨境电子商务。

（二）跨境电子商务物流

物流作为供应链的重要组成部分，是对商品、服务以及相关信息从产地到消费地的高效、低成本流动和储存进行的规划、实施与控制的过程，目的是满足消费者的需求。电子商务物流又称网上物流，是利用互联网技术，尽可能地把世界范围内有物流需求的货主企业和提供物流服务的物流公司联系在一起，提供中立、诚信、自由的网上物流交易市场，促进供需双方高效达成交易，创造性地推动物流行业发展的新商业模式。而跨境物流的不同之处在于交易的主体分属于不同关境，商品要跨越不同的国界才能够从生产者或供应商到达消费者。

目前，跨境电子商务物流模式多而杂，除了传统的邮政小包与国际快递外，海外仓逐渐兴起，此外，还有一些新兴的跨境物流模式。

1. 国际邮政小包

国际邮政小包是指通过万国邮政体系实现商品的进出口，运用个人邮包形式进行发货。国际邮政小包在目前的跨境电子商务中使用较多，且占较大的比例。据不完全统计，我国目前跨境电子商务有超过60%的商品是通过邮政体系运输的。在国际邮政小包中，使用较多的有中国邮政、中国香港邮政、比利时邮政、俄罗斯邮政和德国邮政等。国际邮政小包具有价格便宜和清关方便等优点，但递送时效慢，丢包率较高，非挂号件无法跟踪，且在商品体积、重量、形状等方面局限性较大。伴随着各国清关政策的收紧，国际邮政小包的优势受到挑战。

2. 国际快递

跨境电子商务使用较多的另一种物流模式为国际快递。商品通过国际快递公司进行物流与配送，知名的国际快递公司主要有 UPS、FedEx、DHL 等。此外，我国本土快递公司也逐步涉足跨境物流业务，如顺丰、申通等。国际快递可以针对不同的顾客群体，如国家地域、商品种类、体积大小、商品重量等选取不同的渠道实现商品速递。国际快递具有时效性高、丢包率低等优点，但价格高，尤其在偏远地区的附加费更高，且含电、特殊类商品无法速递。

3. 海外仓

海外仓又称海外仓储，是指在跨境电子商务目的国预先租赁或建设仓库，通过国际物流预先把商品送达仓库，然后通过互联网销售商品，当接到顾客订单后从海外仓库进行发货与配送。近两年，诸多电子商务企业纷纷租赁或自建海外仓，如 eBay、亚马逊等跨境电子商务推出官方合作的海外仓，大龙网、Focal Price 等投入巨资自建海外仓，顺丰与韵达等快递也纷纷涉足海外仓业务。海外仓是跨境电子商务与跨境物流的一大突破，能够解决国际邮政小包和国际快递的短板，如物流时效、物流成本、海关与商检、本土化、退换货等问题。但是海外仓的租赁、建设与运营也需要专业的人员与资金，且在商品预运前要有准确的销售预期，否则会产生商品运送后因滞销而造成库存与积压的问题。

4. 国际物流专线

国际物流专线是针对某一特点国家或地区的跨境专线递送方式。物流起点、物流终点、运输工具、运输线路、运输时间基本固定。物流时效较国际邮政小包快，物流成本较国际快递低，且保证清关。针对固定路线的跨境电子商务而言是一种较好的物流解决方案。国际物流专线具有区域局限性，这是其突出的弊端。国际物流专线主要包括航空专线、港口专线、铁路专线、大陆桥专线以及固定多式联运专线，如郑欧班列、中俄专线、渝新欧专线、中欧（武汉）冠捷班列、国际传统亚欧航线等。

5. 边境仓

边境仓是指在跨境电子商务目的国的邻国边境内租赁或建设仓库，通过物流将商品预先运达仓库，通过互联网接受顾客订单后，从该仓库进行发货。根据所处地域的不同，边境仓可分为绝对边境仓和相对边境仓。绝对边境仓是指当跨境电子商务的交易双方所在的国家相邻，将仓库设在卖方所在国家与买方所在国家相邻近的城市，如我国对俄罗斯的跨境电子商务交易，在哈尔滨或中俄边境的中方城市设立仓库。相对边境仓是指当跨境电子商务的交易双方不相邻，将仓库设在买方所在国家的相邻国家的边境城市，如我国对巴西的跨境电子商务交易，在与之相邻的阿根廷、巴拉圭、秘鲁等接壤国家的临近边境城市设立仓库。相对边境仓对买方所在国而言属于边境仓，对卖方所在国而言属于海外仓。海外仓的运营需要成本，商品存在积压风险，送达后的商品很难再退回国内，这些因素推动着边境仓的出现，如对俄罗斯跨境电子商务中，我国在哈尔滨设立了边境仓和临沂（中俄）云仓。一些国家的税收政策和政局不稳定、货币贬值、严重的通货膨胀等因素，也会刺激边境仓的出现，如巴西税收政策十分严格，海外仓成本很高，那么可以在其接壤国家的边境设立边境仓，利用南美自由贸易协定，推动对巴西的跨境电子商务。

6. 保税区、自贸区物流

保税区或自由贸易区（以下简称“自贸区”）物流是指先将商品运送到保税区或自贸区仓库，通过互联网获得顾客订单后，通过保税区或自贸区仓库进行分拣、打包等，集中运输，并进行物流配送。这种方式具有集货物流和规模化物流的特点，有利于缩短物流时间和降低物流成本。如亚马逊以中国（上海）自由贸易试验区为入口，引入全球商品线，跨境电子商务企业可以先把商品放在自贸区，当顾客下单后，将商品从自贸区发出，有效缩短配送时间。通过自贸区或保税区仓储，可以有效利用自贸区与保税区的各类政策、综合优势与优惠措施，尤其利用各保税区和自贸区在物流、通关、商检、收付汇、退税方面的便利，简化跨境电子商务的业务操作，实现促进跨境电子商务交易的目的。

7. 集货物流

集货物流是指先将商品运输到本地或当地的仓储中心，达到一定数量或形成一定规模后，通过与国际物流公司合作，将商品运到境外买家手中，或者将各地发来的商品先进行聚集，然后再批量配送，或者一些商品类似的跨境电子商务企业建立战略联盟，成立共同的跨境物流运营中心，利用规模优势或优势互补的理念，达到降低跨境物流费用的目的。如米兰网在广州与成都自建了仓储中心，商品在仓储中心聚集后，通过与国际快递合作将商品发至国外买家。

8. 第三方物流

第三方物流是指由买方、卖方以外的第三方专业物流企业，以合同委托的模式承担企业的物流服务。在国内电子商务中，自建物流已成为一种趋势。但在跨境电子商务中，由于其复杂性，且对物流投入要求很高，虽然个别跨境电子商务在自建物流体系，如洋码头，但是基于资金、跨境物流的复杂性和各种物流障碍，大多数跨境电子商务选择第三方物流模式，如与邮政、国际快递公司合作等。即便是邮政或者国际快递公司，在一些国家与地区，也会选择与当地的第三方物流公司合作。在跨境物流链条中，会存在多种或多个第三方物流企业通力合作的现象。包括我国在内的大批海运企业、国际货代企业，拥有丰富的进出口贸易、海外运作经验和海外业务网点布局及国际化操作能力，这些都是跨境电子商务或跨境物流企业可以合作的对象。在巴西，FedEx 和 UPS 等国际快递公司的业务量只能局限于城市，在偏远地区则依托于巴西邮政及其下属的 Sedex。

9. 第四方物流

第四方物流是指专为交易双方、第三方提供物流规划、咨询、物流信息系统、供应链管理等活动，通过调配与管理自身及具有互补性的服务提供商的资源、能力和技术，提供综合、全面的供应链解决方案。第四方物流通过整个供应链的影响力，在解决企业物流的基础上，整合各类社会资源，实现物流信息共享与社会物流资源充分利用。基于跨境电子商务与跨境物流的复杂性，涌现出一批第四方物流模式，为跨境物流注入新鲜因素。如 2015 年 1 月 26 日，兰亭集势宣布正式启动“兰亭智通”全球跨境物流开放平台，可以整合全球各地物流配送服务资源，能够提供开放比价竞价、全球智能路径优化、多物流商协同配送、自动打单跟单、大数据智能分析等服务。

（三）国际物流与跨境电子商务的关系

在整个跨境电子商务交易中，有一条“链子”至关重要，即国际物流。国际物流是指采用现代物流技术，利用国际化的物流网络，选择最佳的方式与路径，以最低的费用和最小的风险，实现货物在国际的流动与交换。跨境电子商务物流如图 7-18 所示。

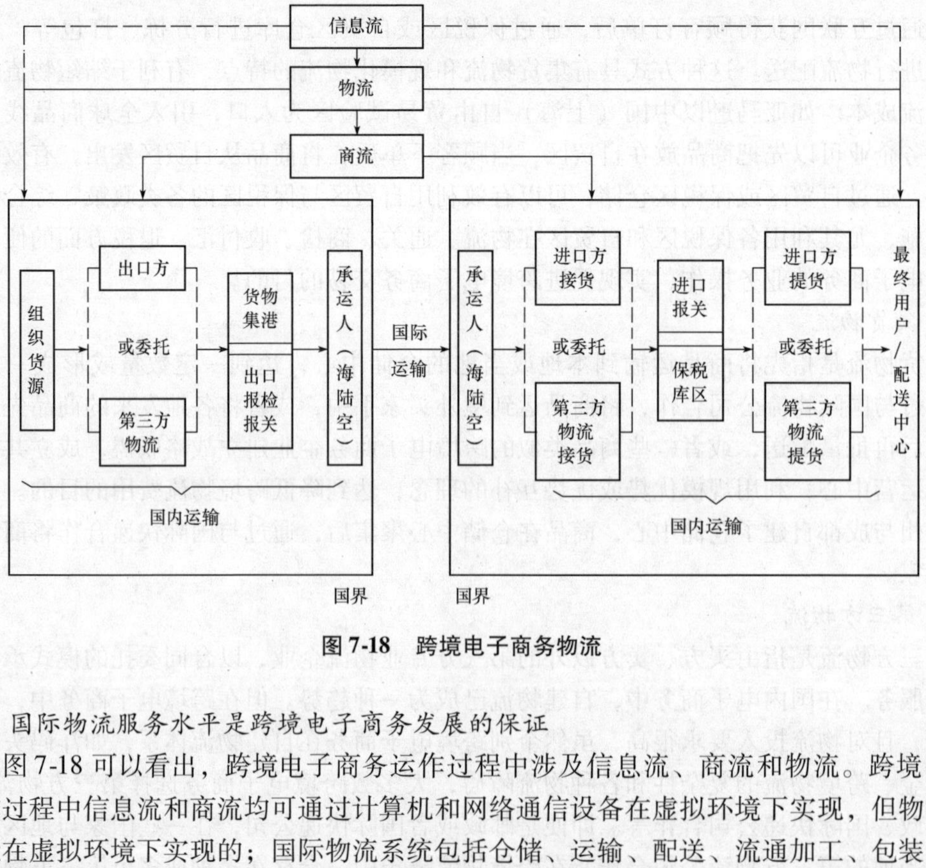

图 7-18　跨境电子商务物流

1. 国际物流服务水平是跨境电子商务发展的保证

由图 7-18 可以看出，跨境电子商务运作过程中涉及信息流、商流和物流。跨境电子商务运作过程中信息流和商流均可通过计算机和网络通信设备在虚拟环境下实现，但物流环节是不能在虚拟环境下实现的；国际物流系统包括仓储、运输、配送、流通加工、包装、装卸搬运和信息处理 7 个子系统，国际物流系统高效率、高质量、低成本的运作是促进跨境电子商务发展的保证。

2. 跨境电子商务效率与效益的提升对国际物流服务提出更高要求

随着跨境电子商务的发展，人们对国际物流服务提出了更高的要求，国际物流企业需要不断更新信息技术和物流技术，增强国际供应链响应能力，降低国际物流成本，提高智能化管理水平，提升客户服务水平，从而促进跨境电子商务效益的提升。

★小贴士

上海现代物流业和电子商务发展现状

1. 上海物流发展现状

上海地处长江三角洲，是我国的经济、交通、科技、工业、金融、贸易、会展和航运中心。上海人口众多、经济总量大，GDP 总量全国第一，也是连接世界各地的各条海运、空运航线的交会点。

2016 年，上海全年实现全社会货物运输量近 9 亿吨，同比下降约 3%。全年货运运行总体主要指标延续稳中有进态势，公路总体降幅有所收窄，铁路季度货物运输量首次实现增幅，港口生产降幅有所收窄，民航货运增速创下新高，快递业务规模高速扩张。

2016 年全国公路货运增速加快，货运量同比增长 6.8%，上海全年完成公路货物运输量 3.9 亿吨以上，较 2015 年下降近 4%，降幅缩小 1.3 个百分点，公路货物运输量占全社会货物运输总量 44%。公路集装箱运输显现回暖趋势，全年公路集装箱运输量 2 234 万标准箱，同比下降近 3%，与 2015 年降幅基本持平。

2016 年全国铁路货运持续回升，降幅较 2015 年收窄 11 个百分点，上海全年完成铁路货物运输量近 1 200 万吨，同比下降 13.3%，降幅较去年缩小 3.5 个百分点。

2016 年全国水路货运继续回升，货运量同比增长 3.7%，港口货物吞吐量走势呈现“前低后高”，同比增长 3.2%。上海全年完成水路货运量 4.8 亿吨以上，同比下降 2%，占全社会货物运输量达 55%，较 2015 年略有增长；完成水路货物周转量近 2 万亿吨公里，同比下降 1.6%。全年上海港集装箱吞吐量完成 3 700 万标准箱以上，同比增长 1.6%，增速较上年减少 1.9 个百分点，比全国增速低 2 个百分点。

2016 年全国民航货运增速加快，货运量同比增长 6%，上海全年完成货邮吞吐量 380 万吨以上，同比增长 4.3%，增速提升 1.7 个百分点，占全社会货物运输量的 0.4%。进入 4 季度以来，完成货邮吞吐量超 110 万吨，各月增幅均达到 10% 以上，同比增长 10.6%，增速创近 5 年以来的最高水平，拉动全年货邮吞吐量大幅增长。分析认为，运量大幅上涨主要是由于经历了季节调整后的亚太地区航空公司货运需求强势增长，跨境电子商务的快速发展带动国际航线货运增长。从货运流向看，国际区域以欧洲、东北亚、美洲为主，增速最快的为非洲，国内以港澳台区域、中南、华北为主，西南区域货邮量增长最快。

2016 年全国快递业保持高速增长，业务量增速高达 51.7%。上海快递行业市场规模不断扩大，继续保持高速增长态势，全年快递服务企业业务量累计完成约 26 亿件，同比增长 52%，占全国快递服务企业业务量的 8% 以上，在各省（市）中排名第 4 位。快递成为“新经济”发展中的亮点行业。

汽车、化工、公路运输等领域的物流企业在全国进行网络布局，辐射能力逐步增强。陆上货运交易中心依托道路货运公共中转平台，开通上海到全国 80 多个城市的回程专线，同时建立全国首个定班专线联盟市场，末端分拨配送可到达全国地县级城市。省际道路货运中转业务覆盖全国 9 大物流区域、21 个全国性物流结点城市、11 个区域性物流结点城市。物流平台等新型业态发展迅速。陆上货运交易中心 56 135 平台有网上注册会员 3 万多家，每日发布有效物流供求信息 60 万条、有效运价行情 14 万条，日均访问量 35 万人次；通过平台交易的总货值超过 188 亿元，运费总额超过 14 亿元；平台物流服务收入达 13 亿元。运用 RFID 电子标签等先进技术，实现物流精细化管理。同时，自贸区内建有深水港物流园区、外高桥物流园区、浦东空港物流园区，依托海、陆、空港门户，加强多式联运能力建设，突出功能提升和联动发展，搭建对接国际、连接腹地、服务全国的物流设施平台，物流业发展水平居全国前列。

但上海物流需求社会化程度依然不高，企业物流外包层次低，物流服务内部化特征明显。物流企业集中度不够，专业化服务能力不强，低端化、同质化竞争比较严重，诚信缺失引发社会关注。物流效率和效益提升缓慢，无论是物流费用与 GDP 的比重，还是企业物流成本费用率均居高不下。

2. 上海电子商务发展现状

上海市电子商务总体呈现蓬勃发展的良好态势，应用覆盖面和渗透率不断提高，行业特色比较鲜明，门类比较齐全。

2016 年，上海电子商务交易规模超 2 万亿元，其中，B2B 全年交易额为 1.4 万亿元，同比增长 17.3%，网购全年交易额为 5 603 亿元，同比增长 35.4%。大宗商品电子商务向各领域扩展，钢铁占比 47%，石油化工占比 31.72%，有色金属占比 13.73%，另外还涉及成套设备、汽车和农产品行业。网购购物交易规模增长迅速，2012—2016 年的交易额从 1 105 亿元增长至 5 603 亿元，平均增速超过 50%。

跨境电子商务发展加速，跨境电子商务企业包括 EMS、小红书、洋码头、跨境通等，城市超市跨境电子商务"Show Room"、绿地 O2O 跨境购、静安免税店在线上线下融合发展的新形势下不断突破，实现新发展。跨境公共服务平台入驻企业数超 1 000 家，日均订单约 3 万单，"双十一"期间进口通关申请超过 151 万单，同比增长约 10 倍。

上海电子商务园区示范效应显现。上海目前拥有国家级、市级电子商务示范园区 7 家，分别是 3131 电子商务创新园、上海智力产业园、嘉定电子商务产业园、普陀中环商贸区、虹桥临空经济园区、唐镇电子商务创新港、汇力得电子商务产业园。

2016—2017 年度上海市电子商务示范企业有 55 家，从类别上可以细分为网络零售类、网络批发类、服务类、创新类。网络零售类的代表企业有百联、东方 CJ、飞牛网、菜管家等；网络批发类的代表企业有找钢网、上海钢联、东方钢铁、上海农产品进出口交易平台（上农批）等；服务类的代表企业有饿了么、大众点评、携程旅游、蜘蛛网等；创新类的代表企业有东方网、飞票网、西域、1 药网等。"双十一"当天，饿了么单日交易额同比增长 43%，平台在线订餐服务用户量达 1 亿。找钢网 2016 年全年全面实现盈利，2016 年交易量超过 3 500 万吨。

上海电子商务线上线下融合效果显著。全市共开展 12 个智慧商圈试点，全市社区已设立 400 多个电子商务快递综合服务点，全市共建立 40 余个农村电子商务服务站。

同时，新模式新业态不断涌现。共享单车、微菜场、生鲜电子商务体验店等最新发展模式让消费者充分体验到电子商务本身给生活带来的极大便利和快捷。摩拜单车在上海投放数量已经达到 10 万辆。上海全市建成 1 064 家社区智慧微菜场。盒马生鲜电子商务线下体验店全市超过 7 家。

伴随着 2016 IEBE 国际电子商务博览会暨互联网 + 科创应用展，2016 中国（上海）国际网络购物交易会、第五届中国电子商务年会、2016 中国跨境电子商务 50 人论坛等电子商务行业高端会议和论坛的不断开展，推动上海电子商务开放程度不断扩大。

同时，上海是我国内地非金融支付服务机构数量最多和最集中的城市，业务范围涉及网络支付、预付卡发行与受理、银行卡收单等，电子商务的发展起到了积极推动创新服务方式的作用。上海市政府对电子商务发展加大引导和政策支持力度，推出了鼓励电子商务发展的政策措施，积极推动电子商务相关基础设施和公共平台建设；实施"推动电子商务企业创新发展，推动中小企业应用电子商务"的"双推"工程；实施电子商务示范工程等。

与发达国家相比，我国的信息技术应用水平仍然较低，虽然上海在该领域已属国内领先，但现行的政府管理体制和管理模式还不能适应电子商务跨部门、跨行业发展的要求，网络市场的诚信体系建设、知识产权保护、消费者权益保护等问题日益凸显，成为上海市电子商务发展的障碍。

关键名词

电子商务物流　物流模式　配送　自营物流　第三方物流　物流联盟　第四方物流　物流一体化　配送中心　国际邮政小包　国际快递　海外仓　国际物流专线　边境仓　保税区集货物流　跨境电子商务物流

课后习题

一、选择题

1. 物流的基本功能不包括（　　）。

A. 仓储　　B. 增值服务　　C. 运输　　D. 配送

2. 基于 Internet 的新型物流模式不包括（　　）。

A. 信息平台　　B. 技术平台　　C. 交易平台　　D. 支付平台

3、推动中国快递发展的因素不包括（　　）。

A. 宏观经济　　B. 网络购物　　C. 电子商务发展　　D. 人才竞争

4、以下哪种不属于跨境物流模式（　　）。

A. 保税区物流　　B. 海外仓　　C. 国际物流专线　　D. 物流联盟

二、填空题

1. 电子商务物流的特点包括________、________、________、________、________。

2. 跨境电子商务是指分属于不同________的交易主体借助计算机网络达成交易、进行支付结算，并采用________等方式通过跨境物流将商品送达消费者手中的交易过程。

三、简答题

1. 简述电子商务与物流的相关制约关系。

2. 电子商务物流模式有哪些？其内涵和优劣势分别是什么？

3. 简述电子商务物流配送的基本流程。

4. 简述中国快递行业发展的趋势及影响因素。

5. 简述国际物流与跨境电子商务的关系。

技能操练

选择淘宝、京东、苏宁等网上商城进行网上购物，体验不同商城的物流过程，并尝试从物流模式、配送方式、服务差异性等方面来比较它们的异同点。

第八章

电子商务的服务与监督

★学习目标

★ 掌握电子商务客户关系管理的概念，理解电子商务客户关系管理的内涵，了解电子商务客户关系管理解决的主要问题。

★ 理解电子商务客户关系管理的功能。

★ 掌握电子商务环境下的客户关系管理策略。

★ 了解电子商务法律问题，掌握电子商务法律体系框架内容。

★ 了解电子商务立法现状及发展方向。

★案例引导

Dell 公司的电子商务时代客户管理

计算机互联网技术的发展也为现代客户关系管理实现更完善的功能提供了可能性。精明的企业目前都在认真反省自己的 CRM 战略，并开始把 CRM 作为它们挽留客户的重要手段，希望凭借 CRM 的智能客户管理给企业带来忠实和稳定的客户群。

在这些实施电子商务的企业中，美国戴尔计算机公司（以下简称 Dell）利用 Internet 了解客户的具体需求，制定营销策略。它采用直接销售的商业模式，销售计算机及相关产品，最终产生了个人电脑商业模式的革命，取得了很大的成功。如今，很多公司都在纷纷效仿，他们的最终目标只有一个：获取顾客忠诚度。Dell 公司总裁迈克尔·戴尔说过："与顾客结盟，是我们最大的优势。在我们眼中，没有一次交易的顾客，只有终生的顾客。"因此，我们从分析 Dell 公司的成功案例来探讨如何在电子商务时代实施客户关系管理。

一、实施以客户为中心的商业策略

实现 CRM，首先必须设计以客户为中心的商业策略的目标，找到可以和客户双赢的机会。如果为客户的利益考虑得多，客户也就会做更多可以为我们带来收益的事，如乐意从我们那儿进行更多的购买等。"客户关系"的设计相当简单：站在客户的角度进行观察，从而可以发现他们想要获得什么，他们现在不想获得但是将来想要获得什么。而传统的公司认为，“我们发明出一些东西，看其能不能被推销给可能有意愿购买的顾客”，即在接到订单之前已完成产品的制造。

而Dell公司的态度与它们的截然相反，借助于电话拜访、面对面的对话、网络沟通，及时获知顾客对产品、服务和市场上其他产品的建议，并知道他们希望公司开发什么样的新产品。它针对顾客需求来设计产品或服务方式，顾客可利用Dell公司网站和800免费电话自主选择配置，使每一件产品都是为顾客量身定做，最大限度地满足了客户需求。同时，它依客户订货的需求与时机来生产，消除了因购买过量零件、库存与赔钱抛售存货等所造成的成本，获得了公司和顾客的双赢。

二、利用新技术支持

在如今的电子时代，技术革命一日千里，企业可以利用新技术来帮助它们管理客户关系：建立局域网或广域网、建立大规模的数据库、使用更先进的软件技术等。

Dell公司充分利用了新技术，它是一家以直销为经营模式的公司，也是第一家依顾客的直接回馈来建立组织的个人电脑公司，它主要利用网站、呼叫中心、对话等方法来进行行销。

浏览Dell公司网站，在“网上购物”页面上，根据5大类别——“家庭类”“商业类”“教育类”“政府类”以及“特殊类”，提供形态各异的采购资讯。以“商业类”而言，针对经营规模差异事先规划不同的硬件需求，以员工400人为界，分别提供400人以上大型企业及400人以下中小企业不同的采购清单；在“特殊类”选项里，该公司目前已在美国以外的45个地区建立起服务网站，分别提供全球44个国家、18种语言的服务；在家庭用电脑首页，Dell公司设计了各种电脑配置，并提供产品详细资讯，针对不同需求的使用者提供售前采购服务。

Dell公司除了预先设想消费者的需求外，还会告诉消费者买了什么样的电脑有什么样的好处。同时，Dell公司还为消费者提供个性化服务，专业客户可自主选择CPU、硬盘、内存等配置，使每一台计算机都为自己量身定做。所以该公司总裁迈克尔·戴尔认为，公司网站成功的原因，除了销售外，还包括服务与技术支持的多样化，他说：“我们不仅提供产品资讯与售后服务，更重要的是，我们提供大量的‘售前服务’。”

调查发现，产品价格其实只占顾客购买原因的三分之一，另外三分之二是服务与技术支持，这也正是许多顾客选择价格较高的品牌电脑而不是兼容机的原因。所以，要想完成一次交易，并获得终生的顾客，必须为顾客提供优质的售后服务和技术支持。在Dell公司的网站上也充分体现了这一点，它提供了诸多的售后服务项目。例如，在下载驱动程序页面里，只需输入你的PC号码，即可随时下载最新版本的驱动程序；在常见问题集（FAQ）及疑难问题指南页面，顾客可自行查询产品使用问题解答，可根据参考资料检查与排除产品故障，并决定是否需要送修；在电子邮件答复服务里，利用电子邮件迅速答复顾客的问题。

三、传统的呼叫中心与网络、数据库技术相结合

语言是人类进行交流的媒体，人们喜欢谈话。移动用户达到1 000万人的发展速度比个人计算机或Internet普及的速度都要快。许多人选择的工具是人类的语言，而不是键盘，对此公司必须做出反应，建立基于传统电话的呼叫中心。呼叫中心是公司用来与顾客进行直接交谈、发现顾客的需求、劝说顾客达成交易、确保顾客的需求得到满足的场所。进行电话管理是双向的，它包括公司打电话给顾客的对外营销和顾客打给公司的对内营销。

Dell 公司建立了一个与网络、数据库技术相结合的呼叫中心，顾客可通过800免费电话与公司进行对话。呼叫中心设有技术支持热线、售前咨询热线、投诉热线等，接到客户的呼叫，服务人员立即在内容丰富的数据库内查询客户的PC号码，在最短的时间内获得顾客的详细资料，倾听顾客的诉说，回答顾客提出的问题，满足顾客的需求，收集有价值的顾客资料，使顾客在较短时间内就能得到更快捷的答复，大大缩短了打电话的时间，同时减少了呼叫中心的成本。在开始，呼叫中心可能是一个成本中心，需要支付大量的电话费，但随着营销的扩大、客户的增多，呼叫中心通常会转变为创造利润的中心。

第一节　电子商务客户关系管理

得益于互联网技术和计算机技术的不断发展，电子商务的应用范围越来越广。因为供应链的宗旨是满足末端消费者的需求，所以消费者在电子商务环境下可以得到企业更多的关注，这种关注主要体现在客户信息搜集、处理和分析。全球最具权威的信息技术咨询、评估、测评机构高德纳咨询公司（Gartner Group Inc）于1999年提出客户关系管理的概念，客户关系管理是英文 Customer Relationship Management 的简写，也译作“顾客关系管理”。显然，电子商务环境为客户关系管理提供了沃土，为客户信息的收集和处理提供了渠道和技术支持。

一、电子商务客户关系管理概述

（一）电子商务客户关系管理的概念

电子商务客户关系管理的概念起源于1980年年初美国出现的“接触管理”（Contact Management），即专门收集客户与公司联系的所有信息；1985年，巴巴拉·本德·杰克逊（Barbara B. Jackson）提出了关系营销的概念，使市场营销理论的研究又发展到一个新的水平；1990年前后，演变成包括电话服务中心支持资料分析的客户关怀（Customer Care），一些美国企业开始以联系人管理软件为基础，开发销售自动化（SFA）系统，随后又着力发展客户服务系统（CSS）。结合新经济的需求和技术的发展，高德纳咨询公司于1999年率先提出了客户关系管理（CRM）的概念，高德纳公司认为：所谓的客户关系管理就是为企业提供全方位的管理视角；赋予企业更完善的客户交流能力，最大化客户的收益率。

高德纳咨询公司在之前提出的企业资源计划（Enterprise Resource Planning，ERP）概念中，强调对供应链进行整体的管理。而客户作为供应链中的一环，之所以针对它单独提出CRM的概念，主要是有两方面的原因：一方面是由于ERP本身功能方面的局限性，也由于IT技术发展阶段的局限性，实际上ERP对供应链下游（客户端）的管理功能还比较弱。另一方面，到20世纪90年代末期，互联网的应用越来越普及，计算机电话集成技术（Computer Telephony Integration，CTI）、客户信息处理技术（如数据仓库、数据挖掘、商业智能等技术）得到了长足的发展，使得收集、整理、加工和利用客户信息的质量和效率大大提高。

CRM的产生正符合企业发展的需要，也是现代化先进技术应用的体现，因此CRM理论一经提出，便得到了很多企业的青睐，并迅速地发展。客户关系管理概念的发展历程如表8-1所示。

表 8-1　客户关系管理概念的发展历程

时间	概念	内容
1980 年	接触管理	专门收集客户与公司联系的所有信息
1985 年	关系营销	建立企业与客户的良好关系
1990 年	客户关怀	包括电话服务中心在内的客户资料分析
1999 年	客户关系管理	赋予企业以客户为中心的管理视角

电子商务客户关系管理是基于电子商务的，在互联网和计算机等技术支持下，以客户为中心，通过协调企业与客户在销售前、销售中、销售后等各环节的交互，改善企业的产品和服务，提高顾客满意度，利用搜集、跟踪和分析客户信息的新型管理系统来拓展新客户、稳定老客户，提高企业市场份额和核心竞争力。

作为一种管理理念，客户关系管理把客户理解为企业的一项重要资产，客户关怀是客户关系管理的中心，客户关怀的目的是与所选客户建立长期和有效的业务关系，在与客户的每一个“接触点”上更加接近客户、了解客户，最大限度地增加利润，提高利润占有率。

（二）电子商务客户关系管理的内涵

根据客户关系管理的概念，可以从以下三个层次理解客户关系管理。

1. 客户关系管理是一种管理理念

客户关系管理的管理理念是建立一种以客户为中心的商业哲学和企业文化，将企业的客户视为最重要的企业资产，构建一个信息畅通、行动协调、反应灵活的客户沟通系统。通过与客户的交流来掌握其个性需求，并在此基础上为其提供个性化的产品和服务，不断增加企业给客户的顾客价值，实现企业和客户的双赢，而不是千方百计地从客户身上谋取自身的利益。

2. 客户关系管理是创新的企业管理模式和运营机制

客户关系管理是对企业与客户发生的各种关系进行全面管理的管理机制，是一种旨在改善企业与客户之间关系的新型管理机制。企业在引入客户关系管理的理念和技术时，不可避免地要对企业原来的管理方式进行变革，而业务流程重组则为企业的管理创新提供了具体的思路和工具。通过对市场营销、销售、服务与技术支持等与客户相关领域业务流程等全面优化，企业可以从企业管理模式、经营机制的角度进行优化管理资源配置、降低成本、增加市场份额。

3. 客户关系管理是一种管理软件和技术

客户关系管理系统是信息技术、软硬件系统集成管理办法和应用解决方案的总和，它既是帮助企业组织管理客户关系的方法和手段，又是一系列实现销售、营销、客户服务流程自动化的软件乃至硬件系统。客户关系管理系统将最佳的商业实践与数据挖掘、工作流、呼叫中心、企业应用集成等信息技术紧密联系在一起，为企业的销售、客户服务和决策支持等提供了一个智能化的解决方案，使企业有一个基于电子商务的面向客户的系统，从而顺利实现由传统企业模式到以电子商务为基础的现代企业模式的转化。

总之，客户关系管理有两种含义：一种是“以客户为中心”的新型商业策略；另一种是包含客户关系管理方法论的系统软件（客户关系管理系统）。客户关系管理是一种把客户作为企业资产，通过增强客户关系，留住客户，让客户满意，进而创造客户价值，最终提高企业利润的经营战略；同时也是一项企业通过技术手段，改善自身与客户关系的新型管理机制的软件系统。

（三）电子商务客户关系管理解决的主要问题

随着工业经济社会向知识经济社会的过渡，经济全球化和服务一体化成为时代的潮流，顾客对产品和服务的满意与否，成为企业发展的决定性因素。而通过客户关系管理，可以不断地完善客户服务，提高客户满意度，从而留住更多客户，并吸引新的客户，增加利润。

1. 完善客户服务

客户关系管理的核心理念是以客户为中心，通过改进对客户的服务水平，提高企业核心竞争力。市场是由需求构成的，满足需求是企业存在的本质，而需求的满足状态制约着企业获利的多少。注重客户关怀可以明显地增强服务的效果，为企业带来更多的利益；客户关怀可以为产品增值，于是它开始成为产品整体概念的一部分。

很多公司逐步认识到：在售后服务方面做得好的公司，其市场销售就处于有利的地位；反之，那些不注重售后服务的公司，其市场销售则处于不利的地位。售后服务被客户认为是产品本身的一个组成部分，如果没有售后服务，客户根本就不会购买企业的产品。企业最初的客户关怀为企业向客户提供售后服务。后来客户关怀的服务内容发生了扩充：客户关怀由售后客户关怀变为在客户从购买前、购买到购买后的客户体验全部过程中。购买前向客户提供产品信息和服务建议；购买期间向客户提供的企业产品质量应符合有关标准，以及与企业接触的过程中客户的体验；购买后则集中于高效地跟进和完成产品的维护和修理。这种售前的沟通、售后的跟进和提供有效的关怀，使客户满意度提升。

2. 提高客户满意度

市场激烈竞争的结果，使得许多商品和服务在品质方面的区别越来越小，这种同质化的结果，使商品品质不再是客户消费选择的主要标准，客户越来越注重厂商能否满足他们个性化的需求和能否提供及时的高质量的服务。在企业越来越感觉到客户将是市场竞争至关重要的资源时，客户满意度和客户忠诚度也就显得越来越重要。

客户满意度（Consumer Satisfactional Research，CSR）是指客户通过对一个产品或服务的可感知的效果与他的期望相比较后，所形成的愉悦或失望的感觉状态。企业不断追求客户的高度满意，源于这样一个事实：一般情况下，满意程度较低的客户发现更好的产品后，会很快地更换产品供应商。只有那些高度满意的客户才不会轻易更换供应商。客户的高度满意会产生一种对产品品牌的依赖和喜爱，正是这种高满意度创造了客户对产品品牌的高度忠诚。

3. 挖掘关键客户

服务是客户满意的一种手段。服务并不是企业的核心目标，企业的核心目标是获利，所以营销的核心目标或思想应当是获利，而不仅仅是提供满意的服务。挖掘企业最有价值的客户，把企业有限的资源和能力服务于最有价值的客户是客户关系管理的主要目标之一。高德纳咨询公司认为客户关系管理就是通过对客户详细资料的深入分析，来提高客户满意程度，从而提高企业的竞争力。高德纳咨询公司认为客户关系管理对客户详细资料的分析，主要包含以下几个主要方面（简称7P）：客户概况分析（Profiling）、客户忠诚度分析（Persistency）、客户利润分析（Profitability）、客户性能分析（Performance）、客户未来分析（Prospecting）、产品分析（Product）、客户促销分析（Promotion）。

二、电子商务客户关系管理的功能

电子商务客户关系管理集成了客户关系管理思想和最新信息技术成果的CRM系统，是帮助企业最终实现以客户为中心的管理模式的重要手段。传统的CRM包括市场营销、销售、客户服务3个方面的功能。随着信息技术以及电子商务的快速发展，客户在购买方式、服务要求等方面有了更多的选择和要求，因此现代企业管理中应用的CRM应当具备与之适应的基本能力。

1. 建设统一的客户信息库的能力

客户信息作为公司的重要资产，必须由企业统一管理。其所有权在企业层面，而不是由部门或个人占有，且不会因为某些营销或销售人员的离开而使营销和销售工作受阻。

2. 具有整合各种客户联系渠道的能力

各种渠道整合就是无论客户的请求来自电话、传真、电子邮件，还是通过网页访问或亲自到访，所形成的各种信息都必须准确地、无遗漏地、无重复地放到数据库中，做到客户信息的“零流失”；同时，客户可以选择他们所喜欢的任何一种方式与企业打交道，在利用其他渠道时，不必重复提供信息。

3. 快捷方便地向系统用户传递信息

CRM应用系统的各种用户（包括客户服务支持人员、市场营销人员、现场服务人员、销售人员以及合作伙伴等），能以各种方便的方式（如网页、电子邮件、电话、微信、QQ等）和设备（如电脑、手机及其他移动设备）获取各种相关的客户信息。

4. 提供营销、销售和服务自动化

向面向客户的员工提供销售、营销和服务的自动化工具，实现三者之间的无缝整合，打破销售、营销和服务的业务限制，实现客户服务流程在部门之间的平滑接续。例如，营销部门提取的潜在客户，在经过客户价值认定之后，自动转给销售人员，成为销售人员的销售机会；呼叫中心接到的维修请求可以自动出现在技术人员的服务应用系统中。

5. 具有一定商业智能的决策能力

客户行为预测能力是对CRM应用系统的一个重要需求，否则客户关系的差别化管理就难以实现。

★小贴士

商业智能的应用

美国的超市有这样的系统：当你采购了一车商品结账时，售货员扫描完了你的产品后，计算机上会显示出一些信息，然后售货员会友好地问你：“我们有一种一次性纸杯正在促销，位于F6货架上，您要购买吗？”

这句话绝不是一般的促销。因为计算机系统早就算好了，如果你的购物车中有餐巾纸、大瓶可乐和沙拉，则有86%的可能性你要买一次性纸杯。结果是，你说：“啊，谢谢你，我刚才一直没找到纸杯。”

这不是什么神奇的科学算命，而是利用数据挖掘中的关联规则算法实现的系统。每天，新的销售数据会进入挖掘模型，与过去的历史数据一起，被挖掘模型处理，得到当前最有价值的关联规则。用同样的算法分析网上书店的销售业绩，计算机可以发现产品之间的关联以及关联的强弱，并给予客户个性化的产品推荐。

6. 具备与其他的企业应用系统整合的能力

CRM应用系统必须解决与企业其他应用系统的整合问题，否则前后台出现的断点必定会影响客户服务的质量。最明显的整合是 CRM 与后台 ERP 的整合，CRM 要与 ERP 在财务、制造、库存、分销、物流和人力资源等方面连接起来，从而提供一个闭环的客户互动循环。这种集成不仅包括低水平的数据同步，而且包括业务流程的集成，例如 CRM 前台接受订单，ERP 后台处理订单。

三、电子商务环境下的客户关系管理策略

电子商务环境下的客户关系管理也与传统商务活动一样分为售前服务、售中服务和售后服务。在不同的阶段，企业所采取的策略也有不同的侧重。

1. 售前客户关系管理策略

客户建档策略是通过为客户建立档案来掌握顾客的特征信息，如性别、年龄、职业、爱好等，以此了解客户的消费倾向。在电子商务的环境下，通过充分利用网络的资源共享、数据共享优势，企业可以把“客户建档”策略发挥到极致。在企业为客户建立档案之后，根据时间的推移和情况的变化运用网络信息技术实时更新客户档案。最后还要有诱导客户新消费的策略，即以老客户为基础，有针对性地开发或刺激其潜在需求，不断开拓市场。

2. 售中客户关系管理策略

首先应该分析客户行为，在销售商品时，企业应该考虑客户对企业的利润贡献度、以前的采购行为、沟通渠道偏好与客户特性等，针对不同的客户属性来决定行销方式或内容电子商务客户关系管理策略。其次要注重顾客参与性，企业让顾客利用网络参与产品的设计，客户可以在计算机终端前设计自己所喜欢的产品，获得更加贴近自己兴趣的、高度满意的个性化产品。企业通过与顾客沟通，能有效地根据消费者的要求及时改变产品设计，或投入开发新产品。最后还要建立连锁效应策略，即通过分析顾客正在进行的购买行为来推断顾客的其他需要，以此来提高产品的销售量，同时提高顾客的满意度。

3. 售后客户关系管理策略

首先，建立客户评价系统，即客户在成功交易后，及时做出评价，客户的评价构成了企业的信用记录，是企业的一种自我促进的方法。同时企业也可为每个建档的客户设置一个客户信用记录，客户则会为争取自身更高的信用度来与企业更好地合作电子商务客户关系管理策略。其次，对顾客进行追踪服务，在电子商务环境下，企业通过给顾客建档，利用网络优势，对顾客进行终身售后服务，良好的售后服务永远是留住顾客的最好方法。最后，与顾客进行情感交流，无论是传统商务环境下，还是电子商务环境下，与顾客建立良好的关系都是客户关系管理的关键。在电子商务环境下，企业人员与顾客的直接接触将变得很少，这样企业主动与顾客进行情感沟通就显得尤为重要。

四、电子商务环境下客户关系管理发展的趋势

电子商务的客户管理已经在国外取得了客观的成功，一大批电子商务客户关系管理的解决方案供应商也为用户提供了全方位的选择，使企业与客户之间的关系更加密切，实现了企业的营销自动化、销售过程自动化和客户服务。对于客户关系管理和电子商务相结合的技术发展，在我国还处于起步阶段，与国外大型企业相比，我国的企业在技术、管理和人才方面还处于劣势。今后，通用模块的完善、支持灵活组配、基于 Web 应用、

充分支持电子商务的客户关系管理才是互联网时代的发展方向。这就要求国内企业大力发展电子商务，通过电子商务的应用来重组客户关系管理流程，使客户关系管理真正成为提升企业核心竞争力的重要手段。

第二节　电子商务法律

电子商务是通过互联网完成商业活动的，在网络世界中形成有别于传统商业的新环境，被称为“虚拟”世界。来自全世界的企业和个人通过网络缔结交易，而无须谋面和使用笔墨，瞬间即可完成寻找交易对象、缔结合同、支付等交易行为。这种交易环境和交易手段的改变，使得在传统交易方式下形成的规则难以完全适用于新环境下的交易。

法律是规范人类行为的最系统、最具强制力的行为规范。对于历史悠久的传统商务模式，各国的法律制度都已相当完备。电子商务作为一种新的商务模式于20世纪中期开始逐渐显现，特别是从1991年起，电子商务贸易活动进入Internet，凭借Internet之力，电子商务活动也遍布全球，涉及社会各方面。由于电子商务模式的新颖性，它出现较晚，发展又如此迅速，所以原有的传统法律制度已不再适用于它。现实中新的针对电子商务的法律法规不能及时跟上所需，作为调整电子商务行为的重要规范，相关法律规范的缺失或不严密，无疑会严重影响到电子商务的健康和可持续发展，因此必须迫切制定专门的电子商务法。法律问题是电子商务这一全新领域中的前沿问题，也是电子商务框架中重要的社会环境问题。

一、电子商务法律概述

法律是调整特定社会关系或社会行为的行为规范。电子商务法律，是指调整以电子交易和电子服务为核心的电子商务活动所发生的各种社会关系的法律规范的统称。

电子商务的法律问题主要涉及在电子商务活动中出现的各方当事人之间的法律关系，包括电子商务合同、电子支付、电子交易安全、知识产权、消费者权益特别是隐私权保护等方面所引起的法律问题。

电子商务关系是互联网在经济活动的应用中产生的一种新型社会关系，这种新型社会关系交叉存在于实体社会和虚拟社会之间，具有独特的性质。电子商务法律并不需要构建所有的网络贸易秩序规则，而应当将重点放在因交易手段和方式的改变而产生的特殊商事法律关系的调整上。也就是说电子商务法律是调整网络贸易中产生的传统法律难以调整的商事关系的规则。电子商务法以其独立的、特有的调整对象，而成为一个独立的部门法。

（一）电子商务法律关系的主体

电子商务法律关系主体主要包括电子商务交易者、电子商务服务提供者、电子商务认证机构、电子商务监管者等。

（1）电子商务交易者。电子商务交易是通过网络进行的商业活动，其最基本的主体就是电子商务交易者。电子商务交易者是电子商务交易中就商品或服务进行直接交易的各方，即商品或服务的提供者和消费者，也就是商品或服务的卖方和买方当事人。电子商务法律的重要任务就是确保电子商务交易各方身份的真实性与合法性。

（2）电子商务服务提供者。在电子商务交易中，商品或服务的买卖双方是通过数据传输的形式进行交易协商及履行的，双方互不谋面，因此交易的实现必须依靠第三方的参与。电子商务服务提供者在买卖双方的交易活动中发挥着重要的作用，缺少了这些服务机构，电子商务活动就无法真正开展，因此电子商务服务提供者也是电子商务法律关系中不可或缺的主体之一。常见的电子商务服务提供者有：网络服务提供商（ISP）、网络接入提供商（IAP）、在线服务提供商（OSP）、应用服务提供商（ASP）和网络内容提供商（ICP）。

（3）电子商务认证机构。电子商务认证机构（CA）是在开放的互联网中为电子商务中交易双方提供身份验证的第三方机构，主要证明数据电文中电子签名人的身份及其信用状况，为用户的电子签名颁发电子签名认证证书，从而消除交易双方的顾虑，实现交易目的。它不仅要对进行电子商务的交易双方负责，还要对整个电子商务的交易秩序负责。

（4）电子商务监管者。在电子商务交易中可能会存在各种交易风险，从而导致交易失败甚至诈骗等犯罪行为的产生，因此，为了保障电子商务交易过程中各主体的合法权益，保证交易的顺利进行，电子商务监督者必须发挥其监督职能。从监督主体上看，主要涉及政府、平台、企业和消费者。传统经济中，政府承担了主要的监管职责，形成了固定的公共监管模式。但对于平台经济，平台企业已经起到了一定监管的作用，因此，政府一方面可以减少相应的监管职责，另一方面还需要在平台私人监管不到位的地方加强监管。这就需要政府的公共监管，同时进行监管创新。而消费者也可以通过网络途径进行监督和维权，因为网络技术简化了监督信息反馈的传输渠道，这就使普通消费者行使监督权力的愿望得以实现。

（二）电子商务法律关系客体

在电子商务法律关系主体之间，为达到一定的商务目的而形成相应的法律关系，这种目的就是电子商务法律关系的客体。电子商务法律关系客体主要包括以下几个方面。

（1）实体商品。在现实生活中的任何有形商品或物品，包括动产和不动产均可以通过电子商务进行交易。只不过目前通过网络进行交易的实体物品多集中在图书、音像制品和标准化商品，有形商品的电子商务交易要依赖传统方式进行配送或交付。

（2）数字化商品。在网络中进行物流传递的商品是数字化商品和信息商品。消费者可以通过网络直接下载数字化商品或信息，如电子书刊、软件和游戏等。这种数字化商品和信息的交易可以通过网络完成信息流、资金流和物流的全过程。

（3）网上服务。网上服务行为是通过网络向消费者提供某种信息或服务，如旅游服务网站、网上法律咨询、网上远程教育等在线行为。

（三）电子商务法律的特征

电子商务法律的特征主要包括以下几个方面。

（1）商法性。商法是规范商事主体和商事行为的法律规范。电子商务法律规范主要属于行为法，如数据电文制度、电子签名及其认证制度、电子合同制度、电子信息交易制度、电子支付制度等。但是，电子商务法也含有组织法的内容及特点，如认证机构的设立条件、管理、责任等。

（2）技术性。在电子商务法中，许多法律规范都是直接或间接地由技术规范演变而成的。比如一些国家将运用公开密钥体系生成的数字签名，规定为安全的电子签名，这样就将有关公开密钥的技术规范，转化成了法律要求，对当事人之间的交易形式和权利义务的行使，都有极其重要的影响。另外，关于网络协议的技术标准，当事人若不遵守，就不可能在开放环境下进行电子商务交易。

(3) 开放性和兼容性。所谓开放性，是指电子商务法要对世界各地区，各种技术网络开放；所谓兼容性，是指电子商务法应适应多种技术手段，达到多种传输媒介的对接与融合。只有坚持了这个原则，才能实现世界网络信息资源的共享，保证各种先进技术在电子商务中及时应用。

(4) 国际性。电子商务固有的开放性、跨国性，要求全球范围内的电子商务规则应该是协调和基本一致的。电子商务法应当而且可以通过多国的共同努力予以发展。通过研究有关国家的电子商务法规，我们发现其原则和规则包括建立的相关制度，在很大程度上是协调一致的。联合国国际贸易法委员会的《电子商务示范法》为这种协调性奠定了基础。

二、电子商务法律问题

电子商务的突出特征是使重要的商业活动通过电脑及互联网完成，这种网络世界构成了一个区别于传统商业环境的新环境。在这个虚拟世界里，来自全世界每个角落里的人和企业均可以低成本、高效率地完成各种交易，而无须受到时间与空间的限制。这种环境与交易手段的改变，使在传统交易方式下形成的规则很难完全适应，因此，需要有新的法律法规来适应电子商务运作的法律环境。然而，就目前状况看，世界各国在电子商务法律建设中存在诸多问题，法律的滞后与缺失使得电子商务交易中出现的问题无法可依，严重制约了电子商务的发展。

电子商务活动中，首先，需要有网络支持机构和网络公司为交易双方提供服务。其次，由于交易双方通常是通过网络利用数据电文缔结电子合同来达成交易，如何保证交易双方的身份真实，电子合同的真实性、完整性和不可否认性，这就要求有一个可信的第三方，即认证中心（Certificate Authority）。同时，电子商务的真正完成还有待于支付和结算的完结，这就要求金融服务机构在电子商务中按照买卖双方的指令进行支付和计算。

因此，电子商务的法律问题主要涉及在电子商务活动中出现的各方当事人之间的法律关系，包括电子商务合同、电子支付、电子交易安全、知识产权、消费者权益特别是隐私权保护等方面所引起的法律问题。

（一）电子合同中的法律问题

随着互联网在全球范围内的迅猛发展，越来越多的企业纷纷将传统的销售领域转移到网络上，以网络为基础的电子协议、电子合同的数量急剧增加。所谓电子合同，是通过互联网订立的，明确当事人彼此之间的权利和义务关系的协议，也被称为“无纸合同”，以区别于传统意义上的合同，这种新兴的合同与传统意义上的合同有很大不同，它有着自身的法律特征，但目前无论是国际贸易还是国内贸易，都有签字、盖章、书面形式等传统的法律要求，这对电子合同带来了严峻的挑战，《中华人民共和国合同法》规定，合同的书面可以是数据电文。数据电文包括了 EDI、E-mail 等形式。这从法律上明确了电子合同的地位，但是，由于世界各国电子商务发展水平相距甚远，人们对待电子合同的标准也千差万别，因此，在电子商务的实际应用中必须充分考虑各国的不同法律标准。

电子合同作为一种新型合同，除了具备传统合同的一般特征外，还具有以下特征：合同的要约与承诺均需通过互联网进行，即合同双方当事人通过互联网以电子数据的传递来完成要约与承诺；合同的成立、变更和解除不需要采用书面形式，即电子合同是采用电子数据交换的方法签订的；合同的成立不需要经过签字，即电子合同是通过“电子签名”的方式确定合同成立的。

正是由于上述特征，电子合同在使用过程中存在如下问题。

电子商务的参与者，包括企业、消费者、金融机构和网络服务商等主体之间必须建立起一套共同遵守的商业规则，且这种规则要为各国法律所确认。这些规则包括电子商务合同订立，生效的时间、地点，电子商务文件的证据效力，电子商务的书面形式要求和电子签名的认证，争端的解决方式及电子商务纠纷的司法管辖权问题等内容。电子交易需遵循的原则如下。

（1）公正、公平、公开原则。平台经营者在设定、修改业务规则和处理争议时应当遵守公正、公平、公开原则。

（2）业务分离原则。平台经营者若同时在平台上从事站内经营业务的，应当将平台服务与站内经营业务分开，并在自己的第三方交易平台上予以公示。

（3）诚信交易原则。电子商务过程中涉及交易的部分都需要建立诚信体系，要本着对用户负责、诚信的态度，通过实名认证、手机验证、邮箱验证等，保证交易双方互信互通，这需要交易平台有相当谨慎的审核机制。

（二）电子商务支付问题

随着电子商务的发展，我国的支付市场和支付体系也正在发生重大变化。2017 年年初，国务院办公厅 2 号文件《关于加快我国电子商务发展的若干意见》和《电子签名法》的出台以及《电子支付指引》的推出为网上支付的发展提供了法律和政策上的支持，短短一年时间内，仅国内的第三方支付平台就已经发展到 50 多家。对比 6 年前，电子支付系统的运用已经取得了迅速的发展，特别是第三方支付平台的出现，引发了支付方式的变革。

电子商务的优势在于能够实现零距离收付、零距离购销，但是如果没有安全有效的电子商务金融渠道，尤其是电子支付手段，是做不到“零距离”的。而我国现在的金融支付手段不完善，各大商业银行的电子支付程序比较烦琐，并且还没达到数据的交互，没有形成统一的支付系统。当电子交易中的当事人采用不同的支付方式且这些支付方式又不互相兼容时，双方就不可能通过电子支付的手段来完成款项支付，从而也就不能实现网上的交易。另外，现存的支付宝手段虽然在电子商务活动中起到了很好的作用，但这只是电子支付中的过渡产品，其在解决电子支付的安全性和资金流动的实时性上存在明显缺陷，不能完全满足金融电子化的要求。

（三）电子商务隐私权保护问题

网络的诞生与飞速发展给技术和经济领域带来巨大的变化，同时对传统的法律制度和框架提出了严峻的挑战，科技的发展产生了隐私权保护的新问题。网上用户人数增长的同时，网络空间隐私权的保护问题也横亘在立法者的面前。

侵害网络隐私权的形式包括在免费软件内安插广告、黑客肆虐、雇主监视雇员、政府监控不当以及泄露他人资料。

保护网络隐私权不仅可以维护公民的价值、尊严和安全，同时也能够保证电子商务健康发展，所以关注网络隐私保护，采取各种技术手段保护网络隐私具有极其重要的作用。

现在的网络隐私保护技术多种多样，除了软件自身的防侵害功能以外，网络使用者可以运用防火墙和加密技术保护自己的网络安全。另外，个人也要提高防范意识和自我保护能力，不要在网上随意泄露自己的个人信息，以防止不法之徒有可乘之机。

我国目前对计算机网络方面的法律规定过于笼统，不便操作，隐私权作为一项单独民事权利的地位仍未确立，所以，在网络隐私保护方面的能力是很有限的。因此，我国需要完善网络隐私权的立法，鼓励制定行业行为自律准则，积极参与全球范围内规则的制定，同时要通过宣传教育来增强用户的自我保护意识。

（四）电子商务交易安全问题

电子商务交易安全的法律问题，涉及以下三个方面。

第一，电子商务网站的安全管理存在很大隐患，普遍容易受到黑客攻击，国内安全技术结构和加密技术强度普遍不够。

第二，电子商务交易售后安全也是真空地带，出现问题后客户往往不知道去找谁负责。

第三，电子商务交易安全缺乏足够法律、制度体系支持。我国现今对电子商务交易的保护主要分散于计算机网络技术相关法律法规及民商法，没有相关的专门法律体系，制度建设上也存在混乱，加上网络技术发展速度过快，法治远远滞后。

（五）电子商务知识产权保护问题

知识产权与有形财产存在明显不同的特点，如垄断性、地域性、时间性、无形性、政府确认性等。其中又以垄断性和地域性更为特别。如果知识产权不能保证权利人的专有，则知识产权制度就不能发挥其应有的作用，其权利也就成了一种摆设。如果地域性被彻底打破，权利就有可能成为世界通行的“全球权利”或产生世界性统一的制度。电子商务活动建立在互联网上，网络的传输表现出“公开”的开放性和“无国界”的全球性特点及状态。“公开”为“公知”提供了前提，也为“公用”提供了方便；“无国界”又使得地域性的知识产权受到了严峻的挑战。在知识产权保护国际化趋向的状况下，是否因电子商务的发展而导致知识产权保护的真正本质意义上的国际化？

电子商务中的知识产权问题主要是由现有的网络技术给版权、专利权和商标权等制度带来的问题。在其上的知识产权法律冲突呈现复杂性和难以根除性，有些问题在现有的法律制度中还难以找到有效解决的方法。

三、电子商务法律体系框架

我国的电子商务法律是国家法律制度体系中的一个组成部分，是国家的法律制度体系在社会信息化的历史条件下根据网络的虚拟空间环境针对电子商务这一特定的调整对象所创设的结构，是我国法律制度体系的进一步发展和完善的具体体现。我国的电子商务法具有多层次的法律渊源。

1. 电子商务的根本法

在我国的电子商务的法律体系中居于根本作用地位的是《中华人民共和国宪法》（以下简称《宪法》）。《宪法》作为一个国家的根本大法，毫无疑问地要对我国的电子商务法律发挥根本的作用。我国的电子商务法律制度体系将依据国家的宪法而产生和构建。

2. 电子商务的类根本法

在我国的电子商务法律中同样发挥着根本作用的还包括我国的民法、商法、科技法等国家的基本法律。虽然这些法律在我国的法律体系中并不具有根本法的属性，假如将其视为单一的一部法律，它则仅仅作为一部国家的基本法律发挥着规范作用，假如将其视为国家法律体系中的一个法律部门，它则将规范相应的种类法律体系。但是，对于电子商务而言，由其基本性质所决定，相应的法律规范不能摆脱这些基本法律的影响和作用，国家的这些基本法律不论以何种形式出现都将在基本的层面上对电子商务法律规范发生极其重要的类似于《宪法》的根本性作用，因而成为我国电子商务的类根本法。

3. 电子商务的基本法

我国电子商务的法律体系将以一部冠之于《中国电子商务法》的法律为主导，构建我国的电子商务法律体系。它作为我国电子商务法律中的基本法，一方面，对我国的电子商务法律关系中最基本的问题，例如电子商务的基本行为和基本活动等，予以规范和调整。另一方面，则为生成我国电子商务法律体系中的其他法律法规提供必要的法律依据，我国的电子商务法律体系的完整架构将依其而创设。

4. 电子商务的专门法

电子商务活动是一个极其纷繁复杂的大系统，全面涉及各种商务活动，甚至牵涉到整个人类社会生活的方方面面，人们在此环境中的生活将会产生各种各样的商务性行为。对电子商务活动和行为的规范和调整则必然将主要通过专门规范和调整某一种类电子商务活动和行为的法律而实现，因此，以多部专门规范和调整各类电子商务活动和行为的法律规范并存而构成的电子商务专门法律规范体系便成为电子商务法律体系的主体机构内容，其中包括关于数字签名的专门法、关于电子合同的专门法、关于数字认证的专门法、关于资信系统的专门法、关于支付网关的专门法、关于物流配送的专门法等。

5. 电子商务的行政法规和政府规章

在电子商务中，许多活动和行为的法律规范和调整并不能完全仅仅依靠国家的专门法律，在不同的情况下，还将依靠国家行政管理机关的行政法规以及政府规章。这些情况主要反映在三个方面：第一，在关于电子商务的行为规范和活动规范方面，主要依靠国家有关的专门法律来规范和调整，但是在具体表现为对电子商务活动的行政管理方面，则将主要依靠国家的行政法规实施规范和调整；第二，在国家关于电子商务的专门法律的立法基础上，为了保证其更好地施行，而有必要在已有专门法律的基础上，通过国家行政管理机关制定相应的行政法规或者政府规章，作为专门法律的更具有可操作性的实施细则；第三，为了保证国家有关立法的质量，加强其针对性，提高其规范和调整的效率，以解决由于信息技术的飞速进步和电子商务的不断发展与人们对其认识的相对落后和相应立法的滞后之间所产生的种种矛盾，解决由于国家法律所应当具有的稳定性和在现实生活中必然会存在着的不适应要求而经常修正之间所存在的矛盾，在取得对调整对象比较全面和深刻的认识之前，更合适的还是采用行政法规和政府规章的形式。电子商务的行政法规和政府规章作为国家法律的实施性指导和必要的补充，将是我国电子商务法律体系的重要组成部分。

6. 电子商务的技术规范

技术规范是电子商务活动和行为规范的基本内容，作为法律规范的补充，也将在我国电子商务法律体系中占有非常重要的地位。

7. 国际规则

电子商务法律中融合有关的国际规则是我国电子商务法律体系的基本特征之一，因此在我国的有关立法中，具体表现为国际组织的公约、条约等形式的国际规则，例如，世界贸易组织（WTO）的有关规则、世界知识产权保护组织（WIPO）的有关规则，以及其他有关规则将以各种方式方法产生不同的影响，或者在我国有关的立法思想中将参照有关的国际规则的精神和原则；或者在我国的有关立法活动中注意到有关国际规则的制约和作用；或者在我国的有关具体立法中直接引用有关的国际规则，等等。这些影响可能反映在电子商务的基本法的立法过程中，也有可能体现在有关的专门法的立法过程中，甚至更多地还将反映在有关的行政法规和政府规章中。简而言之，国际规则的影响将反映在国家电子商务立法的各个层面上，不管它将以什么样的形式出现，不可否认，它都是我国电子商务法律体系架构中不可或缺的组成部分。

如图 8-1 所示，我国电子商务的法律体系将呈现有机统一的基本架构。

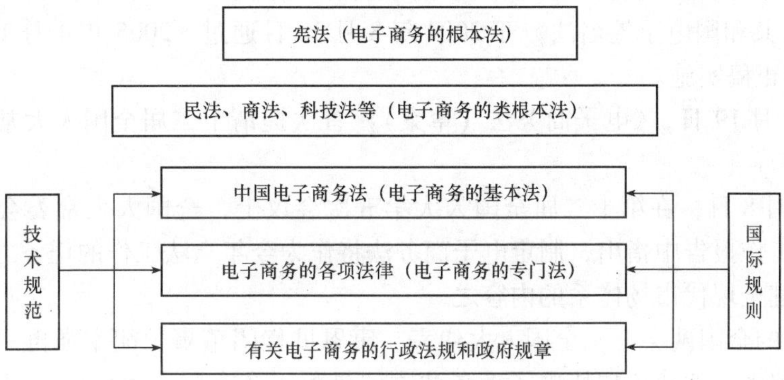

图 8-1　我国电子商务法律体系的基本架构

四、电子商务立法现状

（一）联合国电子商务立法

联合国国际贸易法委员会于 1996 年通过了《电子商务示范法》。在这份极有借鉴价值的法律文件中，电子商务形式及其法律承认、书面形式、签名、原件的要求、数据电文的可接受性和证据力、数据电文的留存、电子合同的订立和效力、当事人对数据电文的承认、数据电文的归属、确认收讫、发出与收到时间、当事人协议优先适用等重要问题均有明确规定。其最重要的贡献是从法律上全面承认数据电文的法律效力、有效性和可执行性。《电子商务示范法》的颁布，标志着电子商务法在全球范围内的成立，对于推动各国电子商务立法具有重要的借鉴意义。《电子商务示范法》的目的是要向各国立法者提供一套国际公认的规则。

联合国国际贸易法委员会于 2001 年通过了《联合国国际贸易法委员会电子签名示范法》（以下简称《电子签名示范法》）。《电子签名示范法》是贸法会在推动电子商务立法方面的又一重大成果。

随着电子商务活动的迅速兴起，现有法律规范已无法满足保障电子交易安全及交易者利益的要求，甚至在一定程度上阻碍了电子商务的发展。据此，联合国国际贸易法委员会决定由电子商务工作组起草一份与电子合同有关的公约。在经过六次会议的广泛深入讨论后，名为《联合国国际合同使用电子通信公约》（以下简称《公约》）终于在 2005 年获得联合国大会的通过。《公约》的宗旨是在对国际合同使用电子通信的情形中增强法律的确定性和商业可预见性。该公约处理的国际合同使用电子通信问题包括如何确定一方当事人在电子环境中的所在地；电子通信的收发时间和地点；使用自动信息系统订立合同；确立电子通信和纸面文件（包括“原始”纸面文件）以及电子认证方法和手写签名功能上等同所使用的标准。

2006年7月6日，在美国纽约联合国总部召开的联合国贸易法委员会第三十九届年会上，商务部条约法律司副司长吴振国授权代表中国政府签署了《公约》。中国政府签署《公约》将有助于进一步与国际电子商务法律接轨，提高国际贸易的便利化，推动中国电子商务的发展。

（二）我国电子商务立法的现状

电子商务将成为我国经济增长的新动力。为了适应电子商务的发展，我国政府已经着手解决电子商务的有关法律问题，虽然还没有出台专门的电子商务法，但也对一些法规做了一定的修改，并出台了一系列网络管理的规则，把电子商务初步纳入健康的发展轨道。但是，我国的电子商务立法滞后于世界上电子商务发展较快的国家。

《中华人民共和国电子签名法》于2004年8月28日通过，2005年4月1日实施，2015年4月24日修正稿实施。

2016年12月19日，《电子商务法（草案）》首次提请十二届全国人大常委会第二十五次会议审议。

2017年3月8日，在第十二届全国人大第五次会议上，全国人大常委会委员长张德江在人大常委会工作报告中指出，制定电子商务法将作为今年立法工作的任务之一，并且，电子商务法还是健全现代市场体系的内容之一。

在2017年的全国两会上，全国人大代表、康恩贝集团董事长胡季强再一次提出了关于电子商务法的议案。他建议加快电子商务法立法进程，在本届人大就能通过表决，在2018年前就能指导和规范电子商务的发展。

五、我国电子商务的立法方向和展望

电子商务涉及的法律问题非常多，如网络环境下著作权、域名、专利、税收、法律适用、隐私权、安全保密和电子合同的订立、网上支付等。我国尚未形成完善的法律体系，虽然为了调整电子商务环境中的各种矛盾，规范管理秩序，各部门已经或者将要制定相应的法规或规章，但是，由于在立法实践中，缺乏纵向的统筹考虑和横向的有效协调，特别是行政法规或部门规章的牵头起草制定部门出于自身工作的考虑，忽视了其他相关部门的职能及相互间的交叉等问题，所以出台的法规和规章虽然数量不少，但内容重复交叉，难以形成体系性的法律法规。

我国的这种现状，一方面造成部门间的职能交叉，协调难度也随之加大，影响了整体的执法效果。另一方面在一定程度上造成了法律资源的严重浪费，同时也说明了我国现行的电子商务法律基本上还处于法规规章的层次上，在法律层面上的电子商务立法还比较少，很不完善。而且我国的法律结构比较单一，层次较低，难以适应信息网络技术发展的需要和不断出现的电子商务问题。

解决电子商务特殊问题的方法主要有以下两种。

一是制定新的立法，这方面的立法主要是涉及电子商务交易形式的狭义电子商务法，最典型的是关于数据电文效力、电子签名法、电子认证等方面的立法。目前，我国应该尽快制订这种狭义上的电子商务法。

二是对传统法律进行修改、补充，比如对法律适用和管辖规则加以修改，以适应对网络案件的管辖和审理。我国应当系统地清理阻碍电子商务法律的现行法律法规，使得电子商务法形成一个比较完整的体系。

总之，电子商务法律并不是一套完全取代过去法律的规则，而是在现行法律基础上建立的适应网络环境的特殊规则。电子商务立法必须具有超前性和独立性，以打消人们对电子商务交易安全性的恐惧心理。

关键名词

电子商务客户关系管理　电子商务法律问题　电子商务法律体系

课后习题

一、选择题

1. 最早提出客户关系管理概念的是（　　）。

A. 巴巴拉·本德·杰克逊　　B. 卡尔松营销集团

C. 高德纳咨询公司　　D. 彼得·德鲁克

2. 客户关系管理以（　　）为中心。

A. 盈利　　B. 服务　　C. 客户　　D. 管理

3. 客户关系管理的英文缩写为（　　）。

A. CRM　　B. CSS　　C. SFA　　D. CTI

4. 电子商务法律的特征包括（　　）。

A. 商法性　　B. 技术性　　C. 开放性和兼容性　D. 国际性

5、我国电子商务的基本法为（　）。

A. 中国电子商务法　B. 商法　　C. 电子签名法　　D. 电子商务示范法

二、填空题

1. 电子商务环境下的客户关系管理策略可以分为________、________、________客户关系管理策略。

2. 电子商务法律关系主体主要包括________、________、________、________等。

3. ________________的颁布，标志着电子商务法在全球范围内的成立，对于推动各国电子商务立法具有重要的借鉴意义。

4. 中国政府于________年签署了《联合国国际合同使用电子通信公约》，有助于进一步与国际电子商务法律接轨，提高国际贸易的便利化，推动中国电子商务的发展。

5. 电子交易要遵循________、________、________的原则。

三、简答题

1. 从哪几个层次来理解电子商务客户关系管理的内涵?

2. 简述电子商务客户关系管理解决的主要问题。

3. 简述客户关系管理的功能。

4. 简述电子商务法律问题所涉及的主要内容。

5. 简述我国电子商务法律体系框架内容。

技能操练

登录不同的网上商城并展开调研，从客户关系管理策略的角度分析不同电子商务平台的客户关系管理的具体方法，并比较它们的异同点。

第九章

跨境电子商务

★学习目标

★了解跨境电子商务的基本概念、特征和发展趋势。
★ 了解跨境电子商务的分类。
★ 掌握跨境电子商务的业务流程、支付、物流和营销。
★ 了解跨境电子商务的盈利模式。
★ 认识主要的跨境电子商务运作平台。

★案例引导

阿里巴巴国际站助力打造非洲“网红”蚊帐

一顶来自中国的蚊帐，凭借结实、耐用、便宜，在非洲成了“网红”产品。

把蚊帐卖到非洲，源于2000年时宋淦金在阿里巴巴国际站开设了第一家线上店铺。此后，作为供应商，宋淦金的蚊帐成了非洲商人眼里的“好货源”，埃塞俄比亚、赞比亚等非洲国家的企业与宋淦金形成了稳定的供货关系，通过这些非洲商人，蚊帐漂洋过海来到了非洲。

2000年，宋淦金接到了一单生产生意。对方订了2个集装箱的蚊帐，货物的最终目的地竟然是非洲。经了解，原来是一家杭州的外贸企业通过阿里巴巴国际站这一采购批发平台，与非洲企业取得联系，最终成功把货物销售到了非洲。

宋淦金敏锐地嗅到了其中的商机，回到湖州，他雷厉风行地做了两件事：第一，从当地外贸公司挖来商业人才；第二，在阿里巴巴1688及国际站开店，涉足电子商务生意。当时，湖州是中国蚊帐产业的重要基地，拥有相关企业不下百家，但要说通过电子商务卖蚊帐，宋淦金却是第一人。

起初两年，作为供货商，宋淦金的湖州高睿经编实业有限公司一直都是给国内企业供货，以内贸生意为主，变化发生在2003年。

一个来自非洲中部沿海国家安哥拉的订单让宋淦金兴奋不已，对方一个单子就要40万顶蚊帐，宋淦金算了一笔账，一顶蚊帐利润10元，光这笔订单就能赚400万元。但事情并没有想象的那么顺利，由于产能跟不上，等到了交货时间，宋淦金只能拿出20万顶蚊帐，除了煮熟的鸭子飞了，还得赔付违约金。

由于非洲的工业落后，其工业品的价格往往是中国的3~5倍，例如，淘宝网上单价100元的商品，在非洲往往能卖到300元，利润颇高。最初，宋淦金的生意绝大部分来自世界卫生组织的订单，把产品销售给非洲的各个国家政府，再经各国的卫生部门发放给非洲的百姓。在防止蚊虫叮咬之外，这些蚊帐也被寄予了"阻止传染病"肆虐的重任。

几年来，宋淦金的店铺在阿里巴巴国际站平台上风生水起，越来越多的非洲经销商开始成为他的合作伙伴，生意也从政府间走向了广阔的民间市场。如今，宋淦金生产的蚊帐90%以上都出口到了非洲。近些年，宋淦金的年生产销售额一直稳定在1亿~2亿元。

随着"一带一路"倡议和"自贸区"建设等国家战略方针的确定，"走出去、引进来"已成大势。各大电子商务巨头纷纷布局跨境电子商务业务，同时跨国物流迅猛发展，解决了跨境电子商务最大的困难。从宏观的角度看，国民经济的蓬勃发展支持人民能够追求更高的生活品质，跨境电子商务或将成为电子商务行业新的增长极。

第一节 跨境电子商务概述

一、跨境电子商务的概念

当前，对于跨境电子商务概念的认知主要体现在四个方面：政策领域、国际组织、咨询公司、学术研究。在政策方面，欧盟在其电子商务统计中出现了跨境电子商务（Cross - Border E - Commerce）名称和有关内容，主要是指国家之间的电子商务，但并没有给出明确的含义。在国际组织方面，联合国于2000年就已经关注到了国际贸易和电子商务的关系；2010年国际邮政组织（IPC）在《跨境电子商务报告》中，分析了2009年的跨境电子商务状况，但对跨境电子商务的概念也没有明确地界定，而是出现了"Internet shopping""Online shopping""Online cross-border shopping"等多个不同的说法。同样，在eBay、尼尔森等著名公司及诸多学者的表述中也运用了不同的名词表达，如跨境在线贸易、外贸电子、跨境网购、国际电子商务等。总体来看，这些概念虽然表达不同，但还是反映了一些共同的特点：一是渠道上的现代性，即以现代信息技术和网络渠道为交易途径；二是空间上的国际性，即由一个经济体成员境内向另一个经济体成员境内提供的贸易服务；三是方式上的数字化，即以无纸化为主要交易方式。

因此，综合起来，可以将跨境电子商务的概念做如下表述：跨境电子商务是指交易各方利用现代信息技术所进行的各类跨境域的以数字化交易为主要方式的一种新型贸易活动和模式，涵盖了营销、交易、支付、服务等各项商务活动。这种新型的贸易模式融合了国际贸易和电子商务两方面的特征，具有更大的复杂性，主要表现在：一是信息流、资金流、物流等多种要素流动须紧密结合，任何一方面的不足或衔接不够，都会阻碍整体商务活动的完成；

二是流程繁杂且不完善，国际贸易通常具有非常复杂的流程，牵涉到海关、检疫检验、外汇、税收、货运等多个环节，而电子商务作为新兴交易方式，在通关、支付、税收等领域的法规目前还不太完善；三是风险触发因素较多，容易受到国际经济政治宏观环境和各国政策的影响。

跨境电子商务（Cross-Border E-Commerce）包含了较多的要素，主要有交易对象、交易渠道、货物流通、监管方式、资金交付、信息和单据往来等多个方面，这些要素的不同，也决定了跨境电子商务类型的划分。

从狭义上看，跨境电子商务实际上基本等同于跨境零售。跨境零售指的是分属于不同关境的交易主体，借助计算机网络达成交易、进行支付结算，并采用快件、小包等行邮的方式通过跨境物流将商品送达消费者手中的交易过程。

从广义上看，跨境电子商务基本等同于外贸电子商务，是指分属不同关境的交易主体，通过电子商务平台达成交易、进行支付结算，并通过跨境物流送达商品、完成交易的一种国际商业活动。

跨境电子商务可以说整合了传统跨境外贸的渠道，帮助企业省去了中间环节的财务费用，让企业获得最大化利润的同时也让消费者得到了实惠。依托互联网平台，为中小型企业提供信息互动，而且支持跨境支付，非常便捷。

传统的跨境外贸则包含了一系列烦琐的过程：询盘、报价、订单、生产、运输、租船订舱、报关商检、收汇、结汇、核销等。整遍过程都是不同的贸易公司分工合作完成，这不仅涉及面广，程序烦琐，而且增加了企业的财务成本。而跨境电子商务可以利用跨境电子商务平台，整个流程经过网络化处理，通过互联网一站式的方式为企业提供通关、物流、外汇、融资等环节的服务，真正意义上实现了集中管理和操作，节约了社会的资源。

随着互联网技术的深入发展，已经有越来越多的人倾向于网络购物，这就为跨境电子商务铺好了基础。国内的消费者可以购买不同国家的商品。由于跨境电子商务的存在，商品在市场上变得更加透明，带给了消费者更多的实惠。跨境电子商务相对于国内普通电子商务可以说更高级，也是未来传统外贸转型的必然趋势。

二、跨境电子商务的特征

跨境电子商务具有以下几方面的特征。

1. 多边化

“多边化”是指跨境电子商务贸易过程相关的信息流、商流、物流、资金流已由传统的双边逐步向多边的方向演进，呈网状结构。跨境电子商务可以通过 A 国的交易平台、B 国的支付结算平台、C 国的物流平台，实现与其他国家间的直接贸易。

2. 直接化

“直接化”是指跨境电子商务可以通过电子商务交易与服务平台，实现多国企业之间、企业与最终消费者之间的直接交易。与传统国际贸易相比，进出口环节少、时间短、成本低、效率高。

3. 小批量

“小批量”是指跨境电子商务相对于传统贸易而言，单笔订单大多是小批量，甚至是单件。这是由于跨境电子商务实现了单个企业之间或单个企业与单个消费者之间的交易。

4. 高频度

“高频度”是指跨境电子商务实现了单个企业或消费者能够即时按需采购、销售或消费，因此相对于传统贸易而言，交易双方的交易频率大幅提高。

5. 数字化

“数字化”是指随着信息网络技术的深化应用，数字化产品（如软件、影视作品、游戏等）的品类和贸易量快速增长，且通过跨境电子商务进行销售或消费的趋势更加明显。与之相比，传统的国际贸易主要存在于实物产品或服务中间。

6. 快速演进

互联网是一个新生事物，现阶段它尚处在幼年时期，网络设施和相应的软件协议的未来发展具有很大的不确定性。但税法制定者必须考虑的问题是网络，像其他的新生儿一样，必将以前所未有的速度和无法预知的方式不断演进。

三、跨境电子商务的发展趋势

（一）行业仍将继续保持高速增长态势

随着国际人均购买力不断增强、网络普及率提升、物流水平进步、网络支付改善，未来几年我国跨境电子商务将继续保持高速增长态势。跨境电子商务出口卖家正在从广东、江苏、浙江向中西部拓展，正在由 3C 等低毛利率标准品向服装、户外用品、健康美容、家居园艺和汽配等新品类扩展，这将为我国出口电子商务发展提供新的空间。而随着新兴市场如巴西、俄罗斯等的不断加入，以及互联网技术普及、基础设施不断完善、政策不断放开，我国出口电子商务的空间将进一步拓展。

（二）小语种国家成为新的区域增长点

传统四大出口市场为美英澳德，但从过去几年开始，法国、意大利、西班牙以及东南亚等小语种国家增长迅猛，已经成为中国跨境电子商务未来增长的新区域。从品类上来看，电子与时尚类产品销售占比很大，而家居园艺和汽配产品已开始出现高增长。

（三）传统外贸企业将成跨境电子商务主流

近年来，越来越多的传统外贸企业加入跨境电子商务行列，而跨境 B2B 已成为传统外贸企业的主要营销渠道。传统外贸企业与国外消费者直接面对，建立并提升品牌，提高核心竞争力。跨境电子商务将推动传统外贸企业的价值创造方式发生转变，实现从产品的交易者向生产的组织者转变，从消费的匹配者向消费的引导者转变，从价值的实现者向价值的创造者转变。

随着国内消费者对海外品牌的认知加深和个人喜好的追求，海淘消费也日益呈现个性化、多元化趋势，过于大众化的传统爆款已经很难满足本土消费者的口味。

（四）国家将持续提高对跨境电子商务的扶持力度

近年来，国家对跨境电子商务的扶持力度明显增强，进而成为行业加速发展的重要催化剂。其中，最具标志性意义的是 2013 年 8 月推出的《关于实施支持跨境电子商务零售出口有关政策的意见》。该意见从国家层面明确提出对跨境电子商务的政策支持，提出 6 项具体措施解决在海关、检验检疫、税务和收付汇等方面存在的问题，并且此次政策的扶持重点在 B2C 跨境模式，关键目的在于更好地服务于 B2C 跨境电子商务企业。

在政策的着力扶持之下，国家批准的跨境电子商务试点城市也在明显增多，从 2012 年批准的上海、重庆、杭州、宁波、郑州 5 个城市到随后陆续加入的深圳、苏州、青岛、长沙、平潭、银川、牡丹江等城市，跨境贸易电子商务试点规模快速壮大。2013 年 3 月，哈尔滨也正式成为试点城市，与俄罗斯市场对接。2015 年福州、平潭、天津也加入了这份名单。有业内人士表示，中日韩自贸区有望给跨境电子商务供应链带来革命性的变革，跨境进口将迎来大增长，后续具体政策也有望尽快落地。

总之，中国电子商务正经历淘宝网购阶段（C2C 模式）为初级网购阶段；网上商城阶段（B2C 模式）为网购发展中级阶段；跨境电子商务阶段，即俗称的“海淘”，为高端网购用户“全球买”的高级阶段。沿着这三个阶段，无论是卖家、商品、品牌、服务，还是客单价均实现了大幅提升，彰显了国人网购在品牌和品质上的飞跃，由初级逐步过渡到了品牌“全球买”。跨境电子商务帮助“中国制造”利润回归，流通环节越来越少，利润不断提高。

四、跨境电子商务的类型

（一）按照贸易模式划分

按照贸易模式划分，跨境电子商务可分为进口和出口两种贸易模式。进口跨境电子商务即海外代购，是由代购商或经常出入境的个人帮消费者买到商品。出口跨境电子商务，是指国内个人或公司，在 eBay、Amazon 等电子商务平台上出售产品，国内发货或转运到他国港口，由国外公司代替发货。

典型代表：出口——全球速卖通；进口——天猫国际。

（二）按照商业模式划分

按照商业模式划分，跨境电子商务可分为 B2B、B2C 以及 C2C 三种类型。

在跨境电子商务市场中，跨境 B2B 模式在整体跨境电子商务行业中尤为重要，扮演着支柱型产业的角色。且跨境 B2B 平台的交易规模始终占据着整体跨境电子商务市场交易规模的 90% 以上。

1. 跨境 B2B

跨境 B2B 是指分属不同关境的企业对企业，通过电子商务平台达成交易、进行支付结算，并通过跨境物流送达商品、完成交易的一种国际商业活动。

B2B 跨境电子商务平台所面对的最终客户为企业或集团客户，提供企业、产品、服务等相关信息。目前，中国跨境电子商务市场交易规模中 B2B 跨境电子商务市场交易规模占总交易规模的 90% 以上。在跨境电子商务市场中，企业级市场始终处于主导地位。

典型代表：敦煌网、中国制造、阿里巴巴国际站、环球资源网。

2. 跨境 B2C

跨境 B2C 是指分属不同关境的企业直接面向消费个人开展在线销售产品和服务，通过电子商务平台达成交易、进行支付结算，并通过跨境物流送达商品、完成交易的一种国际商业活动。

B2C 类跨境电子商务企业所面对的最终客户为个人消费者，针对最终客户以网上零售的方式，将产品售卖给个人消费者。

B2C 类跨境电子商务平台同时在不同垂直类目商品销售上也有所不同，如 FocalPrice 主营3C数码电子产品，兰亭集势则在婚纱销售上占有绝对优势。B2C类跨境电子商务市场正在逐渐发展，且在中国整体跨境电子商务市场交易规模中的占比不断升高。在未来，B2C类跨境电子商务市场将会迎来大规模增长。

典型代表：全球速卖通、Amazon、DX、兰亭集势、米兰网、大龙网。

3. 跨境C2C

跨境C2C是指分属不同关境的个人卖方对个人买方开展在线销售产品和服务，由个人卖方通过第三方电子商务平台发布产品和服务售卖产品信息、价格等内容，个人买方进行筛选，最终通过电子商务平台达成交易、进行支付结算，并通过跨境物流送达商品、完成交易的一种国际商业活动。

典型代表：eBay。

（三）按平台服务类型划分

按平台服务类型划分，跨境电子商务平台分为信息服务平台和在线交易平台。

平台型电子商务通过线上搭建商城，并整合物流、支付、运营等服务资源，吸引商家入驻，为其提供跨境电子商务交易服务。同时，平台以收取商家佣金以及增值服务佣金作为主要盈利模式。

典型代表：信息服务平台——阿里巴巴国际站、环球资源网；在线交易平台——全球速卖通、eBay。

第二节　跨境电子商务的运营

一、跨境电子商务出口业务流程

（1）客户询盘：即从电子商务平台、展会、老客户等途径得到的询价。

（2）报价：业务部及时回复客人查询，确定货物品名、型号、生产厂家、数量、交货期、付款方式、包装规格及柜型等，给客户做正式报价。

（3）得到订单：经过洽谈，收到客户正式的订单。

（4）下生产订单：得到客人的订单确认后，给工厂下订单，安排生产计划。

（5）下达生产通知：在确定交货期后，满足下列情况可下达生产通知，通知工厂按时生产。

①如果是L/C付款的客户，通常是在交货期前1个月确认L/C已经收到，收到L/C后业务员和单证员应分别审查信用证，检查是否存在错误、交货期能否保障及其他可能的问题，如有问题应立即请客人改正。

②如果是T/T付款的客户，要确认定金已经到账。

③如果是通过D/A等方式收汇，需经理确认。

（6）验货：

①在交货期前一周，要通知公司验货员验货。

②如果客人要自己或指定验货人员来验货的，要在交货期一周前，约客户查货并将查货日期告知计划部。

③如果客人指定由第三方验货公司或公证行等验货的，要在交货期两周前与验货公司联系，预约验货时间，确保在交货期前安排好时间。确定后将验货时间通知工厂。

（7）制备基本文件：工厂提供的装箱资料、制作出口合同、出口商业发票、装箱单等文件（应由业务跟单员制作，交给单证员）。

（8）商检：如果是国家法定商检产品，在给工厂下订单时要说明商检要求，并提供出口合同、发票等商检所需资料。而且要告诉工厂产品的出口口岸，便于工厂办理商检。应在发货一周之前拿到商检换证凭单/条。

（9）租船订仓：

①如果跟客人签订的合同是FOBCHINA条款，通常客人会指定运输代理公司或船公司。应尽早与货代联系，告知发货意向，了解将要安排的出口口岸、船期等情况，确认工厂的交货能否早于开船期至少一周以前，以及船期能否达到客人要求的交货期。应在交货期两周之前向货运公司发出书面定仓通知，通常在开船一周前可拿到定仓纸。

②如果是由卖方支付运费，应尽早向货运公司或船公司咨询船期、运价、开船口岸等。经比较，选择价格优惠、信誉好、船期合适的船运公司，并由业务员通告给客人。如客人不同意时要另选客人认可的船公司，开船前两周书面定仓，程序同上。

③如果货物不够一个小柜，需走散货时，向货代公司定散货仓位。拿到入仓纸时，还要了解截关时间、入仓报关要求等内容。

④向运输公司定仓时，一定要传真书面定仓纸，注明所定船期、柜型及数量、目的港等内容，以避免差错。

（10）安排拖柜：

①货物做好并验货通过后，委托拖车公司提柜、装柜。拖车公司应选择安全可靠、价格合理的公司签订协议长期合作，以确保安全及准时。要给拖车公司传真以下资料：定仓确认书/放柜纸、船公司、定仓号、拖柜委托书，注明装柜时间、柜型及数量、装柜地址、报关行及装船口岸等。如果有验货公司看装柜，要专门声明，不能晚到，并要求回传一份上柜资料，列明柜号、车牌号、司机及联系电话等。

②传真一份装车资料给工厂，列明上柜时间、柜型、订仓号、订单号、车牌号以及司机联系电话。

③要求工厂在货柜离开工厂后尽快传真一份装货通知给业务部，列明货柜离厂时间、实际装货数量等，并记装箱号码和封条号码作为提单的资料。要求工厂装柜后一定要记住上封条。

（11）委托报关：在拖柜同时将报关所需资料交给合作报关行，委托出口报关及做商检通关换单。通常要给报关留出两天时间（船截关前）。委托报关时，应提供一份装柜资料，内容包括所装货物及数量、口岸、船运公司、定仓号、柜号、船开截关时间、拖车公司、柜型及数量、本公司的联系人和电话等。

（12）获得运输文件：

①最迟在开船后两天内，要将提单补料内容传真给船运公司或货运代理。补料要按照L/C或客人的要求来做，并给出正确的货物数量，以及一些特殊要求等，包括要求船运公司随同提单出的船证明等。

②督促船运公司尽快出提单样板及运费账单。仔细核对样本无误后，向船运公司书面确认提单内容。如果提单需客人确认的，要先传真提单样板给客人，得到确认后再要求船运公

司出正本。

③及时支付运杂费，付款后通知船运公司及时取得提单等运输文件。支付运费应做登记。

（13）准备其他文件：

①商业发票：L/C 要求提供的文件中，对商业发票要求最严格。发票的日期要确定在开证日之后，交货期之前。发票中的货物描述要与 L/C 上的完全相同，小写和大写金额都要正确无误。L/C 上对发票的条款应显示出来，要显示唛头。如果发票需办理对方大使馆认证，一般要提前 20 天办理。

②FORMA 原产地证书：FORMA 原产地证书要在发货之前到检验检疫局申办。需注意的是运输日期要在 L/C 的交货期和开船日之前，在发票日期之后。未能在发货之前办理的，要办理后发证书，需提供报关单、提单等文件。

③一般原产地证书：一般原产地证书可在中国贸易促进会办理，要求低一些。可在发货之后不太长的时间内补办。如果原产地证书要办理大使馆加签，也和发票一样要提前 20 天办理。

④装运通知：一般是要求在开船后几天之内，要通知客人发货的细节，包括船名、航班次、开船日、预计抵港日、货物及数量、金额、包装件数、唛头和目的港代理人等。有时 L/C 要求提供发送证明，如传真报告书、发函底单等，注意按客人要求的时间内办理。

⑤装箱单：装箱单应清楚地表明货物装箱情况。要显示每箱内装的数量，每箱的毛重、净重、外箱尺寸。按外箱尺寸计算出来的总体积要与标明的总体积相符。要显示唛头和箱号，以便于客人查找。装箱单的重量、体积要与提单相符。

（14）交单：

①采用 L/C 收汇的，应在规定的交单时间内，备齐全部单证，并严格审单，确保没有错误，才交银行议付。

②采用 T/T 收汇的，在取得提单后马上传真提单给客人付款，确认收到余款后再将提单正本及其他文件寄给客人。

③如果 T/T 收汇的，要求收全款才能做柜的，要等收款后再安排拖柜。拿到提单后可立即寄正本提单给客人。

（15）业务登记存档：每单出口业务在完成后要及时做登记，包括电脑登记及书面登记，便于以后查询、统计等，所有的文件、L/C 和议付文件必须留存一整套以备查用。

二、跨境电子商务进口业务流程

跨境电子商务企业通过事前备案，将企业信息、商品信息进行备案。当境内消费者成功支付订单后，跨境电子商务企业将订单信息发送至服务平台进行申报；支付企业将订单支付信息发送至服务平台进行申报；跨境物流企业在成功预订舱单信息后，将对应的跨境贸易相关的舱单信息（含运单信息）发送至服务平台进行申报。服务平台集齐三单信息后，自动生成清单供有报关报检资质的企业进行申报。清单经海关、检验检疫审核后，若无异常，则放行进入终端配送环节。跨境电子商务进口业务流程如图 9-1 所示。

1. 清单申报（三单信息汇总）

（1）国内消费者在电子商务平台成功支付订单后，电子商务企业将订单信息发送至服务平台；支付企业发送支付信息至服务平台；物流企业发送舱单和运单信息至服务平台。服务平台将接收到的三单信息（订单、运单、支付单）汇总生成清单信息。

（2）清单生成后，核对主运单、分单、重量等信息是否完整，核对无误后，将生成的清单信息（三单和清单）分别批量申报至海关管理平台和检验检疫管理平台。

2. 平台审单

平台审单分为电子审单和人工审单两种。根据审单规则（包括企业分类管理参数等风险参数）进入电子审单和人工审单的清单，处理结果包括：审单通过、退单。

3. 机检查验、放行

（1）审单完成后，通知海关、商检人员对货品进行现场过 X 光机。监管场所运营人对包裹物流单进行逐一扫描，上 X 光机对申报货物进行同屏对比，机检正常做自动放行，机检异常的对相应的包裹进行下线查验处理。监管科查验关员和商检科查验人员分别对下线包裹实施拆包查验，查验完毕后记录查验结果。查验结果包括：查验放行、改单、删单、移交缉私处理等。

（2）机检完毕后，在通关服务平台清单查询里，查询每一单的海关、商检指令状态，确保每一单指令均为放行（如为查验请海关、商检录查验结果）。

4. 出库放行、行邮税缴纳

（1）跨境电子商务仓库场站人员对过机放行的包裹进行逐单扫描，扫描无误后、放行出库。放行的货物由国内的物流企业进行配送、运送至消费者手中。

（2）对于产生行邮税的物品，海关管理平台自动汇总生成《海关进境物品进口税缴款单》。企业可按照有关程序缴纳税款，税单核销完毕后，通关服务平台中的保证金账户扣款自动退回账户。

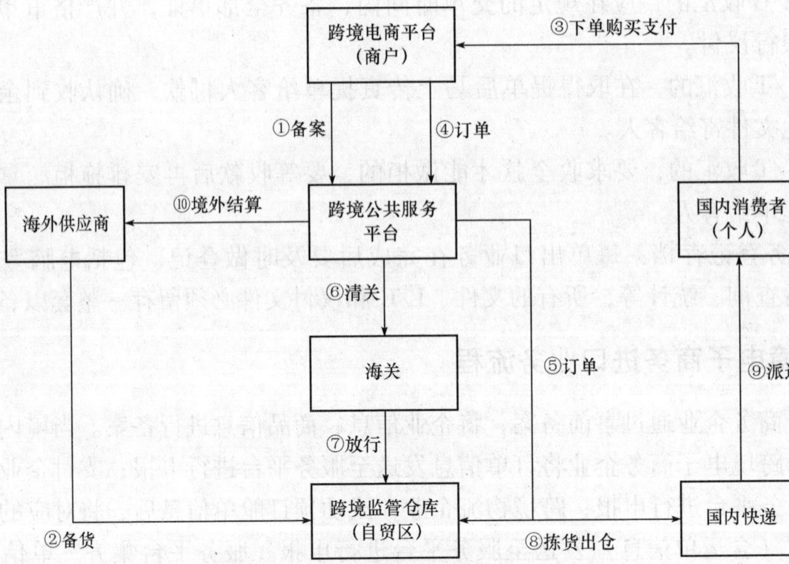

图 9-1　跨境电子商务进口业务流程

三、跨境电子商务的支付及存在的风险

（一）跨境支付的含义

跨境支付是指通过一定的结算工具和支付系统对于因贸易或投资发生的资金，实现两个

或两个以上国家或地区之间的转移行为。

第三方跨境支付平台是指具有一定信誉和实力，且独立于商户和银行为境内外的消费者提供有限服务的支付机构。

2007 年，银联成为国内首家开展跨境支付业务的第三方支付公司。2012 年，世界贸易组织认定银联存在垄断行为。国家为了更好地发展第三方支付市场，终于确定允许其他第三方支付公司进入跨境支付服务领域。2013 年 9 月，国家外汇管理局发放了首批 17 张跨境支付牌照。2014 年，共 5 家第三方支付平台获得第二批跨境支付牌照。进入 2015 年，跨境支付走向了法制化和规范化道路。国家外汇管理局正式发布了《国家外汇管理局关于开展支付机构跨境外汇支付业务试点的通知》和《支付机构跨境外汇支付业务试点指导意见》。允许部分拥有《支付业务许可证》且支付业务为互联网支付的第三方支付公司开展跨境业务试点。截至 2015 年年底，获得该资格的支付平台数量为 27 家。随后的 2016 年，跨境业务试点企业数量维持不变。直至 2017 年春季，外汇管理局才批准 3 家支付平台参与跨境试点。自此，拥有跨境支付资格的支付平台数量达到 30 家。

（二）跨境支付的分类

跨境支付场景主要分布在跨境网络消费、跨境转账汇款和境外线下消费三方面。其中，跨境转账汇款途径主要包括第三方支付平台、商业银行和专业汇款公司三种。境外线下消费途径主要有信用卡刷卡、借记卡刷卡、外币现金和人民币现金；跨境网络消费途径较多，有第三方支付平台、网银线上支付、信用卡在线支付、电子汇款、移动手机支付和固定电话支付。

（三）跨境第三方支付流程

跨境电子商务的结算方式有跨境支付购汇方式和跨境收入结汇方式两种。境内消费者登录境外网站确定要购买的商品或服务，并下订单。境外电子商务将消费者的订单即商品信息发送给第三方支付。紧接着，第三方支付获取境内消费者认证信息，境内消费者输入认证信息并选择支付方式。第三方支付将支付信息发给托管银行，并接收托管银行的购汇付款信息。最后，境外电子商务收到第三方支付的购汇付款信息之后，向境内消费者发送产品和有关服务。

（四）跨境第三方支付存在的风险

在跨境支付过程中存在系统风险以及市场监管不够完善、跨境资金流动和国内利率调控等风险。

1. 系统风险

（1）操作的短板。第三方支付服务是通过网络提供相关服务的，包括至少七个环节，在境内买家、第三方支付、境外商户、相关银行之间发生关系；交易系统的任何环节出错，都可能导致安全风险传导到第三方支付平台上。例如在银行的支付系统中，交易资金从买方到第三方支付平台，再由第三方支付平台到收款方，资金在三者之间流动可能会出现一定的错误，尽管这些错误出现的概率能为人们所接受。

（2）信息的泄露。买卖双方的数据被第三方支付平台所存取，如个人信息、交易记录、认证信息等，其数量之巨大实在令人担心。我国目前尚欠缺相关的法律条文和技术规范来对第三方支付企业在数据的收集、存储和使用方面立一根标杆。

2. 市场监管不够完善

（1）相关管理政策的缺陷。一方面，2014 年 2 月 18 日中国人民银行制定的《关于上海市支付机构开展跨境人民币支付业务的实施意见》中对于跨境支付业务的支付机构的进入门槛较低，只要是上海市注册成立的支付机构以及外地支付机构在自贸区设立的分公司，凡取得互联网支付业务许可的，均可从事该业务。实行事后备案制和负面清单，符合条件机构无须申请即可开展。另一方面，第三方支付机构在跨境外汇收支管理中有义务执行部分外汇政策和监管职责，并加强监督。但它们属于第三方支付服务组织，用于支付清算，是非金融机构，尽管与外汇指定银行相似。在这一市场主体上，我国的外汇管理和政策有必要进行调整。

（2）网上跨境交易的真实性难以控制。首先，在进出口贸易的经常项目下，跨境交易趋于电子化，很多交易品越来越虚拟化。其次，银行对业务的真实性难以进行审核。这就导致部分非法资金在我国境内流动。

3. 跨境资金流动风险

（1）国际结算和虚拟账户资金沉淀的风险，即在途资金监管问题。对于第三方支付公司，结算周期的不同可以使它们取得存款的利息，资金的有效周转使得支付系统的效率显著提升。有一点值得注意，很多公司非法挪用、占用交易资金，进行直接的支配，无视有关部门的监管和调控，使在途资金暴露于风险之下。

（2）洗黑钱的风险。第三方支付机构的监管和银行相比是不成熟的，难以对境外买卖双方交易的真实性进行保障；买卖双方通常不见面，沟通较少，双方信用难以得到保障，制造虚假交易来洗黑钱等犯罪活动无法根除。

4. 国内利率调控风险

跨境支付技术的发展不断降低买卖双方对基础货币的需求，他们都在跨境支付中看到了电子货币的方便，这就进一步导致银行对于结算资金需求的下降。同时看到这一点的还有跨境贸易的企业，尤其是在金融市场的融资等方面。企业甚至可以用票据代替一定量的货币完成商品交易，资金流转的加速使得企业利润提高。

四、跨境电子商务的营销

传统营销是销售导向的，也即“将产品/服务信息传播给潜在的消费者”；现代营销是关系导向的，强调的是“与消费者的互动”。通过电视、广播、报纸等媒体广告，我们无法与消费者互动；通过搜索引擎营销、邮件营销，我们同样无法与消费者互动。或许，企业可以组织一些线下推广活动，实现面对面的互动。然而，这种线下营销不仅费用高，而且辐射面窄。现在，随着 Facebook、Twitter 等社交网络的繁荣发展，企业开始踏入互动式的关系导向型营销时代。下面为一些适合跨境电子商务营销的社交媒体。

1. Facebook

作为全球最大的社交网站，Facebook 每月活跃用户数高达 13 亿人。此外，大约有 3 000 万家小公司在使用 Facebook，其中 150 万个企业在 Facebook 上发布付费广告。当前，跨境 B2C 大佬兰亭集势、DX 等都开通了 Facebook 官方专页，Facebook 海外营销受到了越来越多跨境电子商务从业者的关注。当然，在面对俄罗斯市场时，应该选择 VK 而不是 Facebook。在俄罗斯乃至东欧，VK 是人们首选的社交网站。

2. Twitter

Twitter 是全球最大的微博网站，拥有超过 5 亿的注册用户。虽然用户发布的每条

"推文"被限制在140个字符内，却不妨碍各大企业利用Twitter进行产品促销和品牌营销。例如，在2008年圣诞购物期间，戴尔仅通过Twitter的打折活动就获得百万美元销售；再如，著名垂直电子商务Zappos创始人谢家华通过其Twitter的个人账号与粉丝互动，维护了Zappos良好的品牌形象。以上这两个案例其实都适用于跨境电子商务的海外营销。此外，跨境电子商务还可以利用Twitter上的名人进行产品推广，比如第一时间评论名人发布的"推文"，让千千万万名人的粉丝慢慢熟知自己，并最终成为自己的粉丝。2014年9月，Twitter推出了购物功能键，这对于跨境电子商务来说无疑又是一大利好消息。

3. Tumblr

Tumblr是全球最大的轻博客网站，含有2亿多篇博文。轻博客是一种介于传统博客和微博之间的媒体形态。与Twitter等微博相比，Tumblr更注重内容的表达；与博客相比，Tumblr更注重社交。因此，在Tumblr上进行品牌营销，要特别注意"内容的表达"。比如，给自己的品牌讲一个故事，比直接在博文中介绍公司及产品，效果要好很多。有吸引力的博文内容，很快就能通过Tumblr的社交属性传播开来，从而达到营销的目的。跨境电子商务网站拥有众多的产品，如果能从这么多的产品里面提炼出一些品牌故事，或许就能够达到产品品牌化的效果。

4. YouTube

YouTube是全球最大的视频网站，每天都有成千上万的视频被用户上传、浏览和分享。相对于其他社交网站，YouTube的视频更容易带来病毒式的推广效果。比如，鸟叔凭借《江南Style》短时间内就得到全世界的关注。因此，YouTube也是跨境电子商务中不可或缺的营销平台。开通一个YouTube频道，上传一些幽默视频吸引粉丝，通过一些有创意的视频进行产品广告的植入，或者找一些意见领袖来评论产品宣传片，都是非常不错的引流方式。

5. Vine

Vine是Twitter旗下的一款短视频分享应用，在推出后不到8个月的时间，注册用户就超过了4 000万人。用户可以通过它来发布长达6秒的短视频，并可添加一点文字说明，然后上传到网络进行分享。社交媒体平台8th Bridge调查了800家电子商务零售商，其中38%的商家会利用Vine短视频进行市场拓展。对于跨境电子商务，显然也应该抓住这样的一个免费平台，即可以通过Vine进行360°全视角展示产品，或利用缩时拍摄展示同一类别的多款产品，也可以利用Vine来发布一些有用信息并借此传播品牌。例如，卖领带的商家可以发布一个打领带教学视频，同时在视频中植入品牌。类似的应用还有MixBit，由YouTube创始人郝利和陈士骏创办，视频长度为16秒；此外，Facebook旗下的Instagram也开发了短视频功能，时长15秒。

6. Pinterest

Pinterest是全球最大的图片分享网站，其网站拥有超过300亿张图片。图片非常适合跨境电子商务网站的营销，因为电子商务很多时候就是依靠精美的产品图片来吸引消费者。卖家可以建立自己的品牌主页，上传自家产品图片，并与他人互动分享。2014年9月，Pinterest推出了广告业务。品牌广告主可以利用图片的方式，推广相关产品和服务，用户可以直接点击该图片进行购买。Pinterest通过收集用户个人信息，建立偏好数据库，以帮助广告主进行精准营销。因此，除了建立品牌主页外，跨境电子商务网站还可以购买 Pinterest 的广告进行营销推广。与 Pinterest 类似的网站还有 Snapchat、Instagram 以及 Flickr 等。

7. 其他

社交媒体营销的范围很广，除了以上渠道之外，还有论坛营销、博客营销、问答社区营销等。这三类社区尤其适合有一定专业门槛的产品，比如电子类、开源硬件等。主打3C电子产品的 DX，起家时依靠的正是其创始人高超的论坛营销能力。此外，如果你的目标人群是毕业生或职场人士，全球最大的商务社交网站 LinkedIn 将是一个不错的选择；Google + 作为全球第二大的社交网站，将社交和搜索紧密结合，也越来越受到营销者的青睐。

五、跨境电子商务的物流

目前，跨境电子商务物流模式主要有以下5种。

1. 邮政包裹模式

据不完全统计，中国出口跨境电子商务70%的包裹都是通过邮政系统投递。其中中国邮政占据50%左右。因此，目前跨境电子商务物流还是以邮政的发货渠道为主。邮政网络基本覆盖全球，比其他物流渠道都要广。这也主要得益于万国邮政联盟和卡哈拉邮政组织(KPG)。

不过，邮政的渠道虽然比较多，但也很杂。在选择邮政包裹发货的同时，必须注意出货口岸、时效性、稳定性等。像从中国通过 E 邮宝发往美国的包裹，一般需要 15 天才可以到达。

2. 国际快递模式

国际快递模式，指的是四大商业快递巨头——DHL、TNT、UPS 和 FedEx。这些国际快递商通过自建的全球网络，利用强大的 IT 系统和遍布世界各地的本地化服务，为网购中国产品的海外用户带来极好的物流体验。例如通过 UPS 寄送到美国的包裹，最快可在48小时内到达。然而，优质的服务往往伴随着昂贵的价格。一般中国商户只有在客户时效性要求很高的情况下，才使用国际商业快递来派送商品。

3. 国内快递模式

国内快递主要指 EMS、顺丰和“四通一达”。在跨境物流方面，“四通一达”中申通和圆通布局较早，但也是近期才发力拓展。比如美国申通在 2014 年 3 月才上线，圆通也是 2014 年 4 月才与 CJ 大韩通运合作。而中通、汇通、韵达则是刚刚开始启动跨境物流业务。

顺丰的国际化业务则要成熟些，目前已经开通到美国、澳大利亚、韩国、日本、新加坡、马来西亚、泰国、越南等国家，发往亚洲国家的快件一般2～3天可以送达。

在国内快递中，EMS 的国际化业务是最完善的。依托邮政渠道，EMS 可以直达全球60多个国家，费用相对四大快递巨头要低。此外，中国境内的出关能力很强，到达亚洲国家是2～3天，到欧美国家则要5～7天。

4. 专线物流模式

跨境专线物流一般是通过航空包舱方式运输到国外，再通过合作公司进行目的国的派送。专线物流的优势在于其能够集中大批量到某一特定国家或地区的货物，通过规模效应降低成本。因此，其价格一般比商业快递低。

在时效上，专线物流稍慢于商业快递，但比邮政包裹快很多。市面上最普遍的专线物流产品是美国专线、欧美专线、澳洲专线、俄罗斯专线等。也有不少物流公司推出了中东专线、南美专线、南非专线等。

5. 海外仓储模式

海外仓储服务指为卖家在销售目的地进行货物仓储、分拣、包装和派送的一站式控制与管理服务。确切来说，海外仓储应该包括头程运输、仓储管理和本地配送 3 个部分。

（1）头程运输：即中国商家通过海运、空运、陆运或者联运将商品运送至海外仓库。

（2）仓储管理：中国商家通过物流信息系统，远程操作海外仓储货物，实时管理库存。

（3）本地配送：海外仓储中心根据订单信息，通过当地邮政或快递将商品配送给客户。

选择这类模式的好处在于，仓储置于海外不仅有利于海外市场价格的调配，同时还能降低物流成本。拥有自己的海外仓库，能从买家所在国发货，从而缩短订单周期，完善客户体验，提升重复购买率。结合国外仓库当地的物流特点，可以确保货物安全、准确、及时地到达终端买家手中。

然而，这种海外仓储的模式虽然解决了小包时代成本高昂、配送周期漫长的问题，但是，值得各位跨境电子商务卖家考虑的是，不是任何产品都适合使用海外仓。最好是库存周转快的热销单品适合此类模式，否则，极容易压货。同时，这种方式对卖家在供应链管理、库存管控、动销管理等方面提出了更高的要求。

以上五大模式基本涵盖了当前跨境电子商务的物流模式和特征。但也有一些“另类”，比如，比利时邮政虽然属于邮政包裹模式，但其却定位于高质量卖家，提供的产品服务远比其他邮政产品优质。

六、跨境电子商务平台的盈利模式

跨境电子商务平台除按每次交易额的 5%~15% 不等收取佣金外，通常还通过收取会员费、商家佣金、广告费、增值服务费等来增加企业的经营收入，具体包括以下 8 个方面。

（1）会员费。企业通过第三方电子商务平台参与电子商务交易，必须注册为 B2B 网站的会员，每年要交纳一定的会员费，才能享受网站提供的各种服务，目前会员费已成为我国 B2B 网站最主要的收入来源。

（2）广告费。网络广告是门户网站的主要盈利来源，根据其在首页的位置及广告类型来收费，中国化工网有弹出广告、漂浮广告、BANNER 广告、文字广告等多种表现形式可供用户选择。

（3）竞价排名。企业为了促进产品的销售，都希望在 B2B 网站的信息搜索中将自己的排名靠前，而网站在确保信息准确的基础上，根据会员交费的不同对排名顺序做相应的调整。

（4）增值服务。B2B 网站通常除了为企业提供贸易供求信息以外，还会提供一些独特的增值服务，包括企业认证、独立域名、提供行业数据分析报告、搜索引擎优化等。像现货认证就是针对电子这个行业提供的一项特殊的增值服务，因为通常电子采购商比较重视库存这一块。

（5）线下服务。线下服务主要包括展会、期刊、研讨会等。通过展会，供应商和采购商面对面交流，一般的中小企业比较青睐这种方式。期刊主要提供行业资讯等信息，期刊里也可以植入广告。

（6）商务合作。商务合作包括广告联盟、政府、行业协会、传统媒体的合作等。广告联盟通常是网络广告联盟，Amazon 通过这种方式已经取得了不错的成效。但在我国，联盟营销还处于萌芽阶段，大部分网站对于联盟营销还比较陌生。国内做得比较成熟的几家广告联盟有百度联盟、谷歌联盟等。

（7）按效果付费。所谓“按效果付费”服务，是 ECW（ECW 网站是国际贸易领域知名的 B2B 网站）首创 B2B 市场收费新模式，推出按效果付费，也是在全球范围内第一家按效果付费的 B2B 电子商务网站。这是供应商用户自愿依据公司为其推广带来的效果，支付服务费的一种增值服务。按效果付费系统糅合了 Google 竞价排名和传统 B2B 两种模式的精华。目前 Google 竞价排名是根据用户出价的高低来决定网站排名的，但按照实际点击付费。而传统 B2B 服务为固定年费，根据不同服务等级价格不同。供应商使用“按效果付费”服务，决定付费的前提在于供应商通过网站收到的有效询盘，供应商在收到买家的大量询盘后，可以根据询盘的内容来自主判断是否为有效询盘，平台只对在供应商自主筛选后的有效询盘收费。

（8）销售盈利。销售盈利是企业在网上经营销售业务实现的利润。

第三节　跨境电子商务运作平台

一、阿里巴巴国际站

阿里巴巴国际站（见图 9-2）是阿里巴巴集团最早创立的业务，是目前全球领先的跨境 B2B 电子商务平台，服务全世界数以千万计的采购商和供应商。阿里巴巴国际站专注服务于全球中小微企业，在这个平台上，买卖双方可以在线更高效地找到适合的彼此，并更快更安心地达成交易。此外，阿里巴巴外贸综合服务平台提供的一站式通关、退税、物流等服务，让外贸企业在出口流通环节也变得更加便利和顺畅。

图 9-2　阿里巴巴国际站首页

阿里巴巴国际站提供一站式的店铺装修、产品展示、营销推广、生意洽谈及店铺管理等全系列线上服务和工具，帮助企业降低成本、高效率地开拓外贸大市场。

阿里巴巴国际站的核心价值：

(1) 买家可以寻找搜索卖家所发布的公司及产品信息。

(2) 卖家可以寻找搜索买家的采购信息。

(3) 为买家卖家行为提供了沟通工具、账号管理工具。

★小贴士

阿里巴巴上市历程

2007 年 11 月，阿里巴巴网络有限公司在香港联交所主板挂牌上市。这是马云最凶险的时刻。当时雅虎和软银两大股东的股权之和已经达到 68.3%。在此之后，马云先后下了两步棋，第一步是先斩后奏剥离支付宝所有权，第二步是私募资金转过来要求收购雅虎。

在此后的几年里，老牌互联网巨头雅虎在美国的业务也开始江河日下。这时阿里巴巴开始打出回购牌。雅虎同意阿里巴巴集团回购股权的条件是，要求阿里巴巴集团打包上市。一番周旋之后，阿里承诺股东 2015 年 12 月之前集团上市，而雅虎卖掉一半股份给阿里巴巴集团。

这一笔交易完成后，阿里巴巴集团董事会里，软银和雅虎的投票权之和将降至 50% 以下。同时，雅虎将放弃委任董事会成员，也放弃对阿里巴巴集团战略和经营决策相关的否决权。马云和管理层重夺大权。

2012 年 6 月 20 日，阿里巴巴网络有限公司（代码 1688）在香港联交所以发行价退市，并开始筹划打包上市。市场瞩目的阿里巴巴私有化落幕。

为了满足与雅虎约定的上市条件，阿里通过大量并购来提升估值。如今，阿里巴巴集团旗下已经包括 12 家公司——阿里巴巴 B2B、淘宝网、天猫、支付宝、口碑网、阿里云、中国雅虎、一淘网、中国万网、聚划算、CNZZ 等。

2013 年 7 月，高盛银行将阿里巴巴集团的估值上调至 1 050 亿美元。

2014 年 9 月 19 日，阿里巴巴集团于纽约证券交易所正式挂牌上市，股票代码“BABA”。

二、全球速卖通

全球速卖通（AliExpress）正式上线于 2010 年 4 月，是阿里巴巴旗下唯一面向全球市场打造的在线交易平台，被广大卖家称为“国际版淘宝”（见图 9-3）。全球速卖通面向海外买家，通过支付宝国际账户进行担保交易，并使用国际快递发货。全球速卖通是全球第三大英文在线购物网站。

全球速卖通是阿里巴巴帮助中小企业接触终端批发零售商小批量多批次快速销售、拓展利润空间而全力打造的融合订单、支付、物流于一体的外贸在线交易平台。

全球速卖通覆盖 3C、服装、家居、饰品等共 30 个一级行业类目，其中优势行业主要有：服装服饰、手机通信、鞋包、美容健康、珠宝手表、消费电子、电脑网络、家居、汽车摩托车配件、灯具等。

图 9-3　阿里巴巴全球速卖通首页

三、兰亭集势

兰亭集势（Lightinthebox）是中国整合了供应链服务的在线 B2C（内部叫作 L2C，Lightinthebox 2 Customer），该公司拥有一系列的供应商，并拥有自己的数据仓库和长期的物流合作伙伴，截至 2010 年兰亭集势是中国跨境电子商务平台的领头羊（见图 9-4）。2010 年 6 月，兰亭集势完成对 3C 电子商务欧酷网的收购。

兰亭集势成立于 2007 年，注册资金 300 万美元，是目前国内排名第一的外贸销售网站。公司成立之初即获得美国硅谷和中国著名风险投资公司的注资，成为高新技术企业，总部设在北京。

图 9-4　兰亭集势首页

兰亭集势的使命是为全世界中小零售商提供一个基于互联网的全球整合供应链。通过其创新的商业模式、领先的精准网络营销技术、世界一流的供应链体系，依托包括

Google、eBay、UPS 在内的全球合作伙伴，它已迅速拥有来自 100 多个国家数以千万计的访问者和数以万计的个人消费者与企业客户。全球经济危机使更多人把视线转向网购，这给兰亭集势提供了一个跨越式发展机遇，从 2007 年创始发展至 2010 年已经取得 50 倍的销售增长，并获得硅谷与国内顶级风险投资，也为 CNN、路透社等世界新闻机构所报道。

四、敦煌网

敦煌网是全球领先的在线外贸交易平台，其 CEO 王树彤是中国最早的电子商务行动者之一。他 1999 年参与创立卓越网并出任第一任 CEO，2004 年创立敦煌网（见图 9-5）。

敦煌网致力于帮助中国中小企业通过跨境电子商务平台走向全球市场，开辟一条全新的国际贸易通道，让在线交易不断地变得更加简单、更加安全、更加高效。

敦煌网是国内首个为中小企业提供 B2B 网上交易的网站。它采取佣金制，免注册费，只在买卖双方交易成功后收取费用。据 PayPal 交易平台数据显示，敦煌网是在线外贸交易额中亚太排名第一、全球排名第六的电子商务网站，其在 2011 年的交易达到 100 亿元的规模。

图 9-5　敦煌网首页

在敦煌网，买家可以根据卖家提供的信息来生成订单，可以选择直接批量采购，也可以选择先小量购买样品，再大量采购。这种线上小额批发一般使用快递，快递公司一般在一定金额范围内会代理报关。举例来说，敦煌网与 DHL、FedEx 等国际物流巨头保持密切合作，以网络庞大的业务量为基础，可使中小企业的同等物流成本至少下降 50%。一般情况下，这类订单的数量不会太大，有些可以省去报关手续。以普通的数码产品为例，买家一次的订单量在十几个到几十个不等。这种小额交易比较频繁，不像传统的外贸订单，可能是半年下一次订单，一个订单几乎就是卖家一年的“口粮”。“用淘宝的方式卖阿里巴巴 B2B 上的货物”是对敦煌网交易模式的一个有趣概括。

五、亚马逊

亚马逊公司（Amazon，简称亚马逊），是美国最大的一家网络电子商务公司，位于华盛顿州的西雅图，是网络上最早开始经营电子商务的公司之一（见图 9-6）。亚马逊成立于 1995 年，一开始只经营网络的书籍销售业务，现在则扩及了范围相当广的其他产品，已成为全球商品品种最多的网上零售商和全球第二大互联网企业，在公司名下，也包括了 Alexa Internet、a9、lab126 和互联网电影数据库（Internet Movie Database，IMDB）等子公司。

图 9-6　亚马逊首页

亚马逊及其他销售商为客户提供数百万种独特的全新、翻新及二手商品，如图书、影视、音乐和游戏、数码下载、电子和电脑、家居园艺用品、玩具、婴幼儿用品、食品、服饰、鞋类和珠宝、健康和个人护理用品、体育及户外用品、汽车及工业产品等。

2004 年 8 月亚马逊全资收购卓越网，使亚马逊全球领先的网上零售专长与卓越网深厚的中国市场经验相结合，进一步提升客户体验，并促进中国电子商务的成长。2016 年10 月，亚马逊排 2016 年全球 100 大最有价值品牌第八名。2017 年 2 月，Brand Finance 发布 2017 年度全球 500 强品牌榜单，亚马逊排名第三。在 2017 年 6 月 7 日发布的 2017 年《财富》美国 500 强排行榜中，排名第十二。2017 年 6 月，《2017 年 BrandZ 最具价值全球品牌 100 强》公布，亚马逊名列第四位。

六、eBay

eBay（中文名：电子湾、亿贝、易贝）是一个可让全球民众上网买卖物品的线上拍卖及购物网站（见图 9-7）。eBay 于 1995 年 9 月 4 日由 Pierre Omidyar 以 Auctionweb 的名称创立于美国加利福尼亚州圣荷塞。人们可以在 eBay 上通过网络出售商品。

eBay 的盈利方式：

（1）向每笔拍卖收取刊登费（费用为 0. 25 ~ 800 美元不等）。

（2）向每笔已成交的拍卖再收取一笔成交费（成交价的7%~13%不等）。

（3）由于eBay另外拥有PayPal，所以也从此处产生利益，eBay和PayPal类似国内淘宝和支付宝，一个用于开店，一个用于付款。

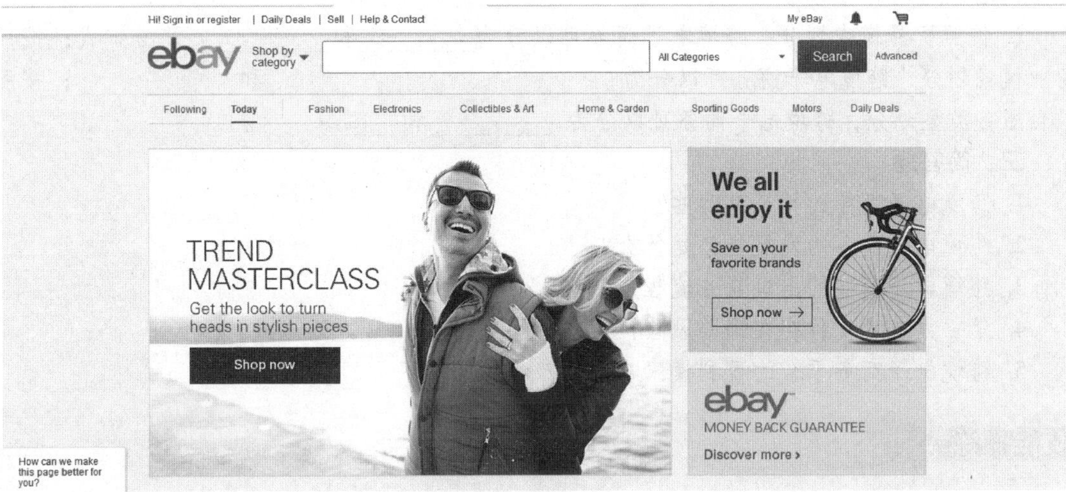

图9-7　eBay首页

关键名词

跨境电子商务　进口跨境电子商务　出口跨境电子商务　跨境支付　跨境物流

课后习题

一、选择题

1.（　　）在整个跨境电子商务中的比重最大，约占整个电子商务出口的90%。（　　）虽只占跨境电子商务总量的10%左右，却是增长最为迅速的部分。

A. B2B，B2C　　B. B2C，B2B

C. C2C，B2C　　D. B2B，C2B

2. 确定付款时间和交货地点是哪个岗位的职责？（　　）

A. 建站与后台维护　　B. 询盘转换订单

C. 订单操作与单证　　D. 生产安排与跟单管理

3. 跨境电子商务参与主体有哪些？（　　）（多选题）

A. 通过第三方平台进行跨境电子商务经营的企业和个人

B. 跨境电子商务的第三方平台

C. 物流企业

D. 支付企业

4. 和传统国际贸易相比，跨境电子商务呈现出传统国际贸易所不具备的哪些特征？（　　）（多选题）

A. 多边化　　B. 小批量　　C. 高频度　　D. 透明化　　E. 数字化

二、填空题

1. 跨境电子商务包含了较多的要素，主要有交易对象、________、货物流通、________、资金交付、信息和单据往来等多个方面，这些要素的不同，也决定了跨境电子商务类型的划分。

2. 按照贸易模式划分，跨境电子商务可以分为________和________贸易方式；按照商业模式划分，跨境电子商务可以分为________、________和________；按照平台服务类型划分，跨境电子商务可以分为________和________。

三、简答题

1. 跨境电子商务的特征有哪些？
2. 跨境电子商务的发展趋势是什么？
3. 跨境电子商务的出口业务流程是什么？
4. 第三方跨境支付存在哪些风险？
5. 跨境电子商务平台的盈利模式有哪些？

技能操练

1. 进行跨境店铺注册操作。
2. 进行跨境店铺优化及推广操作。

第十章

电子商务的应用

★学习目标

★ 掌握移动商务的概念，了解移动商务的分类。

★ 了解移动商务的技术应用。

★ 了解移动商务的特点，了解移动商务的应用类型和发展趋势。

★ 掌握电子政务的应用分类及内容，了解电子政务的发展阶段和发展趋势，了解电子政务的安全建设和绩效评估。

★ 掌握在线教育的概念，了解在线教育商业模式，理解在线教育的优势和局限性，理解在线教育的发展对策。

★案例引导

寿光启用国土资源电子政务系统

为了满足经济社会发展和国土资源管理的需要，著名的蔬菜之乡山东省寿光市采用 MapGIS K9 平台，不断提高管理效率，助推高效农业生产。

寿光市采用 MapGIS K9 平台，以计算机网络为传输载体，使用可视化技术，结合国土资源管理业务流程，建立了结构完整、功能齐全、技术先进并与国土资源工作现代化要求相适应、以电子政务为主要目标的国土资源管理信息系统，实现了国土资源管理各业务主流程的信息化；建成集窗口式办公、自动化管理为一体的办公自动化管理系统，实现了国土资源行政办公和业务办公的图文一体化、无纸化办公；完成了省级数据中心建设，形成了多级国土资源信息交换体系，构建起省级国土资源信息应用与服务平台。

寿光市国土资源电子政务系统在空间数据管理上依托“数字寿光”地理信息平台，通过 MapGIS K9“一张图”管理系统对遥感影像、土地利用现状、土地权属、基本农田、土地利用总体规划、矿产资源、基础地理、遥感监测等多种数据集中整合，利用计算机软件和网络平台，实现对国土资源管理规划计划、审批、利用、补充、开发、执法等的网络化综合管理，实现国土资源开发利用的“天上看、网上管、地上查”，实现国土资源动态监管。MapGIS K9“一张图”管理平台在“批、供、用、补、查”各日常管理业务流程的基础上，梳理优化业务流程之间的逻辑关系，自动建立了案卷间的依赖关系和各空间专题的占地分析查询系统，使土地用途流转和权属变化能实时、清晰地反映在一张图上，并建立了综合业务电子案卷档案库和行政管理效能分析统计库。

“兵马未动，粮草先行”，完善的国土资源电子政务系统的建立，将帮助蔬菜之乡优化管理国土资源，高效完成农业生产工作。

第一节　移动商务的基本概念

移动商务（M-Commerce），它由电子商务（E-Commerce）的概念衍生出来，电子商务以PC为主要界面，是“有线的电子商务”；而移动商务，则是通过手机、PDA（个人数字助理）这些可以装在口袋里的终端与我们谋面，无论何时、何地都可以开始。如今移动电子商务已经逐渐成为人们进行商务活动的一种全新模式。

一、移动商务的概念

移动商务就是利用手机、PDA及掌上电脑等无线终端进行的B2B、B2C、C2C或O2O的电子商务。它将Internet、移动通信技术、短距离通信技术及其他信息处理技术完美地结合，使人们可以在任何时间、任何地点进行各种商贸活动，实现随时随地、线上线下的购物与交易、在线电子支付以及各种交易活动、商务活动、金融活动和相关的综合服务活动等。

二、移动商务的分类

（一）按服务类型分类

移动商务可以提供的服务分为以下三个方面。

1. 推式服务

移动商务的推式服务（Push）就是客房式服务，根据用户的爱好，把所需的各种服务，如新闻、天气预报、彩票、股市、旅游、招聘等信息推送给顾客，避免了传统Internet的浏览服务，这种推式服务是体现个性化的信息服务。

2. 拉式服务

移动商务的拉式服务（Pull）主要用于信息的个人定制接收。应用领域包括服务账单、电话号码、旅游信息、航班信息、影院节目安排、列车时刻表、行业产品信息等。

3. 交互式服务

交互式服务是移动商务能提供的最常用的服务方式，包括即兴购物；使用“无线电子钱包”等具有安全支付功能的移动设备在商店或自动售货机上进行预订机票、车票或入场券并能在票价优惠或航班取消时立即得到通知，也可支付票费或在旅行途中临时更改航班或车次；随时随地在网上进行安全的个人财务管理，通过移动终端核查账户、支付账单、转账及接收付款通知等；游戏或娱乐；信息查询等。

（二）按商务形式分类

按商务形式来划分，移动商务可分为 B2C、B2B、G2C（Government to Consumer）、G2B（Government to Business）、A2A（Any to Any）、P2P（Peer to Peer）等多种形式。

（1）B2C 业务是企业对消费者的业务，又称直接通过移动通信终端对用户市场销售，相当于商业电子化的零售业务。主要包括有形商品的电子订货和付款、无形商品和服务产品的销售。其特点是能迅速吸引公众和媒体的注意。

（2）B2B 业务是企业与企业之间通过移动 Internet 进行数据交换、传递，开展丰富的商业贸易活动。

（3）C2C 的移动商务是个人对个人的商务形式。其特点是消费者与消费者之间的讨价还价。运营商可以根据中国国情，建立一个拍卖交易移动网络，让消费者通过 SMS 自由交易或在该网站上议价。

（4）G2G 是上下级政府、不同地方政府、不同政府部门之间的电子政务。包括电子法规政策系统、电子公文系统、电子司法档案系统、电子财政管理系统、电子办公系统、电子培训系统、业绩评价系统。

（5）G2B 是政府通过电子网络系统进行电子采购与招标，精简管理业务流程，快捷迅速地为企业提供各种信息服务。包括电子采购与招标、电子税务服务、电子证照服务、信息咨询服务、中小企业电子服务。

（6）G2C 是政府通过电子网络系统为公民提供的各种服务。包括教育培训服务、就业服务、电子医疗服务、社会保险网络服务、公民信息服务、交通管理服务、电子税务服务、电子证件服务。

（7）随着 P2P 技术的发展，P2P 也将慢慢发展成为一种成熟的商务形式。P2P 形式主要利用了 P2P 技术、网络即时通信技术，实现基于宽带网络的声音、文字、视频、数据、邮件的即时通信及文件共享和计算机远程控制。这种技术具有使网络更加安全的独特的身份认证和数据加密技术，从而使 P2P 的商务形式越来越受欢迎，这种形式下的服务包括在 Internet 上实现面对面交流、远程监控、集群通信、远程教育、互动办公、互动商务等。

三、移动商务的技术发展和应用

（一）远距离无线通信

远程数据传输的方式很多，常用的有：利用现有的通信网络（GSM/GPRS、CDMA 移动网等）和相应的无线通信产品；通过无线收发设备，比如无线 Modem、无线网桥等直接建立专门的无线局域网；利用无线数传电台的无线通信。

GSM（Global System for Mobile）是全球最主要的 2G 标准，能够在低服务成本、低中端成本条件下提供较高的通信质量。就其业务而言，GSM 是一个能够提供多种业务的移动 ISDN（Integrated Services Digital Network，综合业务数字网络）。

GPRS（General Packet Radio Service）是在现有的 GSM 网络基础上增加一些硬件设备和升级软件，形成一个新的网络逻辑实体。它以分组交换技术为基础，采用 IP 数据网络协议，提高了现有 GSM 网的数据业务传输速率。GPRS 分组交换技术利用现有 GSM 系统，使得移动通信和数据网络合二为一，具有极速传送、永远在线、价格实惠等特点。

CDMA（Code Division Multiple Access）网络采用扩展频谱技术，使用多种分集接收方式，具有容量大、通信质量好、保密性高、抗干扰能力强等特点。

3G 英文全称为 3rd Generation，中文含义为第三代数字通信。它是由卫星移动通信网和地面移动通信网所组成，支持高速移动环境，提供语音、数据和多媒体等多种业务的先进移动通信网。3G 是一个完整的系统，不是简单的网络技术和通信技术的升级，也包括终端运算性能的提升和相应功能的增加，因此 3G 带来的不只是带宽，它是网络终端和应用技术的全面提升。

4G 指的是第四代移动通信技术。4G 是集 3G 与 WLAN 于一体，并能够快速传输数据、高质量音频、视频和图像等。4G 能够以 100 兆位/秒以上的速度下载，比目前的家用宽带 ADSL（4M）快 25 倍，并能够满足几乎所有用户对于无线服务的要求。此外，4G 可以在 DSL 和有线电视调制解调器没有覆盖的地方部署，然后再扩展到整个地区。很明显，4G 有着不可比拟的优越性。

（二）近距离无线通信

目前使用较广泛的近距离无线通信技术是蓝牙（Bluetooth）、无线局域网 802.11（WiFi）和红外数据传输（IrDA），同时还有一些具有发展潜力的近距离无线技术标准，它们分别是：ZigBee、超宽频（Ultra Wide Band）、短距通信（NFC）、WiMedia、GPS、DECT、无线 1394 和专用无线系统等。

蓝牙技术诞生于 1994 年。1998 年，Ericsson、IBM、Intel、Nokia、Toshiba 5 家公司达成蓝牙技术协议。蓝牙技术是一种无线数据与语音通信的开放性全球规范，其实质是为固定设备或移动设备之间的通信环境建立通用的近距离无线接口，将通信技术与计算机技术进一步结合起来，使各种设备在没有电线或电缆相互连接的情况下，能在近距离范围内实现相互通信或操作。蓝牙技术最大的缺点就是过于昂贵，突出表现为芯片大小和价格难以下调、抗干扰能力不强、传输距离太短，以及信息安全问题等，使得许多用户不愿意花大价钱来购买这种无线设备。

WiFi（Wireless Fidelity，无线高保真）是一种无线通信协议，正式名称为 IEEE802.11b，与蓝牙一样，同属于短距离无线通信技术。WiFi 的速率最高可达 11 兆位/秒。虽然在数据安全性方面比蓝牙技术要差一些，但在电波的覆盖范围方面却略胜一筹，可达 100 米左右。目前这一技术的用户主要来自机场、酒店、商场等公共热点场所。

IrDA 是一种利用红外线进行点对点通信的技术，是第一个实现无线个人局域网（PAN）的技术。目前它的软硬件技术都很成熟，在小型移动设备，如 PDA、手机上广泛使用。事实上，当今每一个出厂的 PDA 及许多手机、笔记本电脑、打印机等产品都支持 IrDA。它的主要优点是无须申请频率的使用权，因而红外通信成本低廉，并且还具有移动通信所需的体积小、功率低、连接方便、简单易用的特点。此外，红外线发射角度较小，传输上安全性高。

NFC（Near Field Communication，近距离无线传输）技术是由 Philips、Nokia 和 Sony 主推的一种类似于 RFID（非接触式射频识别）的短距离无线通信技术标准。和 RFID 不同，NFC 采用了双向的识别和连接，在 20 厘米距离内的工作频率为 13.56 兆赫。NFC 最初仅仅是遥控识别和网络技术的合并，但现在已发展成为无线连接技术，它能自动地快速建立无线网络，为蜂窝设备、蓝牙设备、WiFi 设备提供一个“虚拟连接”，使电子设备可以在短距离范围内进行通信。

ZigBee 主要应用在短距离范围之内并且数据传输速率不高的各种电子设备之间。ZigBee 可以说是蓝牙的同族兄弟。与蓝牙相比，ZigBee 更简单，速率更慢，功率及费用也更低，它的基本速率是 250 比特率，当降低到 28 比特率时，传输范围可扩大到 134 米，并有更高的可靠性。另外，它可与 254 个节点联网，可以比蓝牙更好地支持游戏、电子消费、仪器和家庭自动化应用。人们期望能在工业监控、传感器网络、家庭监控、安全系统和玩具等领域扩展 ZigBee 的应用。

UWB 技术是一种无线载波通信技术，具有系统复杂度低、发射信号功率谱密度低、对信道衰落不敏感、低截获能力、定位精度高等优点，尤其适用于室内等密集多径场所的高速无线接入，非常适于建立一个高效的无线局域网或无线个域网。UWB 最具特色的应用将是视频消费娱乐方面的无线个人局域网。具有一定相容性和高速、低成本、低功耗的优点使得 UWB 较适合家庭无线消费市场的需求。

（三）移动 IP

移动 IP 技术是移动结点（计算机/服务器/网段等）以固定的网络 IP 地址，实现跨越不同网段的漫游功能，并保证了基于网络 IP 的网络权限在漫游过程中不发生任何改变。简单地说，移动 IP 技术就是让计算机在互联网或局域网中不受任何限制地即时漫游，也称移动计算技术。

移动 IP 应用于所有基于 TCP/IP 网络环境中，它为人们提供了无限广阔的网络漫游服务。例如，在用户离开北京总公司，出差到上海分公司时，只要简单地将移动结点（例如笔记本电脑、PDA 设备）连接至上海分公司网络上，用户就可以跟在北京总公司里一样操作，依旧能使用北京总公司的共享打印机，或者访问北京总公司同事电脑里的共享文件及相关数据库资源。诸如此类的种种操作，让用户感觉不到自己身在外地，同事也感觉不到你已经出差到外地了，换句话说，移动 IP 的应用让用户的“家”网络随处可以安“家”，不再忍受移动结点因“出差”带来的所有不便之苦。

（四）RFID 技术

自动识别技术（Auto Identification）是应用一定的识别装置，自动获取被识别物品的相关信息，并提供给后台的计算机处理系统来完成相关后续处理的一种技术。

一般来讲，在一个信息系统中，数据的采集（识别）完成了系统的原始数据的采集工作，解决了人工数据输入的速度慢、误码率高、劳动强度大、工作简单、重复性高等问题，为计算机信息处理提供了快速、准确地进行数据采集、输入的有效手段，因此，自动识别技术作为一种革命性的高新技术，正迅速为人们所接受。

RFID（Radio Frequency Identification，无线射频识别）技术，可通过无线电信号识别特定目标并读写相关数据，而无须识别系统与特定目标之间建立机械或光学接触。

一套完整的 RFID 系统，是由阅读器与电子标签也就是所谓的应答器及应用软件系统三部分组成的，其工作原理是：Reader 发射一特定频率的无线电波能量给 Transponder，用以驱动 Transponder 电路将内部的数据送出，此时 Reader 便依序接收解读数据，送给应用程序做相应的处理。

（五）移动终端

移动终端（Mobile Terminal，MT）或者称为移动通信终端，是指可以在移动中使用的计算机设备，广义地讲，包括手机、笔记本电脑、POS 机甚至车载电脑，大部分情况下是指手机或者具有多种功能的智能手机。

现代的移动终端已经拥有极为强大的处理能力、内存、固化存储介质以及像计算机一样的操作系统，是一个完整的超小型计算机系统，可以完成复杂的处理任务。移动终端不仅可以通话、拍照、听音乐、玩游戏，而且可以实现包括定位、信息处理、指纹扫描、身份证扫描、条形码扫描、RFID 扫描、IC 卡扫描以及酒精含量检测等丰富的功能，成为移动执法、移动办公和移动商务的重要工具，有的移动终端还将对讲机集成到移动终端上。

四、移动商务的应用分析

（一）移动商务的特点

与传统的商务活动相比，移动商务具有如下几个特点。

（1）更具开放性、包容性。移动商务因为接入方式无线化，使得任何人都更容易进入网络世界，从而使网络范围延伸得更广阔、更开放；同时，使网络虚拟功能更带有现实性，因而更具有包容性。

（2）具有无处不在、随时随地的特点。移动商务的最大特点是“自由”和“个性化”。传统商务已经使人们感受到了网络所带来的便利和快乐，但它的局限在于它必须有线接入，而移动电子商务则可以弥补传统电子商务的这种缺憾，可以让人们随时随地结账、订票或者购物，感受独特的商务体验。

（3）潜在用户规模大。中国的移动电话用户已超过 12 亿人，是全球之最。显然，从电脑和移动电话的普及程度来看，移动电话远远超过了电脑。而从消费用户群体来看，手机用户中基本包含了消费能力强的中高端用户，而传统的上网用户中以缺乏支付能力的年轻人为主。由此不难看出，以移动电话为载体的移动电子商务不论在用户规模上，还是在用户消费能力上，都优于传统的电子商务。

（4）能较好确认用户身份。对传统的电子商务而言，用户的消费信用问题一直是影响其发展的一大问题，而移动电子商务在这方面显然拥有一定的优势。这是因为手机号码具有唯一性，手机 SIM 卡片上存储的用户信息可以确定一个用户的身份，而随着未来手机实名制的推行，这种身份确认将越来越容易。对于移动商务而言，这就有了信用认证的基础。

（5）定制化服务。由于移动电话具有比 PC 更高的可连通性与可定位性，因此移动商务的生产者可以更好地发挥主动性，为不同顾客提供定制化的服务。

（6）移动电子商务易于推广使用。移动通信所具有的灵活、便捷的特点，决定了移动电子商务更适合大众化的个人消费领域，例如自动支付系统，包括自动售货机、停车场计时器等；半自动支付系统，包括商店的收银柜机、出租车计费器等；日常费用收缴系统，包括水、电、煤气等费用的收缴等；移动互联网接入支付系统，包括登录商家的 WAP 站点购物等。

（7）移动电子商务领域更易于技术创新。移动电子商务领域因涉及 IT、无线通信、无线接入、软件等技术，并且商务方式更具多元化、复杂化，因而在此领域内很容易产生新的技术。随着中国 4G 网络的兴起与应用，这些新兴技术将转化成更好的产品或服务。所以移动电子商务领域将是下一个技术创新的高产地。

（二）移动商务应用类型

1. 手机银行业务

移动电子商务使用户能随时随地地在网上安全地进行个人财务管理，进一步完善 Internet 银行体系。用户可以使用其移动终端核查其账户、支付账单、进行转账及接收付款通知等。

2. 移动交易

移动电子商务具有即时性，因此非常适用于股票等交易应用。移动设备可用于接收实时财务新闻和信息，也可确认订单并安全地在线管理股票交易。

3. 移动订票

通过 Internet 预订机票、车票或入场券已经发展成为一项主要业务，其规模还在继续扩大。Internet 有助于方便核查票证的有无，并进行购票和确认。移动电子商务使用户能在票价优惠或航班取消时立即得到通知，也可支付票费或在旅行途中临时更改航班或车次。借助移动设备，用户可以浏览电影剪辑、阅读评论，然后订购邻近电影院的电影票。

4. 移动购物

借助移动电子商务，用户能够通过其移动通信设备进行网上购物。即兴购物会是一大增长点，如订购鲜花、礼物、食品或快餐等。随着智能手机的普及，移动电子商务通过移动通信设备进行手机购物，让顾客体会到购物更随意、更方便。如今比较流行的手机购物软件如“掌店商城”等，实现了手机下单、手机支付，同时也支持货到付款，不用担心没有 PC 就会错过的限时抢购等促销活动，尽享购物便利。

5. 移动娱乐

移动电子商务将带来一系列娱乐服务。用户不仅可以从他们的移动设备上收听音乐，还可以订购、下载或支付特定的曲目，并且可以在网上与朋友们玩交互式游戏，还可以游戏付费，并进行快速、安全的博彩和游戏。

6. 无线医疗

医疗产业的显著特点是每一秒钟对病人都非常关键，这一行业十分适合于移动电子商务的开展。在紧急情况下，救护车可以作为进行治疗的场所，而借助无线技术，救护车可以在移动的情况下同医疗中心和病人家属建立快速、动态、实时的数据交换，这对每一秒钟都很宝贵的紧急情况来说至关重要。在无线医疗的商业模式中，病人、医生、保险公司都可以获益，也会愿意为这项服务付费。这种服务是在时间紧迫的情形下，向专业医疗人员提供关键的医疗信息。由于医疗市场的空间非常巨大，并且提供这种服务的公司为社会创造了价值，同时，这项服务又非常容易扩展到全国乃至世界，我们相信在这整个流程中，存在着巨大的商机。

7. 移动学习

移动学习是指采用微博、短信等形式开展碎片化学习，特别是借助移动终端在大自然观看动植物，以及指导成年人即学即用地解决手头困难问题，如车祸现场急救等。

8. 移动企业应用

移动企业应用包括面向企事业单位的移动办公、移动物流、移动后勤管理等。特别是移动客户关系管理、移动 ERP 企业资源计划、移动供应链管理等。

（三）移动商务的发展趋势

随着移动通信技术的快速发展及移动商务市场的不断成熟，移动商务的发展遇到了前所未有的良机。移动商务的发展有如下几大趋势。

1. 移动商务安全将引起社会重视

随着我国4G手机应用的迅速推广，手机所面临的安全威胁很快将超越办公计算机，成为移动商务的第一大隐患。盗取、窃听、吸费等攻击手段将给移动商务应用和企业信息安全带来极大威胁。

对移动商务的个人用户而言，当手机感染了病毒或木马后，手机会自动拨打声讯台、发送信息、订购增值业务等，造成用户的话费损失，而对企业用户来说，商业机密信息的泄露是最大的安全隐患。商业对手或恶意攻击者可以控制用户的手机，调用信息、监听通话、自动联网等，造成企业用户的机密信息外泄。

企业业务拓展到手机等移动终端，需传输大量敏感的商业信息数据，这就带来了权限管理和信息安全性的诸多问题，如何更好地保护移动商务的安全，已成为软硬件厂商在无线商务上获取商机的一个关键。

2. 终端技术将得到改善

现代移动商务终端的屏幕已经拓宽，语音网络导航功能已经实现，屏幕输出可以用语音输出作为辅助，键盘输入可以用语音输入进行补充，视频模式也成为普遍而广受欢迎的沟通交流方式。未来移动终端与个人信息绑定，自动识别技术将广泛应用于各种商务活动，不需要数据输入，不需要语音录入，甚至不需要移动终端的出示，即可完成一定距离的无线通信和信息处理功能。这无疑将进一步带来人们移动商务方式的变革和创新，增强移动商务易用性和功能性。

3. 场景服务将被关注

目前，基于位置的服务已受到人们的关注。比如，一个到异地旅游的游客，想找一家附近的餐厅就餐，基于位置的服务可以判断其所处的位置，从而推荐附近的餐厅。可是，如果其身处闹市，周围的餐馆星罗棋布，过多的信息会使人眼花缭乱，如何提供有效并且符合用户个性的信息就显得尤为重要，所以未来场景服务将被人们关注。场景包括较丰富的内容：用户的身份、用户的位置和访问的时间。用户的身份对于一项服务来说通常是最有价值的信息，因为由此可以知道用户的背景、爱好及其他重要的属性。用户的位置信息也就是用户的空间场景，即通常人们所说的基于位置的服务。访问的时间也是重要的场景，如果和用户的日程表结合起来，就可以推测出其在使用移动服务时所处的环境和扮演的社会角色。有了身份、位置、时间等场景信息后，就可以根据用户的需求和环境信息为用户配置个性化的服务内容。

4. 移动商务将与管理软件融合

随着市场竞争的日益深化，社会各行各业对办公自动化、电子政务等信息化的需求与日俱增，对客户关系管理（CRM）、供应链管理（SCM）、生产控制、物流管理等方面的信息化需求也日益迫切，在信息化建设方面的投入不断增大。

移动通信所拥有的移动性、广域覆盖和部署快速、灵活等特性是有线通信无法比拟的，这使得移动通信网络和技术能够有效满足一些特点行业随时随地传递和处理信息的需求。对于交通、民航、金融等行业而言，随着信息化的全面推进，其原有的专网覆盖面狭窄等局限性日益显露出来，它们希望将自身的专网与公众移动通信网络实现对接，有效拓展原有通信专网的覆盖范围和功能，借助移动终端为普通大众提供信息服务。

第二节 电子政务概述

一、电子政务的概念

“政务”在《现代汉语词典》中的解释是“关于政治方面的事务，也指国家的管理工作”。那么“电子政务”简单地来讲就是指运用电子化手段所实施的国家管理工作。具体来说，电子政务指各级政府机构的政务处理电子化，包括内部核心政务电子化、信息公布与发布电子化、信息传递与交换电子化、公众服务电子化等。

电子政务，实质上就是政府机构应用现代信息和通信技术，将管理和服务通过网络技术进行集成，在网络上实现政府组织结构和工作流程的优化重组，超越时间、空间与部门分隔的限制，全方位地向社会提供优质、规范、透明、符合国际水准的管理和服务。

传统政务的处理方式是以政府机构和职能为中心，企业、社会组织和公众通过政府部门办理相关事务。其管理模式呈金字塔型，工作方式比较粗放，业务流程复杂，审批环节多，议事程序较长，效率低下。

电子政务的处理方式是以公众为中心，政府以“向社会提供高效、优质的政府管理与服务”为出发点，帮助企业、社会组织和公众办理各种经济与社会事务。电子政务与传统政务的比较如表 10-1 所示。

表 10-1 电子政务与传统政务的比较

对比项目	传统政务	电子政务
政务机构存在形式	物理存在的	网络虚拟化的
政务办理方式	面对面	不受地域限制
政务办事时间	受时间限制	全天候
政府组织结构	金字塔型垂直结构	网络型扁平结构
政府管理方式	集中管理	分权管理
政务生效标志	公章等	数字签名
政务处理程序	串行作业	协同并行
政务工作重心	管理、审批为主	服务、指导为主
政府主要议事方式	会议等	网络讨论、视频会议等
政府决策参与范围	政府内部	政府内外相统一
政府管理成本	边际成本递增	边际成本递减

二、电子政务的应用分类及其内容

电子政务的范围非常广泛，其内容几乎可以包括传统政务活动的各个方面。根据用户的不同可以将电子政务分为：政府间的电子政务（Government to Government，G2G）、政府对企业的电子政务（Government to Business，G2B）、政府对公民的电子政务（Government to Citizen，G2C）。

（一）政府间的电子政务

政府间的电子政务（G2G）是上下级政府、不同地方政府、不同政府部门之间的电子政务。政府间的电子政务主要包括以下内容。

（1）电子法规政策系统。对所有政府部门和工作人员提供相关的现行有效的各项法律、法规、规章、行政命令和政策规范，使所有政府机关和工作人员真正做到有法可依、有法必依。图 10-1 所示为江苏省环保厅电子政策法规系统界面。

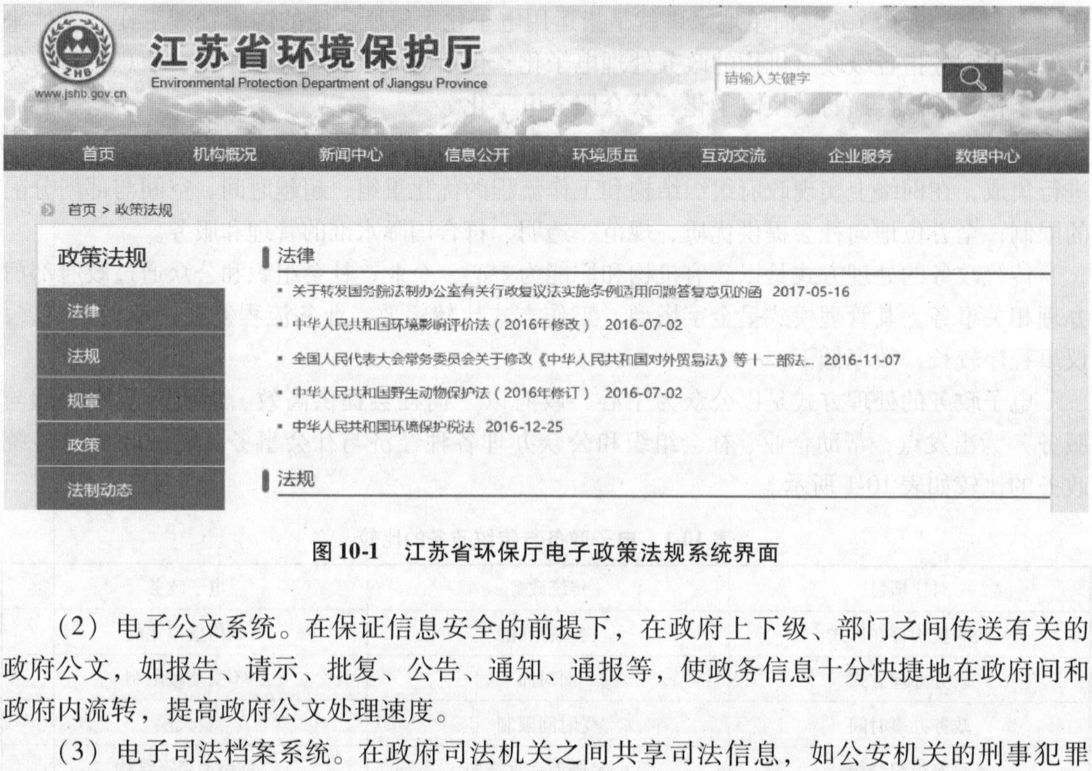

图 10-1　江苏省环保厅电子政策法规系统界面

（2）电子公文系统。在保证信息安全的前提下，在政府上下级、部门之间传送有关的政府公文，如报告、请示、批复、公告、通知、通报等，使政务信息十分快捷地在政府间和政府内流转，提高政府公文处理速度。

（3）电子司法档案系统。在政府司法机关之间共享司法信息，如公安机关的刑事犯罪记录、审判机关的审判案例、检察机关检查案例等，通过共享信息改善司法工作效率和提高司法人员综合能力。

（4）电子财政管理系统。向各级国家权力机关、审计部门和相关机构提供分级、分部门历年的政府财政预算及其执行情况，包括从明细到汇总的财政收入、开支、拨付款数据，以及相关的文字说明和图表，便于有关领导和部门及时掌握和监控财政状况。图 10-2 所示为江苏省财政厅财政数据信息界面。

（5）电子办公系统。通过电子网络完成机关工作人员的许多事务性的工作，节约时间和费用，提高工作效率，如工作人员通过网络申请出差、请假、文件复制、使用办公设施和设备、下载政府机关经常使用的各种表格、报销出差费用等。

（6）电子培训系统。对政府工作人员提供各种综合性和专业性的网络教育课程，特别是适应信息时代对政府的要求，加强对员工进行与信息技术有关的专业培训，员工可以通过网络随时随地注册参加培训课程、接受培训、参加考试等。

（7）业绩评价系统。按照设定的任务目标、工作标准和完成情况对政府各部门业绩进行科学的测量和评估等。

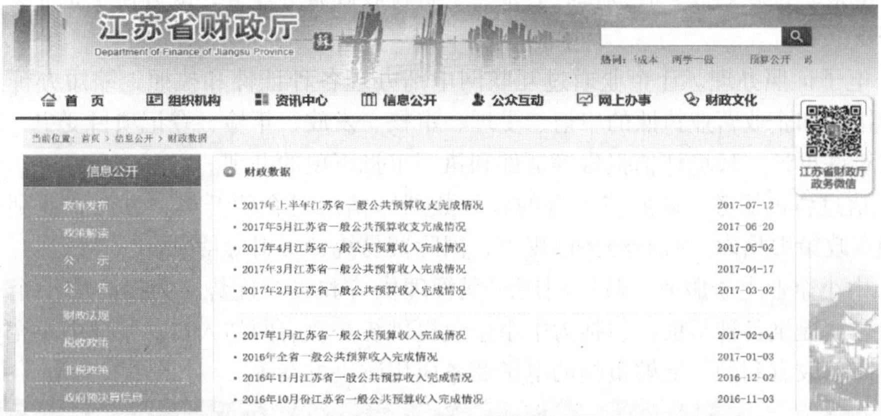

图 10-2　江苏省财政厅财政数据信息界面

（二）政府对企业的电子政务

政府对企业的电子政务是指政府通过电子网络系统进行电子采购与招标，精简管理业务流程，快捷迅速地为企业提供各种信息服务。图 10-3 所示为广东省电子政务网上办事大厅“法人事项”界面。

图 10-3　广东省电子政务网上办事大厅“法人事项”界面

政府对企业的电子政务主要包括如下几个方面。

（1）电子采购与招标。通过网络公布政府采购与招标信息，为企业特别是中小企业参与政府采购提供必要的帮助，向它们提供政府采购的有关政策和程序，使政府采购成为阳光作业，减少徇私舞弊和暗箱操作，降低企业的交易成本，节约政府采购支出。图 10-4 所示为广东省政府采购系统平台。

（2）电子税务。使企业通过政府税务网络系统，在家里或企业办公室就能完成税务登记、税务申报、税款划拨、查询税收公报、了解税收政策等业务，既方便了企业，也减少了政府的开支。

（3）电子证照办理。让企业通过互联网申请办理各种证件和执照，缩短办证周期，减轻企业负担，如企业营业执照的申请、受理、审核、发放、年检、登记项目变更、核销，统计证、建筑许可证、环境评估报告等证件和执照审批事项的办理。

（4）信息咨询服务。政府将拥有的各种数据库信息对企业开放，方便企业利用，如法律法规规章政策数据库、政府经济白皮书、国际贸易统计资料等信息。

（5）中小企业电子服务。政府利用宏观管理优势和集合优势，为提高中小企业国际竞争力和知名度提供各种帮助。包括为中小企业提供统一政府网站入口，帮助中小企业同电子商务供应商争取有利的、能够负担的电子商务应用解决方案等。

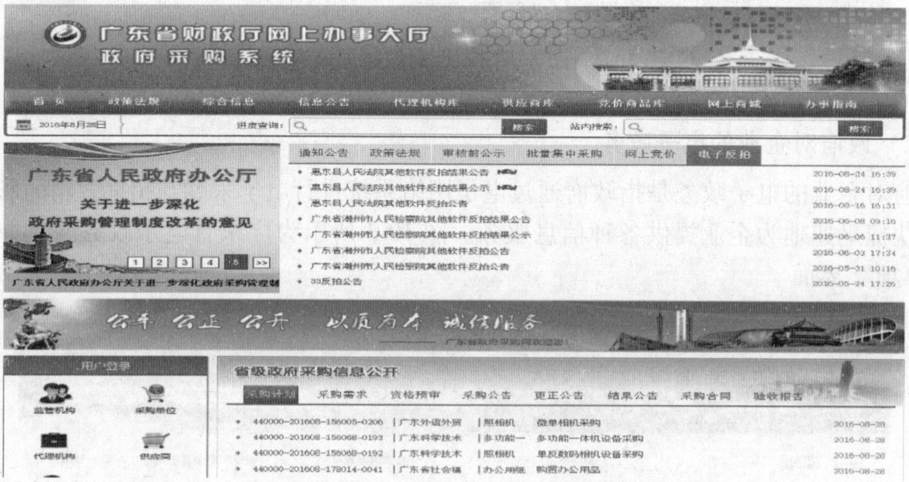

图 10-4　广东省政府采购系统平台

（三）政府对公民的电子政务

政府对公民的电子政务（G2C）是指政府通过电子网络系统为公民提供各种服务。图 10-5 所示为广东省电子政务网上办事大厅“个人事项”界面。

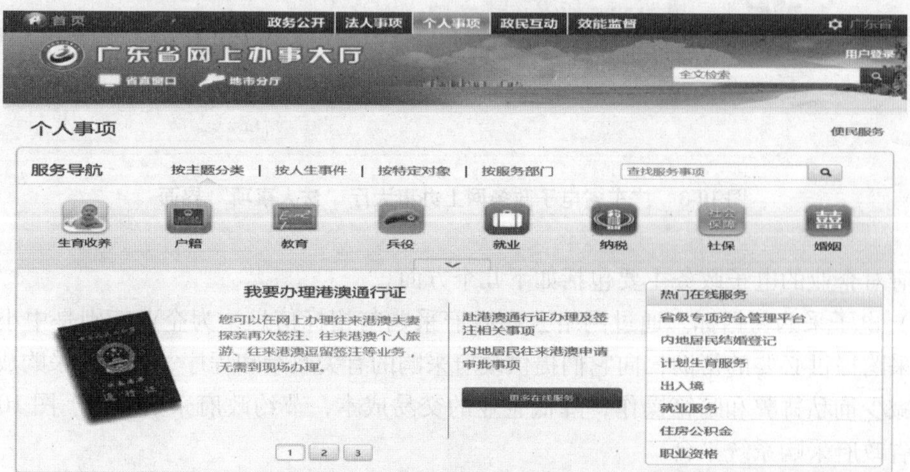

图 10-5　广东省电子政务网上办事大厅“个人事项”界面

G2C 主要包括如下内容。

（1）教育培训服务。建立全国性的教育平台，并资助所有的学校和图书馆接入互联网和政府教育平台；政府出资购买教育资源，然后提供给学校和学生；重点加强对信息技术能力的教育和培训，以适应信息时代的挑战。

（2）就业服务。通过电话、互联网或其他媒体向公民提供工作机会和就业培训，促进就业。如开设网上人才市场或劳动市场，提供与就业有关的工作职位缺口数据库和求职数据库信息；在就业管理劳动部门所在地或其他公共场所建立网站入口，为没有计算机的公民提供接入互联网寻找工作职位的机会；为求职者提供网上就业培训、就业形势分析、就业方向指导。

（3）电子医疗服务。通过政府网站提供医疗保险政策信息、医药信息、执业医生信息，为公民提供全面的医疗服务，公民可通过网络查询自己的医疗保险个人账户余额和当地公共医疗账户的情况；查询国家新审批的药品的成分、功效、试验数据、使用方法及其他详细数据，提高自我保健的能力；查询当地医院的级别和执业医生的资格情况，选择合适的医生和医院。

（4）社会保险网络服务。通过电子网络建立覆盖地区甚至国家的社会保险网络，使公民通过网络及时全面地了解自己的养老、失业、工伤、医疗等社会保险账户的明细情况，有利于加深社会保障体系的建立和普及；通过网络公布最低收入家庭补助，增加透明度；还可以通过网络直接办理有关的社会保险理赔手续。

（5）公民信息服务。使公民得以方便、容易、费用低廉地接入政府法律法规规章数据库；通过网络提供被选举人的背景资料，促进公民对被选举人的了解；通过在线评论和意见反馈了解公民对政府工作的意见，改进政府工作。

（6）交通管理服务。通过建立电子交通网站提供对交通工具和司机的管理与服务。

（7）公民电子税务。允许公民个人通过电子报税系统申报个人所得税、财产税等个人税务。

（8）电子证件服务。允许居民通过网络办理结婚证、离婚证、出生证、死亡证明等有关证书。

图 10-6 所示为南京市人力资源和社会保障局系统为公民提供各种服务。

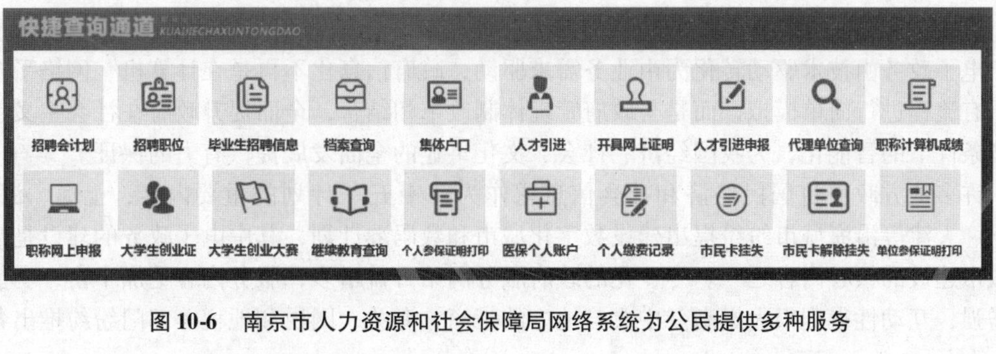

图 10-6　南京市人力资源和社会保障局网络系统为公民提供多种服务

三、我国电子政务的发展

在世界各国倡导的“信息高速公路五大应用”（电子政务、电子商务、远程教育、远程医疗、电子娱乐）建设中，电子政务位居首位。

“以电子政务求发展”已经成为一个全球性趋势。但由于信息化程度、基础设施、人力资源、技术能力等方面存在差异，各国着手实施电子政务的起始时间不同，全球电子政务发展水平存在着不平衡性。总的来说，发达国家电子政务起步要早于发展中国家，其电子政务发展水平也大大高于发展中国家。

和发达国家相比，我国政府信息技术的应用起步较晚，计算机技术和网络技术的应用成熟度不够。虽然近年来有所发展，但在政府信息化方面还有很长的路要走。

（一）办公自动化阶段（20 世纪 80 年代中期至 90 年代初期）

20 世纪 80 年代末期，中央和地方党政机关启动办公自动化工程，开始建立各种纵向和横向的内部信息办公网络，为利用计算机和通信网络技术奠定了基础。该系统的建立为我国改革开放和各级政府制定计划提供了可靠的信息依据，使我国开始进入政府信息化时代。

由国务院牵头开发的国家信息主干系统，旨在实现办公自动化、信息数字化和传递网络化。通过建设，政府各部门初步实现政府内部信息共享，大大提高了办公效率和办公质量，迈出了实施电子政务的第一步，也是最基础的一步。

（二）“三金工程”（20 世纪 90 年代中期至 90 年代后期）

1993 年底启动的“三金工程”（即金桥工程、金关工程和金卡工程），是中央政府主导的以政府信息化为特征的系统工程，重点是建设信息化的基础设施，为重点行业和部门传输数据和信息。“三金工程”的启动，标志着我国“金”字工程全面铺开。1993 年当之无愧成为我国信息化历程中标志性的年份。

（三）政府上网工程（20 世纪 90 年代末）

20 世纪 90 年代以后，由于网络技术的快速发展和信息基础设施的不断完善，电子政务的发展进入快车道。1999 年 1 月，40 多个部委（局、办）的信息主管部门共同倡议发起了“政府上网工程”，1999 年被定为“政务上网年”。在此工程的推动下，我国政府的信息化建设有了实质性的进展。

“政府上网”为电子政务在国内的实施迈出坚实的一步。实施“政府上网工程”，在公众信息网上建立各级政府部门正式站点，提供政府信息资源共享和应用的项目。

（四）电子政务建设阶段（2000 年至今）

电子政务由技术驱动转化为由业务需求驱动，政府信息化不再是在计算机、网络平台上对原有流程进行简单模拟，而是与政府管理体制改革相结合，全面提升政府在社会主义市场经济条件下的智能化，为我国经济、社会、文化事业的全面发展提供有力的保证。

许多地方政府将国民经济和社会信息化作为“十五”计划的重要内容，上海、深圳、广州、天津等沿海城市纷纷提出建设数字化城市和数码港计划，其中电子政务的建设是数字化城市建设的核心内容之一。专业化的政府服务网站日益增多，服务内容更加丰富，功能不断增强，互动性得到很大提高。中央与地方的工商、海关、国税和地税等部门纷纷推出各种网上办公。

党中央、国务院一直都高度重视电子政务发展，2016 年年底，国务院印发《“十三五”国家信息化规划》（以下简称《规划》）。《规划》提出要打破信息壁垒和“孤岛”，构建统一高效、互联互通、安全可靠的国家数据资源体系，打通各部门信息系统，推动信息跨部门跨层级共享共用。实施“互联网 + 政务服务”等信息惠民工程，加快推进公共数据资源向社会开放等有关电子政务方面的具体措施和目标。

在“十三五”时期，我国电子政务将会在以下领域和方面得到重点发展。

1. 转变发展思路，完善公共服务

在网络强国战略和政府治理现代化的新形势下，我国需把电子政务建设和转变政府职能与创新政府管理紧密结合起来，逐步形成电子政务建设与行政管理体制改革相互促进、共同发展的体制机制，明确新阶段电子政务建设应转变政府业务信息化的思路，确立以公众为中心，开放、透明、高效能的政府以及公众积极参与的标杆体系，为地方政府提供电子政务的发展愿景和目标，形成完善的电子政务绩效评估指标体系和标准。

2. 鼓励网络参与，推进现代化治理

目前我国大部分政府网站已开通了政民互动栏目，公众可通过电子投票、在线访谈、在线咨询和意见征集等方式参与到政府政策的了解和制定中来。电子投票是指政府就某项政策让公众参与投票；在线访谈是政府通过专家解读一些政策，在网上与网民进行即时互动，对网民提出的政策相关的问题进行解答；在线咨询是政府网站提供问答窗口或页面，政府部门在一定的时效内进行答复的政民互动方式；意见征集是指政府就某项草案征集民意，公众会对草案的条款提出修改意见。虽然目前政府已提供了多样的公众参与方式和参与渠道，但是真正达到电子决策阶段的网络深度参与还是非常有限的。因此，应该让网络参与渗透到政治决策的过程中来，使公共行政管理成为公众参与度高、包容性强、以合作协商为主实现内在目的和最终目的的重要手段，真正实现增强公众的权能，推动政府治理的现代化。

3. 整合跨区应用，实现协同共享

建立电子政务跨部门、跨地区协同推进体系是世界各国电子政务建设的共同目标。过去几十年电子政务的发展总体上是以工程项目为中心推进的，使得政务信息系统呈现出“碎片”状态，导致信息无法共享、系统相互独立、重复建设在所难免。未来5年，在各领域业务信息化覆盖率显著提升的基础上，应根据政务部门履行职能和解决社会问题的实际业务需求，切实推动跨部门、跨区域的信息资源共享，同步构建“责任明确、保障有力、效益共享”信息共享制度环境，逐步扭转困扰电子政务发展的“互联网互通难、信息共享难、业务协同难”的局面，推进各政务业务的协同发展，切实提高各级政务部门履职能力。

4. 缩减数字鸿沟，建设网络强国

根据《联合国电子政务调查报告》，我国通信基础设施指标中，虽然手机用户数较高，但无线宽带和固定宽带的使用人数却较低。尤其在城市和乡镇之间，存在较大的数字鸿沟。首先应侧重解决乡镇的网络连接，根据“宽带中国”战略，延伸电子政务网络到乡镇，使更多的公众能接触到网络公共服务；其次应侧重个人受教育程度和技术应用水平产生的数字鸿沟，使乡镇用户能接触到电子政务提供的各种公共服务，并加强培训，增强人们的公共服务使用能力。

5. 吸收先进理念，应用前沿技术

随着“互联网 + 政务服务”成为下一步信息化发展的重点，基于互联网的电子政务在线服务也将会做出升级与进化。在以群众需求为核心的“互联网 + 政务服务”时代，需要借鉴互联网和电子商务发展的先进理念，依据在线政务服务标准规范体系，应用前沿技术手段，建立可以实现简便政务服务检索、提高后台工作人员办理效率的政府服务平台。这样庞大的用户群体以及长期被社交媒体和电子商务服务培养起来的用户习惯，使得中国政府机构必须重视提升在线服务能力，要用互联网思维，充分借助云计算、移动互联网、物联网、大数据等新技术探索和培育适应互联网新趋势的在线服务模式，实现政府服务的智慧化转型，这样才能满足互联网时代用户日益增长的多样化需求。

6. 坚持绿色发展，建设服务型政府

首先，我们需要实现电子政务预算合理化，本着环保节约、可持续发展的理念来进行电子政务的建设和发展。小到电子政务设备采购，大到部门设置、项目开发都要本着实事求是的原则，经过上下统筹，通过科学有效的方法来保证电子政务预算资金的合理化。其次，遵循可持续发展理念。只有实现电子政务可持续发展的目标，政府管理才能得到更及时、合理的改进，电子政务与政府管理之间才会形成良性互动关系，社会才会形成内在的对电子政务发展的进一步需求。电子政务即以其绿色之理念来指引电子政务向可持续方向发展，从而保证了服务型政府建设的顺利推进。

四、电子政务的安全建设

（一）电子政务建设中面临的安全问题

电子政务作为信息网络的一个特殊应用领域，运行着大量需要保护的数据和信息，相对于企业信息化和电子商务，有其自身的特殊性：一是信息内容的高保密性；二是各级政府越来越多地依赖电子政务来执行政府职能；三是利用网络环境为社会提供公共服务。如果系统的安全性被破坏，造成重要信息或者涉密信息的泄露或丢失，后果将是十分严重的。

1. 数据传输安全

政务内网、政务外网、公共服务网的网络环境，都是采用 TCP/IP 而建立的，该协议以开放和自由为基础，从协议规划、服务模式、网络管理等方面均缺乏安全性设计，所以基于 TCP/IP 建立的电子政务信息系统从数据传输的角度来看存在着先天的安全隐患。

在电子政务信息系统中，传输的数据可能涉及国家机密、内部敏感信息和开放服务信息，其面临的主要安全隐患是被窃取、篡改、假冒、抵赖、销毁。政府工作网络化本身与网络安全是一对实际的矛盾，网络化要求通畅交流，安全要求控制交流，而各种交流可能直接引起网络的连通，由于连通而引发安全事件。同时电子政务网络是涉密系统，黑客入侵可能渗透到国家职能部门，很容易利用网络安全防护不严的弱点直接攻击系统漏洞，利用漏洞窃取信息、假冒身份、阻塞服务等。这些都是电子政务突出的安全问题。

2. 数据存储安全

目前的电子政务系统普遍采用基于“浏览器 + 应用服务器 + 数据库服务器”的 B/S 结构，客户端不存储任何数据。在电子政务中，政府机关的各种数据、文件、档案、社会经济数据都以数字形式存储于网络服务器中，可通过计算机检索机制快速查询、即用即调。硬件故障、自然灾害以及未知病毒的感染都有可能导致政府重要数据的丢失。因此，在电子政务安全体系中必须包括数据的容灾与备份，并且最好是异地备份。

（二）电子政务建设中的安全管理

电子政务系统安全保障体系应该是一个在充分分析系统安全风险因素的基础上，通过制定系统安全策略和采用先进、科学、适用的安全技术能对系统实施安全防护和迅速地恢复响应和动态调整功能监控，使系统具有灵敏的智能型系统安全体系。完整的电子政务安全体系从技术层面上来讲，必须建立在一个强大的技术支撑平台之上，同时具有完备的安全管理机制，并针对物理安全、数据存储安全、数据传输安全和应用安全制定完善的安全策略。

1. 安全技术支撑平台

安全技术支撑平台是一个组合现有安全产品和技术实现网络安全策略的平台，其方法是划分网络安全域，建立多层次的动态防御体系。电子政务系统用户类型复杂，划分网络安全域将具有相似权限的用户划分成独立的管理域，管理域之间通过物理隔离与认证/加密技术实现有限可控的互联互通，有利于降低整个系统访问权限控制的复杂性，降低系统性风险。

电子政务未知漏洞具有动态产生的特点；电子政务的应用也会动态变化；网络升级优化将导致系统配置动态更新。这些都要求电子政务安全系统必须具有动态适应能力，包括建立入侵检测系统（IDS）、漏洞扫描系统和安全配置审计系统，并与防火墙等设备结合成联动系统，以适应网络环境的变化。

2. 安全管理策略

安全管理策略也是电子政务安全体系的重要组成部分。安全的核心实际上是管理，安全技术实际上只是实现管理的一种手段，再好的技术手段都必须配合合理的制度才能发挥作用。需要制定的制度包括：日常系统操作及维护制度、审计制度、文档管理制度、应急响应制度等。

同时应该高度重视的是，电子政务的安全体系并不是一成不变的，在当前的环境下，该安全体系是安全的，但随着科学技术的不断进步和发展，在未来的环境下，该安全体系也许就不再安全了。所以要应定期对系统进行安全评估和审计，搜寻潜在的安全漏洞并及时修正。另外，在电子政务安全体系结构中，除了在技术层面上要考虑全面以外，还要健全系统安全保障的法律法规，强化电子政务信息系统安全的法制管理。迄今为止，世界上很多国家制定了与信息安全有关的法律法规，一些国家还制定了专门的政府信息安全保护方面的法律法规。我国虽然颁布了一些与信息安全有关的法律法规，却很零散。今后，在完善信息安全法律法规的同时，还应该加大执法力度，严格执法，为电子政务信息安全提供法律保障。

（1）防火墙技术。防火墙是实现网络信息安全的最基本设施，采用包过滤或代理技术使数据有选择地通过，有效监控内部网和外部网之间的任何活动，防止恶意或非法访问，保证内部网络的安全。

（2）入侵检测技术（IDS）。IDS 是近年出现的新型网络安全技术，通过从计算机网络系统中若干关键结点收集信息并加以分析，监控网络中是否有违反安全策略的行为或监视、攻击识别者是否存在入侵行为，它能提供安全审计和反攻击等多项功能，并采取相应的行动，如断开网络连接、记录攻击过程、跟踪攻击源、紧急报警等，是安全防御体系的一个重要组成部分。

3. 数据存储安全策略设计

就数据安全的策略设计而言，主要是指数据的容灾和备份。数据备份包括数据本身的备份和存储以及运行数据的硬件环境的备份。

数据本身的备份应根据数据的重要性制订详细的备份计划，确保故障发生后可快速地恢复运行数据；为存储数据的各类数据库配备大容量的磁带库及相应的备份软件，每天定时对数据进行备份和异地存储备份则是一个好的解决策略。

硬件环境的备份可根据数据系统运行的故障率准备一定冗余，在硬件环境某环节发生故障时，其他部分可自动启用或迅速切换，使得用户在客户端处感觉不到系统故障的发生，为及时排除故障赢得时间。

4. 应用安全策略设计

根据电子政务专用网络的业务和服务内容，采用 PKI（公共密钥基础设施）技术及防病毒技术来保障电子政务系统在应用层的安全。目前的电子政务系统根据运行对象的不同有多种运行模式，例如 G2G、G2C、G2B 等，无论按哪种模式运行，针对其交换过程中的身份准确性、信息完整性、数据保密性和不可抵赖性等问题，都需要制定相应的安全策略。当前解决该安全问题较为成熟的方案是 PKI 技术。PKI 是由硬件、软件、各种产品、过程、标准和人构成的一体化的结构，正是由于它的存在，才能在电子事务处理中建立信任。

可控的安全防卫和基于 PKI 技术可以构建主动的监测体系，从根本上解决了应用安全问题。在被接入的网络中，用户或设备通过数字证书认证身份，由基于 PKI 技术的认证网络设备进行接入认证，这样就可以构建一个认证的可信任的网络。该认证机制为可信任的网络中的所有用户和设备颁发数字证书，进行网络端口接入控制，确保只有可信任的认证用户或设备才能接入网络来访问相关资源。

从实际应用的角度来看，基于 PKI 技术可以做到：确认发送方的身份；保证发送方所发信息的机密性；保证发送方所发信息不被篡改；发送方无法否认已发该信息的事实。PKI 是一种遵循标准的密钥管理平台，它能为所有网络应用透明地提供采用加密和数字签名等密码服务所必需。

证书库、PKI 必须具有认证机关（CA）、密钥备份及恢复系统、证书作废处理系统、客户端证书处理系统等基本成分，构建 PKI 也将围绕着这五大系统来构建。鉴于在大型的电子政务系统运行过程中每天都存在着大量的信息交换，因此建议在省级或省级以上级别的电子政务系统中建立 CA 中心，同时在其下地市级的电子政务系统中建立 CA 分中心，为整个电子政务信息系统的信息交换提供强大的安全保障。

此外，计算机病毒也是电子政务系统中最常见、威胁最大的安全隐患，建立一个全方位的病毒防范系统是电子政务安全体系建设的重要任务。接入电子政务系统的每个工作站和网管终端都要安装防病毒客户端，而服务器、终端还要安装专门的服务器版防病毒软件，并设定周密的病毒防范策略，定期升级，使其能够从多层次进行病毒防范，为整个电子政务系统提供完整的、全面的防病毒保护。

电子政务系统的实际要求做到恰到好处。在进行电子政务安全设计的时候必须根据实际应用情况，协调好安全、成本、效率三者的关系。

众所周知，安全并没有统一的尺度，对于各地区、各部门而言，安全发展也是不平衡的，对安全的要求也随之不同。所以评估安全风险，要在投资、收益方面做一个权衡。安全技术和产品越做越好，攻击的技术和手段也越来越高，此消彼长。总之，网络建设、法制保障、安全管理、统一标准和先进的交换技术是构建电子政务系统的安全保障。只有采用适当的安全策略保证电子政务系统的正常运行，才能发挥电子政务应有的作用。

五、电子政务绩效评估

电子政务绩效是指政府在实施电子政务过程中所产生的结果和成效，包含政治绩效、经济绩效、文化绩效和社会绩效四个部分，具体表现为促进政府职能转变、提高政府工作效率、促进政务分开和廉政建设、提高服务能力、降低政府成本等方面。我国目前对电子政务绩效评估采用的方法是参照“以政府网站为主”的模式，主要是通过对各级政府门户网站的评估来进行。通过政府网站评比提高政府网站建设质量和服务水平，完善政府信息公开体系，提升网上办事能力，增强公众参与功能，达到以评促建、以评促用的目的。

政府网站评估是指运用科学的评测手段和客观的评测指标，根据用户的评测要求，对政府网站的结构、功能、效果进行检测和评价。它是电子政务建设和运营的基本环节和重要工作内容之一。评测是政府网站建设和运营的助推器，是政府网站持续发展和不断完善的内在驱动力。

国务院信息化工作办公室从 2002 年开始，委托中国软件评测中心每年都对中国政府网站进行绩效评估。对国务院部委网站、省级政府网站、地级市政府网站、县级政府网站进行评估，指标体系设一级指标、二级指标、三级指标。国家根据国际电子政务的发展趋势和国内的发展情况，对每年的指标体系进行适应性调整。

通过多年的评估实践，“政府网站绩效评估”已经形成了 3 个阶段、2 个保障、19 个重要环节的评估工作体系，并能够提供如下评估服务：服务型政府网站绩效评估、保障型政府网站绩效评估、政府网站发展水平评估、政府网站日常运维诊断等。

1. 服务型政府网站绩效评估

围绕服务和保障公众的民生权益和企业的基本权益，按照服务、透明、民主政府建设的要求，重点对政府网站在民生领域服务、企业日常办事服务以及公开互动方面的情况进行评估（见图 10-7）。

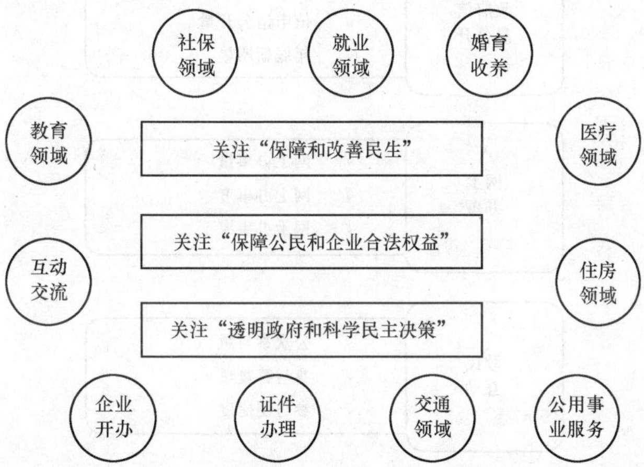

图 10-7　服务型政府网站绩效评估内容

2. 保障型政府网站绩效评估

从加强资源保障、建立网站群的角度出发，深入研究各部门业务职能、各地方区域特色，关注评估网站群子站对门户网站的内容贡献、保障能力，推动网站群子站建设服务总体门户（见图 10-8）。

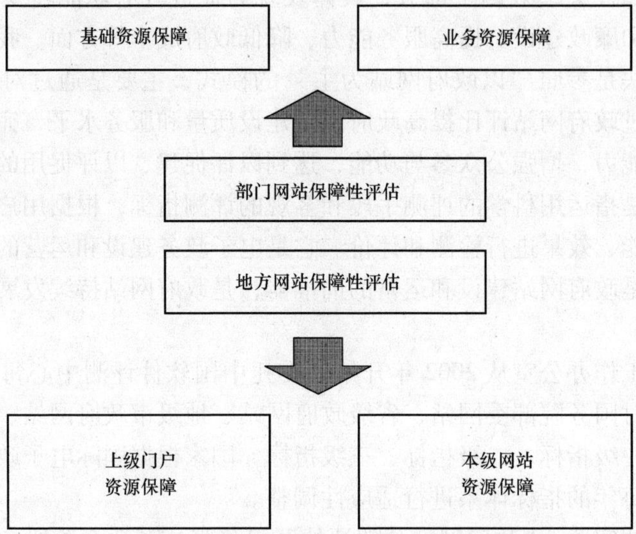

图 10-8　保障性政府网站绩效评估内容

3. 政府网站发展水平评估

按照工业和信息化部《政府网站发展评估核心指标体系（试行）》的要求，对各级政府网站发展水平进行综合评估，引导政府网站建设和电子政务应用（见图 10-9）。

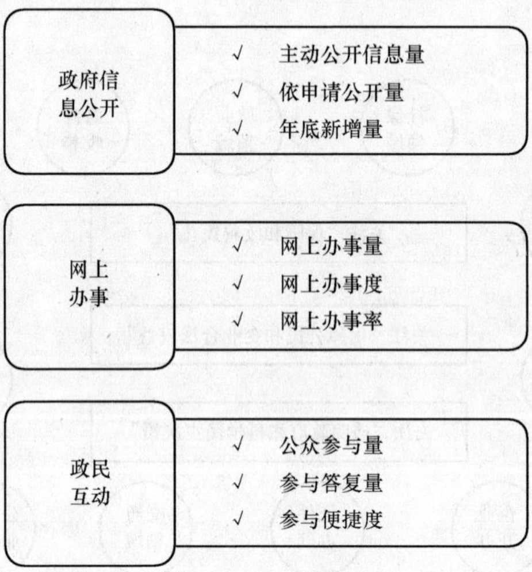

图 10-9　政府网站发展水平评估内容

4. 政府网站日常运维诊断

借助自主研发的“政府网站诊断与统计分析系统”，对网站的信息更新、访问统计分析、可用性等进行监测，为网站日常运维提供分析数据（见图 10-10）。

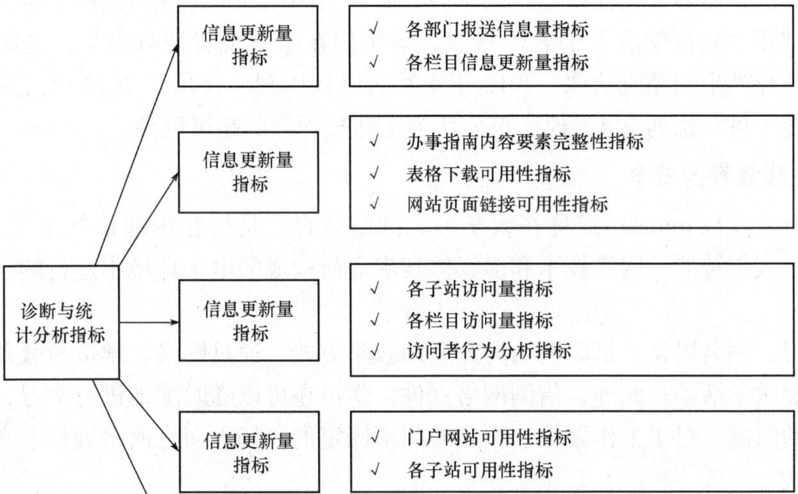

图 10-10 政府网站诊断与统计分析系统内容

第三节 在线教育

一、在线教育的基本概述

（一）在线教育的起源

随着信息技术迅速发展，特别是从互联网到移动互联网的改变，创造了跨时空的生活、工作和学习方式，使知识获取的方式发生了根本变化。教与学可以不受时间、空间和地点条件的限制，知识获取渠道灵活与多样化。美国是 E-Learning 的发源地，有 60% 的企业通过网络的形式进行员工培训。1998 年以后，E-Learning 在世界范围内兴起，从北美、欧洲迅速扩展到亚洲地区。越来越多的国内企业对 E-Learning 表示了浓厚兴趣，并开始实施 E-Learning 解决方案。

一位名为萨尔曼·可汗的孟加拉裔美国人在美国创办了可汗学院，可汗一个人制作了有关数学、物理、化学、生物、天文学等科目的 2 300 多部教学视频，利用视频技术改革传统教学手段，向全世界提供免费的高品质教育，创造了一名教师、一台电脑便可招揽上千万学生的“教育神话”。全球有 5 600 万名中小学生观看他的教学视频，每月 600 万名学生登录网站。

可汗的教学视频突出“学习”的过程，采用“翻转课堂”教学模式。传统的教学模式是老师在课堂上讲课，布置作业，让学生回家练习、做家庭作业。“翻转课堂”是学生在家完成可汗教学视频的学习，而课堂变成了老师与学生之间和学生与学生之间互动的场所，包括答疑解惑、知识的运用和团队合作等，从而达到更好的教育效果。有研究表明，用这种个性化的学习方法，能够大大提高学生的学习效率。美国加利福尼亚州的两个学校，已在五年级和七年级试用“可汗学院”的教学视频，学生们在家里观看视频自学，老师则在课堂上答疑解惑，辅导学生们完成功课。2012 年 4 月《时代周刊》评出了 2012 年度影响世界的百人榜，萨尔曼·可汗位列第 4，他已被公认为全球教师界的超级巨星。

（二）在线教育的概念

在线教育（E-Learning）或称在线学习、网络教育，是指在由通信技术、微电脑技术、计算机技术、人工智能、网络技术和多媒体技术等所构成的电子环境中进行的学习，是基于技术的学习。

在线学习，顾名思义，是以网络为介质的教学方式，通过网络，学员与教师即使相隔万里也可以开展教学活动；此外，借助网络课件，学员还可以随时随地进行学习，真正打破了时间和空间的限制，对于工作繁忙、学习时间不固定的职场人而言网络远程教育是最方便不过的学习方式。

在线教育概念一般包含三个主要部分：以多种媒体格式表现的内容；学习过程的管理环境；以及由学习者、内容开发者和专家组成的网络化社区。在当今快节奏的文化氛围中，各种机构都能够利用 E-Learning 让工作团队把这些变化转变为竞争优势。企业实施 E-Learning 的优势：灵活、便捷，员工可以在任何时间、任何地点进行学习；通过消除空间障碍，切实降低成本，提高学习者之间的协作和交互能力。

二、在线教育平台及其现状

按照现有的典型在线教育商业模式来看，在线教育有 B2C、C2C、O2O、MOOC 等多种模式。另外，基于在线教育的个性化学习平台也层出不穷，像扫题答疑、提供题库或考试平台等。

（一）B2C 模式（Business to Customer）

B2C 模式是在线教育平台中最为典型的一种模式。其中包括自己提供内容的 B2C 自营类平台（典型代表为 91 外教网、新东方在线、学而思网校等）和开放内容来源的 B2C 开放类平台（YY 教育、腾讯 QQ、微课网）。

1. B2C 自营类平台

代表：直播类，如 91 外教网、无忧英语网；录播类，如新东方在线、学而思网校、101 网校、正保远程教育等。

B2C 自营类平台是我国传统远程教育、网校的主要模式。商家提供平台及内容，内容的形式包括视频、音频、文字等。相较于线下教育，其优势包括：突破地域限制；突破师资限制（尤其是小众类、专业类培训）；价格相对低廉；学习次数不受限制；内容库累积后延展性较好等。劣势包括：相对于线下教学体验感较差；内容来源有限，高质量内容成本较高；以性价比为主要卖点，略显单薄。

目前 B2C 自营有相当的市场份额，但与线下教育的规模相比还非常小。另外在教学内容方面，由于职业考培类学习内容较为标准化、单一化，所以目前发展较好的 B2C 自营类平台均是以职业培训类为主。当然也有专注于 K12 教育的服务商，如学而思网校等，其主要是利用传统线下培训的优势进一步向线上拓展。

直播类课程相较于录播类课程体验感明显有所加强，但由于技术平台、师资等原因，相对成本也较高，有的精品外教课程价格甚至超过了线下课程。而录播类课程由于其扁平性的特点，多以职业考试培训类见长，另外附加在线答疑、知识点答疑等服务也是加强录播类课程体验的主要方式。未来利用互联网的技术优势，在教学手段和配套服务上多做改进和研究、注重流程管理，进而让录播课程能够提供给学员线下所无法提供的教学体验，如大数据分析等，将是此类模式的主要竞争力。另外，小众类专业教育培训也更有利于发挥互联网教育的优势，如小众领域在线教育平台“蓝铅笔”，打造在细分专业领域行业门户，用互联网海量素材库和资料库获取流量，进而转化为在线教育的用户。

2. B2C 开放类平台（以视频直播为主）

代表：YY 教育、淘宝同学、传课网、微课网。

与 B2C 自营类平台相比，开放类平台的主要区别就是不提供内容，内容由草根明星、明星教师或自媒体提供，平台只利用其庞大的用户量和技术提供支持。其核心竞争优势包括：互联网巨头本身能够带来的庞大流量；科技类公司相对擅长语音、视频类技术平台的搭建；资本优势等。其主要竞争劣势为：流量来源不同带来的用户较为庞杂，转化率较低；开放内容必将带来内容质量的把控问题。

★小贴士

微教育

微教育是新浪微博在线教育平台。凭借新浪微博巨大的客户流量引入和强大的品牌公信力优势，微教育致力于通过互联网技术来解决中国教育资源地域分布不均衡、供求信息不对等的问题，精心打造集教育信息发布、录播视频教学、直播互动教室、校园互动平台于一体的大型 B2C 教育服务平台。

（二）O2O 在线教育平台（Online to Offline）

典型案例：第九课堂。

第九课堂是国内一家专注于互联网和创业领域的个人技能交易培训网络平台，在网站中，可以找到各式各样的课程并学习技能，而每个人都可以通过线上发布课程，并在线下授课。第九课堂开创了 O2O 的个人技能培训交易模式，由北京畅问思奇网络科技有限公司开发并制作。

其优势为：与其他传统培训机构或网站不同，第九课堂的教师以数以万计的网民为基础，每个人都可以根据自己的特长和经验发布课程并收取学费，每个人都可以根据自己的爱好兴趣搜索课程并报名参加，第九课堂让亿万网民都成为互相学习、分享、交流的关系。每个人都是学生，每个人也都可以成为老师。其劣势为：技能和兴趣非刚需；和淘宝同学与 YY 教育相比，第九课堂没有基础用户，面临着既缺学员，又缺老师的窘境。

（三）C2C 模式（Customer to Customer）

代表：谷歌 Helpouts、多贝网、粉笔网。

C2C 的意思就是个人与个人之间的电子商务。比如一个消费者有一台旧电脑，通过网络进行交易，把它出售给另外一个消费者，此种交易类型就称为 C2C 电子商务。

★小贴士

粉笔网是一个面向教育行业的互联网社区，自 2015 年以来，已有超过 900 万用户在其平台上进行学习过。粉笔网是一个专属教育培训老师和学习者的互动平台，在粉笔网内可以关注全国各地的知名老师并与其互动、下载名师原创的第一手学习资料和所出的题目。截至目前，已经覆盖包括考研、四六级、雅思、托福、公务员考试、司法考试、摄影、吉他、瑜伽、潜水、高尔夫在内的53个学科领域，并有669名认证老师入驻，可以免费下载近万份原创学习资料。在教育领域，教师资源除了所在的培训学校一直缺乏真正的市场推广渠道，教学水平与风格仅靠口碑传播，这就造成教师与学生信息的不对称。粉笔网的目的就是让老师能得到推广，让学生能找到自己满意的老师。粉笔网以社区的方式组织用户和用户、用户和知识之间的关系——实行实名认证制度在知识的不同领域推荐靠谱的授课老师和优质的课程安排，同时为所有的社区成员提供学习资料的上传和下载等服务。

（四）MOOC 模式（Massive Open Online Courses）

代表：Coursera、Udacity、edX、清华大学、上海交通大学等。

国外知名在线教育平台 Coursera、Udacity、edX 是 MOOC 模式的典型代表。

★小贴士

MOOC

Google 联手 edX 建立了一个开放的 MOOC 平台，以便让更多自创作的教育内容向大众开放。该网站定位为“YouTube 版本的 MOOC，让所有人都能自行创立课程，用户既是学习者也是施教者”。网站在 2014 年上半年上线，Google 给予云端服务和线上的技术支持，edX 提供内容方面的管理和运营。2013 年 5 月 21 日，清华、北大宣布正式加盟著名的全球 MOOC 平台 edX，“中国在线教育 MOOC 元年”正式来临，高等教育界普遍认为，MOOC 将使中国高等教育发生巨大而深刻的变化。

MOOC 这场从 2012 年开始，由硅谷、麻省理工学院发端的在线学习浪潮，理想是“将世界上最优质的教育资源，传播到地球最偏远的角落”。免费获得全球顶尖高校明星教师的课程，甚至取得学位，如今看来并非不可能。包括 Coursera、Udacity 和 edX 三大在线教育平台在内的 MOOC，或许将颠覆传统的高等教育模式。

2013 年 5 月 21 日，美国在线教育平台 edX 发展了亚洲首批成员，清华大学、北京大学、香港大学、香港科技大学等高校加入其中。7 月 8 日，上海交通大学和复旦大学也与著名共享课平台 Coursera 签订协议，正式加入 MOOC 大家族。

随后，北大的 7 门课程和清华的 2 门课程先后在 edX 上线，面向全球网民开放注册。但是中国境内的学员却遭遇了一系列的问题，比如无法进行课程注册、加载网页时出现问题、无法观看 YouTube 视频等。

于是，历时四个月攻坚，清华大学日前在京发布全球首个中文版 MOOC 平台“学堂在线”，面向全球提供在线课程。随着“学堂在线”的正式发布，清华大学的“电路原理”“中国建筑史”等五门课程，麻省理工学院的“电路原理”课程，北京大学的“计算机辅助翻译原理与实践”课程作为第一批上线课程在该平台开放选课。

他们将全球顶尖学校的课程放到网络上，并通过作业、讨论、考试等互动方式，让全世界的学生一起来掌握这些以往无法触及的课程。日常可以免费学习，但要获得相应学分，需要付费，且目前可以获得部分公立大学认可。

据了解，Coursera 的用户中，有一定比例是中国人。这体现了国内外教育资源的不平衡，正是这种不平衡，激发了一部分人的学习动力。在不能获得有效学分的前提下，MOOC 仅仅是部分自律性极好的学生的奢侈品，是有主动性超前学习意愿的人的一种选择（也可能是因地域或经济原因无法享受优质教育资源的人）。

做 MOOC 平台需要强大的教育资源以及资源整合能力，就如 edX 由麻省理工、哈佛、加州大学伯克利分校共同创立，Coursera 的创办者则来自斯坦福大学……目前，在中国以公办教育为核心的高等教育体系内，MOOC 模式发展的核心推动力则应该来自政府或公办教育的相关机构。MOOC 未来发展的核心推动力为：获得大学的认可、企业的认可或社会的认可。

（五）OCWC（Open Course Ware Consortium）开放课件联盟

代表：网易公开课、搜狐名校、新浪公开课。

目前主要为非营利性组织，主要是企业的公关行为，为提升企业形象、加强员工学习而服务。

★小贴士

网易公开课

早在互联网巨头看上在线教育这块蛋糕之前，网易就通过引进并翻译国外公开课的方式走在了在线教育前端。2010 年 11 月 1 日，网易作为门户网站正式推出“全球名校视频公开课”，通过 CC 协议翻译和发布世界名校公开课的课程。随后，网易又正式加入国际开放课件联盟，可以共享全球更多的名校课程资源。

网易公开课产品经理陈衡鑫介绍，网易公开课上线之初，用户的基本需求是观看和下载视频；在经过一段时间的使用后，用户在内容和功能两个层面向它们提出了建议，因此网易引入了 TED、可汗学院、BBC 等内容，并增加了笔记、分享、字幕可选和翻译，以及移动设备的观看和下载等功能，另外还针对用户对实用技能的学习需求推出了“网易云课堂”。2013 年 10 月，网易又跟 Coursera 正式合作，建立了 Coursera 课程的中文学习互动社区。

陈衡鑫称，网易公开课目前的课程数量已达到 13 000 余集，日均使用人次约 100 万人次。人文艺术、经济管理、计算机、心理学等课程比较受网友欢迎。从总体来讲，人文社科类比理工科类更受欢迎。

（六）其他类：开放平台或扫题答疑等

开放平台类代表：一起作业网、梯子网。

扫题和答疑类代表：爱考拉、猿题库。

随着在线教育行业的发展和互联网技术的进步，出现了一批区别于传统远程教育录播或者直播模式且具有非常典型互联网特征的在线教育产品。老师、学生、家长服务集成平台和具有答疑性质的题库类平台，展现出了互联网教育的创新力。

★小贴士

一起作业网

一起作业网创建于美国硅谷，为师生家长互动作业平台和智能英语练习平台。目前，一起作业网专注于小学英语和数学教学。利用自有教研和技术团队，统一设计开发相关教学产品。

老师可以使用一起作业网轻松实现班级作业的布置和检查、下载名校教学资源、进行在线组卷等，提升教学效率；学生可以通过与教材同步的趣味练习，培养学习兴趣，激发学习主动性；家长可以在线查看孩子的学习成绩报告，并与老师沟通，了解孩子的学习情况。截至目前，一起作业网已在全国31个省市的11万所学校范围内，收获了超过6 000万老师、学生和家长用户。

梯子网

梯子网隶属于北京一朵云文化咨询有限公司，是中小学教育资源共享平台。梯子网整合了上千万单题及近千万份的课件资源，通过技术手段和大量的人工处理，使得每一份课件资源都精确到了课本章节，每一道题目都拥有数十个相关数据属性，方便科学地管理教学与学习过程。梯子网立足于发挥传统行业的资源优势以及网络教育先进的技术优势，进行互联网教育领域的探索。梯子网利用题库及课件资源，为老师提供强有力的教研工具，同时通过学生在线测评、作业、答疑等功能，为学生提供个性化的学情诊断和学习计划，让家长随时随地了解孩子的学习情况。

无论是一起作业网还是梯子网，其核心优势均在于整合原有较为分散的线下中小学教育资源，改善较为落后的教学关系，搭建老师、学生、家长的互动平台。在为三方服务的同时，利用互联网优势进行数据积累和流量聚集，进而挖掘在线教育潜在的盈利模式。这是目前将传统线下教育与线上互联网教育进行结合的较为典型模式，也是互联网对传统教育方式进行提升和改造的有效方式，非常值得关注。

猿题库

猿题库是智能在线题库产品，提供历年考试权威真题供考生练习，还能根据考生的水平一对一智能出题，真正提升做题效率。不仅支持通过电脑答题，也支持通过iPhone和Android手机进行练习。猿题库于2013年2月18日正式上线，目前已经覆盖公务员考试、司法考试等多个职业类考试以及K12领域高考题库。猿题库是目前在线教育产品中与互联网结合较为成功的案例。其立足于公务员、司法考试等领域，利用海量题库和用户信息结合大数据进行分析，为学生提供匹配度更高的学习服务，充分体现了互联网优势。

三、在线教育的发展优势与局限性

（一）在线教育的发展优势

1. 交互性

良好的交互性是在线教育最重要的一个特性。

在网络上可以通过微信、QQ、E-mail等工具向老师提问，与同学讨论问题，形成交互式的学习，使得以教师为中心、以课堂为中心的传统教育模式转变为以学生为中心的网络教育模式。通过网络进行全方位的交流，拉近了教师与学生的心理距离，增加了教师与学生的交流机会和范围。

在线教育中，运用计算机网络所特有的信息数据库管理技术和双向交互功能，一方面，系统对每个网络学员的个性资料、学习过程和阶段情况等可以实现完整的系统跟踪记录，另一方面，教学和学习服务系统可根据系统记录的个人资料，针对不同学员提出个性化学习建议。网络教育为个性化教学提供了现实有效的实现途径。

2. 灵活性

在线教育的另一个特性就是方便、灵活。网络技术应用于远程教育，其显著特征是：任何人、任何时间、任何地点、从任何章节开始、学习任何课程。网络教育便捷、灵活的“五个任何”，在学习模式上最直接体现了主动学习的特点，充分满足了现代教育和终身教育的需求。

3. 管理性

电脑具有强大的信息处理功能和储存功能，利用这一特性，大部分教学管理工作可以在网上进行。例如，学习者的选课、注册、缴费、学习时间的安排、提交作业和讨论等，同时网络数据库可以记录每个学习者的姓名、年龄、学号等个人情况。学习者每次在网上学习所用的时间及每次作业的完成情况、学习者每次考试的成绩和期末考试成绩也都被网络自动记录在案。所有这些记录构成了学习者完整的学习资料。这些资料随时可被学生和教师调出来查阅（根据每个人的权限，查阅的资料也有限制）。和传统教育相比，网络教育的这种特性可以节省大量时间和管理费用。

4. 共享性

在网络上进行资源共享分为三个方面：一是课程资源共享，通过链接就可以完成。如果把十几所、几十所，甚至是上百所网络大学的课程链接在一起，就可以为学习者提供很大的选择机会，更有利于人才培养。二是网上资源的共享，互联网本身就是一个巨大的资源库，是一个知识的宝库。这个资源库可为学习者提供多种学习的便利，扩大学习者的知识面。三是对教学中难点问题解答的共享，一个学习者所遇到的问题，教师解答了，其他有相同问题的学习者也可以参考。

5. 个性化

现代人注重的是个性化发展。学校培养人才也不能都按照一个标准。科学研究表明，一个人能否成才或成功的一个重要因素是个人的兴趣。因此，注重在学生阶段培养学生的个人兴趣也是教育的一项重要任务。网络教育学习方式灵活，可选择资源充分，为个人兴趣的发展提供了充足的发展空间。学习者可以根据自己的爱好和特长去选择自己想学的内容，去实现自己的发展目标。

6. 及时性

现代教育的教学内容迫切需要随着科学技术的迅速发展而及时更新。传统教学很难做到，而网上的教育资源却可以做到这一点。网络上的教育资源可以随时更新和补充，可以及时地反映出最新的科研成果，并把这些成果编入教学内容中来。

（二）在线教育的局限性

1. 缺乏人性化的沟通

网络人为地拉大了人与人之间的距离，为直接的情感交流设置了障碍。缺乏员工间、讲师与员工之间的情感交流、情绪沟通，学习的效果可能大打折扣。

2. 实践功能薄弱

要真正获得和掌握知识、技术，仅仅通过 E-Learning 的讲解还不够，必须亲自参与练习，在现实环境中运用。

3. 教学内容传输上的局限

传统的培训是在讲师完全可以控制的学习环境随时需要重新安排和变更，有许多因素影响教学的状况，如讲师的努力和个人的能力、技巧、适应教学的环境和提供的课件。但在E-Learning 情况下，由于与被培训者的网络隔离，这种变更就不可能。

4. 学习内容方面的局限

在学习的内容上，国内比较缺乏高质量、多媒体互动的 E-Learning 课件和平台，不同的界面重复注册，没有标准的软件，还有很多在线课程的不同格式。这样不仅不易管理，而且耗费很大，结果是在公司内难以建立良好的沟通体系，信息传递极其不顺畅。

四、在线教育的发展对策

1. 增强服务性

在当今的家庭里面，家长和孩子的交流越来越少。家长的工作繁忙，孩子的学业繁重等一些原因造成了家长和孩子缺乏交流，所以家长想去了解孩子的学习情况就有难度。在线教育应当强化与家长的有效沟通，让家长参与其中。通过与家庭教育相结合的形式达到提升学习效果和信息对称的目的。

2. 增强社交功能

现在很多在线教育平台并没有社交这一功能，仅仅只是老师教完学生后学生自己消化，这会对在线教育的发展有所阻碍。其实构建一个社交平台让学生内部进行交流对平台、对学生、对老师都有很大的帮助，也有利于学生生产和传播内容。

3. 提高内容质量

在我国，在线教育内容资源较缺乏，而未来内容的提供是在线教育中较为核心的部分，其质量必须过关。“985” 等精英院校可以通过开设网络公开课提供一些好的教育资源，还有国家应当完善知识产权的保护体系。

4. 加强职业教育

随着社会的发展和市场竞争越来越激烈，很多拥有高等职业技能的人越来越受到国家、企业的高度重视。并且对于职业教育来说，其非常适合在线教育。因为用户的学习主动性强而且付费能力也能跟上，所以应当加强在线职业教育的发展。

在线教育是教育发展的新趋势、新动向，将会带来教育观念、教育体制、教学方式、人才培养模式等方面的深刻变化，对深化教育教学改革、提高教育质量、促进教育公平等产生积极的推动作用。虽然在线教育市场潜力大，但是还有很多东西需要慢慢培养，比如用户的学习行为和消费习惯等。目前，在线教育正处于“烧钱” 阶段，最终谁会脱颖而出还不得而知，我们拭目以待。

关键名词

移动电子商务　电子政务　无线通信　移动 IP　RFID 技术　移动终端　在线教育

课后习题

一、选择题

1. 电子政务中政府对企业的电子商务是（　　）。

A. G2G　　B. G2B　　C. G2C　　D. G2D

2. 在线教育的模式包括（ ）。

A. B2C B. C2C C. O2O D. MOOC

3. 在线教育的发展趋势是（ ）。

A. 增强服务性 B. 增强社交功能 C. 提高内容质量 D. 加强职业教育

4. YY 教育、腾讯 QQ、微课网是在线教育（ ）模式的代表。

A. B2C B. B2B C. MOOC D. C2C

二、填空题

1. 移动商务就是利用手机、PDA 及掌上电脑等________进行的 B2B、B2C、C2C 或 O2O 的电子商务。

2. 移动商务提供的服务包括推式服务、________服务和________服务。

3. RFID 技术，又称________，可通过无线电信号识别特定目标并读写相关数据，而无须识别系统与特定目标之间建立机械或光学接触。

4. 电子政务可以分为________、________、________这三种类型。

5. 在线教育的发展优势包括________、灵活性、管理性、________、________、及时性。

三、简答题

1. 简述移动商务的特点。

2. 简述电子政务与传统政务的区别。

3. 简述 G2B 具体包括哪些内容。

4. 在“十三五”时期，我国电子政务将会在哪些领域和方面得到重点发展？

5. 中国软件评测中心对政府网站绩效评估的评估服务包括哪些内容？

技能操练

至少访问国内 5 个政府网站，分析对比它们的功能及特点，提出自己对政府网站建设的见解。

参考文献

[1] 周小勇．电子商务理论与实务［M］．北京：清华大学出版社，2014.
[2] 胡宏力．电子商务理论与实务［M］．第2版．北京：中国人民大学出版社，2016.
[3] 方建生，杨清云，邱碧珍．电子商务［M］．厦门：厦门大学出版社，2012.
[4] 张爱菊．电子商务安全技术［M］．第2版．北京：清华大学出版社，2013.
[5] 马兰，王常华．电子商务实用教程［M］．第2版．北京：中国传媒大学出版社，2015.
[6] 许应楠，凌守兴．电子商务与现代物流［M］．北京：人民邮电出版社，2015.
[7] 赵冬梅．电子商务［M］．北京：机械工业出版社，2014.
[8] 白东蕊，岳云康．电子商务概论［M］．第2版．北京：人民邮电出版社，2013.
[9] 樊世清．电子商务［M］．北京：清华大学出版社，2012.
[10] 宋林林，于海峰．电子商务概论［M］．成都：电子科技大学出版社，2015.
[11] 胡燕灵．电子商务物流［M］．第2版．北京：清华大学出版社，2016.
[12] 张昭俊．电子商务物流管理［M］．北京：清华大学出版社，2013.
[13] 胡伟雄．电子商务安全与认证［M］．北京：高等教育出版社，2016.
[14] 吕廷杰．移动电子商务［M］．北京：电子工业出版社，2011.
[15] 武亮，王跃进．一本书搞懂跨境电子商务［M］．北京：化学工业出版社，2016.
[16] 刘瑞娟．网络营销［M］．长春：吉林大学出版社，2015.
[17] 马士华．供应链管理［M］．北京：高等教育出版社，2011.
[18] 石彤．电子商务综合实践教程［M］．北京：北京交通大学出版社，2011.
[19] 冯英键．网络营销基础与实践［M］．北京：清华大学出版社，2013.
[20] 魏修建．电子商务物流管理［M］．重庆：重庆大学出版社，2015.
[21] 贺刚．电子商务物流［M］．成都：西南财经大学出版社，2013.
[22] 张昭俊．电子商务物流管理［M］．北京：清华大学出版社，2013.
[23] 高功步．电子商务物流管理与应用［M］．北京：电子工业出版社，2010.
[24] 肖旭．跨境电子商务实务［M］．北京：中国人民大学出版社，2016.
[25] 林俊峰，彭月嫦．跨境电子商务实务［M］．广州：暨南大学出版社，2016.
[26] 童旺宇，吴红，明均仁．电子商务概论［M］．北京：人民邮电出版社，2015.